PNL II
La siguiente generación

Robert Dilts, Judith DeLozier, Deborah Bacon Dilts

Título original en inglés: NLP II: The Next Generation, Enriching the Study of the
                        Structure of Subjective Experience
Copyright © 2010 by Meta Publications

Título en castellano: PNL II: La siguiente generación
Autores: Robert Dilts, Judith DeLozier, Deborah Bacon Dilts

Traducción: Miguel A. Iribarren
Diseño de portada: Rafael Soria

© 2016 para la edición es España: El Grano de Mostaza Ediciones
Primera edición en España: octubre de 2016

Impreso en España
ISBN: 978-84-946144-08
Depósito Legal: B 21475-2016

EDICIONES EL GRANO DE MOSTAZA, S. L.
Carrer de Balmes 394, principal primera
08022 Barcelona, SPAIN
www.elgranodemostaza.com

«Cualquier forma de reproducción, distribución, comunicación pública o transformación de esta obra solo puede ser realizada con la autorización de sus titulares, salvo excepción prevista por la ley. Diríjase a CEDRO (Centro Español de Derechos Reprográficos) si necesita fotocopiar o escanear algún fragmento de esta obra («www.conlicencia.com»; 91 702 19 70/93 272 04 45)».

PNL II
La siguiente generación

Robert Dilts, Judith DeLozier, Deborah Bacon Dilts

Índice

Dedicatoria 13
Reconocimientos 15
Prefacio 17

UNA NUEVA GENERACIÓN DE LA PNL 21
Trasfondo y visión general de la PNL 21
La evolución de la PNL 25
¿Qué hace que algo sea PNL? 27
¿Por qué una "nueva" generación de PNL?
   ¿Qué significa? 32
¿Qué son la primera y la segunda generación de la PNL? ... 35
¿Qué hace que la tercera generación de la PNL sea diferente? ... 37
¿Qué significa la tercera generación de la PNL a nivel pragmático? ... 39
La estructura del libro 44

CAPÍTULO 1 LA MENTE COGNITIVA 47
El cerebro 53
   Hemisferios del cerebro 54
   Sistemas de representación sensoriales 55
   Claves de acceso 57
Lenguaje 59
Cinco desarrollos clave en Programación Neurolingüística
   desde el primer volumen de la PNL 64
Percepción del tiempo 65
   El origen del concepto de líneas temporales 67
   Expandir el concepto del tiempo "lineal" 68
   El "collar de cuentas" de William James 70
   Las líneas temporales como herramienta de cambio ... 72
   "En el tiempo" y "A través del tiempo" 72
   Marcos temporales 76
   Ejercicio: Integrar los marcos temporales 78

Posiciones perceptuales 80
　Ejercicio de las posiciones perceptuales básicas 84
　Practicar la "Triple descripción" 85
　El meta mapa con las posiciones perceptuales 87
　Ejercicio del meta mapa 88
Niveles de cambio e interacción 90
　La jerarquía de los tipos lógicos y los niveles
　　de aprendizaje de Bateson 91
　Los tipos lógicos de Russell 93
　El orden de abstracciones de Korzybski 96
　Los niveles de aprendizaje 99
　El modelo de los niveles neuro-lógicos de la PNL 107
　Teoría de conjuntos 113
　Los niveles neuro-lógicos como una jerarquía operacional 116
　Actualizar los hábitos de conducta a través
　　de los niveles de aprendizaje de Bateson 119
　Holarquías de Koestler 122
　Niveles neuro-lógicos y el sistema nervioso 126
　Niveles neuro-lógicos y lenguaje 131
　Ejemplos de declaraciones a diferentes niveles lógicos 132
　Patrones del lenguaje asociados con
　　distintos niveles neurológicos 134
　Niveles de preguntas 136
　Niveles de meta mensajes no verbales 139
　Reencuadrar verbalmente las experiencias usando
　　el lenguaje para cambiar los niveles lógicos 139
El modelo S.C.O.R.E. 141
　"Conocer el S.C.O.R.E." 144
　Preguntas básicas del modelo S.C.O.R.E. 148
　Aplicación del modelo S.C.O.R.E. 148
Patrones del meta programa 149
　Visión general de los patrones del meta programa 151
　Resumen de los patrones clave del meta programa 154
　Agrupaciones de meta programas y proceso de grupo 155
　Identificar los patrones del meta programa 157
　Transferir los patrones del meta programa
　　de una situación a otra 158
La Teoría de Campo Unificado para la PNL 161
　Una visión general de 30 años de desarrollo de la PNL 161
　El modelo SOAR 162
　Combinar la PNL con el modelo SOAR 164
　Operadores neurolingüísticos para cambiar de estado 167
　Operadores neurolingüísticos para cambiar
　　la percepción temporal 169

Operadores neurolingüísticos para cambiar
las posiciones perceptuales.. 170
Operadores neurolingüísticos para cambiar
de nivel en el modelo SOAR *171*
Modelar y trazar el mapa en el marco de la Teoría
del campo unificado PNL 174
Rastrear una ruta de cambio 174
Aplicación del modelo SOAR al cambio 175
El modelo S.C.O.R.E.
Definir una ruta dentro del espacio problema 176
Patrones del meta programa y la Teoría
de campo unificado para la PNL 181
Formato generativo de la PNL 182
Pasos del formato generativo de la PNL 183
Hoja de trabajo de la PNL generativa 186
Conclusión 188

CAPÍTULO 2 LA MENTE SOMÁTICA 189
Sensación sentida: la experiencia subjetiva
de nuestra mente somática.. 193
Neurogastroenterología y el cerebro del vientre 194
Neurocardiología y el cerebro del corazón 199
HeartMath 203
La respiración.. 207
Integración Somato Respiratoria™ 212
La columna... 213
Postura corporal 216
Análisis Espinal Network™ (NSA).................................. 218
Los pies 220
Práctica para liberar las almohadillas de la planta del pie ... 223
El homúnculo cortical - el cuerpo en el cerebro 224
Explora tu homúnculo subjetivo 227
Pasos del proceso somático primer plano-trasfondo 229
Biofeedback 231
NeuroLink y MindDrive 236
Visión somática (SomaticVision)....................................... 237
Sintaxis somática... 241
La ruta para pensar de Darwin 243
Movimiento y mente.. 244
Gramática transformacional 246
El cuerpo como sistema de representación....................... 249
Aplicar la sintaxis somática 251
Ejercicios de sintaxis somática.. 252
Primer ejercicio: Conseguir tener el recurso "en el músculo"... 252

Segundo ejercicio: Generalizar el recurso 253
Tercer ejercicio: Aplicar el recurso 253
Cuarto ejercicio: Modelar recursos con la sintaxis somática ... 254
Quinto ejercicio: Ampliar el ámbito de tu auto-expresión-
   Sintaxis somática del Ser 255
Sexto ejercicio: Transformar los estados de estancamiento
   a través de la sintaxis somática 256
Usar la sintaxis somática para potenciar
la comunicación no verbal 258
Explorar las metáforas somáticas para potenciar
la comunicación no verbal 259
Formato "Fractal Somático" 259
   Crear un Fractal Somático para un estado positivo 261
Formato Bailar el S.C.O.R.E. 261
   Pasos del formato Bailar el S.C.O.R.E. 263
Los cinco ritmos de Gabrielle Roth® 265
   Cabalgar la ola del cambio 270
   Los cinco ritmos® y Bailar el S.C.O.R.E. 272
   ¡Sigue tus pies! 273

CAPÍTULO 3 LA MENTE CAMPO 275
Campo, espíritu y propósito 287
   Estudiar la experiencia subjetiva del campo y del espíritu ... 289
Mecanismos neurofisiológicos de la mente campo 290
   Neuronas espejo 290
   El campo de energía humano 293
Explorar la mente campo 296
   Sentir tu campo 297
   Conectar a través de tu centro 299
   Reflejo energético 302
   Generar una "Segunda Piel" 305
Crear un campo generativo 308
   Desplegar un recurso compartido (un "Recurso-nosotros") ... 311
Colaboración generativa 313
   Crear un "espacio" (continente) generativo 318
   Enriquecer el campo grupal 320
   "Intervisión" 322
Acceder a la "Mente mayor" 324
   Soñar activamente 324
   Ejercicio para soñar activamente 325
Ver el "Campo" 326

CAPÍTULO 4 APLICAR LA SIGUIENTE GENERACIÓN DE LA PNL 329
    Preparación para el futuro 332
    Estrategias de supervivencia 333
    Promover el cambio generativo 335
Ciclo adaptativo 336
Elección 339
Conciencia: la base de la elección 341
    Programación inconsciente y los virus mentales 343
Coaching con la siguiente generación de la PNL 345
    Coaching con "C" mayúscula y con "c" minúscula 349
Coaching y el "juego interno" 350
    El ejemplo del "Milagro en el Hudson" 352
    La importancia de la práctica 354
La práctica de estar en la zona: COACHing frente a CRASHing 356
    Encontrar tu zona 357
    Aprender del zumo de manzana 360
    El poder de la presencia 362
Crear un espacio (continente) COACHing™ 363
Pasar del CRASH (bloqueo) al COACH 366
Introducir las energías arquetípicas en el espacio
(continente) COACHing™ 367
    Explorar la influencia de las energías arquetípicas 370
Contener los sentimientos difíciles 373
Creencias barrera y creencias puente 378
Trabajar con los arquetipos de transición 382

Conclusión 387
Epílogo 393
Bibliografía 395
Sobre los autores 403
Índice 407

Dedicatoria

Este libro está dedicado con afecto y respeto a:
Los co-fundadores de la PNL

Richard Bandler y John Grinder

que nos iniciaron en la gran aventura y nos animaron a tener confianza, a ser valientes y creativos en nuestra propia exploración de las estructuras de la experiencia subjetiva.

Al espíritu creativo de

Milton H. Erickson
Virginia Satir
Fritz Perls y
Gregory Bateson

que nos enseñaron con el ejemplo a ser pioneros del potencial humano.

A las legiones de practicantes, maestros y formadores en PNL de todo el mundo

que han creado el campo fértil y generativo que ha posibilitado las nuevas generaciones de la PNL.

Reconocimientos

Nos gustaría dar nuestro reconocimiento a:

Stephen Gilligan, por sus importantísimas contribuciones a la evolución de la siguiente generación de la PNL. Stephen fue uno de los miembros del grupo de alumnos que estudió originalmente con Richard Bandler y John Grinder en los comienzos de la PNL. Desde entonces, ha continuado desarrollando sus propias ideas a través de su trabajo con las Relaciones del Yo (Sí mismo) y el Yo Generativo.

Algunas de las ideas centrales que se presentan en este libro con relación a la generatividad, las tres mentes (cognitiva, somática y campo), y sus principios y elementos asociados, las energías arquetípicas, el centramiento y la idea de apadrinamiento, fueron desarrolladas originalmente por Stephen en su trabajo seminal sobre las Relaciones del Yo (Sí mismo) (1997). La rica fertilización cruzada entre las Relaciones del Yo y la PNL puede verse en el libro *El viaje del héroe: un camino de autodescubrimiento* (Gilligan y Dilts, 2009).

También queremos dar nuestro reconocimiento a:

Gabrielle Roth, creadora de los 5 Ritmos®, que también comparte un mentor común en Gregory Bateson, por continuar defendiendo la importancia capital del movimiento y la conexión con el cuerpo como clave del proceso de cambio.

A Richard Moss, por dejar tan claro el poder transformador de la conciencia, la presencia y la conexión.

A Teresa Epstein, por trabajar tan diligentemente a lo largo de los años para crear el contexto de la Universidad PNL, donde todos podemos seguir colaborando generativamente.

A Sandra Bacon, por ofrecer a este proyecto sus grandes habilidades como correctora.

A Michael Dilts y Claire Sage, por su apoyo constante y su ayuda en el diseño de la cubierta.

Prefacio

Cuando concluimos nuestro libro *PNL, Volumen I* (1980), nosotros, los autores (Dilts, Grinder, Bandler y DeLozier) prometimos un segundo volumen, *PNL II,* que representaría aplicaciones más concretas de los conceptos, principios y distinciones establecidos en aquella primera introducción a la PNL. Dijimos que el segundo libro "exploraría más específicamente cómo aplicar la Programación Neurolingüística al trabajo y a la vida de cada día".

Por diversas razones, *PNL Volumen II* nunca se materializó. Esto se debió, en parte, a que todos los autores teníamos unas vidas muy atareadas, y estábamos muy involucrados en el desarrollo y aplicación de esas mismas aplicaciones sobre las que habíamos prometido escribir. Con el tiempo, la vida nos llevó en distintas direcciones. Nunca hemos vuelto a estar todos juntos como en aquellos primeros días, y el proyecto de producir *PNL II* "se perdió por el camino".

Otro factor era que el campo seguía desarrollándose tan rápidamente que era difícil seleccionar un grupo particular de procesos que nos pareciera más característico de la historia y del potencial de la PNL. Los nuevos retos y oportunidades nos exigían encontrar recursos y soluciones que aportaban constantes innovaciones, las cuales tocaban los fundamentos mismos del campo.

Si bien los cuatro autores de *PNL I* hemos seguido viajando extensamente por el mundo, enseñando PNL y contribuyendo a su evolución y desarrollo, nosotros (Robert y Judith) hemos mantenido una estrecha relación personal y laboral que ha culminado en los programas residenciales de verano que realizamos cada año en la Universidad PNL, dentro del campus de la Universidad de California en Santa Cruz.

A lo largo de los años, a menudo hemos rumiado esa visión y esa promesa que hicimos hace tantos años de escribir *PNL II*. La gente que está dentro de este campo ha continuado preguntándonos: "¿Dónde está *PNL Volumen II*?" A veces, hemos tratado de cumplir la promesa, pero de otra manera. Dedicamos cuatro años a escribir la *Encyclopedia of Sistemic NLP and NLP New Coding* (Dilts & DeLozier, 2000) para abordar la gran variedad de modelos y aplicaciones de las PNL, y para honrar la historia intelectual de este fascinante campo. En nuestro trabajo siempre hemos tratado de preservar el espíritu de aquellos pequeños grupos de alumnos que estudiamos y desarrollamos originalmente la PNL en las montañas de Santa Cruz con Bandler y Grinder.

Hace cuatro años decidimos que había llegado el momento de cumplir por fin nuestro compromiso de escribir un segundo volumen. Desde nuestro punto de vista, estaba claro que había algo nuevo que decir. Este libro, *PNL II: la siguiente generación,* es el resultado de esa decisión.

Esta obra ha vivido varias evoluciones a lo largo de los últimos años, y no existiría sin la energía y el apoyo de Deborah —profesora de danza de los 5Ritmos®, psicoterapeuta y formadora de Psicosíntesis, además de intérprete—, que ha contribuido de manera importante a algunos de los nuevos desarrollos que se presentan en los últimos capítulos.

La conexión de Deborah con la PNL empezó en 1994, cuando tradujo al francés a John Grinder en París, donde ha vivido desde comienzos de los 80. Desde entonces, ha traducido a muchos otros formadores de PNL, incluyendo a David Gordon, Charles Faulkner, Lynne Conwell, Robert McDonald y, por supuesto, a Robert y a Judith.

Desde 2005, Deborah y Robert han desarrollado una serie de programas en los que combinan la formación de Deborah en las prácticas de transformación corporales, como los 5Ritmos®, con los principios de la PNL (Robert y Deborah se casaron en 2008), y han venido aplicando estos nuevos desarrollos en talleres y seminarios en todo el mundo, así como con Judith en la Universidad de la PNL en California.

La colaboración entre los tres (Robert, Judith y Deborah) ha estado presidida por el entusiasmo, la riqueza, la creatividad y la inclusividad. Esperamos que estas cualidades se hagan patentes en este libro, permitiendo al lector apreciar la profundidad, la riqueza y el potencial de la PNL.

Robert Dilts
Judith DeLozier
Deborah Bacon Dilts
Agosto de 2010
Santa Cruz, California

Una nueva generación de la PNL

Trasfondo y visión general de la PNL

Este libro expone los nuevos desarrollos significativos que se están dando en Programación Neurolingüística. La Programación Neurolingüística (PNL) es tanto un método para entender la conducta humana como el conjunto de habilidades y técnicas específicas que se derivan de él. La PNL, originada por Richard Bandler y John Grinder en los años 70, examina las pautas o *"programaciones"* creadas por la interacción entre el sistema nervioso *("neuro")* y las estructuras del lenguaje *("lingüística")*, y su influencia sobre nuestros cuerpos y conductas. Desde la perspectiva de la PNL, esta es la interacción que produce comportamientos eficaces e ineficaces, y es responsable de los procesos que están detrás tanto de la excelencia como de la patología humana.

Bandler y Grinder definieron la Programación Neurolingüística como *el estudio de la estructura de la experiencia subjetiva*.

El término *estudio* implica investigación e indagación continuas. En el campo de la PNL, esto se produce principalmente a través del proceso de *modelar la conducta*. Muchas de las habilidades y técnicas de la PNL se derivan de la observación de las pautas de excelencia en personas que obtienen resultados notables en diversos campos, entre los que se incluyen la psicoterapia, los negocios, el arte, la ciencia, las leyes y la educación. El propósito de este tipo de estudio es descubrir *las diferencias que marcan la diferencia* entre una actuación pobre, media o excepcional.

La noción de *estructura* implica un énfasis en el *proceso*, como opuesto al contenido. Es decir, los procesos de modelamiento de la PNL se enfocan más en revelar *cómo* las personas hacen lo que hacen que en describir lo que hacen. A la PNL no le interesan tanto los detalles de las decisiones que toma la gente, lo que aprenden o crean, sino más bien el *proceso de cómo* deciden, aprenden y crean. De hecho, el cofundador de la PNL John Grinder ha afirmado que todas las técnicas y formatos de la PNL han surgido esencialmente de plantear las preguntas: "¿Cómo sabes eso?", o "¿Cómo haces eso?" Las distinciones de la PNL nos permiten mirar, más allá del contenido conductual de lo que la gente hace, hacia las fuerzas invisibles que están detrás de esas conductas, es decir, a las estructuras de pensamiento, creencia y emoción que permiten a las personas actuar eficazmente o bien producen interferencias con dicha actuación eficaz. La PNL contiene un conjunto de procedimientos y distinciones que son particularmente adecuadas para identificar *pautas* cruciales de pensamiento, motivación y comportamiento que puedan implementarse de manera pragmática y comprobable.

Un aspecto central del proceso de modelamiento de la PNL es su énfasis en la *estructura de la experiencia subjetiva* (pensamientos, creencias, emociones, representaciones internas, etc.), como opuesto a la "realidad objetiva". En los cimientos de la PNL está la presuposición de que "el mapa no es el territorio". Es decir, los mapas y modelos internos del mundo en los que vivimos son necesariamente diferentes del mundo que retratan, tal como el mapa de una ciudad no es la ciudad, y un menú no es la comida. Las representaciones internas que generamos a través del sistema nervioso y de las pautas del lenguaje contienen intrínsecamente generalizaciones, supresiones y distorsiones con respecto a la "realidad" que tienen la intención de reflejar. Sin embargo, estos mapas y modelos internos determinan cómo experimentamos y respondemos al mundo en que vivimos.

Así, el estudio de la estructura de la experiencia subjetiva se basa en nuestra *experiencia sensorial* personal y continuada, es decir, lo que vemos, oímos, sentimos, olemos y saboreamos y cómo lo hacemos, en lugar de venir de teorías e ideas sobre la "realidad" externa. Como ejemplo, en su exploración de la experiencia espiritual, a la PNL no le interesa presentar una teoría, una filosofía o un sistema de creencias sobre la espiritualidad. Más bien, la PNL examina la *estructura* de la *experiencia espiritual subjetiva* que tiene la persona. Por ejemplo: ¿Cómo experimentamos ser parte de algo que está más allá de nosotros y cuáles son las ramificaciones de experimentarlo de esa manera?

Al proceso de modelamiento de la PNL le preocupan las preguntas *instrumentales* del tipo: ¿Cómo puede uno influir en una experiencia subjetiva concreta? ¿Cómo puede uno usarla? ¿Cómo puede uno sacarle más o menos provecho? ¿Qué tipo de procesos potencian esa experiencia subjetiva o interfieren en ella?

En resumen, la PNL es un método para estudiar el comportamiento humano que proporciona:

1. Una **epistemología:** un sistema de principios y distinciones para organizar el conocimiento con respecto a nosotros mismos y a nuestras interacciones con el mundo.
2. Una **metodología:** procesos y procedimientos para acumular y aplicar ese conocimiento.
3. Una **tecnología:** herramientas para ayudar a aplicar ese conocimiento con el fin de conseguir resultados particulares.

La evolución de la PNL

La PNL fue originada por John Grinder, que estaba formado en lingüística, y Richard Bandler, que tenía una formación en matemáticas y terapia Gestalt, con el propósito de crear modelos explícitos de la excelencia humana. Su primera obra, *La estructura de la magia, vol. I & II* (1975, 1976), identifica las pautas verbales y de conducta de los terapeutas Fritz Perls, el creador de la terapia Gestalt, y Virginia Satir, terapeuta familiar reconocida internacionalmente. Su siguiente obra, *Modelos de las prácticas hipnóticas de Milton H. Erickson, Vol. I & II* (1975, 1976), examina las pautas verbales y de conducta de Milton Erickson, fundador de la Sociedad Americana de Hipnosis Clínica, y uno de los psiquiatras más reconocidos del mundo y con mayores éxitos clínicos.

Como resultado de este trabajo anterior, Grinder y Bandler agruparon sus métodos de modelar y sus contribuciones individuales bajo el nombre de *Programación Neurolingüística,* que simboliza la relación entre el sistema nervioso y el lenguaje, y sus consecuencias sobre nuestra experiencia, fisiología y acciones.

Según la PNL, el proceso básico del cambio requiere:

1. identificar el *estado actual* de la persona, el equipo, la organización o el sistema, y
2. añadir los *recursos* apropiados para llevar a esa persona, equipo u organización o sistema a algún
3. *estado deseado.*

Estado actual + Recursos apropiados → Estado deseado

Las distinciones y técnicas de la PNL están organizadas para ayudar a identificar y definir estados presentes y estados deseados de diversos tipos y niveles, y seguidamente para acceder a los recursos apropiados y aplicarlos a fin de producir cambios efectivos y ecológicos que vayan en la dirección del estado deseado.

A lo largo de los años, la PNL ha desarrollado algunas herramientas y habilidades muy poderosas para la comunicación y el cambio en una amplia variedad de áreas profesionales, entre las que se incluyen: el *coaching,* el *counseling,* la psicoterapia, la educación, la salud, la creatividad, la aplicación de la ley, la dirección de organizaciones, las ventas, el liderazgo y la paternidad.

La función de cualquier técnica de Programación Neurolingüística es enriquecer o potenciar una de las tres propiedades del comportamiento eficaz. Es decir, desarrollar: a) un modelo rico del mundo, en particular de los resultados deseados; b) el pleno acceso a la totalidad de nuestra experiencia sensorial; y c) la flexibilidad en las respuestas internas y el comportamiento externo.

Los procedimientos y técnicas explícitos que componen la tecnología conductual de la PNL son numerosísimos, y se han presentado en una creciente cantidad de libros, grabaciones y seminarios que representan el desarrollo de este campo. También hay muchas técnicas que no están escritas o grabadas, y muchas otras que están en proceso de ser refinadas y desarrolladas.

Como campo de estudio, la PNL ahora está en su tercera década y ha evolucionado notablemente desde sus inicios a mediados de los años 70. Mientras escribo estas líneas, han transcurrido exactamente 30 años desde la publicación de *PNL Volumen I* (Dilts, Grinder, Bandler, DeLozier, 1980). A lo largo de estos años, la PNL se ha extendido literalmente por todo el mundo y ha tocado las vidas de millones de personas. Cada año viene gente de más de 35 países distintos de todo el mundo a nuestros programas de la Universidad de la PNL en California para aprender a ser practicantes, maestros y formadores de PNL. Muchos miles de personas más se forman cada año en institutos especializados de todo el planeta.

A medida que esta tercera generación de desarrolladores, formadores y practicantes de la PNL se traslada al mundo, también es el momento de reconocer la existencia de una nueva generación de la PNL. Al hacerlo, debemos abordar dos cuestiones fundamentales:

1. ¿Qué hace que esta sea una generación "nueva" y no simplemente una variante de la generación anterior de la PNL? (Esta es una pregunta similar a: ¿Qué hace de una planta o animal una nueva especie biológica y no una mera variante de una especie existente?).
2. ¿Cómo sabemos que los descubrimientos o estructuras propuestos por la nueva generación forman "parte de" la PNL y no de otra cosa? En otras palabras, ¿qué distingue un modelo o un método de la PNL de los que pertenecen a otros campos?

¿Qué hace que algo sea PNL?

Comenzaremos abordando la cuestión: "¿Qué hace que algo (específicamente una técnica, formato, modelo o conjunto de distinciones) forme parte de la PNL?"

Los procesos y procedimientos PNL abordan una impresionante variedad de temas y asuntos. Por ejemplo, nuestra *Encyclopedia of Sistemic NLP and NLP New Coding* (Dilts & DeLozier, 2000) aborda temas como: el tratamiento de fobias, traumas y desórdenes emocionales; técnicas para aprender a deletrear, así como para aprender lenguas extranjeras, escritura creativa, lectura acelerada, álgebra, etc.; habilidades de liderazgo y gestión; métodos de planificación estratégica, desarrollo de equipos y desarrollo organizacional; técnicas relacionadas con la curación física, la creatividad, la resolución de conflictos, la motivación y muchos, muchos más. La PNL cubre un ámbito de aplicaciones que está mucho más allá de otros modelos psicológicos y conductuales, como el psicoanálisis, la Gestalt, el Análisis Transaccional, la Psicosíntesis, e incluso la psicología cognitiva.

Está claro que la PNL no está definida ni limitada por ningún área ni tema de aplicación. Teniendo en cuenta el amplio rango de técnicas y modelos de la PNL, ciertamente resulta intrigante tratar de definir lo que hace que algo sea PNL.

Esta es una cuestión "epistemológica" fundamental. El término *epistemología* viene de las palabras griegas *epi* (que significa "encima" o "sobre"), *histanai* (que significa "establecer" o "situar") y *logos* (que significa "palabra" o "conocimiento"), es decir: "eso sobre lo que establecemos nuestro conocimiento". Así, una epistemología es el sistema fundamental de distinciones y suposiciones sobre el que uno basa y genera todos los demás conocimientos. Tal como lo definió Gregory Bateson:

"La epistemología es la historia de los orígenes del conocimiento; en otras palabras, cómo sabes lo que sabes."

Empezando con las preguntas sobre lo que podemos conocer, y cómo llegamos a saber lo que sabemos, la epistemología pasa a la pregunta: "¿Cómo sabemos cualquier cosa en absoluto?"[1]
Bateson continúa:

"Los filósofos han reconocido y separado dos tipos de problema. En primer lugar, están los problemas relacionados con cómo son las cosas, qué es una persona y qué tipo de mundo es este. Estos son los problemas de la **ontología**. En segundo lugar, están los problemas de cómo sabemos cualquier cosa, o, más específicamente, de cómo sabemos qué tipo de mundo es este y qué tipo de criaturas somos nosotros que podemos saber algo (o tal vez nada) sobre este asunto. Estos son los problemas de la **epistemología.**"

La PNL es tanto una forma de ser, una "ontología", como una forma de conocer, una "epistemología". En el núcleo de la PNL como ontología hay un conjunto de presuposiciones

---

1 El hecho de que la epistemología sea considerada por los occidentales un tema esotérico e intelectual es un indicador fiable de lo poco que solemos examinar los fundamentos de nuestras creencias, valores y percepciones, y las conductas que fluyen de ellos.

fundamentales sobre la comunicación, la elección, el cambio y las intenciones que están detrás de nuestras conductas. En el corazón de la PNL como epistemología está el *modelar:* un proceso continuo de expandir y enriquecer nuestros mapas del mundo a través de la conciencia, la curiosidad y la capacidad de sintetizar múltiples perspectivas y descripciones.

Tanto la ontología como la epistemología de la PNL comienzan con la presuposición de que "el mapa no es el territorio". La PNL enseña que ningún mapa es más verdadero o real que cualquier otro; sin embargo, nuestra capacidad de ser eficaces y de evolucionar más allá de donde estamos ahora depende de que poseamos un mapa que nos permita la mayor variedad de elecciones posible. Así, la PNL promueve intrínsecamente la inclusividad más que la rigidez.

Como ya hemos establecido, la PNL no aborda el contenido de las experiencias subjetivas que estudia. La esencia de la epistemología de la PNL es *la manera en que* esas experiencias subjetivas son estudiadas y representadas.

Por ejemplo, a lo largo de los años, algunos practicantes e incluso formadores de PNL han argumentado que temas como la espiritualidad, el amor, las vidas pasadas o la reencarnación no tienen lugar dentro de esta disciplina. Por otra parte, estos temas se relacionan claramente con experiencias subjetivas poderosas y compartidas que mucha gente ha tenido. Como experiencias subjetivas, ciertamente entran dentro del ámbito de estudio de la PNL.

Del mismo modo que cualquier tipo de lenguaje sería relevante para la lingüística (el estudio del lenguaje), cualquier forma de experiencia subjetiva es relevante para la PNL.

Por supuesto, la PNL no va a estar interesada en el contenido particular de estas experiencias subjetivas, ni en si son objetivamente "verdaderas". La cuestión que explorará la PNL será: "¿Cómo experimentan las personas estos fenómenos subjetivos a diferencia de cualquier otro fenómeno subjetivo?" "¿Qué consecuencias producen en las personas estos fenómenos subjetivos?" "¿Producen reacciones y respuestas ingeniosas o problemáticas?" "¿La estructura de estas experiencias ayuda u obstaculiza el funcionamiento exitoso?" "¿Nuestra relación con estas experiencias potencia o reduce nuestra sensación de satisfacción personal?" "¿Nuestra forma de experimentarlas nos fortalece y amplia nuestras opciones o bien genera una sensación de impotencia y dependencia?"

En otras palabras, si un practicante de la PNL, o un *coach*, está trabajando con alguien que comienza a hablarle de su experiencia en una "vida pasada", no empezaría a discutir con esa persona sobre la validez de su experiencia. Más bien sentiría curiosidad por la estructura y las consecuencias de esa experiencia subjetiva particular, y por cómo encaja con el resto del modelo subjetivo del mundo que tiene la persona.

Desde sus comienzos, Bandler y Grinder argumentaron que la PNL no es meramente otro modelo de la conducta humana, sino más bien un "meta modelo". Es decir, la PNL es el modelo de cómo los humanos creamos nuestros modelos del mundo.

Por tanto, lo que determina si algo forma parte de la PNL no es su contenido, sino el método que se emplea para su estudio y la forma en que se organizan las estructuras resultantes.

En último término, e independientemente de qué área de la experiencia subjetiva se estudie, la PNL desmonta la estructura o el proceso que está detrás de esa experiencia en pasos y distinciones específicos que requieren *representaciones sensoriales* (imágenes, sonidos, sensaciones sentidas, etc.), *pautas de lenguaje* y *fisiología*. Todas las distinciones y los formatos fundamentales de la PNL se basan en una combinación de estos tres aspectos de nuestra constitución humana.

Está claro que para que algo forme parte de la "Programación Neurolingüística", debe ser percibido y descrito como algo fundamentalmente *neurolingüístico*.

El componente *neuro* de la neurolingüística guarda relación con el sistema nervioso. Una gran parte de la PNL se basa en entender y usar los principios y patrones del sistema nervioso. Según la PNL, pensar, recordar, imaginar, tomar decisiones, desear, querer, argumentar, y todos los demás procesos cognitivos, emocionales o conductuales son el resultado de programas que se procesan dentro del sistema nervioso humano. Es decir, la "experiencia" humana es producto de la información que recibimos, sintetizamos y generamos a través de nuestro sistema nervioso. A nivel de la experiencia, esto guarda relación con la conexión con el mundo a través de los sentidos: ver, sentir, oír, oler y saborear.

Así, tanto si la experiencia subjetiva que uno está estudiando guarda relación con la motivación, la memoria, el cosmos, la religión, el arte, la política o la educación, la PNL pone la atención en cómo se organiza esa parte de la experiencia humana en el sistema nervioso humano.

Según la visión de la PNL, el *lenguaje* es claramente un producto del sistema nervioso humano. Sin embargo, el lenguaje también suscita y da forma a la actividad que se produce dentro de nuestros sistemas nerviosos. Ciertamente, el lenguaje es una de las principales maneras que tiene la persona de activar o estimular el sistema nervioso, el suyo o el de otros. La experiencia subjetiva es conformada por, y se expresa a través de, nuestra manera de usar el lenguaje. Así, para que algo forme parte de la PNL tiene que basarse en los patrones lingüísticos que se muestran de manera natural y espontánea en las pautas de la comunicación humana, tanto verbales como no verbales.

El aspecto *programante* de la Programación Neurolingüística se basa en la idea de que la influencia de nuestra experiencia en procesos tales como el aprendizaje, la memoria, la motivación, la creatividad o cualquier otro tipo de actuación, es una función de programas: programas neurolingüísticos que funcionan más o menos eficazmente para lograr objetivos o resultados particulares. Esto implica que, como seres humanos, interactuamos con nuestro mundo a través de la programación interna de nuestros sistemas nerviosos. Respondemos a los problemas y nos aproximamos a las nuevas ideas de acuerdo con el tipo de programas internos que hemos establecido, y no todos los programas son iguales. Algunos son más eficaces que otros para realizar cierto tipo de actividades.

En este sentido, uno de los aspectos más importantes de la PNL es su énfasis en las aplicaciones prácticas del proceso de modelar. Los conceptos PNL y los programas de formación hacen énfasis en los contextos de aprendizaje interactivos y experienciales, de modo que los principios y procedimientos puedan ser percibidos y comprendidos rápidamente. Además, como los procesos PNL están tomados de modelos humanos eficaces, a menudo las personas con muy poca o ninguna experiencia previa reconocen intuitivamente su valor y su estructura subyacente.

En resumen, la PNL es, y siempre ha sido desde su fundación, el estudio de la estructura de la experiencia subjetiva, siendo esta "estructura" de naturaleza intrínsecamente *neuro-lingüística*. Así, podemos decir que lo que hace que algo sea PNL es que:

- Hace énfasis en el proceso y la estructura, y no en el contenido.
- Aterriza los procesos y las distinciones en la anatomía y en las funciones del sistema nervioso humano.
- Se asegura de que las distinciones y los procesos puedan ser identificados fácilmente, y que se pueda influir en ellos por medio de las pautas espontáneas y naturales de la comunicación verbal y no verbal.
- Organiza los resultados del estudio en ejercicios prácticos, técnicas, herramientas que pueden usarse para influir o marcar la diferencia en la experiencia o en la conducta de la gente.

¿Por qué una "nueva" generación de PNL? ¿Qué significa?

¿Por qué llamar "nueva generación" a un grupo particular de desarrollos y no simplemente un enriquecimiento de lo ya existente? En cualquier campo, una verdadera nueva generación incluye y expande significativamente a las que le preceden. Se puede decir que emerge una nueva "generación" cuando una expansión en la disciplina:

1. Incorpora nuevos fenómenos que no formaban parte de las generaciones anteriores.
2. Hace posible que se aborde un campo de experiencias y asuntos más amplio.
3. Introduce distinciones, herramientas y métodos significativamente nuevos.

Según nuestra visión, la evolución hacia una nueva generación de la PNL ha sido el resultado de las influencias tanto externas como internas que se han ejercido sobre el campo. Entre las *influencias externas* se incluye el hecho de que los clientes y estudiantes tienen necesidades que satisfacer y problemas que resolver que no han sido abordados adecuadamente. Además, el mundo ha seguido cambiando y las soluciones anteriores ya no son plenamente eficaces ni satisfactorias. Como el mundo ha cambiado, las necesidades del mundo también han cambiado.

La PNL siempre ha mantenido que "el mapa no es el territorio". También es importante recordar que, en muchos sentidos, "el territorio no es *el territorio*", porque está cambiando continuamente. Lo que el mundo está pidiendo a la PNL en el siglo XXI es distinto de lo que le pedía a finales de los 70, cuando emergió por primera vez. Ahora existen nuevos desafíos, nuevas oportunidades y se está cambiando el enfoque de una orientación más individual a otra que abarca la ecología de todo el sistema, el "campo".

Otra influencia externa es la procedente de la evolución continua de otras disciplinas. La PNL siempre ha integrado conocimientos y procesos útiles de fuentes externas a ella. En los treinta años que han transcurrido desde su comienzo se ha producido una notable fertilización cruzada de ideas y procesos como resultado de nuevos desarrollos en otros campos. Algunas de las contribuciones más notables vienen de:

- Stephen Gilligan: Las relaciones del Yo (Sí mismo) y el Yo Generativo.
- Gabrielle Roth: La práctica del movimiento de los 5Ritmos®.
- Richard Moss: Vivencia consciente y transformación.
- Ken Wilber: Estudios integrales.
- Eugene Gendlin: *Focusing*.
- John Welwood: La psicología del despertar.
- Bert Hellinger: Las constelaciones familiares.
- Harville Hendrix: Paradigma relacional y Terapia Imago.
- Donald Epstein: Análisis Network Espinal, Integración Somato-Respiratoria.

- Rupert Sheldrake: Campos morfogenéticos.
- Timothy Gallwey: El juego interno del *coaching*.
- Carol Pearson: Psicología arquetípica.

Muchas ideas y procesos de la siguiente generación de la PNL también han surgido de un examen más profundo de las contribuciones realizadas por los individuos que sirvieron inicialmente como modelos de muchos de los principios y técnicas de la primera generación de la PNL:

- Milton H. Erickson: Hipnoterapia.
- Virginia Satir: Terapia familiar.
- Fritz Perls: Terapia Gestalt.
- Gregory Bateson: Teoría de sistemas y Terapia sistémica.

La PNL también se ha transformado como resultado de influencias internas, como el crecimiento y la evolución de los especialistas y practicantes de este campo, y a través de las innovaciones introducidas por nuevas personas que han entrado en la práctica de la PNL desde orígenes cada vez más diversos. Por ejemplo, al principio los practicantes de la PNL eran principalmente psicólogos y terapeutas. Actualmente, asisten a los programas y seminarios de PNL personas con ocupaciones y dedicaciones tan diversas como el *coaching*, la dirección de empresas, ministros religiosos, gente del mundo del arte y el espectáculo, del desarrollo organizacional, de la educación y de los cuerpos y fuerzas de seguridad del Estado.

Otra influencia interna sobre la evolución de la PNL ha sido la práctica continua del *modelamiento:* la búsqueda de los factores de éxito o las *diferencias que marcan la diferencia* entre un resultado pobre o uno mediano; entre un resultado mediano y uno bueno; y entre un resultado bueno y otro que puede calificarse como genial. Desde sus inicios, el espíritu y el motor generativo de la PNL ha sido la curiosidad y la aventura de crear modelos de excelencia. Como dijo Richard Bandler, cofundador de la PNL: "La PNL es una actitud, no la serie de técnicas que deja a su paso". El cofundador de la PNL John Grinder mantiene: "Si no sabes modelar, entonces en realidad no estás haciendo PNL". De hecho, desde los inicios, Bandler y Grinder se han referido a sí mismos como "modeladores". Así, el legado y el futuro de la PNL siempre han estado en el proceso de modelar. Este es el principal mecanismo por medio del cual el campo de la PNL crece, se completa y se enriquece.

Mediante la aplicación continuada del proceso de modelar, los especialistas y practicantes de PNL han empujado y expandido los límites de su aplicación. La PNL siempre ha estado comprometida con el *estudio de la estructura de la experiencia subjetiva*. Al principio, este compromiso se enfocó principalmente en los factores medioambientales, conductuales y cognitivos que influyen en el comportamiento humano. A lo largo del tiempo, el modelamiento de nuevos fenómenos ha generado una expansión tanto de las aplicaciones de la PNL como de los fundamentos del propio campo; así, se han incluido otros niveles de factores como las creencias, los valores, la identidad y las dinámicas de sistemas más amplios. La PNL ha continuado respondiendo a los cambios en el mundo y en la gente. Mientras haya nuevos fenómenos que modelar, el ámbito de la PNL se expandirá; y a medida que el ámbito se expanda, emergerán nuevas herramientas y modelos que crearán nuevas generaciones.

¿Qué son la primera y la segunda generación de la PNL?

Consideramos que la primera generación de PNL es el modelo original que derivaron Bandler y Grinder de su estudio de algunos terapeutas eficaces. Estas primeras aplicaciones de la PNL se llevaban a cabo de uno en uno, enfocándose casi totalmente en el individuo. La primera generación de la PNL presuponía una relación terapéutica en la que el terapeuta sabía qué era mejor para su cliente. Generalmente se consideraba que PNL era algo que uno "hacía a otras personas".

La mayoría de las técnicas y herramientas de la primera generación se enfocaban en la resolución de problemas a nivel de la conducta y las capacidades, y se enfocaban principalmente en la mente cognitiva. De hecho, el libro *PNL Volumen I* se centra casi exclusivamente en las *estrategias cognitivas*.

Otras distinciones y herramientas clave de la primera generación de la PNL son:

Los patrones del meta modelo del lenguaje (Modelo Precisión).
Los sistemas de representación y la cuádrupla (4-tupla).
Las submodalidades.
Las claves de acceso oculares.
Anclar.
Reencuadrar en seis pasos.
Cambiar la historia personal.
Squash visual o integración de polaridades.
Técnica disociativa V-K.
Generador de nuevas conductas.
La metáfora y el "Modelo Milton" de patrones de lenguaje hipnóticos.

Todos ellos son técnicas, distinciones y modelos poderosos, y continúan siendo la roca y los cimientos sobre los que se asienta la PNL.

Según nuestro punto de vista, la *segunda generación* de la PNL comenzó a emerger a mediados de la década de los 80, expandiéndose para abordar otros asuntos situados más allá del contexto terapéutico. Aunque todavía se enfocaba en los individuos, la segunda generación de la PNL puso el énfasis en la relación entre uno mismo y los demás, y amplió su ámbito para incluir algunas áreas de aplicación como la dirección de empresas, la negociación, las ventas, la educación y la salud.

También se expandieron las herramientas de la PNL para incluir asuntos de nivel superior, como los relacionados con las creencias, los valores y los "meta programas". Las técnicas de la segunda generación de la PNL integraron el uso de nuevas distinciones, como las líneas temporales, los niveles neurológicos y las posiciones perceptuales.

Algunas de las distinciones y técnicas clave que emergieron con la segunda generación de la PNL son:

El poder de la palabra (habilidad en el uso de las palabras).
Ordenación espacial y psicogeografía.

Meta reflejo.
Procedimientos para cambiar creencias.
Estrategias para generar imágenes y estrategias para la genialidad.
Reimpronta.
Integración de creencias conflictivas.
Alineamiento de niveles neuro-lógicos.

Otros desarrollos de la segunda generación incluyen los meta estados de Michael Hall, la Ingeniería del Diseño Humano, de Richard Bandler, y el Nuevo código de la PNL de John Grinder y Judith DeLozier.

¿Qué hace que la tercera generación de la PNL sea diferente?

La tercera generación de la PNL ha estado desarrollándose desde la década de los 90. Las aplicaciones de la tercera generación de la PNL son generativas, sistémicas y se enfocan en asuntos de alto nivel, como la identidad, la visión y la misión. La tercera generación de la PNL hace énfasis en el cambio de la totalidad del sistema, y puede aplicarse al desarrollo organizacional y cultural, así como a individuos, familias y equipos.

Todas las generaciones de la PNL se enfocan en la estructura y el funcionamiento de la "mente" (esta es la esencia de la "Programación Neurolingüística"). Sin embargo, las dos primeras generaciones pusieron la atención principalmente en la mente cognitiva. La tercera generación se expande para incluir tanto los estados somáticos como las dinámicas de sistemas más amplios (por ejemplo, "el campo") en la "unidad de la mente" total. Así, la PNL de tercera generación trabaja con la interacción entre tres "mentes" o inteligencias diferentes:

1. Una *mente cognitiva,* que emerge del cerebro.
2. Una *mente somática,* centrada en el cuerpo.
3. Una *mente "campo",* procedente de nuestra conexión y relaciones con los sistemas más amplios que nos rodean.

La PNL de tercera generación aspira a desarrollar y sustentar una relación orgánica de equilibrio y alineamiento entre estas tres mentes[2] a fin de producir una inteligencia más profunda y multidimensional.

Las técnicas de la tercera generación de la PNL guardan relación con centrarnos en nuestro centro somático, con apadrinar el desarrollo de una mayor plenitud dentro de las personas, y con conectar a través de las relaciones con la sabiduría y la guía de los sistemas más amplios (inteligencia colectiva) que nos rodean. Las técnicas de la PNL de tercera generación incorporan principios de autoorganización, arquetipos, y lo que se conoce como la "cuarta posición": la sensación sentida de formar parte de un sistema mayor.

Algunas de las prácticas y procesos de tercera generación incluyen:

El centramiento (centrarse).
El juego interno y encontrar tu "Zona interna de excelencia".
Abrirse al campo.
El cambio generativo.
Contener los sentimientos difíciles.
Integrar las energías arquetípicas.
El viaje del héroe y los arquetipos del cambio.
Transformar las creencias barrera construyendo creencias puente.
Técnicas para promover la inteligencia colectiva y la colaboración generativa.

La tercera generación de la PNL también añade otros marcos y valores a los aplicados por las generaciones anteriores, y presta más atención a temas como:

- La generatividad y el empoderamiento.
- La conexión y la relación.

---

2   Las tres mentes de la tercera generación de la PNL se corresponden directamente con la "mente triuna" del trabajo de las Relaciones del Yo (Sí mismo) de Stephen Gilligan. Véase *Walking in Two Worlds,* 2004, y *El viaje del héroe,* 2009.

- La estética y la armonía.
- El propósito y la transformación.

Como ejemplo, las anteriores generaciones de las PNL pusieron mucho énfasis en la claridad, la técnica y el pragmatismo. La tercera generación de la PNL mantiene ese enfoque, pero lo expand para integrar las cualidades y los principios de la "belleza" y la "estética". La *estética* es una rama de la filosofía que guarda relación con la naturaleza, la creación y el aprecio de la belleza. La tercera generación de la PNL da mucha importancia a lo que es orgánico, agradable y favorece perspectivas nuevas y más amplias con relación a nosotros mismos, la familia, el trabajo, la comunidad y la humanidad. La belleza y la estética equilibran las herramientas y las habilidades técnicas de la PNL. Juntos, estos dos aspectos de la PNL proveen el impulso para buscar la sabiduría al promover una mayor "unidad de la mente" y una relación más profunda con las diversas partes de la "mente". Con esta expansión de los aspectos puramente técnicos de la PNL entramos de manera natural en la esfera del cuerpo, la metáfora, el símbolo, el ritual y el campo.

Como en el emerger de cualquier nueva generación, las semillas que producirán su crecimiento y le darán dirección están contenidas en el legado del campo y la comunidad existente. El espíritu de esta tercera generación de la PNL ha estado implícito en el campo desde el comienzo, y ya se manifestó en la sabiduría relacional de Milton Erickson, en las constelaciones familiares de Virginia Satir, en el enfoque en el momento presente de Fritz Perls, y en el uso de la metáfora y el símbolo a lo largo de los años. También está presente en el "estado de no saber", que es la base del modelar.

¿Qué significa la PNL de tercera generación a nivel pragmático?

Las aplicaciones de la PNL de tercera generación mantienen planteamientos fundamentalmente *heurísticos* —como lo ha sido la PNL desde sus comienzos—, lo que quiere decir que encontramos soluciones "dejándonos guiar por la experiencia".

De hecho, este término procede de la palabra griega *heuriskein*, que significa "encontrar". Los métodos heurísticos son los que permiten a la persona descubrir o aprender algo por sí misma.

En la tercera generación de la PNL esto se hace a través de una secuencia de seis procesos fundamentales:

- Incrementar la conciencia.
- Modelar los factores clave.
- Calibrar continuamente el nivel de los factores clave.
- Llevar los factores clave a una expresión más apropiada u óptima.
- Anclar los valores óptimos de los factores clave.
- Explorar las opciones creadas por el ajuste de los factores clave.

Habitualmente, en los procesos de resolución de problemas se aplica la secuencia siguiente:

1. Se aporta una nueva *conciencia* a la "programación neurolingüística" que está creando o contribuyendo al actual estado o situación problemática. Esto requiere tomar conciencia de las consecuencias del presente programa sobre las emociones y la conducta, pero también de su estructura cognitiva y somática más profunda.
2. Se emplea esta nueva conciencia para crear distancia tanto del estado presente como de la programación. Esto permite empezar a *modelar* o identificar los factores clave, "las diferencias que marcan la diferencia", comparando la programación o la estructura del estado o de la situación actual con otras experiencias de referencia tanto de éxito como de fracaso.
3. Una vez que se han identificado los factores clave que están creando o contribuyendo al estado o situación presente, el paso siguiente consiste en *"calibrar"* el nivel continuado de intensidad o actividad de esos factores (físicos, verbales, cognitivos, somáticos, etc.). Esto requiere evaluar la magnitud relativa de expresión de cada factor.
4. *Escalar* o ajustar de manera continua la intensidad o actividad de los factores clave a fin de llevarlos a un

nivel más apropiado o eficaz. Es importante recordar que el nivel óptimo no siempre es el máximo.
5. *Anclar* un grado particular de intensidad o de actividad de un conjunto de factores clave a fin de mantenerlos en el nivel óptimo, especialmente en situaciones cambiantes y desafiantes.
6. *Explorar* el impacto que tiene este ajuste en las emociones, las conductas y las situaciones asociadas con el estado problemático a fin de descubrir qué nuevas opciones son posibles.

A lo largo de este libro encontrarás muchos ejemplos de cómo aplicar este proceso heurístico para empoderarte a ti mismo y a otros, enriqueciendo enormemente tu repertorio de opciones en todas las áreas de la vida.

La práctica de la PNL de tercera generación comienza con el estado de "no saber", o lo que en la tradición Zen se conoce como "mente de principiante". El estado de "no saber" es el fundamento desde el que se expande la conciencia, modelando eficazmente y explorando nuevas opciones y posibilidades.

El planteamiento que Milton Erickson aplicaba a la resolución de problemas es un clásico ejemplo del poder del "no saber". Cuando en los años 70 íbamos a Phoenix, Arizona, para estudiar al doctor Erickson, evidentemente teníamos muchas preguntas que hacerle. Le planteábamos cuestiones del tipo:

—Si usas este método específico con una persona que tiene este problema concreto, ¿producirá cierto resultado?

Erickson respondía invariablemente:

—No lo sé.

A continuación, le preguntábamos:

—¿Funcionará el empleo de este método para resolver aquel problema?

Y una vez más Erickson respondía:

—No lo sé.

Al final, acabábamos con páginas y páginas de nuestros cuadernos que decían: "Él no lo sabe. No lo sabe. No lo sabe".

Y no es que estuviera tratando de esquivar las respuestas, sino que su funcionamiento no se basaba principalmente en creencias y suposiciones. Para él, cada situación era única; cada persona era "única en su clase" y su relación con ella también lo era. De modo que, cuando se le preguntaba por la probabilidad de cierto resultado, Erickson siempre decía:

—No lo sé. Verdaderamente no lo sé.

Y después añadía:

—Pero siento mucha curiosidad por descubrir qué es posible.

El estado de no saber, combinado con la curiosidad, es la esencia del cambio generativo.

En la Universidad de California en Santa Cruz, donde Grinder y Bandler desarrollaron inicialmente la PNL, había un profesor de psicología llamado Frank Baron. Baron dedicó su carrera a estudiar la genialidad creativa. Finalmente sintetizó lo que había aprendido en tres características fundamentales. Los genios creativos:

1. Se sienten cómodos con la incertidumbre.
2. Son capaces de compatibilizar aparentes opuestos o paradojas.
3. Son persistentes.

Las personas creativas, como Erickson, no necesitan saber la respuesta antes de tiempo. Y no solo son capaces de tolerar la incertidumbre, sino que disfrutan de ese *no saber*.

Las personas creativas pueden mantener simultáneamente distintos puntos de vista y múltiples realidades. El gran físico danés Nils Bohr señaló que hay dos tipos de verdades: la verdad superficial y la verdad profunda. Según Bohr: "Cuando tienes una verdad superficial, su opuesto es falso. Cuando tienes una verdad profunda, lo opuesto también es verdad". Bohr se refería al hecho de que las unidades más fundamentales de la realidad física, como los fotones y los electrones, presentan una paradoja. Unas veces se comportan como ondas de energía y otras como pequeñísimas partículas de materia.

Estas verdades profundas también forman los cimientos de nuestra experiencia subjetiva. El hecho de que podamos experimentar que alguien es precioso no significa que no pueda ser feo al mismo tiempo. La alegría no surge sin tristeza. La peor cosa que te haya podido ocurrir también puede ser lo mejor que te haya podido ocurrir. Allí donde hay luz también hay sombras.

La capacidad de ser consciente de estas realidades aparentemente opuestas, sin que una tenga que ser "correcta" y la otra "equivocada", es un aspecto esencial de la generatividad. Gregory Bateson mantenía que: "La sabiduría viene de sentarnos juntos y confrontar verdaderamente nuestras diferencias sin la intención de cambiar nada". Cuando podemos mantener perspectivas diferentes con curiosidad, a menudo surgen soluciones nuevas y sorprendentes.

Aquí es donde la *persistencia* también es importante. Los genios creativos no renuncian, aunque afronten la incertidumbre y el dilema. Conservan la curiosidad por descubrir lo que es posible y siguen buscando.

Milton Erickson representó la cumbre de esta cualidad en muchos sentidos, una cualidad que demostró a lo largo de su vida. A los diecisiete años de edad sufrió un ataque muy grave de polio, hasta el punto de que la enfermedad no le permitía ningún movimiento en absoluto. Oyó a los médicos decir a su madre que no volvería a moverse. Y más adelante les oyó decir que probablemente no sobreviviría hasta la mañana siguiente. Según Erickson, eso era algo terrible para una madre, de modo que emprendió el viaje para descubrir qué era posible. Pasó horas comprobando y revisando si había alguna parte de su cuerpo que pudiera mover. Finalmente descubrió que podía controlar ligeramente el borde de uno de sus párpados. Y así, durante las horas siguientes, cuando su madre se acercaba, él trataba de mover el párpado para llamar su atención. Una vez hecho esto, pasó varias horas tratando de crear un sistema de señales para comunicarse con ella. Después de mucho tiempo y esfuerzo, finalmente consiguió comunicarle aquello que con tanto ahínco quería transmitirle. Quería que orientara su cama hacia la ventana para poder ver la salida del sol al día siguiente.

Erickson llevó esta misma persistencia al trabajo con sus clientes. Por más desafiante que pudiera parecer la situación, cuando estaba tratando de hallar qué era posible él no se rendía. Y no asumía que algo fuera imposible.

Esta combinación de mente de principiante (no saber), curiosidad y persistencia forma el núcleo de la práctica de la PNL de tercera generación. En los capítulos siguientes exploraremos cómo todas estas habilidades pueden marcar una diferencia significativa en tu propia vida y ayudarte a establecer la diferencia en las vidas de otros.

La estructura del libro

Hemos organizado el libro en cuatro secciones que presentan un viaje a lo largo de las tres generaciones de la PNL:

Empezando por la *mente cognitiva,* examinamos los fundamentos de la Programación Neurolingüística y algunos de los desarrollos significativos que se han producido en los últimos treinta años, entre los que se incluyen: la percepción del tiempo y las líneas temporales, las posiciones perceptuales, los niveles neuro-lógicos y los niveles de aprendizaje de Bateson, el modelo S.C.O.R.E., los patrones del meta programa y la teoría de campo unificado para la PNL (el modelo SOAR).

Seguidamente, orientamos la atención hacia la *mente somática,* revisando las investigaciones recientes sobre el funcionamiento del sistema nervioso más allá del cerebro, entre las que se incluyen: la neurogastroenterología (el cerebro ventral) y la neurocardiología (el cerebro del corazón). En esta sección presentamos una variedad de ejercicios para acceder a la sabiduría del cuerpo utilizando la respiración, las posturas corporales y de la columna, los pies, el *biofeedback,* la sintaxis somática y los 5Ritmos® de Gabrielle Roth.

En el tercer capítulo exploramos *la mente campo* y sus cimientos físicos y neurológicos en las neuronas espejo y en el campo de energía humano. Ofrecemos formatos y prácticas para utilizar los fenómenos del campo, como la creación de una "segunda piel", el desarrollo de "campos generativos", favorecer la colaboración generativa y acceder a lo que Gregory Bateson denominó la "mente mayor".

Concluimos examinando algunas maneras innovadoras de aplicar la *siguiente generación de la PNL,* en particular en el campo del *coaching,* que está en constante evolución. También abordamos los principios y procesos relacionados con el *Juego Interno,* el poder de la presencia, y lo que hemos llamado el *estado COACH:* una zona interna de excelencia desde la que somos capaces de acceder a lo mejor de nosotros mismos. Las técnicas de la siguiente generación de la PNL que aquí revisamos son: contener sentimientos difíciles, trabajar con las creencias barrera y las creencias puente, explorar el impacto de las energías arquetípicas e integrar los arquetipos de transición.

Esperamos que descubras que estas páginas te ofrecen un mapa fértil y estimulante del territorio siempre en evolución de la Programación Neurolingüística. La PNL siempre ha enseñado que el mapa no es el territorio, y te invitamos a tener presente que este solo es un mapa del territorio de la PNL.

Bandler y Grinder solían comenzar sus primeros seminarios diciendo a los asistentes que todo lo que les iban a contar era "mentira". Nada de lo que decían era verdad, porque ningún mapa puede cubrir con precisión la totalidad del territorio. Así, era una cuestión de elección: la única cuestión relevante era si esas mentiras resultaban "útiles" o no. Si actuabas "como si" estos principios y métodos marcaran la diferencia, ¿qué aportaban de positivo a tu vida?

Te invitamos a aproximarte a este libro con esta misma actitud. Si estos mapas, modelos y prácticas te resultan útiles, ¡úsalos! Si no, al menos es posible que orienten tu viaje personal en nuevas direcciones y que te ayuden a aclararte con respecto a qué funciona y qué no funciona para ti.

Nuestro deseo más sincero es que lo que presentamos aquí te aporte una mayor conciencia de la riqueza de tu experiencia y una conexión más plena contigo mismo, con los que te rodean, con tu entorno y con el increíble misterio de la vida.

¡Disfruta de la exploración!

Capítulo 1

La mente cognitiva

Visión general del Capítulo 1

El cerebro
   Hemisferios del cerebro
   Sistemas de representación sensoriales
   Claves de acceso
Lenguaje
Cinco desarrollos clave en Programación Neurolingüística desde el primer volumen de la PNL
Percepción del tiempo
   El origen del concepto de líneas temporales
   Expandir el concepto del tiempo "lineal"
   La "cuerda con las cuentas ensartadas" de William James
   Las líneas temporales como herramienta de cambio
   "En el tiempo" y "A través del tiempo"
   Marcos temporales
   Ejercicio: Integrar los marcos temporales
Posiciones perceptuales
   Ejercicio de las percepciones perceptuales básicas
   Practicar la "Triple descripción"
   El meta mapa con las posiciones perceptuales
   Ejercicio del meta mapa
Niveles de cambio e interacción
     La jerarquía de los tipos lógicos y los niveles de aprendizaje de Bateson

Los tipos lógicos de Russell
El orden de abstracciones de Korzybski
Los niveles de aprendizaje
El modelo de los niveles neuro-lógicos de la PNL
Teoría de conjuntos
Los niveles neuro-lógicos como una jerarquía operacional
Actualizar los hábitos de conducta a través de los niveles de aprendizaje de Bateson
Holarquías de Koestler
   Niveles neuro-lógicos y el sistema nervioso
   Niveles neuro-lógicos y lenguaje
   Ejemplos de declaraciones a diferentes niveles lógicos
   Niveles de preguntas
   Niveles de meta mensajes no verbales
Reencuadrar verbalmente las experiencias usando el lenguaje para cambiar los niveles lógicos
El modelo S.C.O.R.E.
   "Conocer el S.C.O.R.E."
   Preguntas básicas del modelo S.C.O.R.E.
   Aplicación del modelo S.C.O.R.E.
Patrones del meta programa
   Visión general de los patrones del meta programa
   Resumen de los patrones clave del meta programa
   Agrupaciones de meta programas y proceso de grupo
   Identificar los patrones del meta programa
   Transferir los patrones del meta programa de una situación a otra
La teoría de campo unificado para la PNL
   Una visión general de 30 años de desarrollo de la PNL
   El modelo SOAR
   Combinar la PNL con el modelo SOAR
   Operadores neurolingüísticos para cambiar de estado
     Operadores neurolingüísticos para cambiar la percepción temporal
     Operadores neurolingüísticos para cambiar las posiciones perceptuales
     Operadores neurolingüísticos para cambiar de nivel en el modelo SOAR

Modelar y trazar el mapa en el marco de la Teoría del campo unificado PNL
    Rastrear una ruta de cambio
    Aplicación del modelo SOAR al cambio
El modelo S.C.O.R.E.
    Definir una ruta dentro del espacio problema
Patrones del meta programa y la Teoría del campo unificado PNL
    Formato generativo de la PNL
    Pasos del formato generativo de la PNL
    Hoja de trabajo de la PNL generativa
Conclusión

La mente cognitiva

La *mente cognitiva* es esencialmente la mente situada dentro del cerebro. Es la fuente de nuestras habilidades intelectuales y de nuestra capacidad para razonar, y es una de las marcas características del ser humano. La mente cognitiva fue el primer lugar donde se enfocó la PNL y la que proveyó los fundamentos para todas las sucesivas generaciones de desarrollos.

La *cognición* se define como "el acto de conocer". El término viene del latín *co* + *gnoscere,* que significa "llegar a saber". La ciencia cognitiva y la psicología cognitiva son el estudio de las actividades relacionadas con el conocimiento y el "conocer". Estas actividades incluyen la atención, la creatividad, la memoria, la percepción, la resolución de problemas, el pensamiento y el uso del lenguaje.

Los orígenes del estudio de la mente cognitiva se remontan al filósofo griego Aristóteles (384-322 a.C.). En su tratado *Sobre la Psique* (o Sobre el alma), define la percepción sensorial y la representación mental como las características distintivas de la "psique". Las reflexiones de Aristóteles sobre la psique cubrieron una variedad de asuntos relativos a la cognición, que van desde la definición de los cinco sentidos, hasta la percepción del tiempo, la memoria, el procesamiento del lenguaje, la imaginación y la resolución de problemas. Aristóteles afirmó que los animales construyen mapas internos del mundo, alimentando su "sentido común", o lo que podríamos denominar "mente", con la información procedente de los sentidos. Esto es lo que dice:

"(1) Nadie puede aprender ni comprender nada en ausencia de los sentidos, y (2) cuando la mente es activamente consciente de cualquier cosa, es necesariamente consciente de sí misma junto con una imagen [...] Para el alma pensante, las imágenes sirven como si fueran contenidos de percepción [...], tal como si estuviera viendo, calcula y delibera lo que vendrá en referencia a lo que está presente; y cuando hace un pronunciamiento, como en el caso de la sensación, pronuncia que el objeto es agradable o doloroso, y por tanto lo evita o lo persigue.

Varios filósofos de los siglos XVIII y XIX revivieron el énfasis de Aristóteles en la percepción sensorial como base de la psique y sus leyes de asociación, que constituyeron los fundamentos del estudio de la mente cognitiva, y quedaron finalmente codificados en los inicios de la moderna psicología cognitiva en los trabajos de William James. El libro de James *Principios de psicología* (1889) abarcó una asombrosa variedad de temas que aún siguen siendo relevantes para los psicólogos cognitivos de nuestros días, entre los que se incluyen las distintas funciones de los hemisferios cerebrales, la primacía de los sistemas de representación, las líneas temporales mentales e incluso las claves de acceso conductuales.

Sin embargo, los métodos de James y de algunos otros de los primeros psicólogos cognitivos eran principalmente introspectivos y ofrecían pocas aplicaciones prácticas. La psicología analítica de Freud y el conductismo tomaron el mando como las modalidades de psicología y psicoterapia más aplicadas hasta finales de la década de los años 60.

En la década de los 60, la aparición de las drogas psicodélicas y de las tecnologías inteligentes, como el ordenador personal, potenciaron enormemente el interés práctico por la influencia de las funciones cognitivas superiores. La subsiguiente aparición de las terapias de orientación cognitiva, de los análisis del procesamiento de la información que hacían los test de inteligencia, y de las teorías cognitivas de la personalidad dan testimonio del aumento de la influencia de la psicología cognitiva.

La analogía entre el cerebro y el ordenador ha influido notablemente en el estudio de la mente cognitiva (y en particular en la PNL). De acuerdo con la mayoría de las teorías cognitivas, la información recogida por los sentidos es analizada, almacenada, codificada y posteriormente usada de diversas formas. A estas actividades se les denomina *procesamiento de la información*, y no requieren necesariamente de la conciencia para funcionar eficazmente. Conceptos como "codificar", "almacenamiento y recuperación de información", "programación", etc., aparecen con frecuencia en los modelos cognitivos. Por ejemplo, la PNL considera que la mente es esencialmente el producto de un sistema de programas neurolingüísticos que operan dentro del cerebro y del sistema nervioso.

El cerebro

Generalmente al cerebro se le considera un "bioordenador" dentro del sistema nervioso humano, la parte del sistema nervioso más asociada con nuestra mente cognitiva. Se ha estimado que el cerebro humano contiene entre 50.000 y 100.000 millones de neuronas. En el córtex cerebral es donde se producen las funciones cognitivas superiores, como el lenguaje, la resolución de problemas y la imaginación, y se le considera el asiento de la "mente" y de la "conciencia". Está compuesto aproximadamente por diez mil millones de neuronas interconectadas de manera compleja. Estas células se transmiten señales unas a otras a través de 1.000 billones de conexiones sinápticas.

El cerebro monitoriza y regula las acciones y reacciones corporales. Recibe continuamente información sensorial, analiza rápidamente estos datos y seguidamente responde, controlando las acciones y las funciones corporales. El tallo cerebral controla la respiración, el pulso cardíaco y otros procesos del sistema nervioso autónomo que son independientes de las funciones conscientes del cerebro. El neocórtex es el centro del pensamiento de orden superior, del aprendizaje y de la memoria. El cerebelo es responsable del equilibrio corporal, de la postura y de la coordinación de los movimientos.

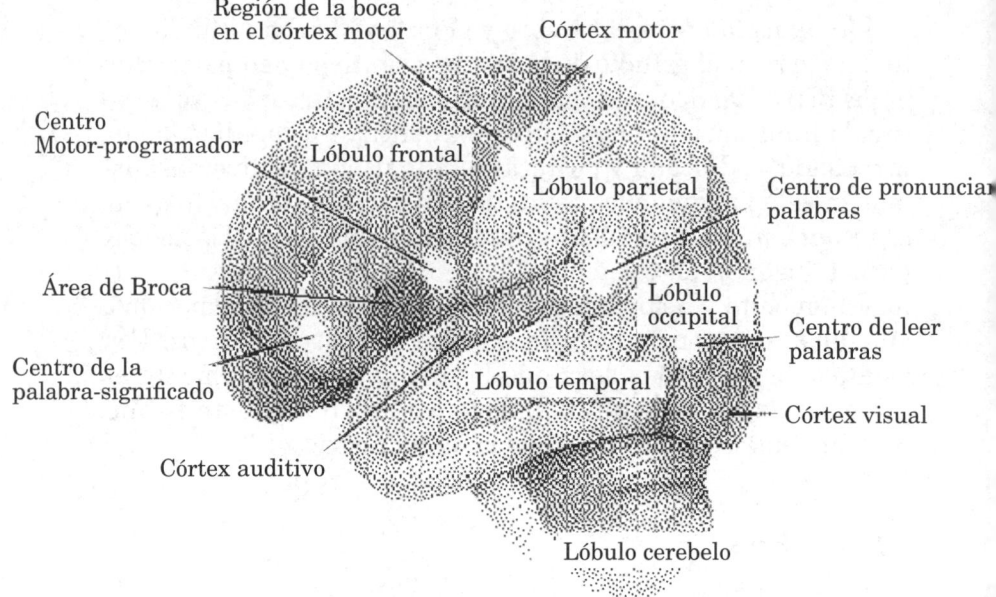

Funciones del cerebro humano

Hemisferios del cerebro

El córtex está dividido en dos hemisferios. Para las personas diestras y algunas zurdas, el hemisferio izquierdo controla la actividad consciente que se produce en el lado derecho del cuerpo, y se le considera el principal responsable de los procesamientos lineales, como la lógica y el lenguaje. El hemisferio derecho controla la influencia cognitiva sobre el lado izquierdo del cuerpo, y se le considera responsable de procesamientos más simultáneos y espaciales, como el reconocimiento y la síntesis.

Distintas tareas requieren distintas combinaciones y niveles de actividad de los hemisferios izquierdo y derecho. Resolver un problema de matemáticas tiende a requerir más actividad del hemisferio izquierdo. Visualizar un objeto tridimensional rotando en el espacio probablemente requerirá más actividad del hemisferio derecho. La creatividad requiere una contribución combinada de ambos lados del cerebro.

Sistemas de representación sensoriales

El cerebro interactúa con el mundo externo y con el resto del cuerpo a través de los sentidos, que funcionan por medio de receptores y órganos sensoriales distribuidos por toda la cabeza y el cuerpo. Los sentidos proporcionan la información básica con la que construimos nuestros modelos cognitivos de nosotros mismos y del mundo que nos rodea.

En *Sobre el alma,* Aristóteles categorizó los sentidos en cinco tipos básicos: vista, oído, tacto, olfato y gusto. Los cincos sentidos de Aristóteles se corresponden exactamente con los cinco "sistemas de representación" empleados por todas las generaciones de la PNL: visual, auditivo, cinestésico, olfativo y gustativo. Según Aristóteles, los cincos sentidos proporcionan a la mente información sobre los rasgos especiales y las características del mundo externo, como: "Blanco y negro para la vista, agudo y grave para el sonido, amargo y dulce para el gusto [...] caliente y frío, seco y húmedo, duro y suave, etc., para el tacto".

Estos rasgos se corresponden con lo que la PNL denomina "submodalidades", que son subcomponentes de cada uno de los sistemas de representación. Las submodalidades son las cualidades perceptivas particulares que pueden ser registradas por cada una de las cinco principales modalidades sensoriales. Nuestra modalidad visual, por ejemplo, puede percibir cualidades como el color, el brillo, la forma, la profundidad, etc.; nuestra modalidad auditiva es capaz de registrar el volumen, el tono, el tempo, etc.; nuestro sistema cinestésico percibe cualidades como la presión, la temperatura, la textura, etc. Tanto Aristóteles como la PNL consideran que estas distinciones son los ladrillos fundamentales de la mente cognitiva. En cierto sentido, podrían considerarse el "código máquina" fundamental de nuestra programación mental.

Con respecto a las funciones cognitivas de la mente cognitiva humana, la PNL considera que los sentidos visual, auditivo y cinestésico forman los sistemas de representación primarios, a partir de los cuales construimos nuestros modelos mentales del mundo. Por su parte, los sentidos del gusto y el olfato, que desempeñan un papel mucho más significativo en otros animales, son aspectos mucho menos importantes para la cognición humana, especialmente para las tareas cognitivas más complejas.

 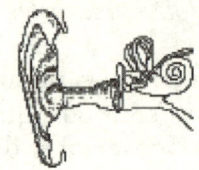 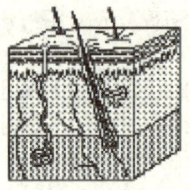

VISUAL	AUDITIVO	CINESTÉSICO
Brillo (tenue-brillante)	Volumen (fuerte-suave)	Intensidad (fuerte-débil)
Tamaño (grande-pequeño)	Tono (bajo-tiple)	Área (grande-pequeña)
Color (blanco/negro-color)	Frecuencia (alta-baja)	Textura (dura-suave)
Movimiento (rápido-lento-parado)	Tempo (rápido-lento)	Duración (constante-intermitente)
Distancia (cerca-lejos)	Distancia (cerca-lejos)	Temperatura (caliente-fría)
Enfoque (claro-difuso)	Ritmo	Peso (pesado-ligero)
Localización	Localización	Localización

Las tres modalidades sensoriales primarias del ser humano y sus "submodalidades"

Como el término indica, un "sistema de representación" es más que un simple canal de información. Incluye todo el sistema de procesamiento relacionado con una modalidad sensorial particular, incluyendo la entrada y la salida de datos, el procesamiento, el almacenamiento y la recuperación. Charles Scott Sherrington, el gran fisiólogo inglés que recibió el premio Nobel por su trabajo en neurología, señaló: "El cerebro siempre es la parte del sistema nervioso que está construida sobre, y ha evolucionado a partir de, los órganos 'receptores de la distancia'".

El órgano sensorio del oír es el oído, pero las vibraciones recibidas por el oído tienen que ser enviadas al área temporal del córtex cerebral (un área situada en un lado del cerebro, justo encima de la oreja) a fin de ser procesadas, almacenadas y "comprendidas" (por ejemplo, representadas). Para que las palabras puedan ser reconocidas y para que tengan significado también tienen que estar conectadas con otras representaciones sensoriales. El canal de salida del sistema de representación auditivo incluye la laringe y la boca.

Asimismo, el órgano sensorial de la "vista" es el ojo, pero los signos visuales recibidos por el ojo son procesados y almacenados (o "representados") en el área occipital, situada en la parte posterior del córtex cerebral. De igual manera, la piel y los órganos propioceptores de los músculos son los órganos sensoriales del tacto y la sensación. Sin embargo, a fin de que se les dé significado como "emociones" y estados internos, los mensajes procedentes del cuerpo deben ser transmitidos a las áreas central y parietal del córtex, en la parte más alta del cerebro. Las vías de salida del sistema de representación cinestésico son los gestos y movimientos del cuerpo, y las respuestas de los órganos internos, como el corazón, el estómago, etc.

Claves de acceso

Tal como debemos usar un teclado, un ratón o un módem para hacer funcionar nuestros ordenadores, existen mecanismos físicos que debemos usar para hacer funcionar nuestro bioordenador humano. Para registrar, analizar, almacenar y recodificar la información procedente de los sentidos, y poder usarla después de diversas maneras, debemos ajustar nuestra maquinaria fisiológica y neurológica a fin de dirigir la información adecuadamente. Hacemos esto a través de conductas sutiles que en PNL se llaman "claves de acceso". Las claves de acceso activan y al mismo tiempo reflejan qué sistema de representación está usando la persona para pensar. Las claves de acceso más típicas incluyen el movimiento ocular, el tono y el tempo de la voz, la postura corporal, los gestos y las pautas respiratorias.

Cuando la persona está pensando, da entrada o activa de diversas maneras cierto tipo de representaciones, entre las que se incluyen el ritmo respiratorio, los "gruñidos y quejidos" no verbales, las expresiones faciales, el chasquear de los dedos, rascarse la cabeza, y así sucesivamente. Algunas de estas son idiosincráticas del individuo y tienen que ser "calibradas" para esa persona concreta. Sin embargo, muchas de estas claves están asociadas con procesos sensoriales concretos.

La noción de "claves de acceso" microsensoriales fue propuesta originalmente por el psicólogo americano William

James en su libro *Principios de piscología* (1890). Esto es lo que James escribió al observar que algunas formas de micromovimiento siempre acompañaban al pensamiento:

> "Al prestar atención a una idea o a una sensación perteneciente a una esfera sensorial particular, se produce el movimiento de ajuste del órgano sensorio, sentido cuando ocurre. No puedo pensar en términos visuales, por ejemplo, sin sentir un juego fluctuante de presiones, convergencias, divergencias y acomodaciones en mis globos oculares [...] Cuando trato de recordar o reflexionar, los movimientos en cuestión [...] se sienten como una suerte de retirada del mundo externo. Hasta donde puedo detectar, estos sentimientos se deben a que los globos oculares están girando realmente hacia delante o hacia atrás."

Lo que James describe es bien conocido en PNL como una clave de acceso ocular: los ojos se mueven hacia arriba y hacia la izquierda o derecha para visualizar. James postuló que todos los procesos mentales van acompañados y dirigidos por mínimos cambios físicos de este tipo. Él notó que, como los procesos que reflejan, estas micro claves fisiológicas forman patrones consistentes, independientes del contenido de la conciencia de la persona.

> "La peculiaridad de los ajustes es que se trata de reflejos mínimos, escasos en número, repetidos incesantemente, y constantes en medio de grandes fluctuaciones en el resto del contenido de la mente, y completamente sin importancia ni interés excepto por su utilidad para potenciar o inhibir la presencia de ciertas cosas y acciones en la conciencia."

Esta es probablemente una de las definiciones más elegantes que se han escrito de lo que en PNL se denomina "claves de acceso". Aprendiendo a leer estos "reflejos", uno puede reconocer e influir en los patrones de pensamiento propios y ajenos. La PNL ha desarrollado muchas técnicas para la aplicación práctica de las claves de acceso a fin de facilitar la comunicación y el cambio. Algunas claves de acceso comunes son:

a. Visual: la cabeza y los ojos se dirigen hacia arriba, se hacen gestos hacia los ojos, la respiración está en la parte alta y es superficial, ojos entrecerrados, tono de voz más alto y tempo más rápido.
b. Auditiva: cabeza y ojos se dirigen hacia un lado, gestos dirigidos hacia las orejas, respiración diafragmática, ceño fruncido, tono de voz y tempo fluctuantes.
c. Cinestésica: cabeza y ojos se dirigen hacia abajo, gestos dirigidos hacia el cuerpo, respiración abdominal profunda, voz profunda que permite oír la respiración y ritmo más lento.

Lenguaje

Una de las características singulares del cerebro humano, y un componente importante de la mente cognitiva humana, es la capacidad de usar el lenguaje. En cierto sentido, podemos decir que el lenguaje es el cemento que mantiene juntas las demás representaciones sensoriales.

La palabra "lenguaje" viene del latín *lingua,* que significa "lengua" y hace referencia al discurso. El término ha ido expandiéndose a lo largo del tiempo para incluir muchos aspectos de la codificación y la comunicación. El diccionario Webster define el lenguaje como "cualquier medio de transmitir o comunicar ideas; específicamente el discurso humano; la expresión de ideas a través de la voz; sonidos, que expresan pensamientos, articulados por los órganos de la garganta y la boca". Según el diccionario Webster:

"El lenguaje consiste en la expresión oral de sonidos que se usan para representar ideas. Cuando dos o más personas anexan habitualmente los mismos sonidos a las mismas ideas, la expresión de estos sonidos por parte de una persona comunica sus ideas a otra. Este es el principal sentido del lenguaje, que se usa para comunicar los pensamientos de una persona a otra a través de los órganos de la escucha. Los sonidos articulados se representan ante los ojos por medio de letras, marcas o caracteres que forman palabras."

Así, el lenguaje es un aspecto esencial tanto de la codificación como de la comunicación de nuestra experiencia sensoria y de nuestras ideas. Es tanto la representación de la experiencia como un medio de comunicarla. El lenguaje se sitúa en el núcleo de la Programación Neurolingüística. La PNL estudia la influencia del lenguaje en nuestra programación cognitiva y en otras funciones de nuestro sistema nervioso. También estudia el modo en que nuestra programación mental y nuestros sistemas nerviosos dan forma al lenguaje, quedando reflejados en él y en sus pautas.

El lenguaje hablado es una característica singular y única de la raza humana, y se considera uno de los factores clave que distingue a los humanos de otras criaturas. Sigmund Freud, por ejemplo, creía que las palabras eran el instrumento básico de la conciencia humana, y como tales tenían poderes especiales. Así es como lo expresó:

"Al principio la magia y las palabras eran una misma cosa, e incluso hoy las palabras retienen buena parte de su poder mágico. Mediante las palabras uno de nosotros puede dar a otro la mayor de las felicidades o producir una desesperación total; mediante las palabras, el profesor imparte sus conocimientos al alumno; mediante las palabras, el orador arrastra al público consigo, determinando sus juicios y decisiones. Las palabras provocan emociones y son los medios universales mediante los cuales influimos en nuestros semejantes."

El énfasis que puso Freud en la importancia del lenguaje resuena en algunos de los principios clave de la Programación Neurolingüística. La esencia de la PNL es que el funcionamiento de nuestro sistema nervioso ("neuro") está íntimamente ligado con nuestra capacidad de usar el lenguaje ("lingüística"). Las estrategias ("programas") a través de las cuales organizamos y dirigimos nuestra conducta están hechas de pautas neurológicas y verbales. En su primer libro, *La estructura de la magia* (1975), los cofundadores de la PNL, Richard Bandler y John Grinder, se esforzaron por definir algunos de los principios que están detrás de esta aparente "magia" del lenguaje a la que Freud se refirió.

"Todos los logros de la raza humana, tanto positivos como negativos, han involucrado el uso del lenguaje. Nosotros, como seres humanos, usamos el lenguaje de dos maneras. En primer lugar, lo usamos para representar nuestras experiencias: llamamos a esta actividad razonamiento, pensamiento, fantasear, ensayar. Cuando usamos el lenguaje como sistema de representación estamos creando un modelo de nuestra experiencia. Este modelo del mundo que creamos mediante el uso representacional del lenguaje se basa en nuestras percepciones del mundo. Nuestras percepciones también están parcialmente determinadas por nuestro modelo o representación [...] En segundo lugar, usamos el lenguaje para comunicarnos unos a otros nuestro modelo o representación del mundo. Cuando usamos el lenguaje para comunicar, lo denominamos hablar, comentar, escribir, disertar, cantar."

Así, según Bandler y Grinder, el lenguaje es un medio para representar o crear modelos de nuestra experiencia, y también para comunicarla. Aristóteles describió la relación entre las palabras y la experiencia mental de esta manera:

"Las palabras habladas son los símbolos de la experiencia mental y las palabras escritas son los símbolos de las palabras habladas. Tal como todos los hombres no tienen la misma escritura, todos los hombres tampoco emiten los mismos sonidos al hablar, pero las experiencias mentales, que estos simbolizan directamente, son las mismas para todos, como también lo son esas cosas de las que nuestras experiencias son las imágenes."

La afirmación de Aristóteles de que las palabras "simbolizan" nuestra "experiencia mental" tiene su eco en la noción PNL de que las palabras habladas y escritas son estructuras superficiales que son transformaciones de otras *estructuras profundas* mentales y lingüísticas. Consecuentemente, las palabras pueden tanto reflejar como conformar nuestras experiencias mentales. Esto las convierte en una poderosa herramienta para el pensamiento y otros procesos mentales conscientes e inconscientes. Al acceder a la estructura profunda que está más allá de las palabras específicas usadas por el individuo, podemos identificar e influir en el procesamiento de las operaciones mentales que se reflejan en las pautas de lenguaje de esa persona.

Considerado así, el lenguaje no es únicamente un "epifenómeno" ni un conjunto de signos arbitrarios mediante los cuales comunicamos nuestra experiencia mental; es un *componente clave* de nuestra experiencia mental. Como señalan Bandler y Grinder:

> "El sistema nervioso, que es responsable de reproducir el sistema representacional del lenguaje, es el mismo sistema nervioso mediante el cual los humanos producen todos los demás modelos del mundo: visual, cinestésico, etc. [...] Los mismos principios estructurales están operando en cada uno de estos sistemas."

Cuando pensamos en ello de esta manera, podemos ver que la estructura de nuestros sistemas de lenguaje guarda un paralelismo con la estructura de nuestros otros sistemas perceptuales. Así, la estructura y los principios del lenguaje reflejan de algún modo la estructura y los principios de la percepción. Sin embargo, las estrategias para "formar conceptos" vendrían más de los "principios estructurales" (por ejemplo, la sintaxis o la gramática) del lenguaje, que del contenido específico del vocabulario o de las palabras.

Así, el lenguaje puede equipararse a, y tal vez incluso sustituir, las experiencias y actividades que se producen en nuestros otros sistemas representacionales. Una implicación importante de esto es que "hablar de" algo puede hacer más que simplemente reflejar nuestras percepciones; en realidad, puede crear o cambiar nuestras percepciones. Esto implica que el lenguaje puede desempeñar un papel potencialmente profundo y especial en el proceso de cambio y sanación.

La PNL comienza concibiendo el lenguaje como una "cuádrupla" (4-tupla). Es decir, las palabras o "estructuras superficiales" (A_d) son símbolos o códigos de grupos de representaciones sensoriales almacenadas o "estructuras profundas" derivadas de los cuatro canales sensoriales básicos: visual, auditivo tonal, cinestésico y olfativo. La relación básica del lenguaje con la experiencia se representa como $A_d<A_t,V,K,O>$; donde las estructuras verbales superficiales (A_d) al mismo tiempo ponen en marcha y se derivan de las estructuras sensoriales profundas, representadas por $<A_t,V,K,O>$. Así, el lenguaje es un "operador" que organiza y estructura otros aspectos de nuestra experiencia.

Estructura profunda
Experiencia y pautas sensoriales
$<A_t,V,K,O>$

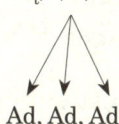

Ad, Ad, Ad

Lenguaje
Estructuras superficiales

Las "estructuras superficiales" verbales ponen en marcha y al mismo tiempo se derivan de las "estructuras profundas" de nuestras experiencias sensoriales.

Esta relación da al lenguaje un papel especial como "meta modelo": un modelo de nuestros otros modelos mentales; algo que otros animales no poseen. Nuestra capacidad de construir meta modelos es la que nos permite un grado de elección especial y flexibilidad en relación con nuestra experiencia del mundo.

El enfoque de la PNL con respecto al lenguaje se centra más en las pautas, procesos y formas del lenguaje que en sus contenidos particulares. Es decir, la PNL identifica ciertas clases de palabras —por ejemplo, sustantivos, predicados basados en los sentidos, ambigüedad, órdenes incorporadas, etc.—, que reflejan áreas borradas, o bien áreas de distorsión o generalización en nuestra experiencia y en nuestros mapas del mundo. Este tipo de patrones formales reflejan los procesos del nivel superior, como creencias, presuposiciones y asunciones, que tienen más influencia en nuestra percepción del mundo que cualquier contenido específico.

La PNL también pone el acento en los aspectos no verbales del lenguaje como elementos clave para formar y comunicar nuestros modelos del mundo. Por ejemplo, la Sintaxis Somática (véase Capítulo 2) explora el modo en que ciertos patrones no verbales, como los movimientos y gestos, conforman y reflejan nuestras experiencias y representaciones internas.

Cinco desarrollos clave en Programación Neurolingüística desde *PNL Volumen I*

Para resumir lo dicho hasta ahora sobre la mente cognitiva, la PNL considera que la mente humana es principalmente un producto de nuestro sistema nervioso. Nuestra mente cognitiva se manifiesta y expresa a través de una serie de sistemas neurales complejamente interactivos en los hemisferios de nuestro córtex cerebral y otras estructuras cerebrales, y en las estructuras nerviosas que se extienden por nuestro cuerpo, en particular las relacionadas con los sistemas de representación sensoriales. La PNL considera que la actividad que se desarrolla dentro de estas estructuras, en forma de lenguaje y diferentes niveles de *programas* internos, es la fuente principal de la experiencia y la inteligencia humanas. Estos programas forman la ruta de transformaciones a través de las cuales las estructuras mentales profundas se conectan entre ellas y con las estructuras superficiales lingüísticas y de conducta.

La mayoría de las técnicas originales de la PNL confiaban en trabajar casi exclusivamente con las distinciones de los sistemas representacionales, las submodalidades, las claves de acceso y los patrones del lenguaje, como por ejemplo:

Los patrones del meta modelo del lenguaje (y el Modelo Precisión).
Generar y utilizar estrategias cognitivas.
El *squash* visual o integración de polaridades.

La técnica *swish*.
La técnica de disociación Visual-Cinestésica.
La estrategia para generar nuevas conductas.
Las metáforas y patrones del lenguaje hipnótico del "Modelo Milton".

Empezando por estas estructuras y distinciones fundamentales, la PNL ha creado y desarrollado a lo largo de los años, muchas técnicas y aplicaciones; demasiadas como para poder revisarlas todas dentro de las limitaciones de este libro.

También hay una serie de nuevas distinciones y modelos significativos que han surgido en la PNL a lo largo de las tres últimas décadas: nuevas pautas derivadas de estas pautas fundamentales. En este capítulo resumiremos y revisaremos cinco de estos nuevos desarrollos que, según creemos, son los más representativos e importantes para las nuevas generaciones de la PNL. Incluyen:

- La percepción del tiempo y las líneas temporales.
- Las posiciones perceptuales.
- Los niveles neurológicos.
- El modelo S.C.O.R.E.
- Los patrones del meta programa.

Percepción del tiempo

La percepción del tiempo es un componente importante de nuestro sentido de la realidad que influye en cómo hacemos planes y resolvemos problemas. Determina cómo nos planteamos las limitaciones que debemos afrontar.

Sin embargo, nuestra percepción del tiempo es en gran medida un constructo cognitivo. Nuestros cuerpos físicos siempre están en el presente. Mientras que nuestra mente puede viajar al pasado y al futuro, nuestros cuerpos siempre se encuentran en el "aquí y ahora", y están principalmente preparados para percibir el momento presente. Por ejemplo, en el momento presente debemos seguir respirando. La respiración que tomamos hace una hora ya no sirve para mantenernos con vida.

La capacidad de nuestra mente cognitiva para viajar en el tiempo puede ser una fuente de recursos o de sufrimiento, dependiendo de nuestra relación con el tiempo y de la cualidad de nuestra conciencia de esa relación. La PNL ha hecho exploraciones significativas de los diferentes modos que las personas tienen de representar subjetivamente el tiempo y de cómo influye en su manera de percibir los sucesos y darles significado (James & Woodsmall, 1987; Andreas & Andreas, 1987; Dilts, 1987, 1990; Bandler, 1988, 1993). El modo que tiene la gente de representar el pasado y el futuro, y cómo ordenan los sucesos en el "tiempo" puede afectar mucho a sus pensamientos, emociones y planes.

Por ejemplo, tómate un momento para darte cuenta de cómo percibes subjetivamente el "tiempo". Piensa en algo que ocurrió (a) ayer, (b) hace una semana, y (c) hace un año. ¿Cómo sabes que una cosa ocurrió hace un día y la otra hace un año? ¿Cómo representas la "distancia" en el tiempo entre distintos sucesos?

Ahora mira un reloj y recuerda qué hora es. Aleja la vista del reloj y vuelve a mirar cuando hayan transcurrido dos minutos y medio. ¿Cómo sabes cuánto tiempo ha transcurrido? ¿Experimentas el tiempo de una forma distinta que cuando consideraste la relación entre los sucesos en la pregunta anterior?

Piensa en el "ahora". ¿Cómo sabes qué es el "ahora"? ¿Cómo de grande es el "ahora"? Cuando piensas en "ahora", ¿es grande o pequeño? Cuando piensas en el tiempo, ¿en qué dirección está el "pasado" y en qué dirección está el "futuro"? Por ejemplo, ¿está el pasado detrás de ti, a tu izquierda o en alguna otra parte?

Encuentra a otra persona y plantéale estas mismas preguntas. Date cuenta de lo similares o diferentes que son sus respuestas de las tuyas. Podría sorprenderte lo distintas que son.

Un método común de organizar nuestra percepción del tiempo es verlo como una *línea* temporal compuesta de puntos que representan el pasado, el presente y el futuro según una relación causa-efecto. Un segundo método igualmente importante de percibir el tiempo es como un marco temporal (a largo, medio o corto plazo) que representa la distancia, el área o la relación entre distintos sucesos a lo largo de la línea temporal.

El origen del concepto de líneas temporales

Una de las primeras personas que exploró los aspectos subjetivos del tiempo fue Aristóteles. En su libro *Física,* llega a cuestionar con humor la realidad objetiva del tiempo:

> "Las consideraciones siguientes le harían a uno sospechar que [el tiempo] o bien no existe en absoluto o apenas, y de manera oscura. Una parte de él ha sido y ya no es, mientras que la otra va a ser, pero aún no es. Sin embargo, el tiempo —tanto el tiempo infinito como cualquier cantidad que desees tomar— está hecho de estos. Uno supondría naturalmente que lo que está hecho de cosas que no existen no podría participar de la realidad."

Sin embargo, aunque podemos cuestionar la existencia objetiva del tiempo, sigue siendo cierto que estructuramos buena parte de nuestra vida en torno a él y a nuestra percepción de él. Nuestra manera de organizar y situar los sucesos en el tiempo puede tener una gran influencia en sus efectos percibidos.

Al intentar entender nuestra experiencia subjetiva del tiempo, Aristóteles mantenía: "Solo aprehendemos el tiempo cuando lo hemos marcado en referencia al movimiento, cuando lo hemos marcado mediante el 'antes' y el 'después'; y solo cuando hemos percibido el 'antes' y el 'después' del movimiento, decimos que el tiempo ha transcurrido. Ahora los marcamos diciendo que A y B son diferentes, y una tercera cosa está en medio de ellos. Cuando pensamos que los extremos son diferentes del medio y la mente pronuncia que los 'ahoras' son dos, uno antes y otro después, entonces decimos que hay tiempo... Porque lo que está ligado por el 'ahora' se piensa que es tiempo... Porque el tiempo es solo esto: un número en movimiento con respecto al 'antes' y al 'después'[...] Existe una correspondencia con el punto, porque el punto también conecta y termina la longitud: es el comienzo de una longitud y el final de otra".

Desde entonces, esta percepción del tiempo como "puntos" a lo largo de una línea que permite cuantificar eventos, como que el presente, o "ahora", está "después" del pasado (A) y "antes" del futuro (B), ha sido recogida y usada por los científicos y planificadores. De hecho, las "líneas temporales" se han convertido en el modo principal de pensar con respecto al tiempo en la sociedad occidental.

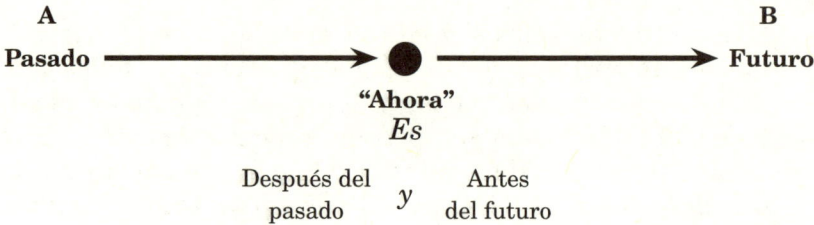

Según la visión de Aristóteles, percibimos el tiempo como un punto en movimiento a lo largo de una línea

Expandir el concepto del tiempo "lineal"

Aristóteles continuó manteniendo que los métodos lineales de percibir y medir el tiempo solo eran una manera de hacerlo, y ante todo eran valiosos con respecto a lo que él denominó las "causas mecánicas". También consideró la influencia del tiempo con respecto a los fenómenos biológicos y mentales de otra manera distinta:

> "[Hay un] dicho común según el cual los asuntos humanos forman un círculo, y también hay un círculo en todas las demás cosas que tienen un movimiento natural de venir a ser y perecer. Esto se debe a que todas las demás cosas son discriminadas por el tiempo, y acaban y empiezan como si conformaran un ciclo; porque incluso del mismo tiempo se piensa que es un círculo [...] De modo que decir que las cosas que vienen a ser forman un círculo es decir que hay un círculo de tiempo; y es decir que el tiempo es medido por el movimiento circular."

Aristóteles sugirió que el tiempo relacionado con los procesos mecánicos puede representarse por la clásica "línea temporal". Sin embargo, el tiempo que se relaciona con los procesos más orgánicos relacionados con el "movimiento natural de venir a ser y perecer" puede representarse en forma de círculos y "ciclos".

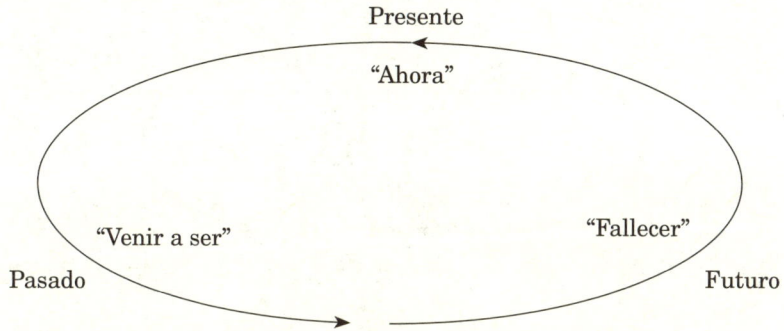

Línea temporal cíclica o "circular"

Estas distintas formas de percibir el tiempo tenderán a enfocar nuestra atención de diferentes maneras y en distintos aspectos de una situación. Por ejemplo, ver el tiempo en términos de ciclos nos lleva a percibir y medir el significado de los sucesos que ocurren en el mundo que nos rodea de manera diferente que si lo percibimos linealmente.

Hay ciertas culturas, como la balinesa, cuya principal manera de percibir el tiempo es cíclica más que lineal. Para ellos el tiempo discurre en ciclos superpuestos de dos días, siete días, setenta y dos días, setenta y dos años, etc. Ellos determinan y planean sus interacciones sociales, ceremonias y eventos culturales basándose en su posición dentro de uno de estos ciclos, o en la intersección de varios ciclos. Consecuentemente, su sentido de la "realidad" es muy distinto del de la mayoría de los occidentales.

En Occidente el tiempo presupone un concepto lineal que se describe en términos de unidades discretas: por ejemplo, momentos, segundos, horas, semanas, etc. Para una cultura que no conciba el fenómeno temporal de manera discreta o lineal, la experiencia del tiempo puede llevar a percibir el "ahora" y el "siempre" como ocurrencias simultáneas. El "pasado" y el "futuro" no son segmentos de una línea que están progresivamente más distantes del presente, más bien son marcos temporales que contienen conocimientos que informan e influyen continuamente en la experiencia.

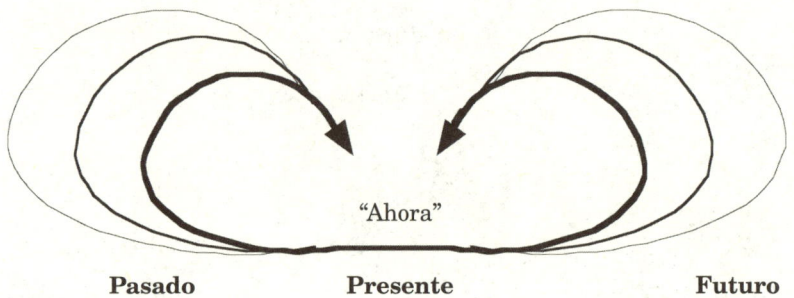

En las culturas en las que el "tiempo" no se percibe linealmente, el "pasado" y el "futuro" son marcos de conocimiento que informan e influyen continuamente en la experiencia.

El "collar de cuentas" de William James

A finales del siglo XIX, el gran psicólogo William James abordó la percepción del tiempo en su libro fundamental *Principios de psicología* (1890, pp. 369-420). James relacionó la percepción del tiempo con nuestra conciencia de lo que él denominó la "corriente de conciencia". Él comparó "la constitución de la conciencia" con "una hilera de sensaciones e imágenes parecidas a cuentas, todas separadas..." Desde esta perspectiva, nuestra percepción del tiempo sería en función de la posición de nuestra conciencia en la hilera de cuentas. Según James:

> "Pensar en que algo es 'pasado' es pensar que está entre los objetos o en la dirección de los objetos que en el momento presente parecen afectados por esta cualidad."

Un rasgo importante de la analogía del collar de cuentas es que este puede ser manipulado. Podría estar girado, o plegado, de modo que sus cuentas podrían asumir distintas relaciones entre ellas. Doblando el collar de cierta manera, las cuentas del "pasado" pueden estar en un contacto muy cercano con las que representan el "presente".

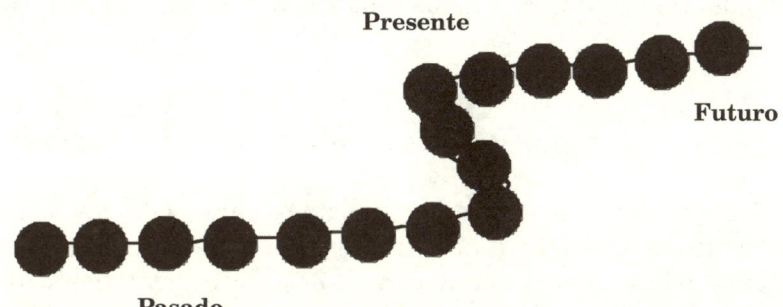

El concepto de William James según el cual el tiempo puede percibirse como un collar de sensaciones "parecidas a cuentas".

El comentario de James de que un rasgo clave de la percepción del tiempo es la "dirección" también es significativo, en el sentido de que saca a la luz el tema de cómo estamos involucrados en nuestra propia percepción del tiempo. James afirmaba: "La unidad que compone nuestra percepción del tiempo es una duración con una proa y una popa, por así decirlo: un extremo que mira hacia atrás y otro que mira hacia delante". Así, la percepción del tiempo es como una barca en la corriente de conciencia. Lo que queda por delante "del extremo que mira hacia delante" es el futuro. Lo que queda detrás del "extremo que mira hacia atrás" es el pasado. El grado en el que algo se pierde en la distancia indica lo cerca o lejos que está en el pasado o en el futuro. Como describió James:

"Hay una especie de proyección en perspectiva de los objetos pasados sobre la conciencia presente, similar a la de los amplios paisajes sobre la pantalla de una cámara."

Como sugieren las nociones de "paisaje" o "corriente", lo que James añade al concepto aristotélico de tiempo es la capacidad de moverse o reposicionarse con respecto a la percepción del tiempo. Así, el tiempo no tiene un único significado. Más bien, nuestra situación y perspectiva con respecto a nuestra percepción del tiempo determina las relaciones y el significado de los sucesos.

Las líneas temporales como herramienta de cambio

Los primeros usos terapéuticos de la percepción del tiempo tuvieron su origen en Sigmund Freud. Freud incorporó la capacidad de la persona de cambiar su percepción del tiempo como un aspecto importante de su terapia psicoanalítica. Él descubrió que cuando las personas experimentaban síntomas psicológicos, a menudo parecían "volver atrás" en el tiempo y revivir experiencias anteriores de su vida. No obstante, si el paciente era capaz de poner en perspectiva estos sucesos del pasado mediante el análisis y reconocer sus "relaciones temporales" con otros sucesos de su vida, Freud notó que este a menudo conseguía un notable alivio de sus síntomas.

Está claro que nuestra percepción del "tiempo" influye en nuestra manera de dar significado a una experiencia. La mayoría de nosotros hemos tenido experiencias en las que algo parece importantísimo en un momento dado. Pero, cuando lo consideramos con respecto a un marco temporal más amplio, nos preguntamos: "¿Por qué me he sentido tan atrapado en esto?"

"En el tiempo" y "A través del tiempo"

En el modelo de la PNL, las observaciones de Freud guardan relación con las dos perspectivas fundamentales que uno puede tener con respecto a la percepción del tiempo: percibir algo "en el tiempo" o "a través del tiempo". La noción de líneas temporales "en el tiempo" y "a través del tiempo" se desarrolló originalmente en PNL en 1979, con la llegada de los denominados patrones del "meta programa".

Percibir un suceso "en el tiempo" supone tener un punto de vista dentro del suceso que se está desplegando; ver, oír y sentir lo que está ocurriendo a través de nuestros propios ojos, oídos y cuerpo. Desde esta posición perceptual, el "presente" es nuestra posición actual, y el "futuro" está representado como una línea que se extiende por delante de uno, quedando el pasado atrás, de modo que uno camina hacia el futuro dejando el pasado detrás. Sin embargo, uno podría invertir su dirección y caminar hacia el pasado. De esta manera, a fin de revivir o "regresar" a un suceso, uno estaría experimentándolo "en el tiempo".

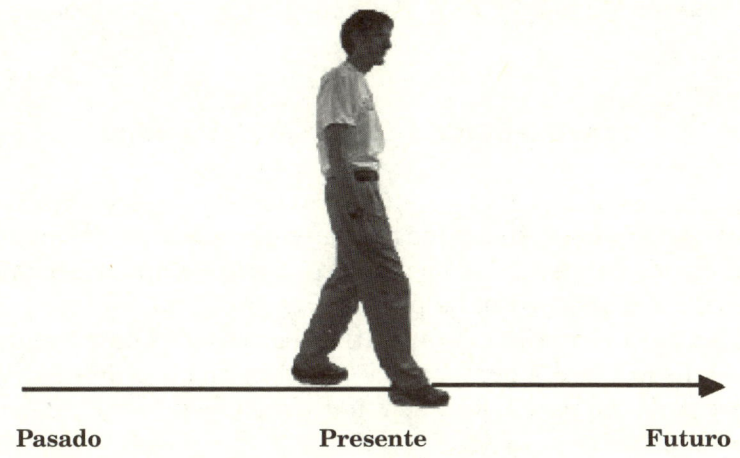

Pasado   Presente   Futuro

Línea temporal "En el tiempo"

Cuando percibimos los sucesos "a través del tiempo", tomamos un punto de vista situado fuera de la secuencia de sucesos, disociado de aquello que está siendo observado. En el caso típico, desde esta perspectiva la línea temporal se ve de modo que el "pasado" y el "futuro" son líneas extendiéndose hacia la izquierda y la derecha, de modo que el "presente" queda en medio (como el punto de Aristóteles sobre el segmento de una línea). A fin de describir un suceso y el efecto que le acompaña, situándolos seguidamente en una relación temporal con nuestras otras experiencias, necesitaríamos percibirlos de esta manera, "a través del tiempo".

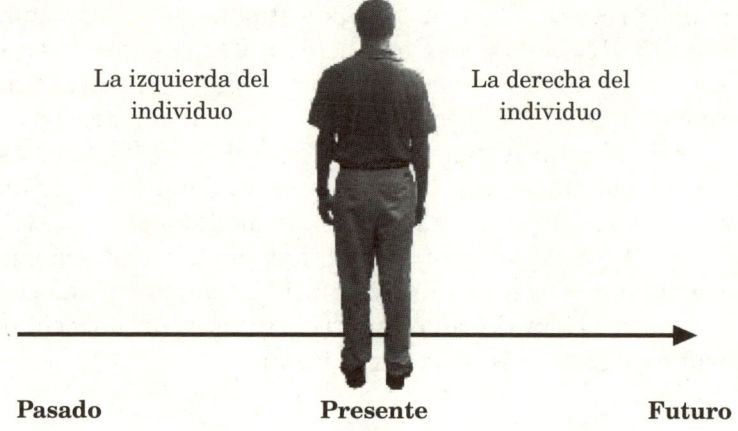

Línea temporal "A través del tiempo"

Las dos perspectivas, que pueden representarse visualmente o a través del uso del espacio físico, crean distintas percepciones del mismo suceso. La perspectiva "A través del tiempo" es eficaz para el análisis cuantitativo, pero es más pasiva porque está disociada. La perspectiva "En el tiempo" es más activa y participativa, pero hace que resulte más fácil "perder de vista la totalidad".

Muchos síntomas mentales y emocionales son el resultado de una regresión "en el tiempo" a experiencias del pasado sin haber tenido la opción de asumir la perspectiva del observador más distante "A través del tiempo". El resultado es que la persona reacciona inconscientemente en el presente como lo hizo en esa ocasión anterior de su vida. Veamos un ejemplo: un individuo que en ciertas circunstancias siente un miedo irracional a hablar en público puede descubrir que hubo una ocasión en la que, siendo niño, otros se burlaron de él o le humillaron frente a su clase o a un grupo de gente. Ahora, de adulto, circunstancias similares pueden provocar asociaciones con la situación infantil que la persona siente emocionalmente, pero de las que no es consciente mentalmente.

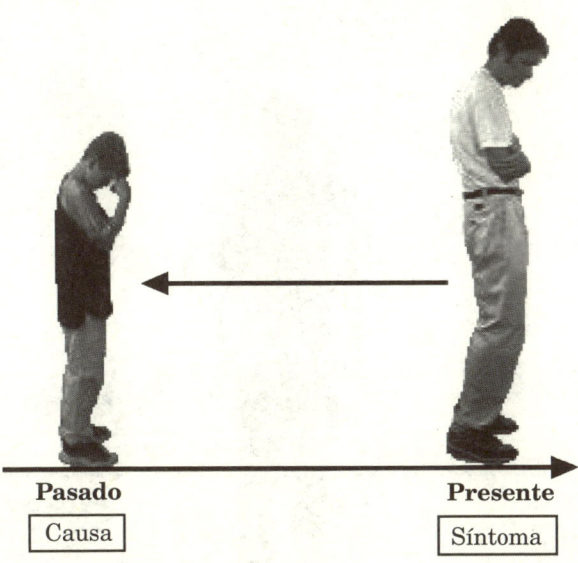

| Pasado | Presente |
| Causa | Síntoma |

Un síntoma en el presente a menudo es el resultado de una regresión "en el tiempo" a un suceso del pasado.

A menudo es posible limpiar estos sentimientos cambiando de una perspectiva regresada o asociada "en el tiempo" a otra perspectiva más disociada y amplia "a través del tiempo". Esto permite que la persona comprenda cómo y por qué está teniendo la reacción, de modo que ya no parezca tan irracional y atemorizante. Con frecuencia, esta nueva perspectiva produce automáticamente un cambio en la respuesta del individuo que lleva a lo que Freud denominó "corrección asociativa".

Muchos métodos PNL incorporan dos formas de percibir el tiempo usando las líneas temporales mentales o físicas. Por ejemplo, en Cambiar la historia personal se empieza haciendo el seguimiento de un síntoma emocional "en el tiempo" hasta las circunstancias que lo originaron. Seguidamente se contempla la experiencia "a través del tiempo" a fin de tener una perspectiva más amplia del mismo. Finalmente, se llevan nuevos recursos "en el tiempo" hasta el suceso original, lo que crea una nueva percepción del suceso que altera su efecto emocional.

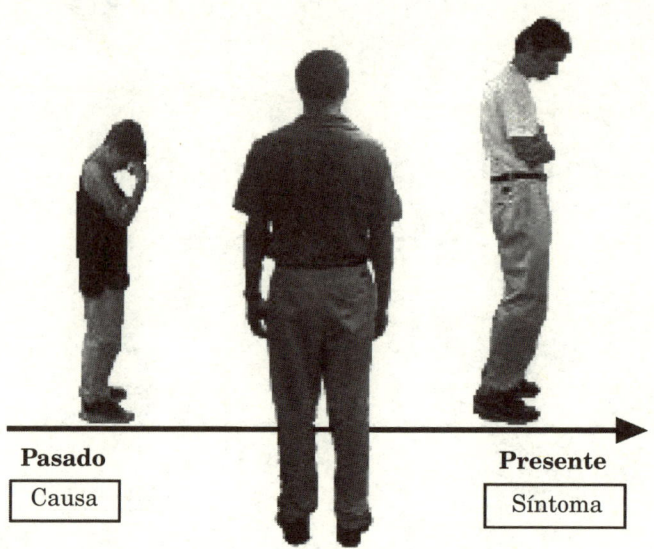

Ver la "relación temporal" entre las experiencias del pasado y las del presente desde una perspectiva "a través del tiempo" cambia su efecto emocional.

Marcos temporales

Mientras que las líneas temporales nos ayudan a secuenciar los sucesos a lo largo de un camino, los marcos temporales a menudo determinan con más fuerza cómo impactarán en nosotros. Los marcos temporales se relacionan más con la distancia que con la secuencia. Por ejemplo, percibir una tarea o relación particular con respecto al pasado lejano le dará una perspectiva y un significado diferentes que percibirlo con respecto a la situación que está en marcha, al futuro inmediato o a un futuro lejano. La evaluación que haga la persona del "estado" de una relación o tarea particular cambiará dependiendo del marco temporal que use para evaluarlo.

Por ejemplo, establecer un marco temporal de diez minutos para un encuentro o un ejercicio influye mucho en lo que puede conseguirse en ese encuentro. Determina dónde enfocará la gente su atención, qué temas y asuntos es apropiado que se incluyan en la interacción y el tipo y el grado de esfuerzo que se ejercerá. Un marco temporal de una hora o de tres horas para esa misma reunión o ejercicio puede generar dinámicas muy diferentes. Los marcos temporales breves tienden a enfocar a las personas en las tareas, mientras que los marcos temporales más extensos abren la posibilidad de enfocarse también en desarrollar relaciones. Si se ha establecido un límite temporal de 15 minutos para una reunión, es más probable que se interprete que dicha reunión está orientada hacia una tarea, en lugar de ser una sesión de final abierto, exploratoria, en plan tormenta de ideas.

Como todas las distinciones cognitivas, los marcos temporales tienen asociadas pautas verbales, sensoriales y físicas. El tiempo verbal es el código lingüístico evidente de los marcos temporales. Por ejemplo, los marcos temporales relacionados con el *pasado* se expresan en pasado: "vi", "sentí", "hice", "dije", etc. A nivel cognitivo, nuestro pasado está hecho de recuerdos particulares, y fisiológicamente está asociado con los procesos del "cerebro derecho" típicamente caracterizados por los movimientos de los ojos y los gestos hacia la izquierda en las personas diestras. Los recuerdos suelen estar asociados con representaciones multisensoriales de sucesos particulares.

El marco temporal *presente* está anclado cognitivamente en la experiencia sensorial continua, y se expresa en tiempo presente: "veo", "siento", "hago", "digo", etc. Como el presente tiende a involucrar la experiencia sensoria inmediata, la fisiología asociada con su marco temporal es activa y responde a los continuos estímulos medio ambientales, como el contacto ocular mantenido, el ajuste de los ojos y las orejas con relación a los estímulos ambientales, etc.

El marco temporal del *futuro* es función de la imaginación, de las expectativas y de la fantasía. A nivel lingüístico se expresa usando el tiempo futuro: "veré", "sentiré", "haré", "diré", etc. A nivel fisiológico, los escenarios futuros fantaseados e imaginarios están asociados con los procesos del "cerebro izquierdo" típicamente caracterizados por los movimientos oculares y los gestos hacia el lado derecho en las personas diestras. Las construcciones mentales del futuro suelen estar más "disociadas" en comparación con las representaciones relacionadas con el presente o el pasado.

Cuanto más distante se perciba una experiencia con respecto al pasado o al futuro, más disociadas estarán las representaciones internas y la fisiología acompañante. También es posible que una persona se "asocie con el pasado" y lo reviva, o con el futuro y actúe "como si" estuviera ocurriendo ahora. Así, tanto el pasado como el futuro pueden ser experimentados como el "presente", y la fisiología y las representaciones internas estarán más asociadas y enriquecidas.

Recordar marcos temporales más largos con respecto al pasado permite que la persona identifique pautas de conducta a largo plazo, y consecuentemente pueda hacer mejores predicciones de sus acciones en el presente. Proyectar los resultados potenciales sobre un futuro a largo plazo permite que la persona calcule las consecuencias de realizar una acción particular en el presente. Cuanto mayor sea la distancia que uno pueda contemplar hacia el pasado o el futuro, más sabia e inteligentemente podrá actuar.

La PNL ha desarrollado una amplia tecnología para gestionar y coordinar muchos problemas relacionados con la percepción del tiempo. Robert Dilts y Todd Epstein desarrollaron el ejercicio siguiente, a comienzos de los 90, a fin de crear una experiencia que sirviera de referencia personal para integrar la percepción temporal inmediata y a largo plazo.

Ejercicio: Integrar los marcos temporales

1. Encuentra a un compañero y poneos de pie o sentaos uno frente al otro, a corta distancia.
2. Mira el rostro de la otra persona y experiméntate en el momento inmediato (por ejemplo, completamente consciente de lo que ves, oyes, sientes, saboreas y hueles ahora mismo, en un estado de activación).
3. Cuando seas capaz de experimentarte *plenamente presente,* extiende tu mano derecha y toma la mano derecha de la persona que está delante de ti.
4. Suelta su mano, cierra los ojos, toma una respiración profunda y date la vuelta.

5. Volviendo a mirar a tu compañero, extiende tu percepción del tiempo desde el momento inmediato hasta el contexto de esta actividad, y seguidamente hasta el marco temporal de todo el día, de la semana, del mes y el año, hasta la fase de la vida en la que te encuentras, y después a la totalidad de tu vida, hasta un marco temporal mayor que tu vida, extendiéndote hacia el pasado y el futuro con una sensación de eternidad.
6. Cuando seas capaz de experimentar una sensación de tiempo que se aproxime a la eternidad o la intemporalidad, extiende tu mano izquierda y toma la mano izquierda de la otra persona.
7. Ahora suelta su mano, cierra los ojos, toma una respiración profunda y date la vuelta.
8. Vuelve a ponerte frente a tu compañero. Miraos mutuamente a los ojos y tomad simultáneamente una respiración; a continuación, estírate y toma las dos manos de tu compañero al mismo tiempo.

En este proceso, tocarse las manos se usa como una forma de anclaje. Se establecen anclajes para la percepción del largo plazo y del ahora inmediato, y seguidamente se activan simultáneamente ambos anclajes para crear un estado neurológico en el que ambos modos de percepción pueden experimentarse de forma integrada. Esto a menudo genera un estado muy profundo, que muchas personas asocian con estados alterados de conciencia (como el trance hipnótico) y con el nivel de la experiencia "espiritual".

Las experiencias espirituales raras veces se codifican en los términos del tiempo lineal. De hecho, suelen estar caracterizadas por una percepción muy alterada del tiempo, como la de tener una sensación de "intemporalidad", que a menudo es consecuencia de integrar nuestra sensación del "ahora" y del "para siempre". Este proceso ha sido adoptado por Robert Dilts y Robert McDonald para ayudar a la gente a acceder a una sensación de conciencia espiritual en su programa *Herramientas del espíritu*.

Las "líneas temporales" físicas y mentales se han convertido en una de las herramientas PNL más usadas en terapia y en el mundo de los negocios y el crecimiento personal. El trabajo con la percepción del tiempo está en el núcleo de algunos procesos de la PNL como Cambiar la historia personal, Reimpronta, Búsqueda transderivacional, Puente a futuro, Planificación estratégica y prácticamente todos los métodos de definir y gestionar un camino que vaya del estado presente a un estado deseado.

Posiciones perceptuales

La noción PNL de las posiciones perceptuales fue formulada originalmente por John Grinder y Judith DeLozier (1987) como una extensión de otros conceptos anteriores de la PNL, como el "índice referencial", la "metaposición" y los conceptos de Gregory Bateson de la "doble" y "triple" descripción.

Una "posición perceptual" es esencialmente una perspectiva o punto de vista particular desde el que uno percibe una situación o relación. La Nueva Codificación de la PNL *(New Coding)* definió tres posiciones básicas que uno puede adoptar al percibir una experiencia particular. La *primera posición* consiste en experimentar algo a través de nuestros propios ojos, y está asociada con el punto de vista de la "primera persona". La *segunda posición* consiste en experimentar algo como si estuviéramos "en el lugar de la otra persona". La *tercera posición* requiere tomar distancia y percibir la relación entre nosotros y los demás desde la perspectiva del "observador". La noción de *cuarta posición* se añadió posteriormente para describir la sensación de la totalidad del sistema o "campo relacional" (una sensación de un "nosotros" colectivo), que se deriva de una síntesis de las otras tres posiciones.

La base de las diversas posiciones perceptuales procede del hecho de que las experiencias relacionales siempre involucran a más de un individuo en el circuito de comunicación. La capacidad de entender el circuito de comunicación, y el flujo y reflujo de sucesos que se producen dentro de él, es una poderosa herramienta que permite a la gente mejorar la comunicación y producir resultados ecológicos. Aunque los participantes dentro de un circuito de comunicación no se pongan de acuerdo, cuando son capaces de cambiar de posición perceptual durante la interacción su relación queda potenciada, y se crea la posibilidad de cooperar en el futuro. Este cambio de posiciones perceptuales también se denomina "triple descripción" porque hay, como mínimo, tres posiciones perceptuales diferentes ocurriendo dentro del circuito de comunicación en cualquier momento dado: la del yo/yo mismo (primera posición), la del otro individuo (segunda posición) y la del testigo que contempla la interacción entre ambos (tercera posición).

Uno de los aspectos más útiles de la formulación de DeLozier y Grinder es que provee un proceso operativo mediante el cual la persona puede entrar y experimentar cada posición, que puede estar conectada con pautas de lenguaje específicas, así como con aspectos de la fisiología y representaciones internas, que son los tres operadores principales de la PNL. Estos patrones se resumen en las descripciones siguientes:

La *primera posición* eres tú, en tu propio espacio físico, en tu posición corporal habitual. Cuando estás plenamente asociado con la primera posición, usas palabras como "yo", "yo mismo" para referirte a tus sentimientos, percepciones e ideas. En la primera posición vives la experiencia de la comunicación desde tu propia perspectiva: ves, oyes, sientes, saboreas y hueles todo lo que está ocurriendo a tu alrededor y dentro de ti en esa experiencia desde una perspectiva asociada. Si estás verdaderamente en la primera posición, no te ves a ti mismo, sino que miras el mundo a través de tus ojos, oídos, etc. Estás plenamente asociado con tu propio cuerpo y con tu mapa del mundo.

La *segunda posición* es ser capaz de asumir la perspectiva de la otra persona con la que se interactúa (si hay más de una persona en la interacción, puede haber múltiples "segundas posiciones"). Esta es una posición temporal para recoger información en la que cambias a la posición perceptual de otra persona, asumiendo su postura física y su visión del mundo, como si tú fueses esa persona. Ves, oyes, sientes, saboreas y hueles cómo es el circuito de comunicación desde el punto de vista de la otra persona; es decir: "Caminas una milla con sus zapatos," "Te sientas al otro lado del escritorio", etc. En la segunda posición experimentas el mundo a través de los ojos y de los pensamientos, sentimientos y creencias de la otra persona. En esta posición estás disociado de ti mismo y te asocias con otra persona. Te dirigirás a tu yo en "primera posición" como un "tú" (y no como "yo"), usando el lenguaje en segunda persona. Asumir temporalmente la posición de otra persona es una maravillosa manera de evaluar lo eficaz que eres en tu lado del circuito de comunicación. (Cuando hayas terminado de mirar desde la perspectiva de la otra persona, es importante que te asegures de volver plenamente a ti mismo, limpiamente, y con información que te ayudará a comunicar mejor.)

La *tercera posición,* o posición del "observador" te pone temporalmente fuera del circuito de comunicación a fin de reunir información, como si fueras un testigo de la interacción y no un participante. Tu postura será simétrica y relajada. En esta posición verás, oirás, sentirás, saborearás y olerás cómo es el circuito de comunicación desde la posición de un observador interesado pero neutral. Usarás un lenguaje en "tercera persona", como "ella" y "él", para referirte a las personas que estás observando (incluyendo a la que se parece a ti y suena y actúa como tú). Estarás disociado de la interacción y en una especie de "metaposición".[3] Esta posición te ofrece valiosa información

---

3 Robert Dilts y Todd Epstein (1990, 1991, 1995 & 1996) sugirieron que hay distinciones sutiles pero importantes entre la tercera posición, la meta posición, y la posición del observador. Señalaron que una *tercera posición* "pura" es típicamente un punto de vista situado fuera del circuito de comunicación que incorpora conocimientos sobre las creencias y suposiciones que se derivan de haber estado previamente asociado tanto con la primera como con la segunda posición. La *meta posición* es un punto de vista fuera del circuito de comunicación en el que se cuenta con el conocimiento que se tiene de las creencias y suposiciones solo desde la propia primera posición. La *posición del observador* es un punto de vista situado fuera del circuito de comunicación en el que el observador suspende a propósito cualquier creencia y suposición sobre la primera y segunda posiciones (La tercera posición, evidentemente, también debe distinguirse de una perspectiva "disociada" y sin sentimiento).

sobre el equilibrio de las conductas en el circuito. La información conseguida en esta posición puede ser llevada a tu primera posición y usada, junto con la información conseguida en la segunda posición, para ayudar a potenciar la calidad de tu estado, la interacción y la relación dentro del circuito de comunicación.

La *cuarta posición* es una síntesis de las otras tres perspectivas que genera una sensación de "ser la totalidad del sistema". Requiere identificarse con el sistema o con la relación misma, produciendo la experiencia de formar parte de un colectivo. En la cuarta posición estás asociado con todo el sistema o "campo" relacionado con una interacción particular, y experimentas la situación teniendo en mente el interés de la totalidad del sistema. La cuarta posición es una posición "nosotros", y está caracterizada por el uso del lenguaje en primera persona del plural: "Nosotros somos", "Nosotros", etc. La cuarta posición es un componente esencial de la sabiduría y de la ecología.

Aunque no se incluyó originalmente en el grupo de posiciones perceptuales (primera posición-yo, segunda posición-otro, tercera posición-observador), la cuarta posición es igual de fundamental. Es esencial para el liderazgo eficaz, para crear equipos y para desarrollar el espíritu de grupo. Como indica el término, la cuarta posición presupone y abarca a las otras tres posiciones perceptuales. Las personas que no son capaces de llegar a la cuarta posición tienen dificultades para experimentarse a sí mismas como miembros de un grupo o comunidad.

La experiencia de la cuarta posición viene de encontrar los factores comunes más profundos y las características que unen y conectan a todos los miembros de un grupo o sistema. Es el fundamento de lo que se conoce como "mente grupal". La capacidad de alcanzar la perspectiva de la cuarta posición facilita enormemente la gestión de grupos y es una característica clave del liderazgo visionario. Los líderes eficaces son capaces de identificarse con la totalidad del sistema sobre el que están influyendo.

La mente cognitiva

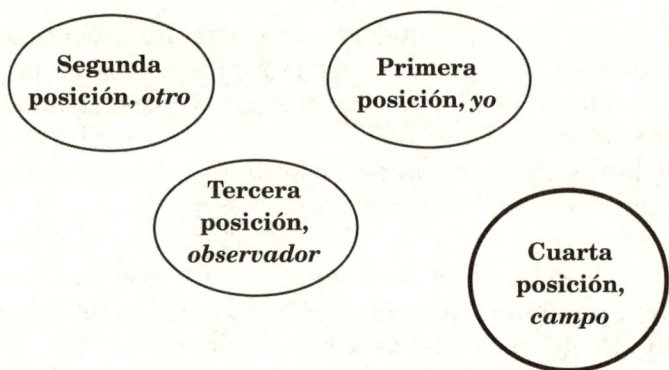

Distribución física de las distintas posiciones perceptuales

Ejercicio de las posiciones perceptuales básicas

1. Piensa en una relación que tengas con alguien a quien consideres un mentor o modelo de rol.
2. Ponte plenamente en tu propia primera posición imaginando que la otra persona está aquí ahora mismo y que le estás mirando. Describe a la otra persona y tus sentimientos personales con respecto a ella en primera persona.
3. Ahora pasa a la segunda posición poniéndote "en el lugar de la otra persona". Asume la perspectiva, las creencias y las suposiciones de la otra persona como si fueras por un momento esa otra persona. Desde la perspectiva de esa persona, describe el tú que está en primera posición y tus sentimientos con respecto a él usando el lenguaje en segunda persona cuando te refieres a ti mismo en la primera posición.
4. Ahora muévete a un tercer lugar y observa la relación entre ti y la otra persona como si estuvieras viendo una película de vosotros dos interactuando (tercera posición). Recuerda que has experimentado con el punto de vista, las creencias, las suposiciones y los sentimientos tanto tuyos como de la otra persona. Otras variantes de esta perspectiva incluyen: (a) enfocarte solo en lo que

sabes sobre las creencias y suposiciones de tu punto de vista desde la primera posición, o (b) ver la situación como si no conocieras a ninguna de las personas de la "película".
5. Pasa a una cuarta posición (bien fuera o en medio de las otras tres) y siente el "campo" de esta relación como si fuera una entidad por derecho propio. Si uno de vosotros fuera "hidrógeno" y el otro fuera "oxígeno", ¿cuál es el agua que creáis juntos?

Date cuenta de cómo cada una de estas posiciones perceptuales te da una apreciación diferente de la relación.

Practicar la "Triple descripción"

Un modo de desarrollar una sensación más clara de las posiciones perceptuales es explorar los "adjetivos caracterológicos". Gregory Bateson definió los adjetivos caracterológicos como palabras que codifican características fundamentales de una relación. Un rasgo importante de los adjetivos caracterológicos es que, al definir una parte de una relación, implican necesariamente a la otra parte de esa relación. Por ejemplo, "ser víctima" implica que hay un victimario; ponerse a la "defensiva" implica que hay algún tipo de agresión.

Por ejemplo, piensa en alguien con quien te cueste comunicarte, o en una situación que no sea una interacción creativa o productiva, una situación que no saque a la luz lo mejor de ti y en la que te sientas atascado en algún sentido. Ahora imagina que estás en un cine. Contempla a esa persona allá arriba, en la pantalla, comportándose como suele hacerlo, y piensa en una palabra para describir su conducta: un adjetivo caracterológico, un descriptor. Teniendo en cuenta todos los fragmentos de información de que dispones de cómo se está comportando esa persona, así es como la describirías. Por ejemplo, podrías describirla como "absorta en sí misma" o "agresiva".

Ahora toma una respiración amplia y profunda, y contémplate a ti mismo allí arriba, en la pantalla de cine, en relación con esa persona. Ahora estás en la tercera posición, observando y escuchando como un observador neutral. Observa cómo te comportas. ¿Qué palabras usarías para describir tu conducta? Por ejemplo, cuando la persona está "absorta en sí misma", es posible que tú "te retires"; o si la otra persona se muestra agresiva, es posible que te pongas "a la defensiva".

Empiezas a contemplar cuál es tu papel en la danza. Esa otra persona no se divertiría haciéndolo sola, ni tú tampoco. Esta es la ventaja de los sistemas: se trata de observar una parte de la interacción lo suficientemente extensa como para dar un paso atrás y decir: "Oh, ahora entiendo cómo estoy bailando con esa persona", y darte cuenta de las opciones que tienes a tu alcance para cambiar esa danza. Desde esta posición puedes preguntarte: "Cuando vuelva a la relación con esta nueva perspectiva, ¿cómo puede ayudarme esta información a marcar la diferencia en cuanto a la calidad de la interacción?" Si una parte del sistema empieza a moverse, todo el sistema se moverá.

Otra manera de experimentar las múltiples posiciones perceptuales, o la "triple descripción", que puede ser divertida e interesante, es en términos de creatividad. Piensa en una obra de arte que te haya conmovido mucho a lo largo de tu vida. No es solo algo que miras y dices: "Oh, es bonita". Más bien se trata de una obra de arte que sientes en el fondo de tu alma. Esto es estar en la posición de apreciar esa obra de arte desde la posición perceptual del espectador. También puedes hacer esto con respecto a escuchar una pieza musical, u observar una danza.

Ahora asume la posición del artista que creó la obra de arte. Pasar a la segunda posición es nuestro modo de empezar a estimular esa neurología dentro de nosotros. Cuando ocupes esta posición perceptual, empieza a usar los movimientos musculares implícitos del pintor, del escultor o del compositor a fin de tener acceso a una neurología similar en ti mismo. Está ahí, en ti, simplemente no la has activado durante mucho tiempo. Seguidamente puedes dar un paso atrás y preguntarte: ¿Cuáles son las diferencias entre ser un perceptor de esta obra de arte y ser su creador? ¿Son distintas tus creencias cuando estás en cada una de estas dos posiciones? ¿Tienes creencias distintas con respecto a tu capacidad de ser creativo cuando estás en la posición del artista y cuando estás en la posición del espectador o perceptor?

Una tercera posición perceptual sería convertirse en la propia obra de arte. Cuando se convierten en la obra de arte, la mayoría de las personas dicen que tienen una profunda sensación de simplemente "ser".

Las posiciones perceptuales ponen en marcha toda una serie de posibilidades. La idea de la triple descripción es que, a partir de esta danza de múltiples perspectivas, puede empezar a desplegarse la sabiduría. Considerar realmente la posibilidad de pasar de mi mapa personal a comprender tu mapa personal, y después a tener una posición objetiva con respecto a la relación, nos ofrece una base para la sabiduría. La capacidad de trasladarse limpia y rápidamente a cada una de estas posiciones puede ser una herramienta poderosa.

El meta mapa con las posiciones perceptuales

El propósito del meta mapa es ayudar a la persona a identificar, y seguidamente a cambiar, las características de los circuitos de comunicación que están produciendo o manteniendo interacciones problemáticas. Cuando experimentamos dificultades para comunicarnos con otros, a menudo nos atrincheramos en nuestro punto de vista. El meta mapa comienza reconociendo esta perspectiva, pero después nos ofrece la oportunidad de ver la interacción desde otros puntos de vista. Además de identificar influencias "invisibles" (internas y no físicas) sobre la situación, el meta mapa nos permite ver y modificar algunas de las maneras en que podemos estar contribuyendo a nuestras propias dificultades.

Los pasos básicos del meta mapa son: (a) identificar una situación de comunicación difícil o tensa; (b) hacer un mapa de las dinámicas que están ocurriendo entre uno mismo, la otra persona que participa en la interacción y nuestro propio observador interno; (c) asumir la perspectiva de la otra persona y ver la situación desde su punto de vista; (d) establecer una "meta posición" desde la que examinar las pautas tanto físicas como mentales que se están dando en la interacción y que pueden estar contribuyendo al problema; y (e) explorar posibles cambios en la comunicación, en las actitudes o en las suposiciones que podrían hacer la interacción más cómoda y productiva.

Además de ofrecer una estrategia útil para reflexionar sobre, o prepararse para, una reunión o interacción difícil, el meta mapa puede usarse como una técnica de *coaching* o consultoría. Algunos pasos específicos del meta mapa se han derivado de modelar a líderes eficaces en compañías y organizaciones. Dentro del proceso de modelamiento, a los líderes se les sitúa en situaciones de interacción difíciles y, en gran medida, imprevisibles. Seguidamente, se les pregunta cómo se han preparado mentalmente para afrontar esos retos. Una respuesta común fue:

"Pensaba en las personas involucradas en la situación, e imaginaba las posibles acciones que podrían emprender que producirían problemas. Seguidamente me miraba a mí mismo y trataba de ver cómo podría responder, y si me sentía cómodo con ello. También trataba de ver la situación desde el punto de vista de la otra persona, teniendo una sensación de cuáles podrían ser los motivos detrás de sus acciones. Seguidamente miraba la situación desde la perspectiva de la compañía para ver cuál sería la mejor manera de gestionar la situación para todos los implicados. Una vez concluida mi *tarea,* finalmente pensaba en cuál era el estado interno en el que yo quería estar, y qué estado me ayudaría a responder de manera más creativa y apropiada. Pensaba que, si estaba en un estado inadecuado, no sería capaz de responder bien, pasara lo que pasara; pero si estaba en el estado correcto, me sentiría inspirado, aunque ocurriera algo para lo que no estaba preparado.

Ejercicio del meta mapa

Lo que sigue es una variante del meta mapa basada en las estrategias de los líderes eficaces, y puede aplicarse como una estrategia para reflexionar sobre, o planificar para, una situación que resulta difícil para el líder.

1. Piensa en una situación desafiante o difícil en la que has estado, o en la que esperas estar, con relación a un colaborador particular.
2. Ponte plenamente en la primera posición, imaginando que ese colaborador está aquí ahora mismo y que le estás mirando con tus propios ojos.
3. Ahora imagina que te pones "en los zapatos" de tu colaborador, mirándote a ti mismo con sus ojos. Asume la perspectiva, las creencias y las suposiciones del colaborador como si fueras por un momento esa persona.
4. Ahora observa la relación entre el colaborador y tú como si estuvieras viendo un vídeo de otro líder interactuando con un colaborador. Date cuenta del tipo de mensajes y meta mensajes que os enviáis mutuamente en ambos sentidos (con intención o sin ella).
5. Como experimento final, asume la perspectiva de la totalidad del sistema y considera qué sería lo mejor para el sistema.
6. Vuelve al punto de vista de tu primera posición. Date cuenta de que, al tomar las distintas posiciones perceptuales, cambia tu experiencia de la interacción. ¿Qué nuevas comprensiones has tenido sobre ti mismo, tu colaborador o la situación? ¿Qué acciones de liderazgo y qué cualidades serían más apropiadas para que las asumieras en esa situación? ¿Qué estado interno y actitudes te ayudarían más a expresar estas acciones y cualidades de liderazgo?

Desde que se desarrollaron, las posiciones perceptuales han quedado incorporadas y son una parte importante de muchas técnicas de la PNL. La capacidad de asumir múltiples perspectivas es una habilidad esencial dentro del marco del liderazgo, de la enseñanza, la terapia y la sabiduría. La reimpronta, el meta espejo, el meta mapa, alinear las posiciones perceptuales (del Trabajo de transformación esencial, de Connirae Andreas), y las diversas técnicas de la PNL usadas para la integración de conflictos, mediación y negociación, todas ellas usan las posiciones perceptuales como un método fundamental para producir cambios y conseguir los resultados deseados.

Niveles de cambio e interacción

Otro desarrollo muy importante que se ha producido en la PNL a lo largo de los últimos 30 años ha sido el de los diferentes *niveles* de cambio e interacción. En PNL, la noción de diferentes *niveles de cambio e interacción* hace referencia al hecho de que algunos procesos y fenómenos son creados por las relaciones e interacciones entre otros procesos y fenómenos. Cualquier sistema de actividad es un subsistema encajado dentro de otro sistema, que a su vez está encajado dentro de otro sistema, y así sucesivamente. Este tipo de relación entre los sistemas produce diferentes niveles de procesos. Nuestra estructura cerebral, el lenguaje y los sistemas sociales forman jerarquías naturales o niveles de procesos.

Por ejemplo, la "rentabilidad" de una compañía está a un nivel diferente que la maquinaria usada por dicha compañía o los servicios que ofrece. Las reglas que gobiernan la rentabilidad son diferentes de las que rigen la maquinaria o la prestación de servicios, y sin embargo todas funcionan conjuntamente, haciendo de esa empresa un único sistema.

Otro ejemplo: una idea está a un nivel diferente que las neuronas cerebrales que la producen. Asimismo, el lenguaje usado para expresar una idea está a un nivel de proceso diferente que la idea misma. Las reglas que gobiernan las interacciones entre las ideas están en un orden diferente que las que determinan cómo se activan las neuronas, o que las reglas que gobiernan cómo encajan entre sí las palabras para expresar ideas. Sin embargo, todas forman parte fundamental del sistema de la mente humana, que no existiría si todas ellas no actuaran conjuntamente.

La idea de la PNL sobre los niveles del cambio e interacción, conocida como *niveles neurológicos,* hace referencia a una jerarquía de niveles de proceso que influyen en las acciones e interacciones de un individuo o grupo. Estos niveles incluyen, en orden desde el más elevado al más bajo: (1) identidad, (2) creencias y valores, (3) capacidades, (4) conducta y (5) entorno. Hay un sexto nivel, denominado "espiritual", que puede definirse como un tipo de "campo relacional" que abarca múltiples identidades, generando la sensación de ser miembro de un sistema mayor, más allá de la propia identidad individual.

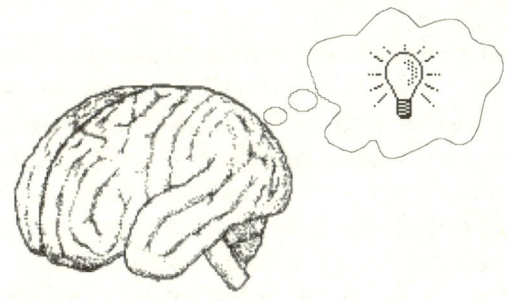

Una idea está en un nivel diferente que las neuronas concretas que la producen

La jerarquía de los tipos lógicos y los niveles de aprendizaje de Bateson

El modelo PNL de los niveles neurológicos se ha inspirado en las ideas de Gregory Bateson sobre la jerarquía de los tipos lógicos y los niveles de aprendizaje. Bateson señaló que, en el proceso de aprendizaje, cambio y comunicación, la información y el conocimiento se clasifican siguiendo unas *jerarquías* naturales. La función de cada nivel de la jerarquía es organizar la información del nivel inferior, y las reglas para cambiar algo en un nivel de la jerarquía son diferentes de las que rigen el cambio en otro nivel. Cambiar algo en un nivel inferior podría afectar, pero no afectaría necesariamente, a los niveles superiores; pero cambiar algo en los niveles superiores impacta necesariamente en el estado de cosas de los niveles inferiores para favorecer dicho cambio en el nivel superior.

La noción de "jerarquía" entró originalmente en el idioma inglés en el siglo XIV, siendo un término religioso que en esencia designaba "a un rango u orden de seres sagrados", como puede ser una "división de ángeles". Posteriormente, la palabra se usó para describir "a un cuerpo gobernante de clérigos organizado en órdenes y rangos, cada uno de ellos subordinado al inmediatamente superior". El término viene del griego *hieros,* que significa "poderoso, sobrenatural, o sagrado", y *arche,* que significa "comienzo". Esto implica que los niveles superiores de una jerarquía se acercan cada vez más a la fuente o comienzo de eso que es sagrado o poderoso. Por extensión, el término "jerarquía "también se emplea para referirse a cualquier serie graduada o clasificada, como la "jerarquía de valores" de una persona, o la "jerarquía de respuestas" de una máquina. Se entiende que los elementos situados en la parte alta de la jerarquía "van primero" o son "más importantes" que los de los niveles inferiores.

El uso moderno del término "jerarquía" implica algo más que un ordenamiento arbitrario de los elementos por rangos. Por ejemplo, en las ciencias y en las matemáticas se usa la palabra jerarquía para denotar "una serie de agrupamientos ordenados de personas o cosas dentro de un sistema". Generalmente, estos agrupamientos tienen "pocas cosas, o una cosa, en la parte superior y varias cosas debajo de cada cosa", formando una especie de estructura de árbol invertida. Un ejemplo procedente de la informática es una jerarquía de directorios, en la que cada directorio puede contener archivos u otros directorios; una red jerárquica, o una jerarquía de clase en la programación orientada a un objeto.

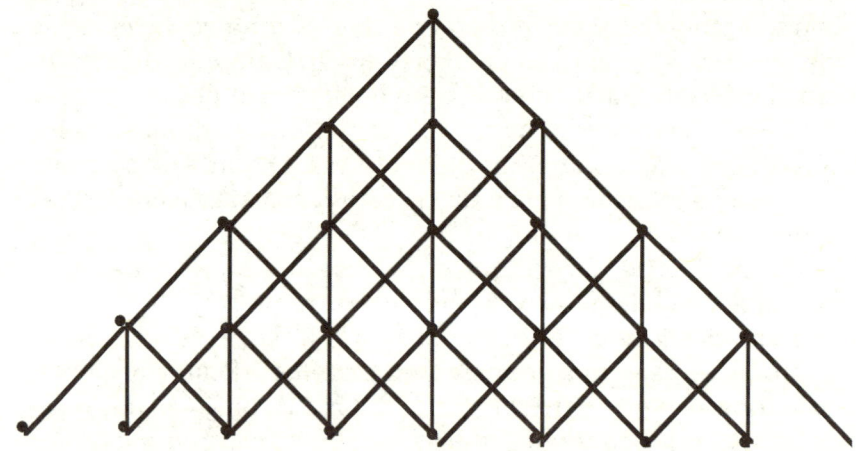

Las jerarquías a menudo se representan como "estructuras en forma de árbol".

Los tipos lógicos de Russell

Bateson derivó la noción de las diferentes jerarquías en las que *clasificar* la comunicación y el aprendizaje de la teoría matemática de los tipos lógicos de Bertrand Russell, de la que dijo que era el criterio "mental más importante" en su libro *Mind and Nature* (1979). La teoría de los *tipos lógicos* afirma que una clase de cosas no puede ser un miembro de sí misma. Según Bateson (*Pasos hacia una ecología de la mente*, p. 202):

"Nuestro planteamiento se basa en esa parte de la teoría de la comunicación que [Bertrand] Russell ha llamado Teoría de los tipos lógicos. La tesis central de esta teoría es que hay una discontinuidad entre una clase y sus miembros. La clase no puede ser un miembro de sí misma, ni uno de los miembros puede ser la clase, puesto que el término usado para la clase es de un nivel de abstracción diferente —un tipo lógico diferente— de los términos usados para sus miembros."

Como ejemplo, la clase de los números pares no puede ser, ella misma, un número par. Asimismo, la *clase* de los gatos no es un gato particular. De igual manera, el objeto físico "gato" no puede ser tratado igual que la clase de los gatos —la clase de los gatos no requiere leche ni arena para gatos, pero los miembros de la clase a menudo las necesitan—. Asimismo, está claro que el *nombre* "La clase de todas las palabras", aunque está compuesto por palabras, no es la clase de todas las palabras. Digámoslo de otra manera: esta noción de los tipos lógicos distingue entre un "mapa" particular y el "territorio" al cual se refiere. Por ejemplo, diferencia entre una "forma" mental y su "contenido".

Bateson introdujo formalmente el concepto de "tipos lógicos" en su artículo *A Theory of Play and Fantasy* (1954). En él argumentaba que el "juego" requería distinguir entre los distintos *tipos lógicos* de conducta y de mensajes. Bateson notó que, cuando los animales y los seres humanos se involucran en un "juego", a menudo exhiben el mismo tipo de conductas asociadas con la agresión, la sexualidad y otros aspectos más "serios" de la vida (como cuando los animales "juegan a pelearse", o los niños juegan a "médicos"). Sin embargo, en general, tanto los animales como los humanos son capaces de reconocer que la conducta del juego es de otra clase, y "no es real". Según Bateson, distinguir entre clases de conducta también requiere distintos tipos de mensajes. Bateson se refirió a estos mensajes como "meta mensajes" —mensajes *sobre* otros mensajes—, diciendo que ellos también son de un "tipo lógico" diferente que el contenido de una comunicación particular. Él creía que estos mensajes de "nivel superior" —que generalmente se comunican de manera no verbal— eran cruciales para que las personas y los animales sean capaces de comunicar e interactuar eficazmente.

Por ejemplo, los animales jugando pueden transmitir el mensaje "esto es un juego" meneando la cola, relajando su cuerpo, saltando arriba y abajo, o haciendo alguna otra cosa para indicar que lo que están a punto de hacer no se debe tomar en serio. Su mordisco es juguetón, no es un mordisco real. El estudio de los humanos también revela el uso de mensajes específicos que informan a los demás de que están jugando, de manera muy parecida a como hacen los animales. En realidad pueden "meta-comunicarse" verbalmente anunciando que "Esto solo es un juego", o pueden reírse, guiñar el ojo, darse un suave empujón, usar otro tono de voz diferente, o hacer algo extraño para mostrar su intención.

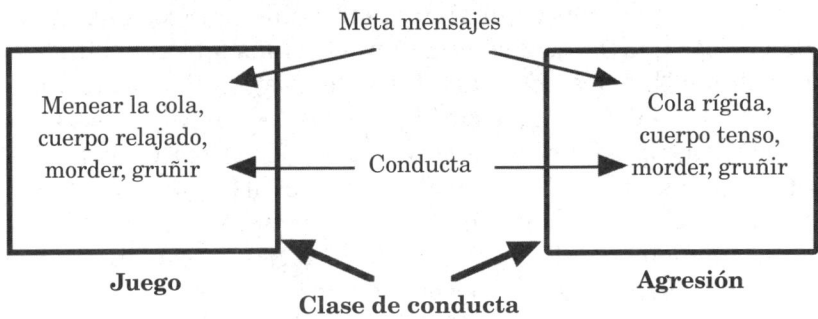

El mismo comportamiento (gruñir) puede ser miembro de dos clasificaciones distintas (juego o agresión). Otros comportamientos sirven como meta mensajes para mostrar a qué categoría particular pertenece una expresión conductual.

Bateson afirmó que muchos problemas y conflictos son el resultado de la confusión o de la interpretación errónea de estos meta mensajes. Un buen ejemplo son las dificultades que experimentan personas de distintas culturas para interpretar las sutilezas no verbales de la comunicación mutua.

De hecho, Bateson aplicó seguidamente el concepto de tipos lógicos para explicar algunos síntomas de problemas psicológicos serios y de las enfermedades mentales. En *Epidemiology of Schizophrenia* (1955), Bateson mantuvo que la incapacidad de reconocer correctamente e interpretar los meta mensajes, y de distinguir entre distintas clases, o tipos lógicos, de conducta, estaba en la raíz de muchas conductas aparentemente psicóticas o "locas". Bateson citó el ejemplo de un joven paciente que fue a la farmacia del hospital. La enfermera que estaba detrás del mostrador le preguntó: "¿Puedo ayudarte?" El paciente era incapaz de distinguir si la comunicación era una amenaza, una insinuación sexual, una amonestación por estar en el lugar equivocado, una auténtica pregunta, etc.

Cuando uno es incapaz de establecer este tipo de distinciones, argumentaba Bateson, ese individuo acabará a menudo actuando de un modo inapropiado para la situación en la que se encuentra. Lo comparó con una centralita de teléfonos que fuera incapaz de distinguir entre el "prefijo del país", el "prefijo provincial" y el número de teléfono local. Consecuentemente, el sistema asignaría inapropiadamente números pertenecientes al prefijo del país como parte del número de teléfono, o partes del número de teléfono como prefijo provincial, etc. La consecuencia sería que frecuentemente la persona acabaría marcando un "número equivocado". Aunque todos los números (el contenido) sean correctos, la clasificación de los números (la forma) se confunde, y eso crea problemas.

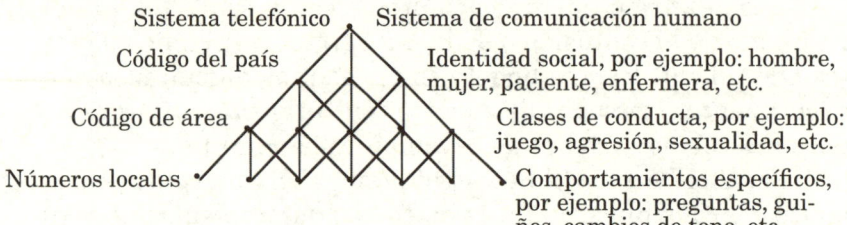

Bateson comparó las jerarquías de los tipos lógicos en la comunicación humana con las diferentes clasificaciones de los números en una centralita telefónica.

El orden de las abstracciones de Korzybski

La clasificación de los tipos lógicos de Bateson también recibió la influencia parcial del fundador de la semántica general, Alfred Korzybski, que resaltó la importancia de diferenciar entre distintos "órdenes de abstracción". Estos incluyen diferencias entre lo que vemos (nuestras representaciones internas) y los estímulos externos mismos, y entre los mapas verbales y las representaciones internas que tratan de retratar. Las representaciones internas son más abstractas, pero más abarcantes, que la realidad externa que representan. Asimismo, las descripciones verbales son más abstractas, y potencialmente más abarcantes, que las representaciones internas que representan.

Según Korzybski, diferenciar los órdenes de abstracción también incluye distinguir entre (a) descripciones de experiencias e (b) inferencias (conclusiones extraídas de nuestras experiencias y de nuestras descripciones de dichas experiencias); y entre descripciones *sobre* descripciones, inferencias basadas en otras inferencias, sentimientos sobre sentimientos, y entre las abstracciones de una persona y las de otra, etc.

Bateson combinó la noción de "órdenes de abstracción" con la de jerarquía de clasificación para identificar distintos niveles de aprendizaje y cambio en los animales y en los seres humanos, de modo que cada nivel sintetiza e integra procesos del nivel inmediatamente inferior, y consecuentemente tiene un mayor impacto en el individuo. En *The Logical Categories of Learning and Communication* (1964) amplió la noción de tipo lógico para explicar distintos tipos y fenómenos del aprendizaje, así como de la comunicación. Definió dos tipos o niveles fundamentales de aprendizaje que deben ser considerados en todos los procesos de cambio: El "Aprendizaje I" (condicionamiento del tipo estímulo-respuesta) y "Aprendizaje II", o *deutero* aprendizaje (aprender a reconocer el contexto mayor en el que ocurre el estímulo, de modo que su significado pueda ser interpretado correctamente). El ejemplo más básico de un fenómeno de Aprendizaje II es el aprendizaje establecido, o cuando un animal se "hace diestro en el test que se le aplica". Los animales de laboratorio aprenden cada vez más rápido nuevas tareas que entran dentro de la misma clase de actividades. Esto guarda relación con aprender *clases* de comportamiento en lugar de conductas sueltas y aisladas.

Por ejemplo, un animal entrenado en el condicionamiento evitador será capaz de aprender distintos tipos de conducta evitadora cada vez más rápido. Sin embargo, será más lento a la hora de aprender alguna conducta condicionada en la que tenga que *responder* (por ejemplo, salivar al escuchar una campana) que algún otro animal que haya sido condicionado anteriormente en ese tipo de conducta. Es decir, aprenderá rápidamente a identificar y a mantenerse lejos de los objetos que podrían estar asociados con un *shock* eléctrico, pero aprenderá más lentamente a salivar cuando suene la campana. Por otra parte, un animal entrenado en un condicionamiento tipo Pavlov aprenderá rápidamente a salivar ante nuevos sonidos y colores, etc., pero será más lento a la hora de aprender a evitar los objetos que le producen una descarga eléctrica.

Bateson señaló que esta capacidad de aprender pautas o reglas de una clase de procedimientos condicionantes pertenecía a un aprendizaje de un *tipo lógico* diferente, y no funcionaba de acuerdo con las mismas secuencias simples de estímulo-respuesta-refuerzo usadas para aprender conductas aisladas específicas. Era de un "orden de abstracción" diferente. Bateson se dio cuenta, por ejemplo, de que reforzar la "exploración" (un medio de aprender a aprender) en las ratas es de una naturaleza diferente que "testear" un objeto particular (el contenido aprendido en la exploración). Él dice, en *Pasos hacia una ecología de la mente,* p. 282:

> "[...] puedes reforzar a una rata (positiva o negativamente) cuando investiga un objeto extraño particular, y aprenderá apropiadamente a acercarse a él o a evitarlo. Pero el propósito mismo de la exploración es obtener información con respecto a los objetos a los que uno debería acercarse o alejarse. El descubrimiento de que un objeto dado es peligroso es, por tanto, un éxito en el proyecto de conseguir información. Este éxito no desanimará a la rata de una exploración futura de otros objetos extraños."

El propósito mismo de explorar objetos extraños es descubrir si son peligrosos o no. Por tanto, ser castigado por aproximarse a un objeto extraño particular no detiene a la rata de explorar otros objetos extraños para descubrir si aproximarse a ellos es seguro.

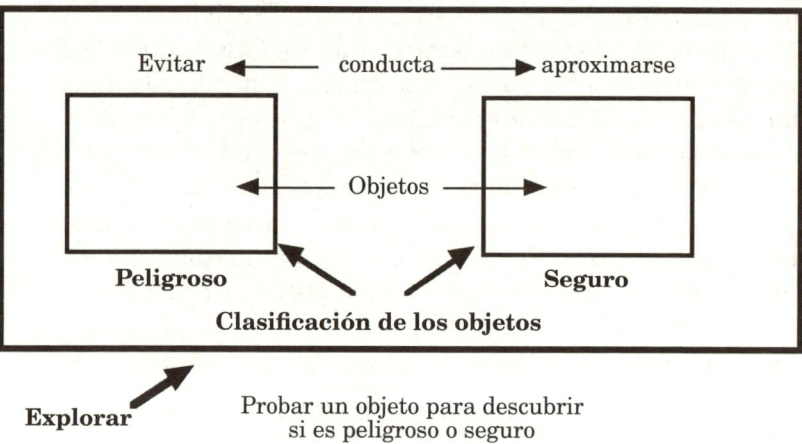

Según Bateson, explorar un objeto para descubrir si es seguro o no es un nivel de aprendizaje diferente de aprender a evitar los objetos que se ha descubierto que son peligrosos o aproximarse a aquellos que se ha descubierto que son seguros.

Por tanto, "explorar" un objeto para descubrir si es peligroso o seguro y si uno debe evitarlo o acercarse a él es un nivel de abstracción distinto, y está en una jerarquía de clasificación de aprendizaje diferente que evitar un objeto que se ha descubierto que no es seguro. La capacidad de explorar, de aprender una tarea discriminativa o de ser creativo es un nivel de aprendizaje superior que las conductas específicas que componen estas habilidades, y las dinámicas y las reglas del cambio son diferentes en este nivel más elevado.

Otro ejemplo es que nuestra capacidad de generalizar lo aprendido funciona de manera diferente a la del aprendizaje primario. Consideremos la experiencia de aprender a escribir. La mayoría de los lectores probablemente aprendieron a escribir usando una de las manos para dominar laboriosamente los movimientos del dedo específico, la mano y el brazo a fin de formar las letras individuales sobre un pedazo de papel. Sin embargo, una vez dominado, este patrón básico puede ser transferido con mucha más rapidez a otras partes del cuerpo y a distintos contextos ambientales. Por ejemplo, probablemente cada uno de nosotros podríamos dibujar una letra A reconocible sobre la arena de la playa con el dedo gordo del pie. Incluso es probable que pudiéramos usar uno de los codos para dibujar la misma letra en una pared o tomar un lápiz con los dientes y crear un facsímil reconocible de la letra sobre un lienzo.

Lo que es impresionante es que los grupos y relaciones particulares de huesos y músculos que usamos para mover nuestros pies, los dedos de los pies, los codos y el cuello son muy diferentes de los que tenemos en las manos y dedos, y sin embargo podemos transferir lo aprendido usando una parte del cuerpo a muchas otras. Está claro que esto es un nivel de aprendizaje diferente al del condicionamiento estímulo-respuesta.

Los niveles de aprendizaje

Aplicando la teoría de los tipos lógicos y la noción de distintos órdenes de abstracción, Bateson (*Pasos hacia una ecología de la mente*, p. 293) identificó una serie de niveles de aprendizaje, cada uno de ellos responsable de introducir cambios correctivos y refinamientos en el nivel inferior de aprendizaje sobre el que operaba.

> **"El nivel de aprendizaje cero** está caracterizado por la especificidad de la respuesta —por ejemplo, tener una conducta específica en un entorno específico— que, sea correcta o equivocada, no está sujeta a corrección.
> **El aprendizaje I** es un cambio en la especificidad de la respuesta mediante la corrección de errores de elección dentro de un conjunto de alternativas.
> **El aprendizaje II** es un cambio en el proceso del aprendizaje I. Por ejemplo: un cambio correctivo en el conjunto de alternativas entre las que se elige, o un cambio en cómo se puntúa la secuencia.
> **El aprendizaje III** es un cambio en el proceso del aprendizaje II. Por ejemplo: un cambio correctivo en el sistema de conjuntos de alternativas entre las que se elige."

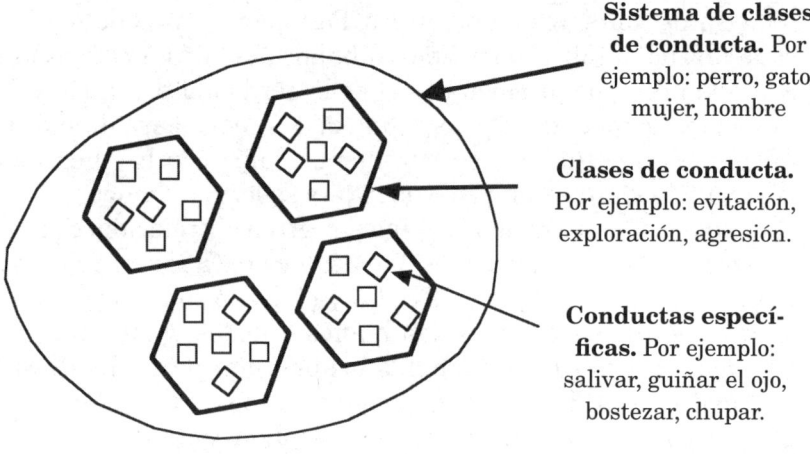

Sistema de clases de conducta. Por ejemplo: perro, gato, mujer, hombre

Clases de conducta. Por ejemplo: evitación, exploración, agresión.

Conductas específicas. Por ejemplo: salivar, guiñar el ojo, bostezar, chupar.

Los distintos niveles de aprendizaje se relacionan con cambios en distintas clasificaciones de la conducta.

Usando la analogía que propuso Bateson de una centralita telefónica, el aprendizaje 0 sería una automarcación que siempre marca el mismo número, tanto si consigue conectar con la persona adecuada como si no. El nivel de aprendizaje I sería un cambio correctivo en el número local (alterar la expresión de conductas específicas). El nivel de aprendizaje II sería un cambio correctivo en el prefijo provincial (cambiar la clasificación de los objetos o conductas, de "seguros" y "juguetones" a "peligrosos" y "protectores", por ejemplo). El nivel de aprendizaje III sería un cambio correctivo en el prefijo del país (el sistema de clasificación mayor).

Más allá de estos tres niveles, Bateson también indicó la posibilidad de un nivel de aprendizaje IV, que según él no podía ser alcanzado por ningún miembro individual de una especie; solo se podía alcanzar colectivamente como grupo o como la especie en su totalidad. El aprendizaje de nivel IV implicaría establecer conductas completamente nuevas que no encajan en ningún sistema actual de clases de conducta. El aprendizaje del nivel IV es un tipo de aprendizaje realmente revolucionario que involucra la creación de arquetipos o sistemas de conducta totalmente nuevos.

Cuando nuestros antepasados se irguieron sobre sus dos pies y pronunciaron las primeras palabras, no estaban eligiendo entre el conjunto existente de alternativas, ni tampoco estaban modelando a ninguna otra especie o criatura existente. Iniciaron algo completamente nuevo que revolucionó nuestro papel en el planeta.

A modo de ejemplo de cómo podrían operar estos distintos niveles, consideremos la situación de Pavlov y sus perros. Pavlov descubrió que podía condicionar a sus perros para que salivaran haciendo sonar repetidamente la campana cuando los alimentaba. Los perros aprendieron a asociar el sonido de la campana con recibir alimento. Muy pronto, lo único que Pavlov tenía que hacer era tocar la campana y, aunque no recibieran comida, los perros empezaban a salivar, activados únicamente por el sonido.

Según el modelo de niveles de aprendizaje de Bateson, el acto de salivar inicial de los perros cuando se les da comida es un caso de *Aprendizaje cero*. Se trata de una respuesta instintiva y preprogramada que ha sido heredada y que sería difícil, si no imposible, de extinguir.

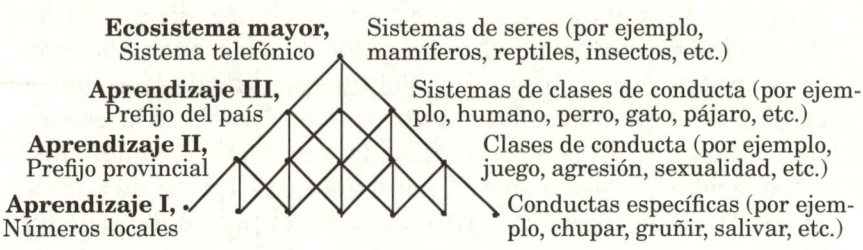

Aprendizaje 0 – No hay ajuste
Aprendizaje I – Ajuste apropiado del número local
Aprendizaje II – Ajuste apropiado del prefijo provincial
Aprendizaje III – Ajuste apropiado del prefijo del país
Aprendizaje IV – Creación de un nuevo sistema de números de teléfonos

Una analogía de los niveles de aprendizaje de Bateson sería hacer ajustes en las distintas partes de un número de teléfono a fin de conseguir llegar a la persona deseada.

Aprender a extender la reacción de salivación de la vista y el olor del alimento al sonido de la campana es un ejemplo de *Aprendizaje I*. A través del refuerzo y la repetición, el perro aprende a asociar la respuesta específica de salivar (a diferencia de otras respuestas, como bostezar, lamer, guiñar, etc.) con el estímulo específico de una campana particular.

El *Aprendizaje II* involucraría un "cambio en el *conjunto* de alternativas entre las que se realiza la elección". Esto significaría que, una vez que un perro ha aprendido a salivar con el sonido de una campana, tendría que cambiar esa respuesta por algo completamente diferente (como ladrar o salir corriendo) al oír la campana (a diferencia de simplemente incrementar o reducir la cantidad de salivación). Salivar forma parte de un conjunto de conductas relacionadas con "comer". Otros "conjuntos" de conductas alternativas serían "juego", "evitación", "exploración", "agresión", etc. Evidentemente, realizar un cambio a este nivel sería más complejo que al nivel del Aprendizaje I.

El *Aprendizaje III* supondría un cambio aún mayor. Bateson dice que sería un "cambio en el sistema de conjuntos de alternativas entre las que se realiza la elección". Por ejemplo: un perro es un "sistema" de conjuntos de alternativas. Otros animales —gatos, pájaros, humanos, lobos, etc.— constituirían sistemas distintos. Para alcanzar el Aprendizaje III, los perros de Pavlov tendrían que cambiar repentinamente de conductas "propias de perros" a conductas "propias de gatos" (maullar, subirse a los árboles, etc.) cuando sonara la campana. Está claro que esto sería muy difícil y, como señaló Bateson, es prácticamente imposible para los adultos de la mayoría de las especies, aunque imitar a otros animales como perros, gatos y pájaros es un pasatiempo normal y natural para los niños humanos.

El *Aprendizaje IV* implicaría el desarrollo de una nueva especie, o una evolución significativa dentro de una especie existente (como desarrollar alas, desarrollar un cerebro mayor, etc.). Un cambio así haría que fueran repentinamente posibles conductas nuevas que no tuvieran ningún precedente.

Así, según el marco de Bateson, un simple reflejo mecánico sería un caso de "aprendizaje cero". Los procesos del *Aprendizaje cero* también pueden incluir hábitos, adicciones y otros patrones que parecen fijos e inmutables. El Aprendizaje Cero es un estado de cosas común para muchas personas y organizaciones. Muchos de nuestros comportamientos se convierten en hábitos establecidos e inconscientes que hacen difícil que nos adaptemos y ajustemos eficazmente a los cambios en el mundo que nos rodea. Con frecuencia, esto nos lleva a sentirnos atascados, a la resistencia, a la complacencia y a la ineficiencia.

El condicionamiento conductual, el aprendizaje psicomotor, los procesos de re-ingeniería o de progresiva mejora de la calidad serían operaciones relacionadas con "cambios correctivos" con respecto a conductas y acciones particulares en personas y organizaciones: *Aprendizaje I*. En esencia, el Aprendizaje I guarda relación con la flexibilidad de la conducta; con actualizar y mejorar los procedimientos y patrones de conducta que ya están instaurados. La manera óptima de facilitar el Aprendizaje I es ayudar a la persona a mejorar la "meta cognición", la conciencia de las propias acciones, la experiencia interna y los procesos de pensamiento. Esto se realiza ofreciendo *coaching* básico, enseñando técnicas como el análisis contrastivo y ofreciendo *feedback* (retroalimentación).

Cambiar procesos de nivel superior, como políticas, valores y prioridades, guarda relación con operaciones que abordan conjuntos enteros de alternativas: *Aprendizaje II*. Por ejemplo, si una compañía decide cambiar para estar más "orientada hacia los servicios" que "hacia el producto", requerirá cambios a gran escala en las áreas relacionadas con los procedimientos y las conductas, y probablemente esto implicará la instauración de un nuevo conjunto de comportamientos y procedimientos que hayan sido modelados de otras compañías.

Otro ejemplo de cambio en el nivel de Aprendizaje II en un individuo sería un cambio abrupto de una conducta exploratoria a otra evitadora, o pasar de la agresión a la exploración o al juego. Conseguir un vuelco tan inmediato y dramático requiere cambios en las creencias y valores. Por ejemplo, si uno cree que cierto contexto es "peligroso", es más probable que elija conductas de "evitación" en lugar de las clasificadas como "juego". Por otra parte, si una persona cree que un contexto es "seguro", es poco probable que elija conductas de las clases "lucha" o "huida".

Una buena ilustración de esto es la rápida caída en el número de personas que eligieron viajar en avión después de los atentados del 11 de septiembre de 2001. No fue un cambio gradual producido por el incremento de los precios o por un peor servicio (lo que habría sido un ejemplo de Aprendizaje I). Más bien, fue un cambio inmediato e intenso producido por la creencia de que ya no era "seguro" volar. Está claro que los efectos del Aprendizaje II son más inmediatos y van más allá que los del Aprendizaje I.

Con respecto a los humanos, los cambios del Aprendizaje II están sustentados por la capacidad de tomar "meta posiciones"; es decir, de disociarse de uno mismo y de considerar las propias acciones en contexto, y en comparación con otros "conjuntos de alternativas". Este es uno de los principales objetivos del *mentoring*.

La "impronta" —*imprinting*— y el desarrollo de la personalidad tendrían más que ver con establecer cambios en "sistemas" completos de conductas alternativas: *Aprendizaje III*. Cambiar dichos "sistemas" implica esencialmente un cambio en el nivel de la identidad. Conlleva ampliar nuestro rango de conductas para incluir posibilidades situadas fuera de nuestro rol actual o de nuestra colección de "conjuntos" de alternativas. Por ejemplo, Internet y la "nueva economía" han obligado a muchas compañías a entrar en planteamientos de gestión y *marketing* completamente distintos, a veces muy alejados de aquellos a los que estaban acostumbrados y con los que se sentían cómodos.

Modelar, el *benchmarking*[4] (referenciarse) y tomar la "segunda posición" con respecto a otros son modos de favorecer el proceso del Aprendizaje III. Nos ayudan a ir más allá del umbral y de los límites de nuestro actual sentido del yo y de nuestra identidad. Como mantenía Bateson: "En la medida en que el hombre alcance el Aprendizaje III [...] su 'yo' asumirá una especie de irrelevancia". Bateson afirmó que el cambio en el nivel del Aprendizaje III era muy difícil, y que "exigir este nivel de actuación a ciertos hombres y a ciertos mamíferos a veces es patogénico".

Los actos de genialidad con frecuencia tienen las características del *Aprendizaje IV* —no tienen precedentes y son transformadores— y conducen a revoluciones en nuestra manera de entender e interactuar con el mundo que nos rodea. En el mundo de Silicon Valley, donde abundan los emprendedores tecnológicos, la gente suele distinguir entre tecnologías "evolucionarias" y "revolucionarias". Las tecnologías evolucionarias son las que introducen una mejora significativa en lo ya existente, extendiendo su funcionalidad o características de manera importante, o integrándolas con otras tecnologías. Las tecnologías revolucionarias son las que cambian o crean una nueva industria y transforman el modo de trabajar y comunicarse de las personas. Inventos como la imprenta, el automóvil, el avión, la radio, la televisión, el ordenador personal, e Internet pueden considerarse tecnologías revolucionarias.

---

4 Entendemos por *benchmarking* el proceso a través del cual nos comparamos (*benchmark:* punto de referencia, cota, estándar de comparación) con otro u otros: personas, empresas, productos, servicios.

Como sugiere Bateson, lo más probable es que las comprensiones y despertares que constituyen el Aprendizaje IV vengan en forma de algún tipo de inspiración o revelación que tiene su fuente más allá del individuo, en el sistema mayor o "campo" que nos rodea: lo que Bateson llamó la "Mente mayor" o el "patrón que conecta".

El acceso al Aprendizaje IV exige una fuerte conexión con nuestra mente inconsciente y se deriva de estados de "no saber", de "disponibilidad", de "soñar activamente", que implican estar centrado y abierto a todas las posibilidades, sin hacer ningún juicio ni interpretación. Estos estados especiales nos ofrecen la experiencia de ser capaces de conectar inconscientemente con las posibilidades presentes en el "campo" mayor o "Mente" que nos rodea. (Véase el capítulo sobre la mente campo.)

Podemos resumir los niveles de aprendizaje de Bateson como sigue:

- **Aprendizaje 0** es aquel en el que *no hay cambio*. Requiere conductas repetitivas en las que el individuo, grupo u organización se queda atascado en una rutina o atrapado "dentro de la caja", por ejemplo: hábitos, resistencia, inercia.
- **Aprendizaje I** es un cambio gradual, *por incrementos*. Requiere hacer conexiones y adaptaciones a través de la flexibilidad conductual, de "estirarse" o "ampliarse". Si bien estas modificaciones pueden ayudar a ampliar las capacidades del individuo, grupo u organización, estos siguen estando "dentro de la caja"[5], por ejemplo: establecer y refinar nuevos procedimientos y capacidades.
- **Aprendizaje II** es un *cambio rápido y discontinuo*. Requiere el cambio instantáneo de una respuesta a otra categoría o clase de comportamiento totalmente diferente. En esencia, es el cambio de un tipo de "caja" a otro, por ejemplo: cambios en las políticas, valores o prioridades.
- **Aprendizaje III** es un *cambio evolucionario*. Está caracterizado por alteraciones significativas que se extienden más allá de los límites de la actual identidad del individuo, grupo u organización. Podríamos decir que ahora no solo

---

5 Salir de nuestros límites habituales (N. del T.).

están fuera de la "caja", sino que están fuera del "edificio", por ejemplo: un cambio de papel, de marca o de identidad.
- **Aprendizaje IV** es el *cambio revolucionario*. Requiere despertar a algo completamente nuevo, único y transformador. En el nivel del Aprendizaje IV, el individuo, grupo u organización está fuera de la caja, fuera del edificio y en un nuevo mundo, por ejemplo: respuestas completamente nuevas, tecnologías o capacidades que abren la puerta a posibilidades antes desconocidas y que no figuraban en nuestro mapa.

Usando una analogía informática, los datos almacenados en un ordenador son como el nivel de Aprendizaje 0. Simplemente están ahí, sin sufrir cambios, para ser usados una y otra vez por los programas que se activen en el ordenador. Pasar un programa de revisión ortográfica sobre los datos sería como el Aprendizaje I. El programa de revisión ortográfica introduce cambios correctivos en un conjunto particular de datos.

Sin embargo, si los datos que están siendo revisados no son texto, sino números y figuras financieras que tienen que ser actualizadas, por más que se pase el corrector ortográfico no se lograrán realizar las correcciones adecuadas. El usuario tendría que cambiar a una hoja de cálculo o a algún programa de contabilidad. Salir "de la caja" de un programa y cambiar a otro es como el Aprendizaje II.

A veces, el ordenador que uno está usando es incapaz de hacer funcionar el programa que se necesita, y se hace necesario cambiar de ordenador o de sistema operativo. Esto sería como un Aprendizaje III.

Desarrollar un dispositivo completamente nuevo, como un ordenador molecular programable compuesto de enzimas y moléculas de ADN en lugar de microchips de silicio sería equiparable a un Aprendizaje IV.

El modelo de los niveles neuro-lógicos de la PNL

El modelo de los *Niveles neurológicos* de la PNL (Dilts, 1989, 1990, 1993, 2000, 2003) es una adaptación de la teoría de Bateson. Según el modelo, hay una serie de niveles diferentes, en paralelo con los definidos por Bateson, que influyen y conforman nuestras relaciones e interacciones en el mundo:

Espiritual	Visión y propósito	¿Para quién? ¿Para qué?
A. Quién soy yo - Identidad	Misión	¿Quién?
B. Mi sistema de creencias	*Valores y significados* Permiso y motivación	*¿Por qué?*
C. Mis capacidades	*Estrategias y estados* Mapas y planes	*¿Cómo?*
D. Lo que hago o he hecho	*Conductas específicas* Acciones y reacciones	*¿Qué?*
E. Mi entorno	*Contexto externo* Limitaciones y oportunidades	*¿Dónde? ¿Cuándo?*

El nivel más fundamental de influencia sobre nuestras relaciones e interacciones es el *entorno* compartido: *dónde* y *cuándo* tienen lugar las operaciones y relaciones dentro de un sistema u organización. Los factores ambientales determinan el contexto y las limitaciones bajo las que la gente opera. Por ejemplo, el entorno de una organización está compuesto por cosas tales como las ubicaciones geográficas de sus operaciones, los edificios y locales que definen el "puesto de trabajo", los diseños de las oficinas y fábricas, etc. Además de la influencia que estos factores ambientales puedan tener en las personas de la organización, también podemos examinar la influencia y el impacto que la gente de la organización tiene sobre su entorno, y los productos o creaciones que llevan al mismo.

A otro nivel, podemos examinar las *conductas* y acciones específicas de un grupo o individuo, por ejemplo: lo *que* la persona u organización hace dentro del entorno. ¿Cuáles son sus pautas concretas de trabajo, interacción o comunicación? A nivel de la organización, las conductas pueden definirse en términos de procedimientos generales. A nivel individual, las conductas toman la forma de rutinas de trabajo específicas, hábitos de trabajo o actividades laborales.

Otro nivel de proceso incluye las estrategias, habilidades y *capacidades* mediante las cuales la organización o el individuo seleccionan y dirigen sus acciones dentro de su entorno, por ejemplo: cómo generan y guían sus conductas dentro de un contexto particular. Para un individuo, las capacidades incluyen estrategias cognitivas y habilidades como el aprendizaje, la memoria, la toma de decisiones y la creatividad, que facilitan la realización de una conducta o tarea particular. A nivel de la organización, las capacidades se relacionan con las infraestructuras disponibles para favorecer la comunicación, la innovación, la planificación y la toma de decisiones entre los miembros de la organización.

Este otro nivel de proceso está conformado por los *valores y creencias,* que proporcionan la motivación y las directrices que están detrás de las estrategias y capacidades usadas para conseguir resultados conductuales en el entorno; por ejemplo: *por qué* la gente hace las cosas como las hace en un tiempo y lugar particulares. Nuestros valores y creencias proporcionan el refuerzo (*motivación* y *permiso*) que fomenta o inhibe capacidades y conductas particulares. Los valores y las creencias determinan cómo se da significado a los sucesos, y están en el núcleo del juicio y de la cultura.

Los valores y creencias sustentan el sentido de identidad del individuo u organización, es decir el *quién* que está detrás del por qué, del cómo, del qué, del dónde y del cuándo. Los procesos del nivel de la identidad involucran la sensación que tienen las personas de su rol y de su misión con respecto a su visión y a los sistemas mayores de los que son miembros. Se puede considerar que la identidad está compuesta por dos aspectos complementarios: el ego y el alma. El *ego* está orientado hacia la supervivencia, el reconocimiento y la ambición. El *alma* está orientada hacia el propósito, la contribución y la misión. Cuando se alinean estas dos fuerzas emergen de manera natural el carisma, la pasión y la presencia.

En el caso típico, una misión se define en términos del servicio prestado por la persona en un papel particular con respecto a otras personas dentro del sistema mayor. Una identidad o rol particular se expresa en términos de diversos valores y creencias clave que determinan las prioridades que han de seguir los individuos dentro del rol. Estas, a su vez, están apoyadas por una gama más amplia de habilidades y capacidades que se requieren para manifestar valores y creencias particulares. Las capacidades eficaces producen un conjunto aún más amplio de conductas y acciones específicas, que expresan y adaptan valores con respecto a muchos contextos y condiciones ambientales particulares.

Hay otro nivel al que podemos referirnos de manera óptima como el nivel *espiritual*. Este nivel guarda relación con las percepciones que las personas tienen de los sistemas mayores a los que pertenecen y en los que participan; podríamos decir que es el nivel de la "tras-misión". Estas percepciones guardan relación con la sensación que tiene la persona de *a quién* o *a qué* se dirigen sus acciones, lo que le proporciona una sensación de visión, significado y propósito para sus acciones, y también para sus capacidades, creencias e identidad de rol.

El modo en que estos niveles interactúan entre sí guarda un paralelismo directo con los niveles de aprendizaje de Bateson:

- Una reacción conductual a un estímulo medioambiental particular es esencialmente un reflejo o hábito: Aprendizaje O.
- El cambio correctivo en las conductas a fin de conseguir un resultado particular requiere conectar dicha conducta con algo que está más allá de los estímulos ambientales: cierto mapa, plan o estrategia internos. Esto requiere ejercitar una capacidad particular o desarrollar otra nueva: Aprendizaje I.
- El desarrollo de las capacidades es conformado y estimulado por las creencias y valores que clasifican y categorizan aspectos de nuestros mapas mentales, conductas y entorno, y los conectan con emociones y otras estructuras motivacionales: Aprendizaje II.
- Los cambios en las creencias y valores implican vincularse con un sistema situado más allá de la identidad a la que sirven esas creencias y valores: Aprendizaje III.

- Para conseguir un cambio dentro de un sistema particular o identidad sería necesario salirse del sistema y conectar con un "sistema de sistemas" más amplio (por ejemplo, el "campo" o el "espíritu"): Aprendizaje IV.

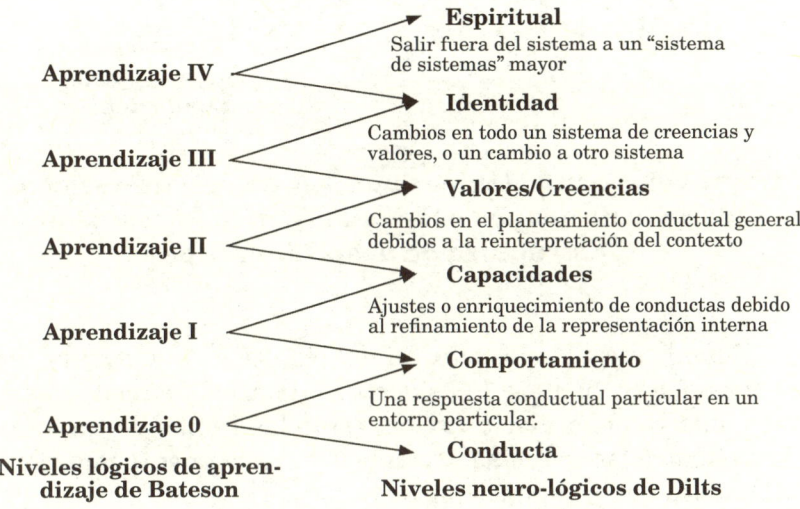

Relación entre los niveles del aprendizaje de Bateson y los niveles neuro-lógicos

Cada nivel de la jerarquía está relacionado con agrupamientos de fenómenos o experiencias del nivel inferior. Una única identidad está conformada por, y reflejada en, un grupo particular de creencias y valores. Cada creencia y valor, a su vez, está relacionado con un grupo particular de capacidades. Las capacidades guardan relación con grupos específicos de conductas, y las conductas, en último término, guardan relación con series particulares de condiciones ambientales.

Así, el sistema de niveles puede representarse como una estructura de árbol invertida.

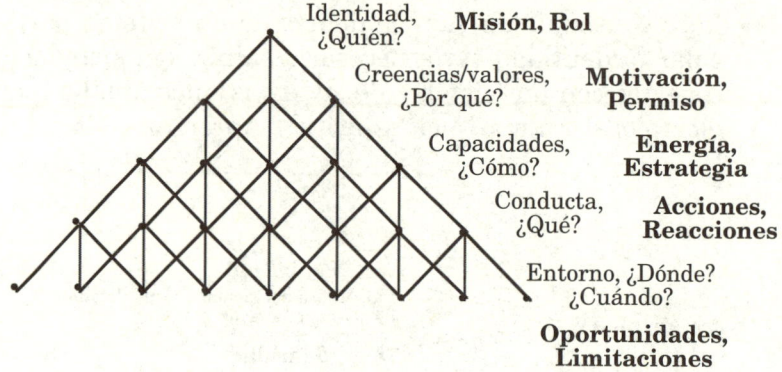

Los niveles neuro-lógicos pueden representarse como una serie de grupos ordenados con la forma de una "Estructura de árbol" invertida.

Cuando alcanzamos el nivel del "espíritu" y del campo, podemos dar la vuelta a la estructura de árbol de modo que se extienda también hacia arriba, como las ramas de un árbol. Esto ilustra los sistemas y "campos" sucesivamente más grandes de los que formamos parte.

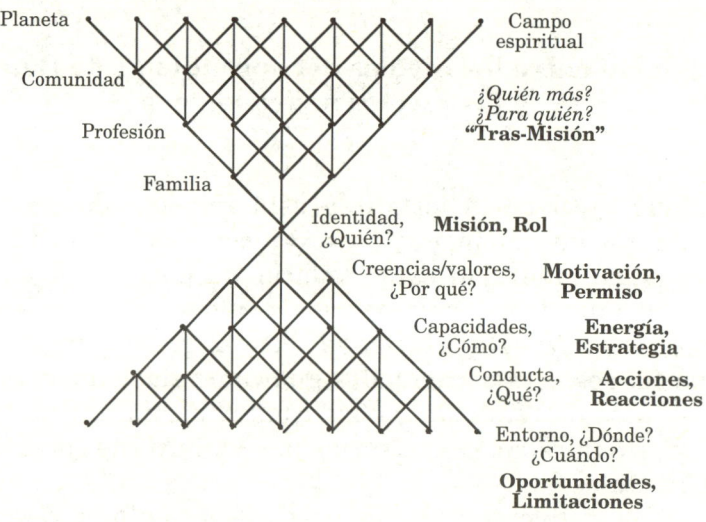

Sistema total de los niveles neuro-lógicos

Teoría de conjuntos

Esta perspectiva de los niveles neuro-lógicos como una jerarquía formada por una serie de agrupamientos ordenados nos devuelve a la teoría de conjuntos y a la noción original de Bertrand Russell de la teoría de los tipos lógicos. La Teoría de conjuntos es una rama de las matemáticas que se basa en la suposición de que cualquier colección de objetos o fenómenos puede describirse como algún tipo de "conjunto". Por ejemplo, uno puede hablar de un "conjunto" de números pares, de automóviles, de personas de pelo moreno, de colores, de conductas, de practicantes de PNL, de ideas, de otros "conjuntos", etc. La Teoría de conjuntos es un estudio de las relaciones existentes entre dichos conjuntos. Comenzó con el trabajo de Georg Cantor en el siglo XIX, pero sus raíces lógicas se remontan hasta Aristóteles y Platón. Además de sus aplicaciones a la lógica, a la informática y a otras ramas de las matemáticas, la teoría de conjuntos tiene importantes implicaciones para el estudio de los procesos psicológicos y conductuales.

Según la teoría de conjuntos, cualquier fenómeno, o grupo de fenómenos, puede describirse en último término con algún tipo de conjunto, o una colección de conjuntos, y como perteneciente a algún otro conjunto más amplio. Un conjunto puede especificarse de una de estas dos maneras básicas. El método de lista, o método de tabulación, simplemente presenta una lista de todos los elementos del conjunto. El método descriptivo, o notación para construir conjuntos, ofrece una regla para determinar qué cosas están dentro del conjunto deseado y cuáles no (similar a los silogismos lógicos establecidos por Aristóteles).

Uno de los principios clave de la teoría de conjuntos es que un conjunto particular puede estar constituido por numerosos "subconjuntos". En su declaración formal, el principio mantiene que "si cada elemento de un conjunto A es también un elemento del conjunto B, el conjunto A es un subconjunto de B". Así, si todos los miembros del conjunto A (el conjunto de las patatas) también están en el conjunto B (el conjunto de las verduras), entonces el conjunto A (las patatas), son un subconjunto de B (verduras).

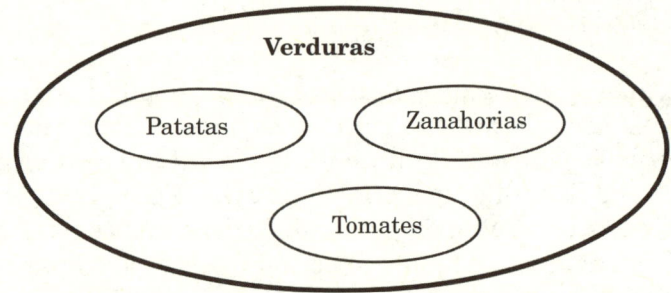

Los conjuntos pueden estar compuestos por otros "subconjuntos"

Asimismo, si el conjunto A está compuesto por todas las conductas asociadas con la mezcla de pinturas al óleo, y el conjunto B está compuesto por las conductas asociadas con usar un pincel para aplicar la pintura sobre el lienzo, y todas las conductas de ambos conjuntos A y B están incluidas dentro del conjunto C (pintar), entonces A y B son subconjuntos de C.

Un resultado de este principio es que los conjuntos pueden organizarse en una serie de agrupamientos ordenados de conjuntos y subconjuntos. Esta es una de las nociones clave que está detrás del modelo de los niveles neuro-lógicos. Según el modelo, cada nivel de proceso incorpora elementos del nivel inferior en las sucesivas agrupaciones de subconjuntos. Por ejemplo:

a. Conductas particulares se aplican a cierto conjunto de objetos del entorno.

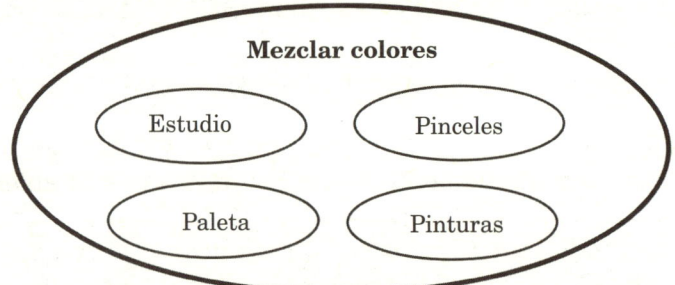

Las conductas se relacionan con subconjuntos de elementos ambientales

b. Las capacidades requieren la coordinación de conjuntos específicos de conductas (y los entornos o porciones de entorno en los que se aplican).

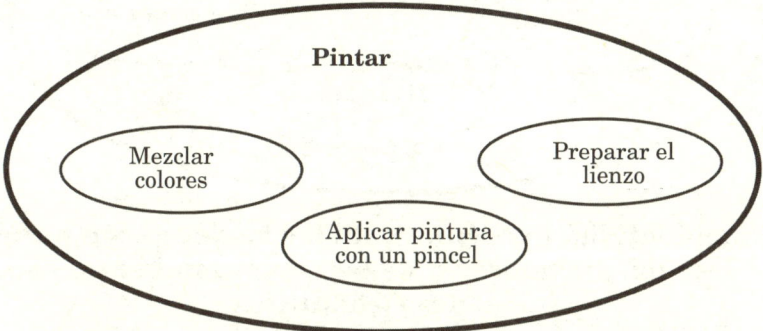

Las capacidades están hechas de subconjuntos de conductas específicas

c. Las creencias y valores guardan relación con conjuntos de capacidades (y las conductas que incluyen dichas capacidades).

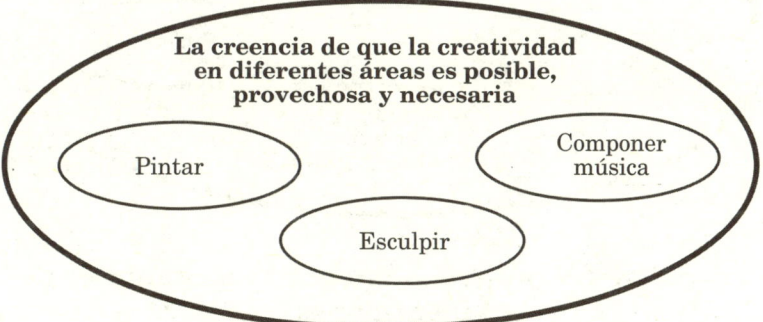

Las creencias y los valores guardan relación con ciertos subconjuntos de capacidades

d. La identidad abarca un conjunto de creencias y valores (y las capacidades, conductas y entornos incluidos dentro de ellos).

115

Una identidad particular está hecha de subconjuntos de creencias y valores, y de las correspondientes capacidades y conductas

e. La experiencia espiritual en forma de visión y propósito une conjuntos de identidades.

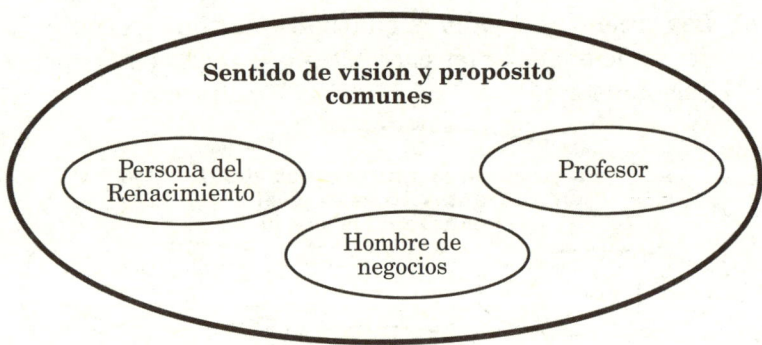

La visión y el propósito integran subconjuntos de identidades

Los niveles neuro-lógicos como una jerarquía operacional

Por supuesto, los niveles de aprendizaje de Bateson y los niveles neuro-lógicos de la PNL son algo más que un simple "agrupar" conjuntos basándose en la inclusión lógica. Cada nivel funciona integrando las relaciones y actividades del nivel inferior, y operando sobre ellas. Los cambios o actividades en cualquier nivel particular también influirán en el nivel superior.

En un trabajo escrito en noviembre de 1976 (publicado en *Roots of NLP,* 1983), el co-autor Robert Dilts intentó distinguir entre los tipos lógicos y los niveles lógicos. Dilts afirma que los *tipos lógicos* es una clasificación basada en la jerarquía establecida en función ser miembro de una clase. Los *niveles lógicos* establecen una jerarquía relacionada con las funciones, en las que las operaciones realizadas en un nivel seleccionan y organizan los elementos del nivel inferior.

Consideremos los ejemplos siguientes:

- La velocidad de un coche es función del cambio en la distancia recorrida con relación al tiempo *(entorno)*.
- Empujar el acelerador o el freno de un coche con el pie es una *conducta* que altera su velocidad.
- La *capacidad* de mantener el límite de velocidad es función de integrar un mapa mental con la propia percepción a fin de regular nuestro modo de usar el pie.
- Respetar el límite de velocidad es el resultado de valorar las leyes y de creer que habrá consecuencias si no se observan. Si uno no valora el límite de velocidad, no lo mantendrá, aunque sea capaz de hacerlo.
- Ser un "buen conductor" *(identidad)* es función de alinear todos los niveles anteriores.
- Crear un nuevo tipo de vehículo (avión, helicóptero, transbordador espacial, etc.) sería el resultado de las acciones colectivas, de la visión compartida y del propósito de un sistema más amplio de conductores e ingenieros *(campo)*.
- Las teclas de un piano, el sonido que hace y las notas sobre una partitura musical están en el *entorno*.
- Presionar una tecla del piano con un dedo es una *conducta*.
- Tocar música (nuestra vista leyendo las notas y coordinando los dedos para producir sonidos en el orden adecuado) o crear música es una *capacidad*.
- Apreciar, juzgar y seleccionar la música, y mantener la motivación necesaria para aprender a leer y a tocar música es función de las *creencias y valores*.

- Asumir la *identidad* de "músico" es una combinación de todos los niveles anteriores.
- Desarrollar un nuevo estilo de música (jazz clásico, rock and roll, etc.) emergería de una colaboración generativa colectiva entre muchos músicos *(campo)*.

Esto ilustra un tipo de organización fundamentalmente diferente de la simple inclusión lógica, aunque ambas comparten algunas propiedades. En este tipo de jerarquía, la actividad a un nivel está organizando la actividad al nivel inferior. Esto resulta más fácil si se describe formalmente.

Por ejemplo, podemos describir una *conducta* particular como un proceso similar a una función matemática: $f(x)$, en la que x es alguna porción del entorno y f es cierta acción, algoritmo o programa que opera sobre ella. Como ejemplo específico, x podría ser una tecla del teclado de un piano. La función f podría ser algo como "presionar la tecla con el dedo". Todas nuestras conductas requieren algún tipo de interacción con el entorno. Las conductas de tocar el piano, conducir un coche, esquiar por la ladera de una montaña, montar en bicicleta, hablar con otra persona, etc., requieren una interacción con partes concretas del entorno.

Las *capacidades* son procesos que operan sobre las conductas y las coordinan. Una cosa es ser capaz de presionar una tecla de un piano o del teclado de un ordenador, y otra cosa es tocar como Mozart o escribir como Shakespeare. Esta relación se mostraría matemáticamente como $f'(f(x))$, donde f' es una función que opera sobre el proceso definido por $f(x)$. Para expresarlo más directamente podríamos mostrar la relación como [capacidad (conducta (entorno)], con el significado de que las capacidades son funciones que *operan sobre* conductas que, a su vez, *operan sobre* partes del entorno.

Otra manera de anotar formalmente el nivel de capacidades sería $f(y)$, donde "y" representa una conducta, "x" representa alguna parte del entorno y f es una función o programa que los coordina.

Extendiendo esta descripción podemos decir que las *creencias y valores* son funciones que operan sobre capacidades:

f"(f'(f(x))), la identidad opera sobre creencias y valores, y así sucesivamente. Toda la jerarquía operacional puede representarse como:

Campo [identidad (valores/creencias(capacidades(conducta (entorno))))].

Actualizar los hábitos de conducta a través de los niveles de aprendizaje de Bateson

El formato siguiente es aplicable a los niveles lógicos de aprendizaje de Gregory Bateson y a algunos aspectos de los niveles neuro-lógicos para ayudar a identificar y poner al día hábitos de conducta que pueden haberse quedado desfasados o ser ineficaces. Requiere trasladarse sistemáticamente del Aprendizaje 0 hasta el Aprendizaje IV.

Los Aprendizajes I, II y III son como los escalones de una escalera que nos ayuda a alcanzar la posibilidad del Aprendizaje IV. Este proceso demuestra los distintos tipos de planteamientos y apoyos que ayudan a las personas a realizar los ajustes y cambios de perspectiva necesarios para alcanzar cada nivel de aprendizaje, construyendo sobre las comprensiones y conocimientos generados en cada nivel para sustentar la capacidad del Aprendizaje IV.

El proceso incluye los pasos siguientes:

1. Piensa en una situación o relación problemática en la que sigues cayendo una y otra vez en un antiguo hábito de conducta, aunque sea ineficaz (Aprendizaje 0). Asóciate con un ejemplo de esa experiencia y "revive" internamente cómo es. Demuestra o representa la respuesta conductual que das en esa situación, e identifica la estructura del hábito (por ejemplo, culpar, ceder, quedarte congelado, encogerte, hacerte invisible, etc.). Sé consciente de cómo haces eso conductualmente. Presta especial atención a tu postura, movimientos, tensión corporal, respiración, etc.
2. Da un paso atrás de esa situación y reflexiona sobre ese hábito de conducta. Date cuenta de cómo estás respon-

diendo mental y físicamente en esa situación. Explora cómo podrías ajustar o adaptar tu conducta (Aprendizaje I). Expresa algunas posibilidades explorando cómo podrías variar tu conducta actual; por ejemplo: exagérala, modérala, cámbiala, etc.
3. Da otro paso atrás con respecto a la situación y pasa a la posición del "observador", de modo que ahora estás "observándote a ti mismo" en la situación problemática.
   a) Date cuenta de cómo has estado categorizando o clasificando esta situación hasta ahora (por ejemplo, de peligrosa, seria, urgente, amenazante, etc.). ¿Cuál es la creencia que has estado manteniendo con respecto a la situación?
   b) Piensa en otra ocasión y situación en la que fuiste capaz de actuar o responder de una manera totalmente distinta y mejor, disponiendo de más recursos (Aprendizaje II). Por ejemplo: en calma, con actitud de aceptación, abierto, centrado, etc. Asóciate con una situación en la que fuiste capaz de desplegar este otro tipo de conducta.
   c) Crea un "puente de creencias" con la situación problemática: ¿Cuál es la creencia que te permite actuar adecuadamente en esa otra situación? ¿Qué creencia tendrías que tener a fin de sustentar este nuevo tipo de conducta en la situación problemática?
   d) Vuelve a la situación problemática y actúa en ella "como si" tuvieras esa creencia y el tipo de conducta diferente asociado con ella. ¿Qué cambiaría?
4. Vuelve a dar un paso atrás para situarte fuera de ti, reflexionando sobre ti mismo y la serie de conductas que has tenido a tu disposición durante tu vida. Considera la posibilidad de adoptar un sistema completamente diferente, con un rango de comportamientos completamente diferente (identidad) que no son los tuyos (Aprendizaje III).
   a) Encuentra una persona, animal o ser que tendría una estrategia completamente diferente a la tuya en esa situación. Identifica un modelo de rol de tu sistema de conducta y ponte completamente "en la

piel de esa persona" (segunda posición). [Si lo necesitas, crea un "puente de creencias" para adoptar la posición perceptual de ese modelo (¿Qué creencias necesitarías para ser capaz de ponerte plenamente en la piel de esa otra persona?)]

b) Desde el punto de vista de ese modelo de rol, ¿cuál es tu metáfora cuando eres ese modelo? ¿Cuál es tu "vocación" cuando eres ese modelo? Piensa en algún padrino, alguien que te haya ayudado a expandir la percepción de quien eres e imagina que te vuelves a poner en la situación problemática y que respondes "como si" fueras esa otra persona, aplicando la vocación y la metáfora que has creado.

5. Da un paso atrás, más allá de la localización del Aprendizaje III. Entra en un estado de "no saber" en el que te sientas centrado y abierto a todas las posibilidades, sin hacer ningún juicio ni interpretación. Ábrete a lo que Gregory Bateson llamó "el patrón que conecta" y la "Mente mayor", y a lo que Einstein denominó los "pensamientos de Dios" y el "universo". Piensa en una persona que te haya despertado y ayudado a ampliar tu visión de las posibilidades. Crea un ancla o símbolo de este estado. Usando el ancla o símbolo para mantener este estado, da un paso atrás a lo largo de todos los niveles del aprendizaje, volviendo a la situación problemática, y actúa espontáneamente. ¿Qué conducta podrías llevar a cabo que no encajaría en ninguno de tus sistemas actuales de clases de conducta? (Aprendizaje IV).

Aprendizaje 4	Estado de apertura y conexión con la "Mente mayor" (Inconsciente/Mente Campo)
Aprendizaje 3	Modelar un hábito completamente nuevo tomado de otra persona
Aprendizaje 2	Aplicar un hábito distinto procedente de otra situación
Aprendizaje 1	Variación dentro del hábito
Aprendizaje 0	Recurrir al hábito de conducta

Holarquías de Koestler

A lo largo de su vida, Bateson continuó aplicando la teoría de los tipos lógicos de manera general a muchos aspectos de la conducta y de la biología. Para él, los tipos lógicos eran una "ley de la naturaleza", no solo una teoría matemática. Por ejemplo, decía que un tejido que está compuesto por un grupo de células es de un tipo lógico diferente que las células individuales: las características del cerebro no son las mismas que las de la célula cerebral. Ambas pueden influirse una a la otra a través de un *feedback* indirecto: el funcionamiento y las conexiones del cerebro en general pueden influir en el comportamiento de una única célula cerebral, y la actividad de una única célula cerebral contribuye al funcionamiento general del cerebro. Ciertamente, se puede decir que una célula se afecta a sí misma a través de la estructura cerebral.

Además de ser "jerárquicos", se puede decir que estos niveles de clasificación son "holárquicos". Arthur Koestler usó el término holarquía para describir lo que él consideraba los niveles fundamentales de integración dentro de los sistemas físicos y sociales. En *The Act of Creation* (1964, p. 287), Koestler explicó:

"Un organismo viviente o cuerpo social no es una integración de partículas elementales ni de procesos elementales; es una jerarquía integrada de sub-totalidades semiautónomas, que están compuestas de sub-sub-totalidades, y así sucesivamente. De este modo, las unidades funcionales a cada nivel de la jerarquía tienen una doble cara, por así decirlo: actúan como una totalidad cuando miran hacia abajo y como partes cuando miran hacia arriba."

De modo que algo que integra partes del nivel inferior en una totalidad mayor se convierte a su vez en parte del nivel superior. El agua, por ejemplo, es una entidad única que emerge de la integración de hidrógeno y oxígeno. El agua misma, sin embargo, puede convertirse en parte de muchas otras entidades más grandes, desde el zumo de naranja hasta los océanos o el cuerpo humano. Así, el agua es tanto una totalidad en sí como una parte de otras totalidades mayores.

En *Breve historia de todas las cosas* (1996), el autor y profesor Ken Wilber describió esta relación de la siguiente manera:

"Arthur Koestler acuñó el término "holón" para referirse a un entidad que es en sí misma una totalidad y simultáneamente una parte de alguna otra totalidad. Y si empiezas a examinar de cerca las cosas y los procesos que existen realmente, pronto se vuelve evidente que no son meramente totalidades, también son parte de alguna otra cosa. Son totalidades/parte, son holones.

Por ejemplo, la totalidad de un átomo forma parte de la totalidad de una molécula, y esa molécula total forma parte de una célula total, y la totalidad de la célula es parte de

La mente cognitiva

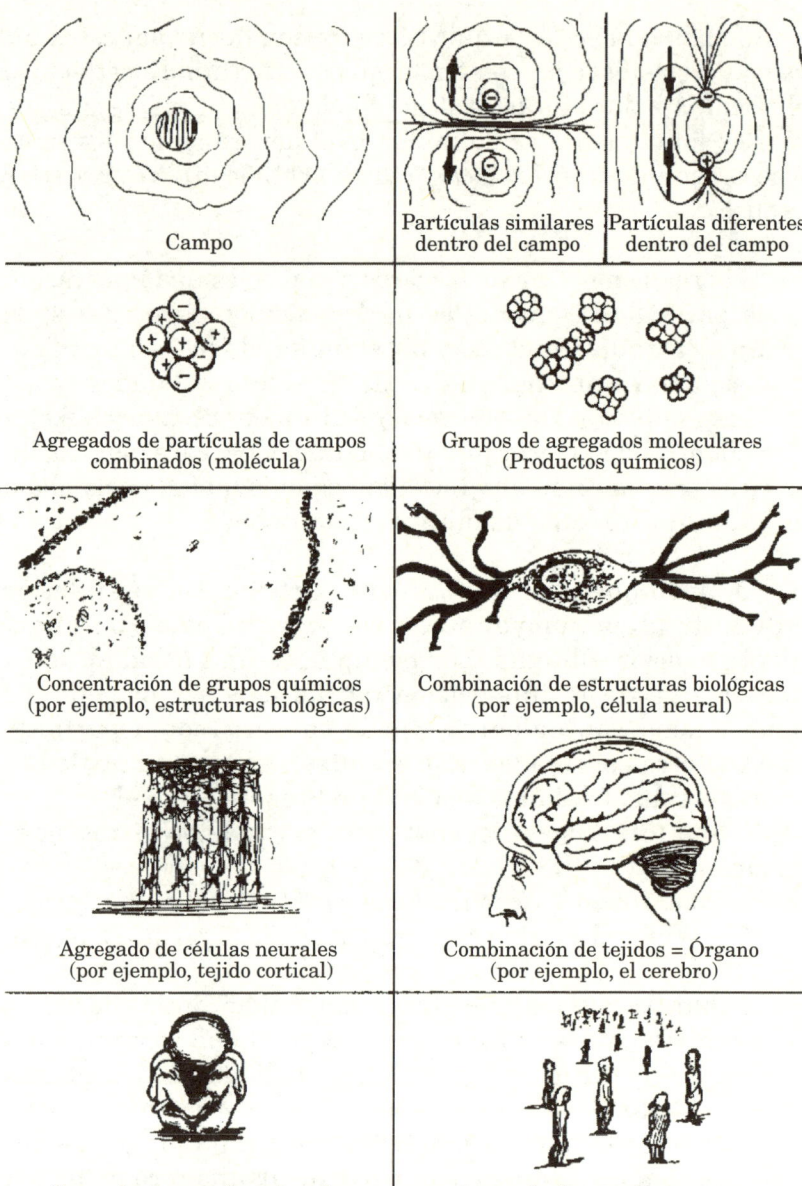

Nuestro universo está hecho de una ecología de sistemas que en sí mismos son subsistemas de otros sistemas sucesivamente más grandes.

un organismo total, y así sucesivamente. Cada una de estas entidades no es una totalidad ni una parte, sino una totalidad/parte, un holón."

Según Wilber, cada nueva totalidad *incluye pero trasciende* las partes del nivel inferior. Es importante señalar que, en una holarquía, si un nivel inferior del sistema no está presente en los niveles superiores, el sistema no será capaz de expresarse plenamente. Los niveles inferiores son los componentes necesarios de todos los niveles superiores.

El corazón humano, por ejemplo, es en sí mismo un sistema total de válvulas, vasos y músculos, y también forma parte del sistema mayor de la totalidad del cuerpo humano. El corazón afecta y es afectado directa o indirectamente por todos los demás subsistemas corporales (ojos, estómago, riñón, sistema nervioso autónomo, etc.). Asimismo, el cuerpo humano también es un subsistema de sistemas mayores como la familia, la comunidad, el entorno y así sucesivamente.

Los subsistemas mismos también están hechos de otros subsistemas, y esto continúa a lo largo de todo el camino descendente hasta los sistemas de moléculas, átomos y las partículas subatómicas que forman la base de nuestro mundo físico.

Una de las presuposiciones fundamentales de la PNL es que nuestras mentes, nuestros cuerpos, nuestras sociedades y nuestro universo forman una ecología de complejos sistemas y subsistemas, todos los cuales interactúan entre ellos y se influyen mutuamente. No es posible aislar completamente ninguna parte del sistema del resto del mismo.

Como analogía, las 26 letras del alfabeto inglés pueden existir sin la palabra "hogar", pero la palabra "hogar" no puede existir sin el alfabeto. La palabra "hogar", sin embargo, está a un nivel superior que las letras del alfabeto, porque "hogar" organiza las letras del alfabeto y significa o apunta hacia algo más que el alfabeto mismo. Asimismo, las frases están en un nivel superior al de las palabras; los párrafos, a un nivel superior al de las frases; los capítulos, a un nivel superior al de los párrafos; y así sucesivamente. Cada nivel superior forma una totalidad mayor porque abraza las estructuras previas que la forman y, sin embargo, es más que ellas.

Los niveles de Bateson, y consecuentemente los niveles neuro-lógicos de la PNL, comparten esta propiedad. Cada nivel está hecho de relaciones entre las partes del nivel inferior y, sin embargo, trasciende esas partes para formar una estructura más abarcante (de manera similar a como el hidrógeno y el oxígeno forman la molécula de agua). Así, ambos niveles son "jerárquicos" y "holárquicos".

Niveles neuro-lógicos y el sistema nervioso

Desde la perspectiva de la PNL, cada nivel de aprendizaje, cambio o interacción debe ser función de algún tipo de "programación neurolingüística". Uno de los propósitos del modelo de los niveles neuro-lógicos de la PNL es relacionar los niveles de clasificación y aprendizaje de Bateson con el sistema nervioso. El concepto de "niveles neuro-lógicos" propone que distintos niveles de proceso son función de distintos tipos de organización neurológica, y movilizan niveles de compromiso sucesivamente más profundos de los "circuitos" neuronales.

El propio Bateson (*Pasos hacia una ecología de la mente*, pp. 249-250) declaró que la jerarquía formada por los diversos niveles de aprendizaje se correspondería con "jerarquías de la estructura de circuitos que podemos, y de hecho debemos, esperar encontrar en el telencéfalo del cerebro", afirmando que "debemos esperar una clasificación o jerarquía de las estructuras neurofisiológicas que serán isomórficas [con los diversos niveles de aprendizaje]." El concepto de "niveles neurológicos" propone que los diferentes "niveles lógicos" son función de distintos tipos de organizaciones neurológicas, y movilizan una implicación sucesivamente más profunda de los "circuitos" neurológicos.

Por ejemplo, el nivel de la neurología que se moviliza cuando una persona es cuestionada a nivel de su misión e identidad es mucho más profundo que el nivel de la neurología que requiere para mover su mano. Para experimentar el entorno, la persona puede ajustar pasivamente sus órganos sensoriales. Para emprender acciones en un entorno particular, la persona tiene que movilizar algo más de su sistema nervioso. A fin de coordinar esas acciones en una secuencia compleja, como bailar o conducir un automóvil, la persona tiene que usar aún más de su sistema nervioso. Establecer y manifestar creencias y valores con respecto a capacidades, conductas y al entorno requiere un uso aún más profundo de la neurología (incluyendo las partes relacionadas con el "corazón" y las "tripas"). El sentido del yo surge de la movilización total del sistema nervioso a todos los niveles. Así, en general, los niveles superiores de proceso activan una implicación más profunda del sistema nervioso.

Un *entorno* particular está compuesto por factores como el tipo de ambiente externo, las condiciones meteorológicas, la comida, el nivel de ruido, etc., que rodean al individuo o grupo. Neurológicamente, nuestras percepciones del entorno se relacionan con la información procedente de los órganos de los sentidos y del sistema nervioso periférico. Por ejemplo, para percibir un entorno particular, un individuo contempla los objetos relevantes con sus ojos, escucha los sonidos relevantes con sus oídos, huele olores a través de su nariz, y siente la temperatura del aire con su piel. La persona también hace muchos ajustes sutiles e inconscientes para mantener el equilibrio, responder a los cambios en la intensidad de la luz y el sonido, aclimatarse a los cambios de temperatura, etc. Así, en esencia, el sistema nervioso periférico envía información relacionada con el entorno hacia y desde el cerebro. Es responsable de producir sensaciones y reacciones puramente reflejas.

La *conducta* se relaciona con acciones y reacciones específicas a través de las cuales interactuamos con la gente y el entorno que nos rodea. A nivel neurológico, nuestra conducta externa es el resultado de la actividad de nuestro sistema motor (el sistema piramidal y el cerebelo). Las conductas no reflexivas involucran el sistema psicomotor, un nivel de la neurología más profundo que los órganos de los sentidos. El sistema psicomotor coordina nuestras acciones físicas y movimientos conscientes.

Las *capacidades* guardan relación con las estrategias mentales y los mapas que las personas desarrollan para guiar conductas específicas. Mientras que algunas conductas son simplemente respuestas reflejas a los estímulos ambientales, la mayoría de nuestras acciones no lo son. Muchas de nuestras conductas vienen de "mapas mentales" y de otros procesos internos cuya fuente está dentro de nuestra mente. Este es un nivel de experiencia que va más allá de las percepciones de nuestro entorno inmediato. Por ejemplo, puedes fabricar imágenes de cosas que no guardan relación con la habitación donde estás. Puedes recordar conversaciones y sucesos que ocurrieron hace años. Puedes imaginar sucesos que podrían ocurrir dentro de muchos años. Las conductas que no cuentan con un mapa, plan o estrategia internos para guiarlos son como reacciones reflejas, hábitos o rituales. En el nivel de las capacidades somos capaces de seleccionar, alterar y adaptar un tipo de conductas a un conjunto más amplio de situaciones externas. Así, la "capacidad" implica maestría sobre todo un tipo de conductas: por ejemplo, saber *cómo* hacer algo dentro de una diversidad de condiciones.

Esto ocurre en nuestra estructura cerebral como resultado de la relación entre nuestros nervios sensorios, el sistema motor y el córtex cerebral. En el córtex (o sustancia gris) del cerebro es donde se representa la información sensorial en forma de mapas mentales, asociados con otras representaciones mentales o ensamblados mediante la imaginación, y después conectados con las acciones y respuestas adecuadas. Los estudios realizados con cerebros de monos, por ejemplo, muestran que si el córtex motor está dañado o ha sido extirpado, los monos son capaces de seguir realizando cualquier conducta particular. Lo que pierden es la capacidad de integrar el conjunto de las conductas en actividades más amplias y coordinadas.

El desarrollo de capacidades es el más intensivo de los niveles neuro-lógicos a nivel cognitivo. Este tipo de procesamiento suele ir acompañado de micro movimientos semi-conscientes o "claves de acceso" (movimientos oculares, cambios en el ritmo respiratorio, ligeros ajustes posturales, cambios en el tono de voz, etc.)

Los *valores y creencias* guardan relación con los juicios y evaluaciones fundamentales con respecto a nosotros mismos, los demás y el mundo que nos rodea. Determinan cómo damos significado a los sucesos, y están en el núcleo de la motivación y la cultura. Nuestras creencias y valores proporcionan el refuerzo (*motivación* y *permiso*) que sustenta o inhibe capacidades y conductas particulares. Las creencias y valores se relacionan con la pregunta: *"¿Por qué?"*

A nivel neurológico, las creencias están asociadas con el sistema límbico y el hipotálamo, situados en el cerebro medio. El sistema límbico está asociado tanto con la emoción como con la memoria a largo plazo. Mientras que en muchos sentidos el sistema límbico es una estructura más "primitiva" que el córtex cerebral, sirve para integrar información procedente del córtex y regular el *sistema nervioso autónomo* (que controla las funciones básicas del cuerpo, como el latido del corazón, la temperatura corporal, la dilatación de las pupilas, etc.). Como las creencias son producidas por estructuras cerebrales más profundas, causan cambios en las funciones fisiológicas fundamentales del cuerpo que son responsables de muchas de nuestras respuestas inconscientes. De hecho, una de las maneras que tenemos de saber que realmente creemos algo es que activa ciertas reacciones fisiológicas; hace "latir nuestro corazón", "hervir nuestra sangre", o "nos produce cosquilleos en la piel" (todos ellos, efectos que en el caso típico no podemos producir voluntariamente). Así es como funciona el polígrafo para detectar si una persona está "mintiendo". Las personas muestran reacciones fisiológicas diferentes cuando se creen lo que están diciendo y cuando están siendo insinceras o incongruentes.

La conexión íntima entre las creencias y las funciones fisiológicas más profundas también crea la posibilidad de que las primeras tengan una influencia tan poderosa en el área de la salud y la sanación (como en el caso del efecto placebo). Como las expectativas generadas por nuestras creencias afectan a nuestra neurología más profunda, también pueden producir efectos fisiológicos dramáticos. Esto se ilustra en el ejemplo de la mujer que adoptó un bebé y, como creía que las "madres" tenían que proveer leche a sus bebés, realmente empezó a producir la leche suficiente para amamantar a su hijo adoptado.

El nivel de la *identidad* se relaciona con nuestra sensación de *quiénes* somos. Nuestra percepción de nuestra identidad organiza nuestras creencias, capacidades y conductas en un único sistema. Nuestro sentido de identidad también guarda relación con nuestra percepción de nosotros mismos con relación a los sistemas mayores de los que formamos parte, determinando nuestro sentido de "rol", "propósito" y "misión". Dentro de nuestra neurología, nuestra identidad puede estar asociada con la totalidad de nuestro sistema nervioso, y probablemente involucra estructuras cerebrales profundas, como la formación reticular. La formación reticular es un gran grupo de células situadas en lo profundo del tallo cerebral. Sus fibras se proyectan a través de los núcleos talámicos a grandes áreas de asociación en el córtex. La formación reticular es un regulador del estado de alerta; está situada en el cerebro medio y su destrucción produce el estado de coma (en cambio, es posible destruir grandes áreas del córtex sin pérdida de conciencia.).

La identidad también está relacionada a nivel fisiológico con el sistema inmunitario, el sistema endocrino y otras funciones profundas que sustentan la vida. Así, el cambio o transformación de la identidad puede tener un efecto tremendo y casi instantáneo en la propia fisiología. La investigación médica realizada sobre individuos con personalidades múltiples (Putnam, 1984) muestra que se pueden producir cambios notables y dramáticos cuando un individuo cambia de una identidad a otra. Por ejemplo, los patrones de las ondas cerebrales suelen ser completamente distintos para las diferentes personalidades. Algunas personas con múltiples personalidades llevan varios pares de gafas porque su visión cambia con cada identidad. Otros individuos tienen alergias en una personalidad y no en otra. Uno de los ejemplos más interesantes de cambio fisiológico según las diferentes identidades es el de una mujer, admitida en un hospital para tratar la diabetes, que "confundió a los médicos al no mostrar síntomas del desorden en ciertas ocasiones, cuando una personalidad no diabética era la dominante..." (Goleman, 1985).

El nivel de la experiencia *espiritual* guarda relación con la sensación de formar parte a nivel muy profundo de algo que está más allá de nosotros mismos. Es la conciencia de lo que Gregory Bateson llamó "el patrón que conecta" todas las cosas en una totalidad mayor. Nosotros, como individuos, somos un subsistema de este sistema mayor. Nuestra experiencia de este nivel está relacionada con nuestro sentido de propósito y nuestra misión en la vida. Viene de plantearnos las preguntas: "¿Para quién?"

y "¿Para qué?" Este es el nivel que probablemente estaba indicando Bateson cuando se refería al Aprendizaje IV.

A nivel neurológico, los procesos espirituales guardan relación con un tipo de "campo relacional" situado entre nuestro sistema nervioso y el de otras personas, formando una especie de sistema nervioso colectivo. A los resultados de este campo de interacción a veces se les llama "mente" grupal, "espíritu" de grupo, o "conciencia colectiva". Este campo también incluye los "sistemas nerviosos", o redes de procesamiento de información, de otras criaturas y seres, e incluso de nuestro entorno.

En resumen, los niveles neurológicos están hechos de la siguiente jerarquía de circuitos neurológicos:

Espiritual: *Campo,* sistemas nerviosos individuales combinándose para formar un sistema mayor.
a. Identidad: *El sistema nervioso como totalidad,* funciones que sustentan la vida a nivel profundo (por ejemplo, sistema inmunitario, sistema endocrino y sistema reticular).
b. Creencias y valores: *sistema de control límbico y autonómico* (por ejemplo, pulso cardíaco, dilatación de las pupilas, etc.). Respuestas inconscientes.
c. Capacidades: *sistemas corticales,* acciones semiconscientes (movimientos de los ojos, postura, etc.).
d. Conductas: *sistema motor* (piramidal & cerebelo), acciones conscientes.
e. Entorno: *sistema nervioso periférico,* sensaciones y reacciones reflejas.

Niveles neuro-lógicos y lenguaje

Como todos los modelos y distinciones clave de la PNL, los niveles neurológicos no son solo neurológicos. También tienen un componente lingüístico que se muestra en nuestro uso intuitivo del lenguaje. Por ejemplo, compara las afirmaciones siguientes:

Ese objeto de tu entorno es peligroso.
Tus acciones en ese contexto particular son peligrosas.

Tu incapacidad de realizar juicios eficaces es peligrosa.
Tus creencias y valores son peligrosos.
Tú eres una persona peligrosa.

En todos los casos se hace el juicio de que algo es "peligroso". Intuitivamente, sin embargo, la mayoría de la gente siente que el "espacio" o el "territorio" que se abarca en cada afirmación se hace progresivamente mayor, y sienten una sensación de un efecto emocional cada vez mayor con cada declaración. Que alguien te diga que una respuesta conductual específica que has realizado es peligrosa es muy distinto de decirte que tú eres una "persona peligrosa".

Pruébalo en ti mismo. Imagina que alguien te fuera diciendo sucesivamente cada una de estas afirmaciones:

Tu *entorno* es (estúpido/feo/excepcional/hermoso).

Tu forma de *comportarte* en esa situación particular es (estúpida/fea/excepcional/hermosa).

Realmente tienes/no tienes la *capacidad* de ser (estúpido/feo/excepcional/hermoso).

Lo que *crees y valoras* es (estúpido/feo/excepcional/hermoso).

Tú eres (estúpido/feo/excepcional/hermoso).

Una vez más, nota que las evaluaciones que se afirman en cada caso son las mismas. Lo que cambia es el nivel al que se refiere la afirmación.

Ejemplos de declaraciones a diferentes niveles lógicos

Los grupos de declaraciones siguientes proveen otros ejemplos de expresiones verbales dirigidas a diferentes niveles neuro-lógicos.

Afirmaciones que indican diferentes niveles de respuesta ante un alumno al que no le ha salido bien un examen de ortografía:

a. Identidad: *Eres estúpido/eres una persona con problemas de aprendizaje.*

b. Creencia: *Si no sabes escribir bien, no te puede ir bien en la escuela.*
c. Capacidad: *No eres muy bueno en ortografía.*
d. Conducta específica: *No has sacado buena nota es este examen concreto.*
e. Entorno: *El ruido en el aula dificulta la realización del examen.*

Afirmaciones que indican distintos niveles de respuesta en alguien que tiene un problema con la bebida.

a. Identidad: *Soy alcohólico y siempre lo seré.*
b. Creencia: *Tengo que beber para mantener la calma y sentirme normal.*
c. Capacidad: *Parece que no puedo controlar mi tendencia a beber.*
d. Conducta específica: *Bebí demasiado en la fiesta.*
e. Entorno: *Cuando estoy con mis amigos, me gusta tomar una copa o dos.*

Declaraciones que indican diferentes niveles de respuesta de una persona que ha descubierto que tiene cáncer.

a. Identidad: *Soy una víctima del cáncer.*
b. Creencia: *No aceptar lo inevitable es dar falsas esperanzas.*
c. Capacidad: *No soy capaz de estar bien.*
d. Conducta específica: *Tengo un tumor.*
e. Entorno: *El cáncer me está atacando.*

Declaraciones que indican diferentes niveles de respuesta de alguien que está trabajando para conseguir un objetivo relacionado con la salud.

a. Identidad: *Soy una persona sana.*
b. Creencia: *Si estoy sano, podré ayudar a otros.*
c. Capacidad: *Sé como influir en mi salud.*
d. Conducta específica: *A veces puedo comportarme como si estuviera sano.*
e. Entorno: *La medicina me ha curado.*

Patrones de lenguaje asociados con distintos niveles neurológicos

Existen varios patrones verbales asociados con distintos niveles neurológicos de experiencia que se resumen seguidamente:

El lenguaje a *nivel medioambiental* hace referencia a rasgos específicos observables o detalles del propio contexto externo, por ejemplo: papel blanco, paredes altas, habitación grande, etc. Las experiencias del nivel del medio ambiente están caracterizadas por descripciones impersonales basadas en detalles sensoriales. Por ejemplo: saboreé una manzana roja muy jugosa; Vi un automóvil *beige* moviéndose a gran velocidad; Oí un sonido agudo que venía del recibidor; La esponja estaba fría, húmeda y suave; etc.

- El lenguaje del *nivel conductual* se refiere a conductas específicas y acciones observables: "hacer", "actuar", "caminar", "decir", etc. La experiencia del nivel de la conducta se expresa con verbos y adverbios activos relativamente específicos y basados en los sentidos (verbos específicos). Por ejemplo: Él bajaba caminando por la calle; Ella me guiñó el ojo; Todos se pusieron de pie; Él empujó a su hermana, etc.
- El *nivel de las capacidades* viene indicado por palabras como "conocer", "cómo", "Yo soy capaz", "pienso", etc. Los procesos del nivel de las capacidades se expresan óptimamente a través de lo que se conoce típicamente en el meta modelo como verbos inespecíficos (crear, comunicar, pensar). Por ejemplo: Veo lo que estás diciendo; Soy capaz de entender el significado; Ella es capaz de pilotar un avión, conducir un coche, tocar un instrumento musical, fabricar una silla, etc.
- El lenguaje del *nivel de las creencias y los valores* suele adoptar la forma de declaraciones que son juicios, reglas y relaciones causa-efecto, por ejemplo: "Si... entonces...", "Uno debería...", "Nosotros tenemos que...". El lenguaje relacionado con creencias y valores incluye generalizaciones más amplias que el lenguaje del nivel de la capacidad, y se refleja en las palabras que juzgan

de los "perfomativos perdidos"[6] (bueno, malo, ético, positivo, no amistoso, etc.), las "nominalizaciones" (éxito, amor, aceptación, logro, poder, etc.), las declaraciones de "causa y efecto" (hace, fuerza, causa, etc.), los "operadores modales" (debería, tener que, deber, etc.) y los "cuantificadores universales" (siempre, nunca, jamás, nadie, todo el mundo, etc.). Por ejemplo: Nada volverá a ser tan bueno como era; Los niños que se portan bien deben ser vistos pero no oídos; La práctica lleva a la perfección; Lo hemos intentado todo y no ha funcionado nada; etc.

- Las expresiones al *nivel de la identidad* están asociadas con un lenguaje del tipo: "Yo soy un...", o "Él es un..." o "Tú eres un...". Las descripciones del nivel de la identidad están caracterizadas por amplias generalizaciones. Necesariamente están altamente codificadas y, en cierto sentido, son muy abstractas. Las representaciones que reflejan la identidad suelen estar expresadas en lenguaje simbólico y metafórico. Paradójicamente, en realidad las personas revelan menos de sí mismas al dar descripciones basadas en los sentidos que hablando en símbolos y analogías. Por ejemplo, si me describo como "un hombre de raza caucásica que lleva puestos un par de pantalones vaqueros, está sentado en una silla de madera, escribiendo en su ordenador personal, tomando una taza de té, etc.", en realidad he revelado muy poco sobre "mí". Por otra parte, si me describo como "Un pionero al que le gusta explorar nuevo territorio, pero se aburre cuando se queda en el mismo sitio demasiado tiempo", he hecho una descripción que no es precisa en absoluto, pero he dicho mucho más sobre quién soy y "lo que me hace vibrar". Por ejemplo: Yo soy como un faro; Él es una persona amarga; Ellos son animales; Ella es un sol; etc.
- El lenguaje del *nivel espiritual* también se expresa en gran medida en forma de símbolos y metáforas, como en las parábolas de Jesús. Según Gregory Bateson, el lenguaje de lo sagrado es necesariamente un lenguaje no literal. Eso que es "sagrado" y "significativo" generalmente

---

6 Juicios de valor u opiniones en los que falta la fuente de la evaluación.

no está en la interpretación literal de los sucesos, sino en su estructura profunda.

Bateson solía poner el ejemplo de un himno británico que describe a María y José camino de Belén para inscribirse en el censo. María estaba "grande con el niño" y cansada de viajar. Empieza a quejarse a su marido de que está muy cansada y hambrienta, de modo que paran el burro y se detienen a un lado del camino. María, que está un poco irritada a causa del largo camino, dice a José:

—Tengo hambre. Consígueme algo de comer.

José, que también estaba cansado e irritable, y no muy contento de tener que parar, responde:

—Que el que te dejó embarazada te dé algo de comer.

Justo en ese momento, un cerezo cercano dobla sus ramas para ofrecer sus cerezas a María.

Bateson señala que si dices: "Espera un momento, no había cerezos en la Palestina del siglo I", te pierdes el propósito de la historia. Tomarse la historia literalmente te robará su significado profundo. La interpretación literal obscurece la intención que se quiere transmitir. En otras palabras, cuando Jesús habló de un sembrador sembrando semillas, en realidad no tenía la intención de dar una conferencia sobre jardinería. Más bien, su historia tenía una naturaleza simbólica.

Niveles de preguntas

Otro lugar donde la jerarquía natural de los niveles neurológicos se muestra intuitivamente en el lenguaje es en nuestras preguntas más fundamentales. Consideremos las seis preguntas más fundamentales que usamos para organizar nuestras vidas: dónde, cuándo, qué, cómo, por qué y quién.

Entorno: ¿Dónde? ¿Cuándo?
Conducta: ¿Qué?
Capacidad: ¿Cómo?
Creencias y valores: ¿Por qué?
Identidad: ¿Quién?

El nivel del espíritu y del propósito se muestra en las preguntas: "*¿Para quién?*" y "*¿Para qué?*"

A menudo, ascendemos intuitivamente por los diversos niveles neurológicos a medida que profundizamos en una conversación. Si doy a un niño una lista de palabras que tiene que escribir correctamente (el *qué*) y le digo que en clase haremos un examen sobre estas palabras al final de la semana (*cuándo y dónde*), él podría preguntar legítimamente: "*¿Cómo* se supone que voy a recordar la escritura correcta de todas estas palabras?" Si digo al niño que posicione sus ojos hacia arriba y a la izquierda y que forme una imagen mental de cada palabra en el ojo de su mente (respondiendo a la pregunta *cómo),* el niño podría entonces preguntar: "*¿Por qué* me ayudará eso a recordar las palabras?" Entonces yo podría responder a su pregunta explicando mi creencia de que la capacidad de escribir correctamente es el resultado de recordar el aspecto de las palabras, y que este proceso le ayudará a conseguir que la imagen de la palabra quede grabada en su mente. Entonces el niño podría pasar al nivel de la identidad y preguntar: "¿Eso hará de mí un buen calígrafo?"

El mismo patrón intuitivo se ilustra en las interacciones siguientes:

Médico: Me gustaría concertar una cita contigo en mi consulta el próximo miércoles por la tarde que durará unos 45 minutos.

Paciente: De acuerdo, ¿para qué?

Médico: Me gustaría hacerte una prueba de tolerancia de la glucosa.

Paciente: ¿Cómo se hace esa prueba?

Médico: Hacemos que bebas un líquido muy dulce, como una cola, esperamos un minuto, tomamos una muestra de sangre y vemos cómo metaboliza tu cuerpo el azúcar.

Paciente: ¿Por qué tengo que pasar por todo esto?

Médico: La última prueba mostró un nivel de azúcar más alto de lo normal, y creemos que podría ser un indicador de diabetes gestacional.

Paciente: ¿Significa eso que crees que soy diabética?

Médico: No necesariamente. Muchas mujeres tienen niveles de azúcar más altos de lo normal durante el embarazo.

Director: ¿Tienes libre el martes por la tarde para encontrarte conmigo en mi oficina?
Colaborador: Sí. ¿Para qué quieres verme?
Director: Me gustaría que nos juntáramos para preparar nuestra presentación de la próxima semana.
Colaborador: ¿Cómo quieres "prepararla" específicamente?
Director: He pensado que podríamos repasar la secuencia de información que estamos planeando presentar y ver si vamos a necesitar alguna ayuda visual.
Colaborador: ¿Por qué? ¿Piensas que va a ser difícil que la gente comprenda nuestro punto de vista?
Director: Bueno, creo que es bueno que las ideas clave se presenten de diversas maneras.
Colaborador: De acuerdo. ¿Quieres que me mantenga principalmente en el papel de colaborador, o debería estar preparado para hacer de "abogado del diablo"?
Director: Podría estar bien que te pusieras en la piel del público, y que percibieras la presentación como si fueras uno de ellos.

Los comentarios sobre temas más profundos acaban alcanzado el nivel de las preguntas "espirituales", como a quién y a qué sirven nuestras vidas. Este nivel de lenguaje se vuelve esencial en asuntos de vida o muerte. Por ejemplo, en su famoso discurso de Gettysburg, el lenguaje de Abraham Lincoln estuvo dedicado casi completamente a este tipo de preguntas. Esto es lo que dijo: "Hemos llegado a dedicar una porción de ese campo para que sea el lugar de descanso final de aquellos que aquí dieron su vida para que la nación pueda vivir". Lincoln estaba diciendo claramente "para quién" y "para qué" se había reunido el grupo. El énfasis en este profundo nivel neurológico se vuelve aún más importante cuando Lincoln concluye: "Nos corresponde estar aquí, dedicados a la gran tarea que tenemos ante nosotros, y que por estos muertos que hoy honramos incrementemos nuestra devoción a la causa a la que ellos dedicaron su plena devoción, y que aquí resolvamos que ellos no han muerto en vano, y que el gobierno de la gente, por la gente y para la gente no desaparecerá de la tierra".

Niveles de meta mensajes no verbales

El nivel al que se está dirigiendo un mensaje particular también puede ser comunicado mediante diferentes meta mensajes no verbales. Por ejemplo, considera la diferencia en las implicaciones de los siguientes mensajes, en los que las palabras en cursiva indican un cambio en el tono de voz:

"Tú no deberías estar haciendo *eso* aquí".
"Tú *no deberías* estar haciendo eso aquí."
"*Tú* no deberías estar haciendo eso aquí."

Basándose en dónde está la inflexión de la voz, el mensaje adquiere distintas implicaciones relacionadas con un nivel de énfasis particular: Tú (identidad) no deberías (creencias/valores) estar haciendo (capacidades) eso (conducta) aquí (entorno). Es la presencia o la ausencia de tales meta mensajes la que a menudo determina cómo se interpreta el mensaje y si este será interpretado adecuadamente o no.

Por ejemplo, si una figura de autoridad dice: "TÚ no estabas respetando las reglas", es mucho más probable que esto se tome como un mensaje sobre la identidad. Si esa figura dice: "Tú no estabas respetando las REGLAS", entonces no está enfatizando tanto la identidad individual como el nivel de conducta.

Reencuadrar verbalmente las experiencias usando el lenguaje para cambiar los niveles lógicos

Una manera poderosa de usar el lenguaje asociado con diferentes niveles neurológicos para ayudar a la gente a salir de estados de estancamiento y reencuadrar su experiencia consiste en recategorizar una característica o experiencia de un nivel lógico a otro (por ejemplo, separar la *identidad* de la persona de sus *capacidades* o de su *conducta*). Los juicios negativos con respecto a la identidad suelen ser el resultado de interpretar conductas particulares, o la falta de habilidad para producir ciertos resultados conductuales, como declaraciones con respecto a la identidad de uno. Cambiar un juicio negativo con respecto a la identidad para reformularlo como una declaración con respecto a la conducta o las capacidades de la persona reduce enormemente el impacto mental y emocional de dicho juicio en la persona.

Como ejemplo, una persona podría sentirse deprimida por tener cáncer, y referirse a sí misma como "víctima del cáncer". Esto podría "reencuadrarse" mediante la respuesta: "Tú no eres una *víctima del cáncer* (**A** = identidad), eres una persona normal que aún no ha desarrollado plenamente la *capacidad de aprovechar plenamente la conexión cuerpo-mente* (**B** = capacidad)". Esto puede ayudar a la persona a cambiar su relación con la enfermedad, abrirse a otras posibilidades, y verse a sí misma como una participante en el proceso de curación.

El mismo tipo de reencuadre podría hacerse con una creencia como "Soy un fracasado". Se podría señalar: "No es que seas un 'fracasado', sino que aún no has dominado todos los elementos necesarios para el éxito". Una vez más, esto pone el juicio limitante con respecto a la identidad dentro de un marco más proactivo y resolutivo.

Categorizar algo en otro nivel lógico cambia su significado y su impacto.

Este tipo de reencuadres pueden diseñarse usando los pasos siguientes:

a) Identifica un juicio negativo con respecto a la identidad (**A-**):

Yo soy _____ (por ejemplo, "Yo soy una carga para los demás".

b) Identifica una capacidad específica o conducta que esté relacionada bien con el estado presente o con un estado deseado implicado en el juicio sobre la identidad (**B**):

Capacidad de _____
(por ejemplo, "Capacidad de resolver los problemas por uno mismo").

c) Sustituye la capacidad o la conducta por el juicio negativo con respecto a la identidad:

*Tal vez no es que **tú** seas un* _____
(identidad negativa: por ejemplo, "una carga para los demás"), *sino simplemente que aún no tienes la **capacidad de***
_____ (capacidad o conducta específica: por ejemplo, "resolver problemas por ti mismo").

Los tonos de voz y otros meta mensajes no verbales (indicados por las palabras en negrita en el ejemplo anterior) pueden usarse para añadir énfasis al cambio de los niveles lógicos.

El modelo S.C.O.R.E.

El modelo S.C.O.R.E fue desarrollado en 1987 por Robert Dilts y Todd Epstein para describir el proceso que estaban usando intuitivamente a fin de definir problemas y diseñar intervenciones. Surgió de una serie de seminarios de supervisión que estaban llevando a cabo sobre las aplicaciones de la PNL. Dilts y Epstein se dieron cuenta de que estaban organizando sistemáticamente su forma de aproximarse a los problemas de manera diferente a como lo hacían sus estudiantes de PNL avanzados, haciéndolo de un modo que les permitía llegar a la raíz del problema de modo más eficaz y eficiente. Ambos se dieron cuenta de que lo que estaban haciendo intuitiva pero sistemáticamente no estaba descrito con precisión en ninguno de los modelos o técnicas existentes de la PNL.

El método tradicional de resolver problemas de la PNL hasta ese momento se orientaba en torno a definir (1) un estado presente o "estado del problema", (2) establecer un estado deseado u objetivo, y seguidamente (3) identificar e implementar los pasos de la solución o procedimiento que es de esperar que ayuden a resolver el estado problemático para llegar al estado deseado. Dilts y Epstein se dieron cuenta de que, durante el proceso de recogida de información, estaban dividiendo consistentemente estos elementos de la resolución de problemas en pedazos más pequeños. Por ejemplo, a la hora de definir "estados problemáticos", distinguían consistentemente entre los "síntomas" que caracterizaban el problema y las "causas" de dichos síntomas. Y descubrieron que para establecer los objetivos y los estados deseados era importante distinguir entre el "resultado u objetivo" conductual específico que representaba el estado deseado y los "efectos" a largo plazo (que a menudo no estaban al nivel de la conducta), que eran las consecuencias anticipadas de ese resultado. Además, Dilts y Epstein se dieron cuenta de que era importante separar las técnicas de los "recursos" profundos que dichas técnicas estaban tratando de movilizar y activar para conseguir la solución que transformaría los problemas y lograría los objetivos deseados.

Las letras "S.C.O.R.E." representan estas distinciones adicionales realizadas por Dilts y Epstein: Síntomas, Causas, Objetivos, Recursos y Efectos. Según el modelo, estos elementos representan la cantidad mínima de información que cualquier proceso de cambio o sanación tiene que abordar.

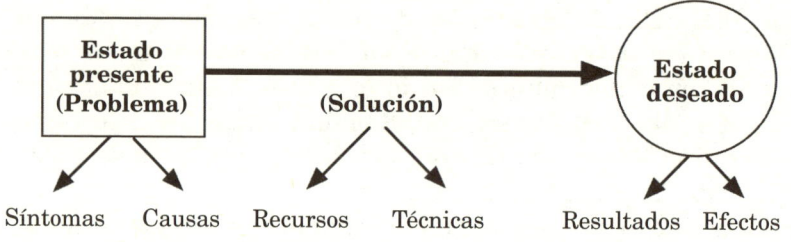

El modelo S.C.O.R.E. establece distinciones adicionales con respecto al modelo tradicional de resolución de problemas de la PNL "Estado presente – Estado deseado"

Es interesante indicar que el término *score* tiene varias connotaciones relevantes en el idioma inglés. La palabra se deriva del término *skor*, del noruego antiguo, que significa "muesca" o "cortar". El diccionario Merriam-Webster define "score" como "una marca usada como punto de partida u objetivo" o "una marca usada para llevar la cuenta". Por ejemplo, cuando se lleva el tanteo *(score)* en un juego o competición deportiva, el propósito es hacer el seguimiento del estado actual de la interacción (por ejemplo, "Estado presente Piratas"-0, "Estado deseado Aventureros"-4).

Así, el "tanteo o la puntuación *(score)*" es un medio de llevar la cuenta del progreso de algún suceso o interacción. Por otra parte, "score" también puede ser la "partitura musical" que describe la música de una película o producción teatral. El "score" de una danza es una descripción de la composición de la misma hecha en una notación coreográfica especial. El término también se usa para describir "los hechos desnudos e inescapables de una situación". Se dice, por ejemplo, que una persona "knows the score" (sabe de qué va la cosa) cuando comprende todos los aspectos relevantes de una situación particular.

También se usa la palabra "score" (en este caso, puntuación) como expresión de un logro o excelencia (en cuanto a calidad) en un juego o en un test, bien de manera absoluta por el número de puntos ganados o por comparación con una norma o estándar. El término "score" también puede usarse para referirse al propio acto de lograr algo. En este sentido, es el equivalente de tanto, gol, canasta, etc., en diversos juegos y competiciones en los que se ganan puntos. Este término puede emplearse incluso para indicar de manera general que se ha tenido éxito en la obtención de algo deseable (se ha "puntuado").

El modelo S.C.O.R.E. de la PNL incorpora en cierta medida todos estos significados. De hecho, el propósito último de reunir información y de crear con ella un S.C.O.R.E. es "contar la historia" del camino recorrido desde el estado presente hasta el estado deseado. De manera similar al "score" (descripción precisa) de una producción teatral, cada parte del S.C.O.R.E. de un problema debe "formar parte" de una totalidad significativa. Así, el modelo S.C.O.R.E. es más que una lista de categorías analíticas. Define el mínimo de información necesaria para tener una sensación clara de la "historia del cambio" que es necesario para resolver un problema particular.

"Conocer el S.C.O.R.E."

Para entender mejor las distinciones del S.C.O.R.E., considera las preguntas siguientes: ¿Qué es un problema? ¿Qué hace que algo sea un problema? ¿Cuáles son los elementos que es importante definir con respecto a un problema a fin de poder resolverlo?

En primer lugar, es importante darse cuenta de que, si no quieres un *resultado u objetivo,* no tienes un problema. Si no deseas estar en ningún otro lugar que donde estás, no tienes un problema. De hecho, con frecuencia el proceso de establecer un objetivo en realidad crea el problema. Un "problema" es la diferencia entre tu estado presente y estado deseado, y los asuntos que hay que abordar a fin de llegar al estado deseado.

Las preguntas para suscitar resultados son: *¿Cuál es, específicamente, tu objetivo? ¿De qué quieres más? Si fueras capaz de conseguir lo que quieres, ¿qué sería?*

En el proceso de avanzar hacia un estado deseado, surgen *síntomas* en forma de limitaciones, resistencias e interferencias con la consecución de dicho resultado. En el caso típico, los síntomas son los aspectos más obvios del problema. Los síntomas físicos suelen surgir en forma de dolor, debilidad, o falta de movilidad. Los síntomas psicológicos toman la forma de conflictos internos y luchas emocionales. Un síntoma típico en una empresa o negocio podría ser una caída de los beneficios, de la motivación o de la productividad.

Es posible averiguar los síntomas planteando preguntas como: *¿Cuál es el problema? ¿Qué está yendo mal o qué te está causando problemas? ¿Qué quieres cambiar? ¿Qué te impide conseguir lo que quieres o ser como quieres ser?*

Por supuesto, la resolución eficaz de problemas implica encontrar y resolver las *causas* profundas de un síntoma particular o de un grupo de síntomas. Limitarse a tratar los síntomas solo producirá un alivio temporal. A menudo, las causas son menos evidentes, más amplias y de naturaleza más sistémica que el síntoma particular que se está manifestando en ese momento. El dolor físico, por ejemplo, puede estar causado por factores invisibles, como la falta de circulación apropiada, infecciones virales o heridas internas. Las luchas emocionales pueden ser consecuencia de las creencias limitantes (virus mentales), de recuerdos reprimidos, o de una distorsión de los mapas mentales y representaciones. Una caída de los beneficios o de la productividad puede ser fruto de algo relacionado con la competencia, con la organización, con el liderazgo, o con cambios en el mercado, en la tecnología, en los canales de comunicación o alguna otra cosa. Aquello que identifiques como causa determina dónde buscarás para crear la solución.

Aristóteles mantenía que había cuatro tipos de causas distintas. La causa *antecedente* (histórica o material) guarda relación con cadenas de sucesos que tienen sus raíces en el pasado. La causa *eficiente* atiende a los límites u oportunidades que surgen en el "aquí y ahora". La causa *final* guarda relación con las consecuencias y objetivos futuros anticipados de acciones presentes. La causa *formal* guarda relación con nuestra manera de percibir, separar y filtrar los sucesos que se producen. Al buscar las causas de un síntoma, es importante consultar varias de estas áreas a fin de llevar a cabo una investigación sistemática.

También hay otro tipo de "causa" importante de un síntoma particular que guarda relación con los propósitos potencialmente positivos o ganancias secundarias a los que sirve el síntoma. La "causa" de un síntoma emocional, como por ejemplo la ira, podría ser la autoprotección o establecer límites. Los síntomas físicos a veces producen "ganancias secundarias", como el cuidado y la atención recibidos, o sirven como una buena "excusa". La falta de motivación puede servir para evitar posibles tensiones y fracasos. Esta es un área importante de causas potenciales que los encargados de resolver problemas a menudo pasan por alto.

En resumen, podemos explorar y descubrir las causas planteando preguntas como: *¿De dónde viene el síntoma? ¿Qué provocó o creó el síntoma? ¿Qué estaba ocurriendo justo antes, o en el momento en el que el síntoma comenzó? ¿Qué mantiene el síntoma en su lugar? ¿Qué te impide cambiar el síntoma? ¿Cuál es la intención positiva detrás del síntoma, a qué propósito sirve? ¿Hay alguna consecuencia positiva del síntoma?*

Los **efectos** deseados de conseguir un objetivo o resultado particular también pueden ser factores significativos a la hora de definir el espacio problema. Un resultado específico suele ser un paso en el camino que lleva a los efectos a largo plazo (lo que la PNL a menudo llama "meta resultados"). Es importante que la solución a un problema sea congruente con los efectos deseados a largo plazo. A veces, la manera de conseguir un resultado interfiere con la consecución de un objetivo a largo plazo; por ejemplo, es posible "ganar una batalla pero perder la guerra".

Las preguntas relacionadas con los efectos incluyen las siguientes: *¿Qué ocurriría si consiguieras el resultado? ¿Qué haría por ti conseguir el objetivo? Cuando hayas conseguido el resultado, ¿qué harás, o qué ocurrirá a continuación?*

En general, el "espacio problema" se define por la relación entre el objetivo o resultado, el tipo de síntomas que se interponen en la consecución del resultado, las causas de esos síntomas y los efectos deseados a largo plazo de conseguir el resultado. A fin de encontrar los **recursos** que producirán una solución eficaz para un síntoma particular, es necesario conocer las causas del síntoma, el resultado, y el efecto último que se quiere conseguir. A veces los recursos necesarios para abordar el estado problemático son diferentes de los que se necesitan para conseguir el resultado (por ejemplo, una aspirina para "los dolores" y descanso en cama para "tener más energía"). Otras veces un único recurso abordará eficazmente toda la situación problemática. Sin embargo, es útil explorar recursos que (a) ayuden a tratar el síntoma y sus causas, y (b) ayuden a conseguir el resultado deseado y sus efectos.

Identificar los recursos requiere plantear preguntas como: *¿Qué* (conducta, estado, capacidad, creencia, apoyo, etc.) *posees que te ayudará a alcanzar el resultado* (resolver tu problema)? *¿Has sido capaz de conseguir un resultado* (o de resolver un problema) *como este anteriormente? ¿Qué hiciste? ¿Conoces a alguien que haya sido capaz de conseguir un resultado* (o de resolver un problema) *como este antes? ¿Qué hizo esa persona? Si ya hubieras conseguido tu resultado* (resuelto tu problema), *y estuvieras mirando atrás, ¿qué verías que has hecho para conseguirlo? ¿Qué otras opciones tienes que puedan mantener la intención o las consecuencias positivas del problema y, sin embargo, permitirte alcanzar tu estado deseado?*

Las **técnicas** son estructuras secuenciales que permiten identificar, acceder o aplicar recursos particulares a un conjunto de síntomas, causas y resultados. Una técnica en sí misma no es un recurso. Una técnica solo es eficaz en la medida en que da acceso y aplica los recursos que son apropiados para abordar la totalidad del sistema definido por los demás elementos S.C.O.R.E.

Dependiendo de lo general o específica que sea una situación problemática, ciertas técnicas y recursos podrían producir un resultado inmediato, o podrían ser únicamente pasos intermedios en el camino hacia la consecución del resultado. Algunas soluciones pueden requerir una serie de recursos distintos aplicados a lo largo de varios meses o años. Definir los síntomas, resultados u objetivos, causas y efectos potenciales es un proceso continuo.

En resumen, según el modelo S.C.O.R.E., la capacidad de resolver problemas eficazmente implica definir el "espacio problema" e identificar áreas potenciales del "espacio solución" estableciendo relaciones entre los elementos siguientes:

1. **Síntomas.** En el caso típico, son los aspectos más conscientes y destacables de un problema presente o de un estado problemático.
2. **Causas.** Son los elementos subyacentes responsables de crear y mantener los síntomas. Generalmente suelen ser menos obvias que los síntomas que producen.
3. **Objetivos o resultados.** El estado particular o las conductas que tomarán el lugar de los síntomas.
4. **Recursos.** Los elementos subyacentes (habilidades, herramientas, creencias, etc.) responsables de retirar las causas de los síntomas y de conseguir y mantener los resultados deseados. Las técnicas, como Reencuadrar en seis pasos, Cambiar la historia, Anclar, etc., son estructuras para aplicar recursos particulares.
5. **Efectos.** Las consecuencias a largo plazo de conseguir un resultado particular. Los resultados específicos suelen ser eslabones intermedios para conseguir un efecto a más largo plazo.

a. Los efectos positivos suelen ser la razón o motivación para establecer un resultado particular de partida.
b. Los efectos negativos pueden crear resistencias o problemas ecológicos.

Preguntas básicas del modelo S.C.O.R.E.

Entre las preguntas básicas que se usan para definir el modelo S.C.O.R.E. con relación a un problema particular se incluyen las siguientes:

1. ¿Cuál es el *"síntoma"* en este problema?
2. ¿Cuál es la *"causa"* del síntoma en este problema?
3. ¿Cuál es el *"resultado"* deseado u objetivo?
4. ¿Cuál sería el *"efecto"* a largo plazo de conseguir el objetivo?
5. ¿Qué *"recurso"* ayudaría a abordar la causa?
6. ¿Qué *"recurso"* ayudaría a conseguir el resultado?

Aplicación del modelo S.C.O.R.E.

Una manera eficaz de conceptualizar y usar las distinciones del modelo S.C.O.R.E. es organizar sus elementos a lo largo de una línea temporal. En el caso típico, los síntomas son algo que experimentas ahora, en el presente, o que has experimentado en el pasado reciente. Las causas de esos síntomas tienden a precederlos. Es decir, la causa de los síntomas se presenta antes que ellos en el tiempo, bien inmediatamente antes del síntoma o posiblemente mucho antes. Los resultados se producen en el mismo marco temporal que el síntoma, puesto que el resultado u objetivo es aquello con lo que quieres reemplazar el síntoma. Así, si el síntoma está en el presente, el resultado también estará en el presente o en un futuro muy cercano. Los efectos son los productos del resultado a largo plazo. Suelen producirse entre el futuro a corto plazo y el futuro a largo plazo. Los recursos pueden venir de cualquier momento temporal. Un recurso puede ser algo que te acaba de ocurrir, que te ocurrió hace mucho tiempo, o puede ser algo que imaginas que te podría ocurrir en el futuro. En la resolución de problemas creativa, la mayoría de los recursos vienen de preguntar "¿qué pasaría si?" y de actuar "como si".

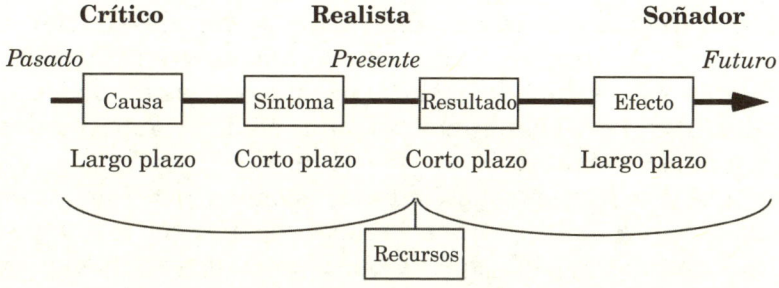

Situar las distinciones S.C.O.R.E. a lo largo de una línea temporal

Los efectos son los macro objetivos que conforman resultados específicos. No siempre vamos a saber cuál será. Podría ser, o incluso debería ser, el efecto de un resultado u objetivo. A veces, tienes que aplicar un recurso y lograr primero un resultado antes de poder explorar sus efectos.

Patrones del "meta programa"

Los meta programas emergieron y pasaron a formar parte de la PNL a finales de la década de los 70. Son uno de los desarrollos clave asociados con la segunda generación de la PNL. Inicialmente Richard Bandler propuso una serie de patrones que eran las formas que tenían las personas de mantener la "coherencia" de su programación mental (como el rayo de referencia de un holograma óptico). Leslie Cameron-Bandler, junto con David Gordon, Robert Dilts y Maribeth Meyers-Anderson, impulsó nuevas investigaciones sobre estos y otros patrones. Como su nombre indica, los "meta" programas tratan *sobre* otros programas. Son los programas que guían y dirigen otros procesos de pensamiento. Específicamente, definen los patrones que son comunes o típicos en las estrategias o estilos de pensamiento de un individuo, grupo o cultura particular.

Tanto los patrones del meta programa, como buena parte de la actual tecnología de las submodalidades de la PNL, surgen del intento de entender mejor el funcionamiento de las estrategias cognitivas. En particular, se desarrollaron para explicar cómo individuos con la misma estructura cognitiva en sus estrategias podían acabar con resultados muy divergentes. Por ejemplo, dos personas podían compartir una decisión estratégica con la estructura: $V^c \rightarrow K^i$ (derivar sentimientos de imágenes construidas como manera de tomar una decisión). Sin embargo, una persona podía decir: "Imagino varias opciones, y elijo aquella que siento que está bien para mí". La otra persona, por su parte, podría quejarse: "Imagino varias opciones y después me siento abrumada y confundida por ellas". La noción de meta programa surgió del intento de descubrir qué marcaba la diferencia entre unas respuestas tan diversas. Como la estructura general de representación de las estrategias era esencialmente la misma, se postuló que las diferencias venían de patrones fuera de, o "meta con respecto a", la estrategia (o programa interno), es decir, de un "meta programa".

Los patrones del meta programa y las submodalidades determinan las cualidades de, y las relaciones entre, las experiencias y la información que está siendo representada en una estrategia cognitiva concreta. Abordan características relacionadas con la sustancia experiencial de una imagen particular, de un conjunto de palabras o de un estado de sentimiento. Influyen en cómo se representan, clasifican y puntúan las experiencias. También definen dónde dirigimos nuestra atención, operando como otro conjunto de filtros sobre nuestra experiencia.

Los meta programas (en contraste con las submodalidades) son más abstractos que nuestras estrategias específicas para pensar, y definen nuestra aproximación general a un problema particular, en lugar de los detalles de nuestro proceso de pensamiento. Los patrones del meta programa son descripciones de las distintas maneras de abordar el "espacio problema" o sus elementos.

Como ocurre con otras distinciones PNL, la persona puede aplicar el mismo patrón meta programa independientemente del contenido y del contexto de una situación. Asimismo, no se trata de distinciones "todo o nada", y pueden darse en diferentes proporciones.

Visión general de los patrones del meta programa

Al aproximarse a un problema u objetivo, uno puede hacer énfasis en moverse *hacia* algo *positivo*, en *alejarse* de algo *negativo*, o en una combinación de ambos. Aproximarse a lo positivo implica tratar de lograr las visiones, los resultados y los sueños deseados, y tiende a fomentar el emprendimiento y la "proactividad". Evitar lo negativo requiere intentar evitar posibles errores y problemas, y va acompañado de un planteamiento más cuidadoso, conservador y *"reactivo"* con respecto a la planificación, la toma de decisiones y la resolución de problemas. Los que solo "se mueven hacia" pueden tomar decisiones simplistas y potencialmente arriesgadas. Los que "solo se alejan de" pueden parecer muy pesimistas o "paranoides". Los buenos planes y decisiones generalmente incluyen una combinación de ambos estilos.

El patrón meta programa de *fragmentar* (dividir en pequeños bocados) guarda relación con el nivel de especificidad o generalidad con el que una persona o grupo está analizando un problema o el espacio problema. Las situaciones pueden analizarse con diversos grados de *detalle* (micro pedazos de información) y *generalidades* (macro pedazos de información). Una vez más, un enfoque excesivo en los detalles lleva a perder de vista "el gran cuadro". Asimismo, un énfasis excesivo en las generalidades puede comprometer y debilitar la capacidad de "aplicar o plasmar los planes y objetivos", porque no se pueden ver los pasos concretos.

Los objetivos o las situaciones problemáticas pueden examinarse con referencia a distintos *marcos temporales:* pueden considerarse las consecuencias a corto, medio y largo plazo. El marco temporal dentro del cual se considera un problema o resultado puede influir mucho en cómo se aborda e interpreta. Por ejemplo, poner un excesivo énfasis en el éxito *a corto plazo* puede generar problemas ecológicos *a largo plazo* (por ejemplo, uno puede "ganar la batalla, pero perder la guerra"). Por otra parte, ser ciego a las necesidades y retos a corto y medio plazo puede poner en entredicho el éxito de los objetivos a largo plazo ("la cadena no es más fuerte que el más débil de sus eslabones").

Los resultados y problemas pueden definirse con referencia al *pasado, al presente* o *al futuro.* A veces, la gente trata de repetir éxitos o de evitar problemas que han ocurrido recientemente y están frescos en su mente. En otras ocasiones, las personas pueden tratar de conseguir resultados o evitar problemas más distantes en el futuro. Algunas personas suelen buscar las soluciones en la historia más que en el futuro. Un buen ejemplo es la diferencia entre el anterior líder soviético Mikhail Gorbachev y las personas que trataron de derrocarle antes de la disolución de la Unión Soviética a comienzos de la década de los 90. Uno estaba tratando de prepararse para el futuro, mientras los otros trataban de preservar el pasado.

El *locus de control* es otro patrón importante del meta programa. *Referencia interna* es un término que se usa en PNL para describir el proceso mediante el cual una persona usa sus propios sentimientos, representaciones y criterios internos como fuente principal de sus acciones, y para evaluar el éxito de dichas acciones. La referencia interna puede contrastarse con la *referencia externa,* en la que el locus de control, o la evidencia del éxito con respecto a una acción o decisión particular, se sitúa *fuera* del individuo. Por ejemplo, elegir un trabajo basándose en la referencia interna implicaría determinar las propias necesidades y deseos personales, y seleccionar un puesto basándose en lo bien que concuerda con dichas necesidades e intereses. Elegir un trabajo basándose en referencias externas implicaría seleccionar uno que agradara a otra persona, o porque es el único puesto disponible. Así, hacer lo que uno "quiere" hacer está más referenciado internamente. Hacer lo que uno "tiene que" hacer, o lo que a uno le han dicho que "debería" hacer, está más referenciado externamente. Los casos de éxito y los procedimientos que llevan a él suelen incluir una combinación de ambas, de referencias internas y externas.

El éxito con respecto a la consecución de un objetivo, o en la evitación de un problema, puede evaluarse buscando las similitudes o coincidencias (*matching*) o bien buscando las diferencias (*mismatching*) entre el estado actual y el estado objetivo. La búsqueda de similitudes enfoca la atención en lo que se ha conseguido. La búsqueda de diferencias pone el acento en lo que falta. Las similitudes tienden a favorecer la percepción de unidad y consenso, mientras que las diferencias pueden animar a la diversidad y la innovación. Sin embargo, una persona que busque constantemente las similitudes puede parecer insincera y que se deja mover fácilmente por las opiniones de otros. Una diferenciación excesiva hace que la persona parezca desagradable y excesivamente crítica.

Los problemas y resultados pueden considerarse con relación al logro de una *tarea,* o con respecto a los problemas involucrados en una *relación,* como los relacionados con el "poder" y la "afiliación". El énfasis en la tarea o en la relación puede ser una distinción importante para entender las diferencias de cultura y género. Por ejemplo, a menudo se considera que los hombres están más orientados hacia las tareas, mientras que las mujeres suelen estar más atentas a las relaciones. El equilibrio en el enfoque con respecto a las tareas y las relaciones a menudo es una clave importante en el trabajo con grupos y equipos. En la realización de una tarea es posible poner el énfasis en los objetivos, en los procedimientos o en las opciones. Esto, en sí mismo, puede conducir a diferencias significativas en las aproximaciones a la resolución de problemas o la planificación; una estrategia orientada a los procedimientos hará énfasis en "hacerlo al pie de la letra", por ejemplo, mientras que el planteamiento orientado hacia opciones implicaría encontrar tantas variantes como fuera posible. Podemos aproximarnos a los problemas relacionales haciendo énfasis en diversos grados en el punto de vista de uno mismo, de los demás o del sistema mayor (la compañía, el mercado, etc.).

Las estrategias para aproximarse a los problemas pueden hacer énfasis en diversas combinaciones de *visión, acción, lógica* o *emoción.* Un énfasis particular en una de estas estrategias cognitivas puede producir un *estilo de pensamiento* general al nivel del grupo o de la cultura. Visión, acción, lógica y emoción son expresiones más generales de los elementos de una estrategia cognitiva particular: visualización, movimiento, verbalización y sentimiento. El estilo de pensamiento es parecido a la noción PNL de sistema representacional "primario" o "más valorado".

Resumen de los patrones clave del meta programa

1. **Forma de aproximarse a los problemas**
   a. Yendo hacia lo positivo
   b. Alejándose de lo negativo
2. **Marco temporal**
   a. Corto plazo, largo plazo.
   b. Pasado, presente, futuro.
3. **Tamaño de los pedazos**
   a. Grandes pedazos, generalidades.
   b. Pequeños pedazos, detalles.
4. **Locus de control**
   a. Referencia interna o "Yo", proactivo.
   b. Referencia externa u "Otros", reactivo.
5. **Modo de comparación**
   a. Búsqueda de similitudes, (igualación), consenso.
   b. Búsqueda de diferencias (desigualación), confrontación.
6. **Aproximación a la resolución de problemas**
   a. Tarea (logro)
      1) Elecciones, objetivos
      2) Procedimientos, operaciones
   b. Relaciones (Poder; afiliación)
      1) Yo: yo, mí.
      2) Otro: tú, su de él o su de ellos.
      3) Contexto: nosotros, la compañía, el mercado.
7. **Estilo de pensamiento**
   a. Visión
   b. Acción
   c. Lógica
   d. Emoción

La jerarquía de criterios y los niveles lógicos en los que se enfoca una persona también pueden considerarse como rasgos del meta programa. Una *jerarquía de criterios* es esencialmente el orden de prioridades que la persona aplica a un resultado o problema. Las jerarquías de criterios guardan relación con los grados de importancia o significado que las personas asocian a diversas acciones y experiencias. En esencia, los criterios son valores que proporcionan motivos para la acción, como: el logro, el poder, la supervivencia, la eficiencia, el consenso, el beneficio, el crecimiento, la productividad, la afiliación, la calidad, la ecología, etc. Este tipo de criterios pueden determinar y revelar mucho sobre otros patrones del meta programa. Una persona que tenga el "logro" en lo más alto de su jerarquía de criterios, por ejemplo, es mucho más probable que se oriente hacia las tareas que la persona que valora más la "afiliación". Asimismo, es más probable que la persona que se enfoca en el "poder" sea más proactiva e internamente referenciada que la persona que hace énfasis en el "consenso", y así sucesivamente.

El nivel lógico de enfoque hace referencia a dónde tiende a poner la atención la persona o grupo cuando resuelve un problema o planifica el camino hacia un estado deseado. Se puede poner el énfasis en: el entorno, *Dónde, Cuándo*; en las conductas, *Qué*; o en el sistema, *Quién más* y *Para Quién*. El nivel de enfoque lógico determina el ámbito de actividad en el que se aplican los demás patrones del meta programa. Evitar algo en el entorno es diferente de intentar evitar ser algo a nivel de la identidad. Diferenciar conductas es diferente de diferenciar creencias y valores, y así sucesivamente. También es posible evitar, buscar diferencias o tener una referencia interna a un nivel, pero aproximarse, buscar similitudes o tener una referencia externa a otro nivel. De hecho, contar con los niveles lógicos en los que se produce el enfoque a menudo ayuda a clasificar las aparentes discrepancias o paradojas relacionadas con la identificación de los patrones básicos del meta programa (por ejemplo, uno puede estar "aproximándose" a algo a un nivel, y "evitando" algo a otro nivel).

Agrupaciones de meta programas y proceso de grupo

Los diferentes estilos y aproximaciones a la resolución de problemas se caracterizan por diferentes grupos y secuencias de patrones del meta programa en diversas proporciones. El planteamiento de una persona puede enfocar el 80% de la atención en las relaciones y el 20% en las tareas, y poner el 70% del énfasis en las consideraciones a largo plazo frente a un 30% en las consideraciones a corto plazo. Otra persona podría dar el 90% de importancia a las tareas y pensar principalmente en las consecuencias a corto plazo.

Las distintas agrupaciones de los patrones del meta programa cubren claramente diferentes áreas del espacio problema. En este sentido, no hay meta programas "correctos" o "equivocados". Más bien, su eficacia con respecto a la resolución del problema depende de la capacidad de aplicarlos para cubrir el espacio necesario que permite lidiar adecuadamente con dicho problema o conseguir un objetivo. Por ejemplo, las distintas fases de la estrategia para imaginar diseñada por Disney (Soñador, Realista y Crítico), pueden estar caracterizadas por agrupamientos particulares de patrones meta programa:

Estilo de pensamiento	Soñador	Realista	Crítico
Nivel de enfoque	Qué	Cómo	Por qué
Preferencia representacional	Visión	Acción	Lógica
Aproximación	Acercamiento	Acercamiento	Alejamiento
Marco temporal	Largo plazo	Corto plazo	Largo/corto plazo
Orientación temporal	Futuro	Presente	Pasado/futuro
Referencia	Interna – Yo	Externa – entorno	Externa – otros
Modo de comparación	Búsqueda de similitudes	Búsqueda de similitudes	Búsqueda de diferencias

Diferentes agrupaciones de patrones meta programa se combinan para formar diferentes estilos de pensamiento.

Diferentes tipos de actividades requieren distintos tipos de actitudes y planteamientos. Algunas actividades requieren o ponen el énfasis en la capacidad de enfocarse en los micro pedazos y en los detalles. Otras requieren la capacidad de ver el gran cuadro. Las distintas fases del ciclo de planificación o de resolución del problema de un grupo o equipo pueden requerir distintos estilos de pensamiento. Por lo tanto, actitudes concretas o grupos concretos de patrones meta programa pueden ser más o menos beneficiosos en distintas etapas de un proceso grupal. Hacer énfasis en los resultados más que en los procedimientos podría ser una ayuda o un obstáculo para el funcionamiento del grupo en distintos momentos. Algunas fases pueden requerir alcanzar un consenso, y en otras es importante favorecer las diferencias en las perspectivas.

Distintos planteamientos y estilos de pensamiento tendrán distinto valor para distintos tipos de tareas. Por ejemplo, en una tormenta de ideas puede resultar beneficioso dirigir el pensamiento al gran cuadro y a un marco temporal más largo. Para desarrollar planes y procedimientos, puede ser más útil mantenerse enfocado en las acciones a corto plazo. Para las tareas analíticas puede ser más apropiado considerar lógicamente los detalles con respecto a la tarea, etc.

Desde este punto de vista, la gestión del proceso de grupo implica esencialmente acompasar y guiar los distintos patrones del meta programa de los miembros del grupo para rellenar los "eslabones perdidos" y ampliar la percepción del espacio problema o solución.

Identificar los patrones del meta programa

Los meta programas pueden identificarse a través de indicadores lingüísticos que toman la forma de palabras o frases clave. Consideremos el ejemplo siguiente: mientras asiste a una clase sobre un tema concreto, un estudiante se queja: "Yo no tengo ganas de dedicar tanto esfuerzo a aprender este material porque pronto estará obsoleto, y no quiero perder el tiempo". Tal comentario revela mucho sobre los patrones del meta programa que están operando en el alumno. Por ejemplo, sus afirmaciones indican que está orientado hacia los "sentimientos" y también está enfocado en evitar las negatividades percibidas (por ejemplo, "tanto esfuerzo" y "perder el tiempo"). El uso de la palabra "yo" también indica una fuerte auto-referencia ("Yo no siento", "Yo no quiero"). El comentario del alumno también implica un énfasis en el futuro a corto plazo ("pronto quedará obsoleto") y en generalidades (el estudiante hace referencia a "este material", en lugar de referirse a un aspecto particular del material).

Es posible estimular los patrones del meta programa mediante preguntas e instrucciones cognitivas. A menudo se los determina a través de la auto-evaluación, usando preguntas con múltiples opciones que manifiestan las preferencias de la persona con relación a un contexto o situación particular.

Una de las maneras más simples y profundas de encontrar patrones cognitivos relevantes y claves conductuales es mediante lo que se denomina "análisis contrastivo". El análisis contrastivo es el proceso de comparar diferentes estados, representaciones, mapas, actuaciones y descripciones con el propósito de descubrir las "diferencias que marcan la diferencia". Al comparar y contrastar, la persona puede descubrir información que le permita entender mejor la estructura de la experiencia. Por ejemplo, si una persona tiene una experiencia de creatividad en un contexto, y una experiencia de no ser creativa en otro, estas dos experiencias pueden contrastarse analíticamente para comprobar las diferencias involucradas. La persona puede notar que difieren los sentimientos, el lenguaje corporal, el foco de atención, las creencias y valores, las estrategias de pensamiento, y las claves ambientales. Al adquirir conocimiento de estas claves y áreas de diferencia, es posible aplicar estrategias de aprendizaje para cambiar algunos aspectos de su experiencia. El análisis contrastivo está en la base de la mayoría de los procesos de "utilización" de la PNL.

Transferir los patrones del meta programa de una situación a otra

Uno de los valores de ser capaz de distinguir los meta programas es que puedes percibir mejor su influencia en una comunicación o interacción particulares. Al igual que otras capacidades cognitivas, las personas a veces prefieren ciertos patrones del meta programa a otros. Y, al igual que ocurre con otros patrones, esto puede ser una fuente tanto de fuerza como de problemas.

A veces, los meta programas se tratan como si fueran una especie de "teoría PNL de la personalidad". Pero, de hecho, son distinciones relacionadas con patrones y tendencias de las estrategias cognitivas, y no rasgos de identidad rígidos e inmutables. Las agrupaciones de patrones del meta programa pueden ser medios poderosos para comprender y describir las diferencias individuales y culturales de una manera libre de juicio. También son herramientas útiles para construir modelos de los estilos de pensamiento de los individuos o de las culturas. El propósito de los patrones del meta programa es describir una tendencia general en un contexto particular. Sin embargo, estos patrones siempre son flexibles y están en evolución.

Los patrones del meta programa a menudo se basan en el contexto y pueden cambiar dependiendo de la situación. Como otras distinciones PNL, estos patrones pueden transferirse de una situación a otra a fin de crear cambios y mejoras. El ejercicio siguiente implica el uso de un simple análisis de contrastes para identificar y utilizar los patrones del meta programa surgidos de un estado o situación positivos a fin de abordar una situación complicada.

1. Identifica una situación que implique una toma de decisiones, una resolución de problemas o una motivación que personalmente te resulta difícil de gestionar eficazmente. Identifica otra situación desafiante similar a la primera, pero que hayas podido gestionar positivamente.
2. Crea dos lugares físicos para las distintas situaciones, y un tercer lugar para una "meta posición".
3. Una primero y otra después, asóciate con las situaciones complicada y positiva a fin de tener una sensación clara de cómo las experimentas de manera distinta dentro de ti.
4. Desde la meta posición, contrasta los patrones del meta programa que están operando en cada una de las situaciones. ¿En qué sentido son distintos los patrones del meta programa que estás usando en la situación positiva de los que usas en la situación difícil?

5. Sitúate en el lugar de la situación positiva y enfócate en los patrones del meta programa más importantes que estás usando en esa experiencia. Crea un ancla para poder sentir y recordar fácilmente cómo actúas desde esos meta programas característicos.
6. Ahora entra en el lugar asociado con la situación dificultosa y usa el ancla para transferir los patrones del meta programa asociados con la experiencia positiva a esa situación. Date cuenta de que tu experiencia de la situación difícil cambia y queda enriquecida.

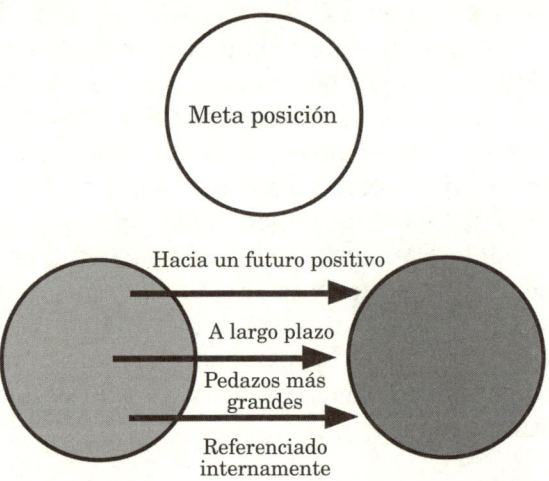

Situación o estado positivo	Situación o estado problemático
Patrones del meta programa	**Patrones del meta programa**
Hacia un futuro positivo	Evitar las negatividades en el presente
A largo plazo	A corto plazo
Pedazos grandes y pequeños	Enfocado en los detalles
Referenciado internamente	Referenciado externamente
Búsqueda de similitudes y diferencias	Búsqueda de diferencias
Orientado hacia la visión y la lógica	Orientado hacia la lógica y la emoción

Los patrones del meta programa pueden transferirse de una situación a otra para crear equilibrio.

La teoría de campo unificado para la PNL: una visión general de 30 años de desarrollo de la PNL

Un modo de resumir los desarrollos clave de las anteriores generaciones de la PNL y sus contribuciones a nuestra comprensión de la mente cognitiva es lo que llamamos la Teoría de campo unificado para la PNL.

Albert Einstein buscó una "teoría de campo unificado" para la física que pudiera sintetizar todas las teorías físicas en un único modelo de cómo opera el universo. Einstein creía que era posible establecer un marco fundamental e identificar los principios básicos que podían unir los distintos modelos y teorías de la física. Asimismo, en psicología hay una riqueza de teorías, cada una de las cuales ofrece distintas perspectivas y técnicas, que pueden ser extremadamente eficaces y gratificantes, pero aún tienen que acoplarse en una estructura unificada.

Como su nombre indica, la propia Programación Neuro Lingüística comenzó como un tipo de teoría de campo unificado: un marco de operaciones que sintetizaba los campos de la neurología, la lingüística y la inteligencia artificial. A través de la PNL, John Grinder y Richard Bandler unieron estos campos para formar un "meta modelo": un modelo sobre el proceso de modelar. La misión de la PNL era encontrar las pautas "neurolingüísticas" que son eficaces en muchos campos distintos de la actividad humana. Antes de que existieran las distinciones PNL, como los sistemas de representación, las claves de acceso o las submodalidades, y ciertamente antes de que existieran las técnicas PNL, el campo de la PNL existía como un conjunto de suposiciones centrales sobre la estructura de la experiencia subjetiva y sus implicaciones en las interacciones humanas. Estas suposiciones definieron la filosofía y la "epistemología" de la PNL. Las técnicas y distinciones PNL surgieron como expresiones y manifestaciones de estos principios subyacentes. De hecho, los primeros modelos de rol de los que se derivan muchas de estas expresiones y manifestaciones fueron los fundadores del movimiento sistémico en psicología y terapia: Gregory Bateson, Virginia Satir y Milton Erickson.

A medida que se desarrollaban los principios básicos de la PNL en aplicaciones específicas y se reducían a "pedazos" más pequeños para propósitos formativos, las enseñanzas de la PNL se alejaron del modelo sistémico y se orientaron hacia un planteamiento más lineal y paulatino relacionado con las capacidades. Si bien esto ha facilitado una rápida transferencia de habilidades y técnicas, buena parte de la ecología y de la "sabiduría" del "cuadro mayor" ha quedado atrás. Actualmente, a muchos estudiantes de PNL les cuesta ver cómo encajan entre sí las numerosas herramientas y técnicas que han aprendido.

A mediados de la década de los 80, Robert Dilts comenzó a desarrollar un Campo Unificado para la PNL, que ha continuado expandiéndose y evolucionando. A un nivel, la Teoría del campo unificado para la PNL guarda relación con cómo encajan entre sí las técnicas de la PNL. A otro nivel, la Teoría del campo unificado aborda la relación entre la PNL y otros sistemas de pensamiento. Por ejemplo, el uso de la PNL en el campo de la educación guarda relación con su uso en la gestión de organizaciones, o con el proceso del descubrimiento científico, la programación de ordenadores o la terapia.

El modelo SOAR

Así como el modelo de la gramática transformacional de Chomsky fue el marco en el que se desarrollaron los modelos originales y las técnicas de la PNL, el modelo SOAR es el marco subyacente de la Teoría del campo unificado para la PNL.

El modelo SOAR es un modelo de programación de la Inteligencia Artificial para la resolución general de problemas. El acrónimo SOAR hace referencia a *State-Operator-And-Result*, [Estado-Operador-Y-Resultado], que define el proceso básico para cubrir la distancia desde el estado presente al estado deseado. La aplicación de un operador cambia el estado presente direccionándolo hacia el estado deseado o bien alejándose de él. El resultado de aplicar operadores queda almacenado como una serie de reglas "condición-acción" (a las que podríamos también referirnos como P.O.P.S. (Prueba-Operación-Prueba-Salida)), que están compuestas por (a) evidencias para identificar los *estados* clave, y (b) *operaciones* con las que cambiar dichos estados en la dirección deseada.

El modelo SOAR fue desarrollado por Allen Newell, Herbert Simon y Clifford Shaw en la década de los 50. Se usó para crear los programas que permiten al ordenador jugar al ajedrez, enseñándole a ser un experto en este juego al capacitarle para aprender de su propia experiencia y recordar cómo ha resuelto los problemas. Estos programas expertos en el juego de ajedrez han sido la aplicación más exitosa de la Inteligencia Artificial hasta la fecha.

"Según el modelo, toda actividad mental dedicada a una tarea determinada tiene lugar dentro de un escenario cognitivo llamado el espacio problema. El espacio problema, a su vez, consiste en una serie de estados que describen la situación en un momento dado, y un conjunto de operadores que describen cómo el solucionador del problema puede cambiar la situación de un estado a otro. En el ajedrez, por ejemplo, el espacio problema sería [el conjunto de parámetros que definen] "un juego de ajedrez" [como los dos oponentes, el tablero, etc.]; un estado consistiría en una configuración específica de las piezas sobre el tablero; y un operador sería un movimiento legal, como por ejemplo "Caballo a Caballo-4". La tarea del solucionador de problemas es buscar la secuencia de operadores que lo llevarán de un estado inicial dado (digamos, con las piezas alineadas para iniciar el juego de ajedrez) a un estado solución dado (acabar con el rey del oponente en un jaque mate)" (Waldrop, 1988).

Una vez definidos estos parámetros, el solucionador del problema debe formular una estrategia guía a fin de encontrar la secuencia de operadores que llevarán desde el estado de partida al estado objetivo (deseado). Esto se produce a través de un conjunto de reglas priorizadas condición-acción que adquieren la forma siguiente: "SI percibes cierto estado, ENTONCES aplica cierta secuencia de operadores".

Si se llega a un *impasse,* se activan los sub-objetivos y las sub-operaciones (por ejemplo, sub-P.O.P.S.), que entonces son recordadas como nuevas reglas acción-condición. Siguiendo este curso, el solucionador del problema pasa de una estrategia de prueba-y-error (novato), a la fase de *remontar la colina* (hacer lo que parece mejor en el momento) y después a otra estrategia que involucra un *análisis de medios y fines* (experto).

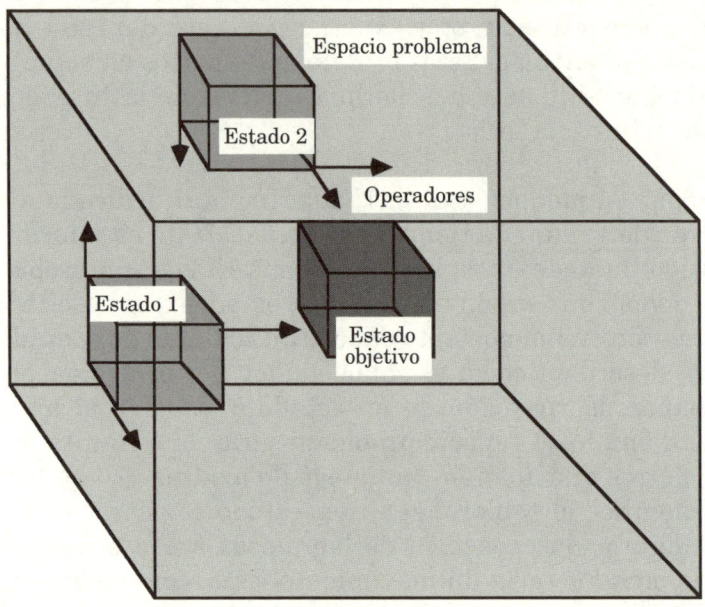

Estados dentro del espacio problema

Combinar la PNL con el modelo SOAR

Combinando el modelo SOAR con las distinciones de la PNL podemos empezar a construir un modelo práctico, eficaz y sistémico de la conducta humana que proporcione un marco de trabajo unificador para todos los demás procedimientos y técnicas de la PNL. Desde la perspectiva de la siguiente generación de la PNL, el "espacio problema" general de la experiencia y de la interacción humanas puede definirse de acuerdo con tres dimensiones clave:

1. La percepción del tiempo
2. Las posiciones perceptuales
3. Los niveles de cambio e interacción

Las dos dimensiones formadas por las líneas del tiempo y las posiciones perceptuales pueden dibujarse en una cuadrícula bidimensional, con el pasado, el presente y el futuro extendiéndose en una dirección, y la primera, la segunda y la tercera posición, en otra. Esto crea una especie de tablero de ajedrez sobre el que podemos dibujar el mapa de nuestras experiencias.

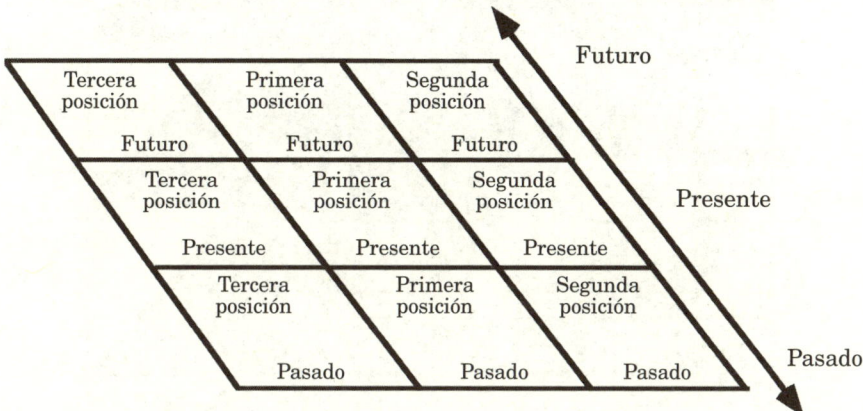

La percepción del tiempo y las posiciones perceptuales pueden distribuirse en una cuadrícula que cree una especie de "tablero de ajedrez" sobre el cual podemos dibujar el mapa de nuestras experiencias.

Estas tres dimensiones de "estado", que son (1) el marco temporal, (2) la posición perceptual y (3) el nivel de cambio e interacción, pueden representarse en una matriz tridimensional o "espacio de trabajo" ilustrado en el siguiente diagrama, en el que puede verse y considerarse prácticamente cualquier interacción PNL.

A veces, a este "espacio de trabajo" se le denomina "el trepador de un parque infantil" porque, si uno lo experimenta cinestésicamente, se parece a una de esas estructuras de barras con las que juegan los niños en el parque. Es como si uno pudiera moverse o trepar por allí a diversas plataformas que representan distintos marcos temporales, posiciones perceptuales y niveles de experiencia.

La mente cognitiva

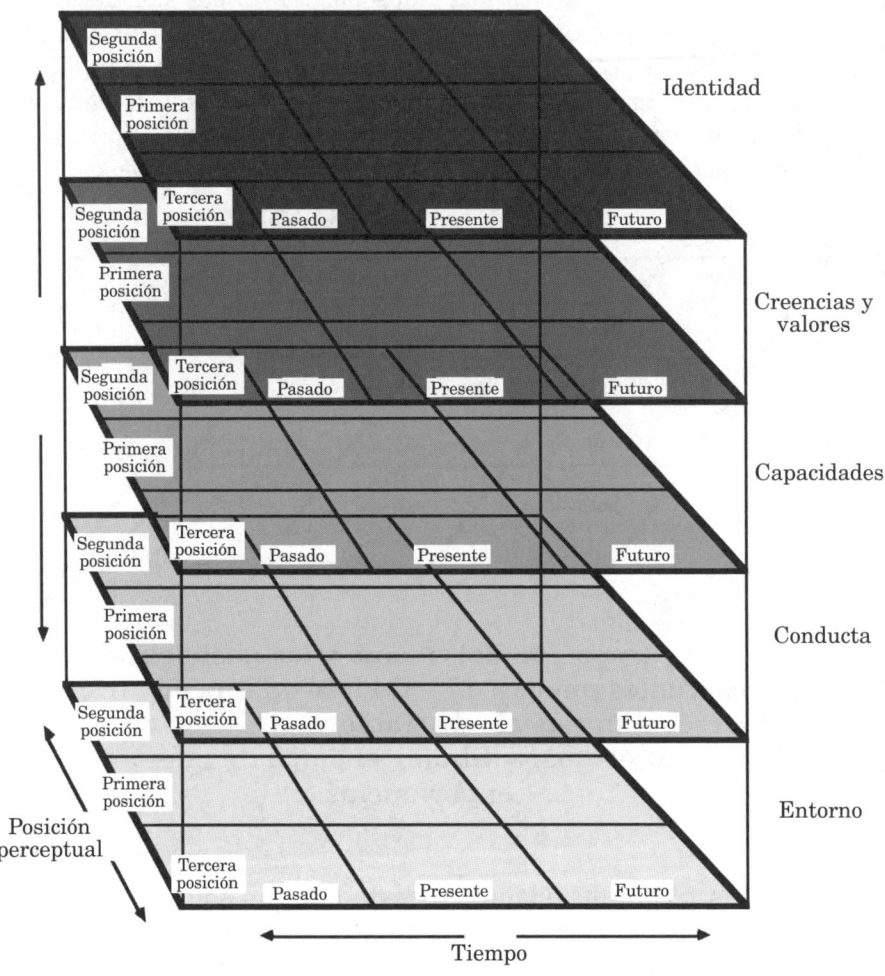

Un espacio de trabajo conceptual para los "estados" y las intervenciones PNL basado en el modelo SOAR. Se parece al trepador de un parque infantil.

Otra buena analogía para este espacio sería un edificio de apartamentos. Las plantas del edificio estarían creadas por los distintos niveles. El entorno es la planta baja; las conductas serían el primer piso, después vienen las capacidades, las creencias y valores, y la identidad sería el ático. En cada piso hay tres apartamentos (pasado, presente y futuro), con tres habitaciones cada apartamento (primera, segunda y tercera posiciones). Podemos decir que el nivel espiritual se elevaría sobre el tejado del edificio, mirando al resto de los edificios de la ciudad.

Para movernos por el edificio de apartamentos necesitamos tener las llaves de los distintos apartamentos y saber dónde están las entradas a las distintas habitaciones. También tendríamos que saber cómo llegar al ascensor que nos llevará a los pisos superiores. Una vez que tengamos estos conocimientos prácticos, podemos empezar a trasladar diversos recursos de unas partes del edificio a otras. A veces, también es posible que tengamos que limpiar algunas de las habitaciones, cambiar los muebles, etc.

Operadores neurolingüísticos para cambiar de estado

Según el modelo SOAR, los operadores son los procesos que realmente producen el cambio. Ellos son el punto clave, el punto de inflexión en el proceso de intentar alcanzar el estado deseado. En la metáfora del ajedrez, los operadores son los movimientos legales de las diversas piezas. Estos operadores son los que determinan y cambian el estado de las piezas de los dos oponentes en el tablero de ajedrez. Según la PNL, los procesos "neurolingüísticos" relacionados con las estrategias cognitivas, la fisiología y las pautas de lenguaje son los operadores primarios con los que cambiamos nuestros estados mentales y de conducta. Para ser eficaces, todos los planes y técnicas tienen que finalizar con claves y pautas específicas y observables, sean cognitivas, verbales o físicas.

Representaciones tales como "objetivo", "nivel de cambio", "posición perceptual" y "tiempo" son conceptos cognitivos y abstracciones que creamos mentalmente. Los seres humanos no estamos equipados para percibir directamente o cambiar el "yo", el "otro", el "tiempo", etc. Más bien, los percibimos y afectamos en "tiempo real" a través de los operadores de nuestro sistema nervioso: nuestros sentidos, nuestro lenguaje y nuestra conducta física. De hecho, el nombre "Programación Neurolingüística" implica a estos tres operadores fundamentales para el cambio:

"Programación" – Claves y respuestas fisiológicas
"Neuro" – Representaciones sensoriales específicas (y submodalidades)
"Lingüística" – Patrones de lenguaje

Las personas operan en tiempo real con los estados de cambio que perciben a través de sus sentidos, el lenguaje y la conducta física. Estos son los únicos procesos que podemos observar directamente y en los que podemos influir. Al final, son estas habilidades cognitivas, lingüísticas y conductuales las que separan la conducta eficaz de la ineficaz, y determinan en qué estado estamos.

A fin de implementar los pasos de un proceso de cambio particular, las personas necesitan hacer alteraciones específicas en su experiencia cognitiva y en su conducta física. Por ejemplo, para cambiar de un estado problemático hacia otro en el que se dispone de recursos, la persona podría "operar" formando una imagen mental de sí misma en un momento en que se haya sentido centrada y flexible. Seguidamente puede etiquetar verbalmente ese estado como "confianza" y cambiar su postura física a otra que se asemeje más a la postura de la imagen interna. Estas "micro" operaciones estimularán cambios neurológicos que alterarán en cierta medida el estado del individuo. Los pasos de cualquier técnica psicológica definen o presuponen estos procesos "neurolingüísticos" específicos.

Así, cada localización dentro del espacio de trabajo PNL-SOAR se define por un conjunto específico de a) representaciones sensorias y submodalidades, b) claves y pautas lingüísticas, y c) manifestaciones y expresiones conductuales.

Lo que sigue es un resumen de los operadores neurolingüísticos que son clave para influir en las tres dimensiones básicas del espacio de trabajo PNL-SOAR que estamos presentando en este capítulo.

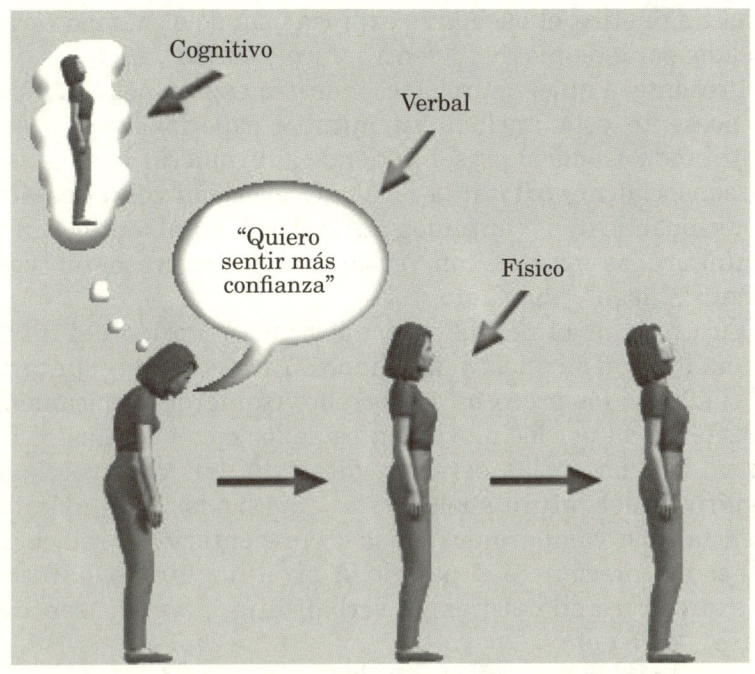

Los procesos cognitivos específicos, las pautas lingüísticas y las claves físicas son los operadores "neurolingüísticos" a través de los cuales se implementan los pasos del cambio.

Operadores neurolingüísticos para cambiar la percepción temporal

Cambiar nuestra experiencia del tiempo y de los diferentes marcos temporales (pasado, presente y futuro) requiere un cambio en las pautas verbales, sensoriales y físicas asociadas con ellos.

Pasado: neurológicamente, nuestro pasado está hecho de recuerdos particulares, y está asociado fisiológicamente con los procesos del "cerebro derecho" (típicamente caracterizados por los movimientos oculares y los gestos hacia la izquierda en las personas diestras). Los recuerdos generalmente son representaciones multi-sensoriales "asociadas" con sucesos particulares. A nivel lingüístico, el pasado se expresa usando el tiempo verbal pasado: por ejemplo, "vi", "sentí", "hice", "hablé", etc.

Presente: a nivel neurológico, nuestra experiencia del tiempo presente está anclada en nuestra experiencia sensorial continuada. Como el presente tiende a involucrar la experiencia sensorial inmediata, la fisiología asociada con él es activa y responde a los continuos estímulos del ambiente. A nivel lingüístico, se expresa con verbos en tiempo presente: "veo", "siento", "hago", "digo", etc.

Futuro: a nivel neurológico, nuestra percepción del futuro es una función de nuestra imaginación, expectativa o fantasía, asociada con los procesos del "cerebro izquierdo" (típicamente caracterizada por los movimientos de los ojos y los gestos hacia la derecha en las personas diestras). Las construcciones cognitivas del futuro suelen estar "disociadas" con más frecuencia si las comparamos con las representaciones relacionadas con el presente o el pasado. A nivel lingüístico, el futuro se expresa usando el tiempo verbal futuro: "veré", "sentiré", "haré", "diré", etc.

Las experiencias que se perciben como más distantes tanto en el pasado como en el futuro irán acompañadas de representaciones internas y claves fisiológicas más disociadas. Asociarse con el pasado y revivirlo, o con el futuro y actuar "como si" estuviera ocurriendo ahora, los traerá más al "presente" y la fisiología y las representaciones internas estarán más asociadas y enriquecidas.

Operadores neurolingüísticos para cambiar las posiciones perceptuales

La *primera posición* está caracterizada por las representaciones sensoriales "asociadas": ver, oír, sentir, saborear y oler lo que está ocurriendo a tu alrededor y dentro de ti desde tu propia perspectiva. Si estás en primera posición, no te ves a ti mismo, pero estás dentro de ti, percibiendo el mundo a través de tus ojos, oídos, nariz, piel, etc. La fisiología de la primera posición suele ser activa, e incluye gestos hacia uno mismo, con las manos a menudo tocándose el pecho o la línea media del cuerpo. A nivel lingüístico, la primera posición está caracterizada por los pronombres en primera persona, como "yo", "mí", "yo mismo" para referirse a los propios sentimientos, percepciones e ideas.

En la *segunda posición* asumes la perspectiva de otra persona, cambiando a su postura física, y poniéndote de pie, sentándote o moviéndote tal como lo haría esa persona. Experimentas el mundo a través de los sentidos de esa otra persona, asumiendo sus pensamientos, sentimientos, creencias, etc. En esta posición, estás disociado de ti y asociado con la otra persona, viéndote a ti mismo desde su perspectiva. Te diriges a tu "yo en la primera posición" como "tú" (en lugar de como "yo"), usando el lenguaje en segunda persona.

La *tercera posición* involucra una postura física que es simétrica y relajada, con muy poco movimiento, como si uno fuera un observador distante. Todas tus representaciones de la experiencia están disociadas; y usas pronombres en tercera persona, como "él" o "ella" para referirte a las personas que estás observando (incluyendo la que se parece a ti, y suena y actúa como tú).

La *cuarta posición* es una identificación con el sistema, o con la relación misma, que produce la experiencia de formar parte de un colectivo. La cuarta posición es una posición "nosotros", y está caracterizada por el uso del lenguaje en la primera persona del plural: "Nosotros somos", "Nosotros", etc. A nivel físico, en la cuarta posición el cuerpo expresa las características energéticas que experimenta como si estuvieran siendo producidas por las interacciones dentro del sistema o la relación.

Operadores neurolingüísticos para cambiar de nivel en el modelo SOAR

En el nivel *ambiental,* el lenguaje hace referencia a rasgos o detalles específicos y observables del contexto externo de uno: por ejemplo, "papel blanco", "paredes altas", "habitación grande", etc. Las percepciones del entorno están relacionadas con las preguntas verbales "dónde" y "cuándo". El enfoque cognitivo está en la experiencia sensorial continuada del mundo externo. Los movimientos del cuerpo tienden a ser limitados, y los gestos se dirigen lejos del cuerpo (como para apuntar a los objetos o estímulos que te rodean).

En el nivel *conductual,* el lenguaje hace referencia a conductas específicas y acciones observables: por ejemplo, "hacer", "actuar", "caminar", "tocar", "decir", etc. En el caso típico, este lenguaje surge como respuesta a la pregunta: "¿Qué?" El foco de las representaciones está muy basado en los sentidos, y hace énfasis en percepciones particulares o películas mentales de acciones y reacciones. También hay una orientación fuertemente cinestésica, que incluye la conciencia de músculos y movimientos. Asimismo, las pautas fisiológicas de este nivel tienden a estar muy orientadas hacia la acción, con las piernas, los brazos y las manos actuando sobre los objetos, o en respuesta a los estímulos del mundo que nos rodea (o reproduciendo tales movimientos con objetos o situaciones imaginarios).

El nivel de las *capacidades* viene indicado por palabras tales como "conocer", "comprender", "soy capaz de", "pienso", etc. Las capacidades están asociadas con la pregunta: "¿Cómo?" El enfoque cognitivo se centra en las representaciones mentales que involucran la imaginación y la memoria. Las capacidades se desarrollan y representan en forma de imágenes internas, sonidos, sentimientos, diálogo interno, etc. Las pautas fisiológicas asociadas con los procesos del nivel de las capacidades tienden a centrarse en torno a la cabeza. La persona puede hacer gestos hacia los ojos o las orejas, o tocarse la boca. Las capacidades y estrategias mentales también están caracterizadas por una variedad de micro claves conductuales conocidas en PNL como "claves de acceso" (movimientos oculares, cambios en el tono de voz, etc.).

En el caso típico, las pautas de lenguaje asociadas con las *creencias y valores* toman la forma de juicios, reglas y relaciones causa-efecto: por ejemplo, "si... entonces...", "uno debería...", "no debemos...", "tal cosa causa tal otra", etc. Estas pautas están más asociadas con la pregunta "¿por qué?" Como las creencias y valores hacen referencia a juicios y evaluaciones sobre categorías completas de conducta, las representaciones internas asociadas suelen carecer de detalles. Por lo tanto, a nivel cognitivo, las creencias y valores tienden a derivarse mucho más de las características formales de las representaciones internas (submodalidades) que de sus contenidos. A nivel neurológico, las creencias y valores también están conectados con los procesos del sistema nervioso autónomo (latido del corazón, presión sanguínea, ritmo respiratorio, etc.), lo que hace que estén mucho más basadas en las emociones. De hecho, cuando una persona habla de sus creencias, a menudo hace gestos hacia órganos como el corazón y el estómago.

Los procesos y evaluaciones del nivel de la *identidad* están asociados con un lenguaje del tipo: "Yo soy un...", "Él es un...", o "Tú eres un...", etc. Generalmente estas son respuestas a la pregunta "¿quién?". Tanto las descripciones verbales como las representaciones cognitivas usadas para expresar identidad suelen ser simbólicas o metafóricas (por ejemplo: "Soy como un faro", "Es una persona amargada", "Son animales", "Ella es un sol", etc.). La fisiología asociada con los procesos del nivel de la identidad es muy profunda y penetrante. Cuando una persona está en contacto con su identidad y la expresa, suele usar gestos simétricos que de algún modo involucran la totalidad del cuerpo.

Los procesos del nivel espiritual implican acceder y conectar con un campo mayor. Generalmente esto incluye la capacidad de pensar con una total ausencia de tensión muscular. Percibir de esta manera a menudo produce estados como de trance y ensueño, en los que la persona está:

- Usando únicamente la visión periférica (en contraposición con la visión foveal).
- Enfocando los oídos en los sonidos externos (desconectando de cualquier diálogo interno).
- Manteniendo una fisiología relajada (sin excesos emocionales ni tensiones físicas).

El lenguaje del nivel espiritual suele adquirir la forma de símbolos y metáforas, como en las parábolas de Jesús. Es necesariamente un lenguaje no literal. En este nivel el significado no está en las expresiones superficiales de objetos o sucesos, sino en su estructura más profunda.

Modelar y trazar el mapa en el marco de la Teoría del campo unificado PNL

Las distinciones de la Teoría del campo unificado ofrecen un poderoso marco para los procesos PNL de elicitar (suscitar, obtener) y modelar. Pueden usarse para rastrear y relacionar "pedazos" de distintos tamaños de prácticamente cualquier actividad cognitiva. Digamos, por ejemplo, que una persona está modelando el proceso usado por un entrenador o consultor para planear una intervención formativa. El proceso de elicitación a menudo comienza con la identificación de los "grandes pedazos" que constituyen el proceso o la habilidad que ha de ser modelada. Para ello, resulta útil extender físicamente la línea temporal y la dimensión de las posiciones perceptuales en el espacio PNL-SOAR. Para explorar la estructura del proceso, puedes entrar en el área relevante de ese espacio mientras rastreas y defines cada etapa de la habilidad o estrategia que está siendo modelada.

Rastrear una ruta de cambio

1. Piensa en un cambio de vida importante que hayas realizado en el pasado y que fuiste capaz de llevar a cabo con éxito.
2. Rastrea el camino que seguiste a lo largo del espacio PNL-SOAR. Lo óptimo es hacerlo extendiendo físicamente una cuadrícula de trabajo con localizaciones para el pasado, el presente y el futuro, y las tres posiciones (primera, segunda y tercera). Seguidamente, a medida que recuerdes la estrategia con la que conseguiste ese cambio en el pasado, camina físicamente a través de las diversas áreas del espacio PNL-SOAR que cubriste.

Por ejemplo, tal vez (1) llegaste a un punto en el que tu situación de ese momento se había vuelto intolerable; (2) consideraste lo que querías conseguir en el futuro desde una posición de observador; a continuación (3) planeaste los pasos que tendrías que dar examinando tu situación del momento; después (4) buscaste el consejo de un amigo o mentor; (5) recabaste recursos de tu pasado; y (6) finalmente empezaste a dar de manera continuada los pasos que necesitabas para alcanzar tu objetivo.

Podrías trazar el mapa del cambio de la manera siguiente:

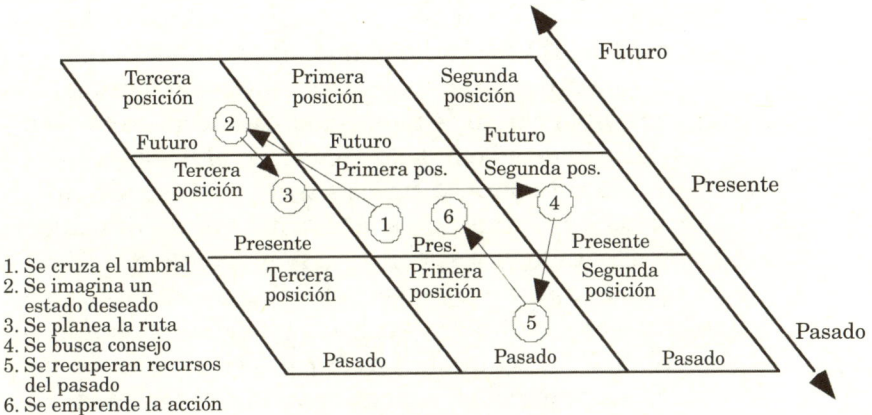

Trazar el mapa de una ruta de cambio usando el espacio PNL-SOAR

Seguidamente se pueden detallar los patrones de los operadores neurolingüísticos específicos para cada uno de estos "tramos" o pasos. Una vez más, el espacio SOAR puede extenderse físicamente y usarse para evocar los detalles de la estrategia, y para ayudar a otros a aprender y a seguir los pasos del proceso. De este modo, los alumnos pueden caminar por los cuadrados relevantes del espacio SOAR y probar cada paso del procedimiento conforme se va describiendo.

Aplicación del modelo SOAR al cambio

Otra manera de aplicar las distinciones de la Teoría de campo unificado PNL y el espacio SOAR es planear y trazar el mapa de la ruta que va del estado presente al estado deseado. En lugar de mirar al pasado para modelar una ruta en la que ya tuvimos éxito en su momento, vemos adónde queremos ir en el futuro y creamos modelos de posibles trayectorias que nos llevarán allí.

1. Identifica un estado o problema presente y un estado futuro deseado.
2. Localiza el estado presente y el estado deseado dentro de las distinciones del "espacio problema" definido por el "espacio de trabajo" que se ha creado combinando la PNL y el modelo SOAR (por ejemplo, el estado del problema puede ser: atascado en un viejo conflicto de identidad con alguien significativo de mi pasado; estado deseado: sentimiento de libertad e independencia en el futuro).
3. Crear una ruta de 7 ± 2 pasos a través del espacio SOAR que lleve del estado presente a un estado deseado (o desde el estado deseado al estado presente). Cada paso solo puede darse a un espacio adyacente. Es decir, solo puedes cambiar una distinción (pasado, presente, futuro; primera, segunda, tercera posición; entorno, conducta, capacidades, creencias y valores, identidad, etc.) cada vez. Por ejemplo, no puedes pasar directamente del pasado al futuro, saltándote el presente. Asimismo, no puedes pasar inmediatamente del nivel de la conducta al de la identidad. Primero tienes que ir al nivel de las capacidades, y después al de las creencias y valores, antes de llegar al nivel de la identidad.

El modelo S.C.O.R.E. Definir una ruta dentro del espacio problema

Según el modelo SOAR, la secuencia más eficaz para planificar o resolver un problema incluye una serie de aproximaciones sucesivas en las que:

- Se define detenidamente el espacio problema en función de los elementos significativos y relevantes del sistema relacionados con el problema o proyecto.
- Se identifican el estado presente, el estado deseado y los recursos disponibles dentro del espacio problema.

- Se selecciona y aplica la secuencia preferida de operadores concretos a fin de acceder a los recursos disponibles y avanzar hacia el estado deseado.

Desde la perspectiva de la siguiente generación de la PNL, todas las técnicas e intervenciones eficaces tienen esta estructura. Para alcanzar estados deseados de manera eficaz, los individuos deben ser capaces de (a) conceptualizar el espacio general del problema con relación a los asuntos significativos, (b) evaluar los estados relevantes que se han de conseguir y evitar dentro del contexto en el que están operando, y (c) aplicar la secuencia de operadores necesaria para pasar del estado presente percibido al estado deseado más ecológico y apropiado, teniendo en cuenta el propósito y el espacio problema general en el que se está haciendo la intervención.

Según el modelo S.C.O.R.E., la ruta a seguir a través de un "espacio problema" particular viene definida por la relación entre el objetivo o resultado, el tipo de síntomas que se interponen en el camino de conseguir ese resultado, las causas de los síntomas y los efectos deseados que se producirán al conseguir dicho resultado. Si se quieren encontrar los recursos que producirán una solución eficaz para un síntoma particular, es necesario saber las causas del síntoma, el resultado, y el efecto último deseado que se desea alcanzar.

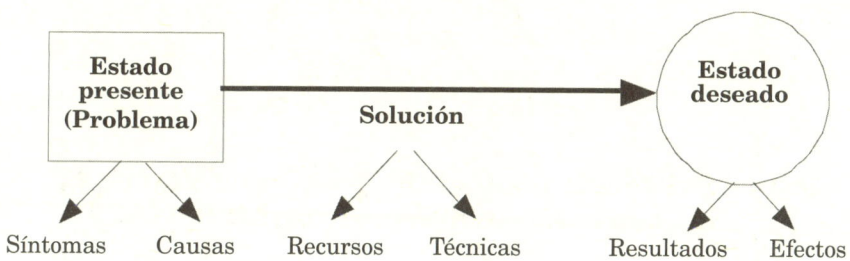

El modelo S.C.O.R.E. establece las distinciones necesarias para definir una ruta que va desde el estado presente al estado deseado, dentro del espacio de un problema particular.

Puesto dentro del contexto del modelo SOAR, cada elemento S.C.O.R.E. quedará definido en términos de los niveles de cambio, las posiciones perceptuales y los marcos temporales que determinan las relaciones y los objetivos que configuran ese estado. Un síntoma, causa, resultado u objetivo, efecto o recurso particular puede definirse en términos de: a) las personas, las perspectivas y los roles relevantes que están involucrados, b) el marco (o marcos) temporal relevante y c) los niveles de interacción y cambio relevantes (entorno, conducta, capacidades, creencias, valores e identidad).

El diagrama siguiente, por ejemplo, muestra cómo podrían dibujarse las diversas distinciones S.C.O.R.E. con respecto a las definidas por el modelo SOAR.

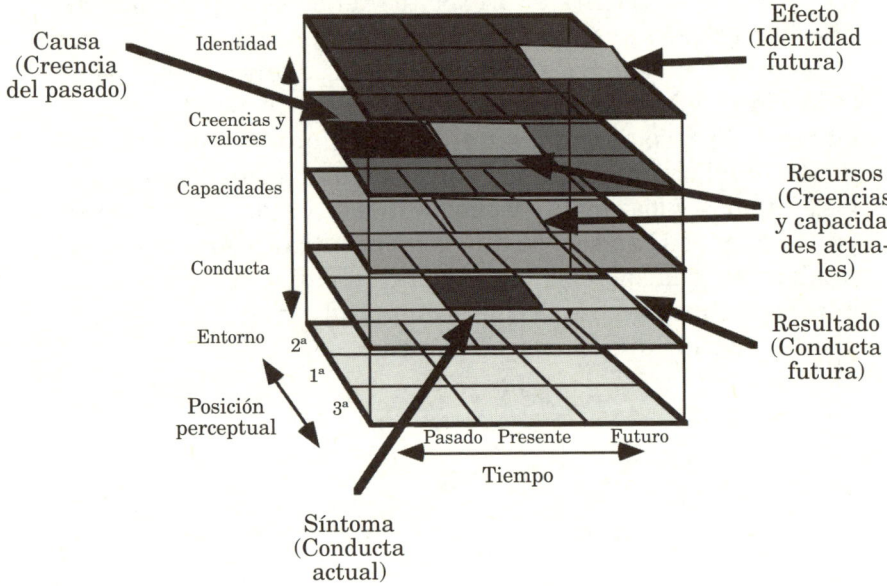

Se pueden definir los distintos elementos S.C.O.R.E. con respecto al espacio SOAR.

Según la Teoría de campo unificado de la PNL, todas las técnicas son esencialmente rutas que cubren algunos aspectos de este espacio de trabajo general, y dejan otros sin tocar. La clave de la eficacia de una técnica es si aborda o no todos los aspectos del "espacio problema" que tienen que ser abordados. El interfaz o punto de encuentro de los modelos SOAR y S.C.O.R.E. ofrece una guía importante para desarrollar técnicas nuevas y más eficaces al proporcionar una visión general de las áreas del posible "espacio problema" y de los potenciales "espacios solución". Por ejemplo, muy pocas técnicas PNL utilizan formalmente la combinación de segunda posición y futuro.

Se puede usar la siguiente hoja de trabajo para ayudar a detectar qué partes del espacio PNL-SOAR están involucradas en la realización de una intervención particular. (Puedes usar bolígrafos o rotuladores de colores para indicar qué áreas del espacio SOAR son relevantes para cada distinción S.C.O.R.E.)

La mente cognitiva

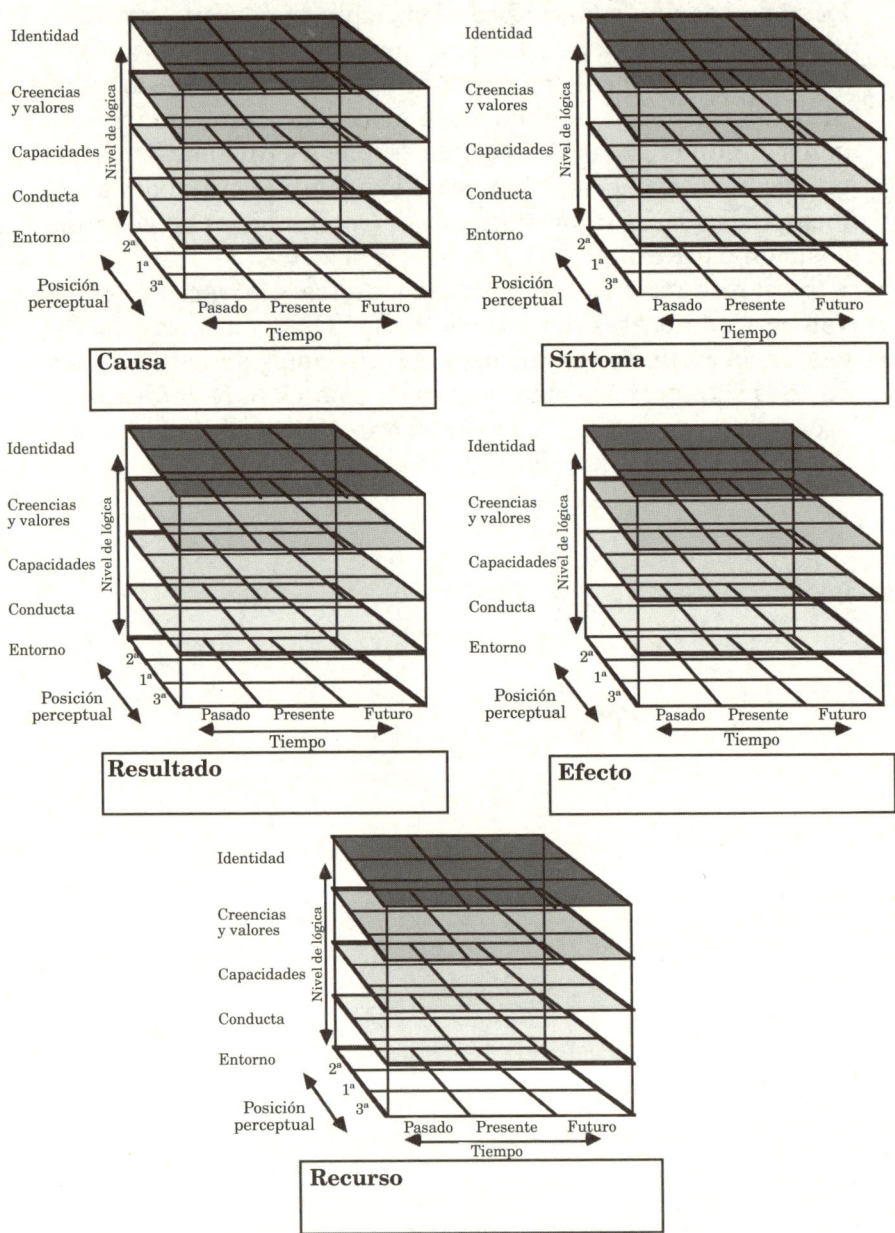

Uso de las distinciones PNL-SOAR para detectar los aspectos clave de una intervención.

Patrones del meta programa y la Teoría del campo unificado de la PNL

Las distinciones introducidas por la Teoría del campo unificado de la PNL y el espacio de trabajo SOAR proporcionan un poderoso marco para entender e influir en los patrones del meta programa y clasificar los estilos. En realidad, el lugar donde te encuentres dentro del espacio de trabajo SOAR cambiará el meta programa desde el que estás operando. Por ejemplo, puedes influir fácilmente en una persona para que esté *en el tiempo* o *pase a través del tiempo;* para que *se aleje de algo o vaya hacia algo;* para que ordene del *"presente hacia el pasado"*, del *"pasado hacia el futuro"*, o del *"presente hacia el futuro";* para que ordene en función *del yo, de los otros o del contexto;* y así sucesivamente. En esencia, estos patrones del meta programa guardan relación con la orientación de la persona dentro del espacio de trabajo SOAR.

Por ejemplo estar *"en el tiempo"* implica asociarse con una línea temporal particular y afrontar el futuro. Mirar *"a través del tiempo"* implica ver la línea temporal desde una tercera posición, contemplándola desde una perspectiva de izquierda a derecha, en lugar de desde atrás hacia delante.

Ir *"hacia"* alguna conducta, creencia o suceso simplemente implicaría afrontar dicho suceso desde cualquier punto en el que estás situado actualmente dentro del espacio SOAR. *"Alejarte de"* algo implicaría darle la espalda.

Ordenar en función del *"yo"* implica asociarse con la primera posición y considerar otras áreas del espacio de trabajo. Ordenar en función de *"el otro"* implica entrar en el área de la segunda posición. Una referencia "externa", en la que ordenas por *"contexto"*, implica pasar a la tercera posición.

Una orientación hacia la *"tarea"* vendría de examinar tus conductas futuras. Alternativamente, una orientación *"hacia la relación"* implicaría girarse para ponerse delante de otra persona significativa.

En esencia, el *"tamaño del pedazo"* al que estás prestando atención es función del nivel lógico en el que te estás enfocando. La información relacionada con el entorno y la conducta tiene una base más sensorial y es más específica. Las creencias, los valores, la identidad y las percepciones espirituales son necesariamente pedazos más grandes.

Desde la perspectiva de la siguiente generación de la PNL y la Teoría del campo unificado, cada técnica dedicada al cambio puede describirse en términos de una serie de cambios del meta programa, que, cuando tienen éxito, acompasan y dirigen el meta programa del cliente, acercándole a un estado deseado. Por ejemplo, la estrategia de *Generar nuevas conductas* implica ir "hacia" una nueva conducta futura. Asimismo, está principalmente "auto" referenciada. A las personas cuyo meta programa operativo esté referenciado externamente y que estén orientadas a "alejarse" de los problemas, les costará captar la relevancia de dicha técnica, y pueden tener dificultades para seguir los pasos del procedimiento.

En contraste con *Generar nuevas conductas, Cambiar la historia personal* comienza dirigiéndose "hacia" la causa de un problema en el pasado. Esto puede resultar difícil y atemorizante para las personas que están tratando de "alejarse" del problema. Es posible que se resistan a la técnica y que tengan dificultades para recordar cualquier cosa de su pasado. Cambiar la historia personal también es una actividad principalmente "auto" referenciada. Por otra parte, la *Reimpronta* cambia la referencia del "yo" a "otras personas significativas".

Los individuos se sentirán más cómodos con técnicas que se acompasen con su constelación natural de meta programas. Esta es la razón por la que ciertas técnicas atraen a unas personas más que a otras, independientemente de la eficacia de las mismas. Para los practicantes avanzados resulta útil reconocer los patrones del meta programa y el espacio SOAR que están incorporados en los pasos de las diversas técnicas de la PNL.

Formato generativo de la PNL

El formato generativo de la PNL es un proceso desarrollado en 1990 por Robert Dilts para aplicar la "Teoría de campo unificado para la PNL". Es un método para aplicar la PNL y el modelo SOAR a fin de tomar algo que ya es un recurso y sacarle más partido. En lugar de estar orientado hacia el problema, está orientado hacia el recurso. No obstante, una de las creencias que están detrás del formato generativo de la PNL es que los problemas que están listos para ser solucionados por un recurso particular serán atraídos espontáneamente hacia él, y se resolverán suave y fácilmente si el recurso ha sido plenamente expandido y enriquecido. No tienes que empezar identificando un problema y después esforzarte por encontrar un recurso que esperas que produzca una solución adecuada. El formato generativo de la PNL está diseñado para "profundizar" y "ampliar" el ámbito asociado con el recurso, lo que cambia el paisaje interno y lleva a que se auto-organice una solución para el problema.

En esencia, el cambio generativo consiste en descubrir, crear, enriquecer, fortalecer y elaborar recursos. Consiste en encontrar la "estructura profunda" de un recurso y facilitar la transformación y aplicación de dicho recurso en muchos otros contextos donde todavía no ha sido aplicado. Metafóricamente consiste en encontrar recursos durmientes y activarlos, haciendo que estén más disponibles y que sean "holográficos". El cambio generativo implica desarrollar formas y procesos de un nivel superior que permitan abrirse evolutivamente hacia nuevas posibilidades.

Las aplicaciones generativas de la PNL ayudan a la gente a resolver problemas y a conseguir objetivos de manera más sistémica y orgánica. Cuando se descubren, liberan y desarrollan nuevos recursos, los problemas que están preparados para ser resueltos por dichos recursos emergen y se resuelven de manera natural y sin esfuerzo.

Pasos del formato generativo de la PNL:
1. Establece una cuadrícula de espacios que representen una matriz de marcos temporales y posiciones perceptuales:

> Primera posición futuro – Segunda posición futuro – Tercera posición futuro.
> Primera posición presente – Segunda posición presente – Tercera posición presente.
> Primera posición pasado – Segunda posición pasado – Tercera posición pasado.

La mente cognitiva

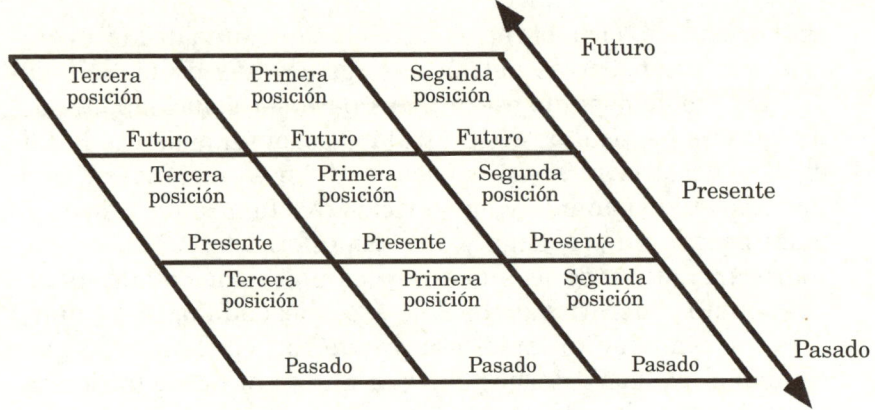

Cuadrícula espacial para el formato generativo de la PNL

2. Asóciate con la localización que representa la primera posición en el presente. Identifica un recurso reciente que hayas desarrollado o descubierto.

3. Experimenta plenamente el recurso en la primera posición y en el presente.

4. Una por una, asóciate con cada una de las posiciones de alrededor llevando tu recurso contigo:

   Primera posición futuro – Segunda posición futuro – Tercera posición futuro
   Segunda posición presente – Tercera posición presente
   Primera posición pasado – Segunda posición pasado – Tercera posición pasado

   a. Nota cómo llevar el recurso a cada espacio fortalece y enriquece la experiencia del mismo.
   b. Desde cada localización, mira al tú que está ubicado en la primera persona y en el presente, que es el punto focal del recurso, y ofrécele un mensaje o creencia que ayude a fortalecer el recurso todavía más.
   c. Vuelve a asociarte con el tú en primera posición en presente, y recibe el mensaje procedente de la otra

posición perceptual. Experimenta y describe desde la primera posición en presente cómo ha quedado fortalecido y enriquecido el recurso para lograr tus objetivos.

5. Repite este proceso hasta haber entrado en todos los espacios circundantes.

Como ejemplo, digamos que una persona ha elegido como recurso el "optimismo práctico". Cuando la persona lleva este recurso a la localización de la **primera posición en el futuro,** su yo futuro puede mirar a su yo presente y decirle: *"Atesora esto. Es algo fundamental en tu vida"*.

La persona lleva el recurso a la **segunda posición en el futuro** poniéndose en el lugar de otra persona significativa de su futuro. Desde la perspectiva de este otro del futuro, la persona puede mirar atrás a su presente y decir: *"Me siento agradecido. Gracias por enseñarme a tener fe"*.

Llevar el recurso a la **tercera posición en el futuro** implica llevarlo al punto de vista de un observador sabio y bondadoso de su futuro. Desde esta perspectiva, el mensaje al yo actual podría ser: *"Sigue adelante. Estás teniendo éxito en tu misión"*.

Llevar el recurso a la **segunda posición en presente** implicaría asumir el punto de vista de otra persona significativa que está actualmente en la vida del sujeto. El mensaje que viene de estar en la piel de esa otra persona podría ser: *"Nos sentimos orgullos de ti y haremos que tú también te sientas orgulloso"*.

La **tercera posición en el presente** implica observarse a uno mismo en el progreso de su propia realidad. Llevar el recurso a esta ubicación puede estimular que la persona diga a su yo en primera posición: *"Mantente enfocado. Todo va a salir bien"*.

Para llevar el recurso a la **primera posición en el pasado**, la persona da un paso atrás hacia un lugar que represente un momento anterior de su vida. Tras recibir el recurso, el yo más joven de la persona podría responder: *"Tu compromiso tiene su recompensa. Siempre tiene su recompensa"*.

Llevar el recurso a la **segunda posición en el pasado** implica ponerse en la piel de otra persona significativa procedente de su historia personal. Poseyendo el recurso (aunque es posible que en realidad no lo hubiera tenido en el pasado), la otra persona procedente de su pasado podría enviarle el mensaje: *"Puedes hacer cualquier cosa que quieras. Tienes mis bendiciones y mi apoyo"*.

Ir a la **tercera posición en el pasado** implica asumir el punto de vista de un observador de nuestra historia personal. Tener el recurso desde esta perspectiva puede favorecer que el observador del pasado diga: *"Lo que tienes es sagrado. Compártelo con tanta gente como puedas"*.

Recibir todos estos mensajes puede ser una experiencia profunda y enriquecedora, que deje a la persona con una sensación del recurso mucho más rica e intensa que al empezar.

La siguiente hoja de trabajo puede usarse para hacer el seguimiento de los mensajes que surgen de las distintas ubicaciones durante el formato generativo de la PNL.

Hoja de trabajo de la PNL generativa

Mensaje procedente de la primera posición en el futuro:

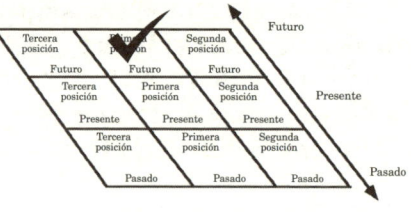

Mensaje procedente de la segunda posición en el futuro:

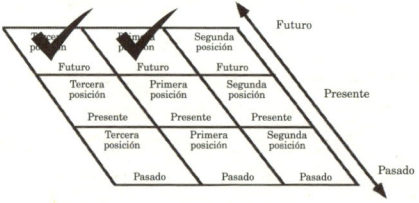

Mensaje procedente de la
tercera posición en el futuro:

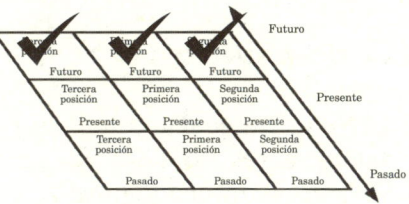

Mensaje procedente de la
segunda posición en el presente:

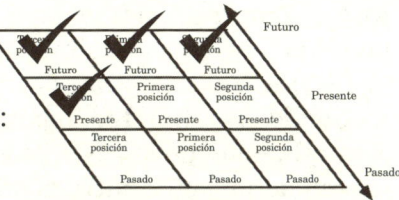

Mensaje procedente de la tercera
posición en el presente:

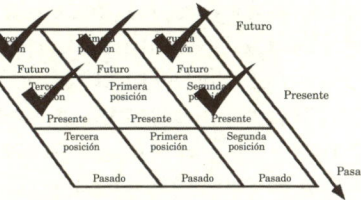

Mensaje procedente de la
primera posición en el pasado:

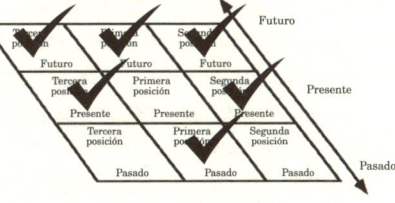

Mensaje procedente de la
segunda posición en el pasado:

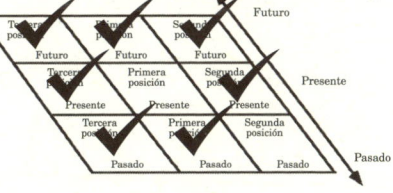

Mensaje procedente de la tercera
posición en el pasado:

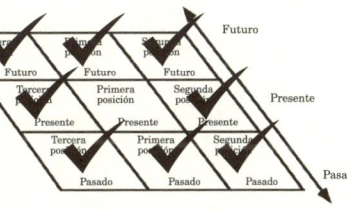

Conclusión

No es necesario tener un conocimiento explícito de los modelos, las distinciones y las relaciones definidas por la Teoría del campo unificado para la PNL para poder usar eficazmente sus técnicas y principios. Sin embargo, la capacidad de reconocerlos, comprenderlos y aplicarlos aumentará notablemente el dominio que la persona pueda tener de la PNL.

La Teoría de campo unificado también es potencialmente una fuente de gran libertad, flexibilidad y creatividad con respecto a la aplicación de la PNL, porque permite que los practicantes operen desde la "estructura profunda" de las técnicas PNL.

Los ejercicios que hemos explorado en este capítulo solo son unas pocas de las muchas aplicaciones posibles del espacio PNL-SOAR. Familiarizarse más con el modelo SOAR y las distinciones PNL-SOAR puede incrementar y enriquecer mucho tu comprensión y maestría de la PNL, y de muchas otras áreas de tu vida personal y profesional. [Véanse las entradas relativas al modelo SOAR y la Teoría de campo unificado para la PNL en *Encyclopedia of Systemic NLP and NLP New Coding.*]

Los desarrollos recientes de las ciencias cognitivas, como la teoría de la información, la psicología cognitiva, la psiconeuroinmunología, la neurociencia y la PNL justo están empezando a desentrañar algunos de los misterios de la "mente". Buena parte de la misión de la siguiente generación de la PNL consiste en extender las fronteras de nuestra comprensión de estos misterios y derivar de ellos aplicaciones prácticas. Esto es lo que empezaremos a explorar en los capítulos siguientes.

Capítulo 2

La mente somática

Visión general del Capítulo 2

Sensación sentida: nuestra experiencia subjetiva de nuestra mente somática
Neurogastroenterología y el cerebro del vientre
Neurocardiología y el cerebro del corazón
   HeartMath
La respiración
   Integración Somato Respiratoria™
La columna
   Postura corporal
   Análisis Espinal Network™ (NSA)
Los pies
   Práctica para liberar las almohadillas de la planta del pie
El homúnculo cortical - el cuerpo en el cerebro
   Explora tu homúnculo subjetivo
   Pasos del proceso somático primer plano-trasfondo
Biofeedback
   NeuroLink y MindDrive
   Visión somática (SomaticVision)
Sintaxis somática
   La ruta para pensar de Darwin
   Movimiento y mente
   Gramática transformacional

El cuerpo como sistema de representación
Aplicar la sintaxis somática
Ejercicios de sintaxis somática
   Primer ejercicio: Conseguir tener el recurso "en el músculo"
   Segundo ejercicio: Generalizar el recurso
   Tercer ejercicio: Aplicar el recurso
   Cuarto ejercicio: Modelar recursos con la sintaxis somática
   Quinto ejercicio: Ampliar el ámbito de tu auto-expresión-
      Sintaxis somática del Ser.
   Sexto ejercicio: Transformar los estados de estancamiento
   a través de la sintaxis somática.

Usar la sintaxis somática para potenciar la comunicación no verbal.
Explorar las metáforas somáticas para potenciar la comunicación no verbal.
Formato "Fractal Somático"
   Crear un Fractal Somático para un estado positivo
Formato Bailar el S.C.O.R.E.
   Pasos del formato Bailar el S.C.O.R.E.
Los cinco ritmos de Gabrielle Roth®
   Cabalgar la ola del cambio
   Los cinco ritmos® y Bailar el S.C.O.R.E.
   ¡Sigue tus pies!

La mente somática

Soma es la palabra griega para designar el "cuerpo". La *mente somática* es la mente dentro de nuestro cuerpo. Nuestra inteligencia somática es nuestra inteligencia fundacional. No todas las criaturas poseen una mente cognitiva, pero todos los organismos vivos dependen de la mente somática para su supervivencia y su interacción eficaz con el entorno. La mente somática es nuestra mente mamífera, y la forma principal de inteligencia de los niños pequeños.

Hay toda una estructura de inteligencia y sabiduría dentro del cuerpo con la que la persona puede estar sintonizada o no. Cuando estamos en contacto con nuestra mente somática, habitamos nuestros cuerpos. Esto significa que parte de nuestra conciencia descansa en el cuerpo. Como el cuerpo solo vive y respira en el momento presente, cuando estamos conectados con nuestro conocimiento somático, parte de nuestra conciencia también está anclada en el momento presente. Mientras que nuestra atención puede dirigirse hacia la tarea que tenemos entre manos, o hacia una interacción, una actividad intelectual o cualquier otro lugar al que elijamos dirigirla, cuando nuestra atención está enraizada simultáneamente en el cuerpo, con su universo eternamente cambiante de sensaciones físicas y sentimientos, tenemos acceso a una gran riqueza de información repleta de recursos que enriquece nuestra experiencia de cualquier cosa a la que estemos atendiendo.

Cuando decimos que alguien "lo tiene todo en la cabeza" o que está "cortado del cuerpo", esto indica una falta de acceso al rico mundo de la experiencia y la inteligencia somática. "Estar en la cabeza" generalmente significa que nuestra atención nos ha alejado de nuestra conciencia corporal en el momento presente. Esto suele ir acompañado por cierto tipo de manifestaciones físicas y emocionales: respiración superficial o acelerada, hablar rápido, tensión en los hombros, cuello y cara, emociones que tienden hacia la ansiedad, una sensación de estrés o contracción.

A la inversa, cuando estamos bien asentados en el cuerpo y en el momento presente, tendemos a estar relajados físicamente, a respirar más lenta y profundamente, a experimentar emociones que tienden hacia la paz y estados de ser en los que disponemos de recursos para mantener una alerta relajada y una gran vitalidad. Como ha señalado el líder transformacional Richard Moss, cuando el cuerpo está feliz, las emociones tienden a ser positivas y la mente se aquieta.

La experiencia subjetiva de la inteligencia somática ha surgido en todas las culturas a lo largo de la historia, y se refleja lingüísticamente en una clase de palabras conocida en PNL como el "lenguaje de los órganos". El lenguaje de los órganos hace referencia a afirmaciones aparentemente metafóricas o idiomáticas que hace la gente refiriéndose a distintas partes del cuerpo o de las funciones corporales.

Dichos como: "Tuve una intuición visceral", "Seguí el dictado de mi corazón", o "Lo sabía en mi corazón", indican que partes del cuerpo distintas del cerebro poseen algún tipo de inteligencia. También podemos decir que algo nos "revuelve las tripas", "es difícil de digerir", "nos parte el corazón" o nos produce "cosquillas en la columna". Además del significado metafórico, la PNL considera que el lenguaje de los órganos a menudo es más que el simple uso de expresiones idiomáticas. Como los predicados de base sensorial ("Veo lo que dices", "No está claro", "Eso me dice algo", "Hizo clic", "Me puse en contacto con", "Lo siento bien", etc.), el lenguaje de los órganos a menudo refleja patrones y procesos "neurolingüísticos" más profundos que pueden ofrecernos comprensiones sobre algunas de las estructuras profundas de estas experiencias subjetivas, estructuras que exploraremos en este capítulo.

Sensación sentida: la experiencia subjetiva de nuestra mente somática

Conocemos subjetivamente nuestra mente somática a través de lo que el filósofo y psicoterapeuta Eugene Gendlin llama la "sensación sentida", que forma la base de su método de tratamiento llamado *focusing*. Gendlin afirma que la interacción del organismo vivo con su entorno precede necesariamente al nivel más abstracto de conocimiento cognitivo con respecto al entorno. Según Gendlin, vivir es una interacción intricada y ordenada con el entorno, y, como tal, el propio vivir es una especie de conocimiento. El conocimiento abstracto cognitivo es un desarrollo que ha emergido de este conocer más básico, que es la estructura profunda de nuestro proceso de pensamiento consciente.

En otras palabras, la mente somática es la primera mente, y es la base del resto de nuestro funcionamiento mental. La calidad y efectividad de nuestra conciencia cognitiva depende en gran medida de la calidad de nuestra mente somática.

Gendlin dice que nuestro conocimiento somático se afirma a sí mismo en forma de una *sensación sentida* subjetiva, que según él es muy diferente del "sentir" emocional. La sensación sentida es nuestra conciencia corporal del proceso continuo de la vida. Como la sensación sentida viene de nuestra interacción viviente en el mundo, no es tan disociada o abstracta como los conceptos cognitivos, y por tanto contiene menos supresiones, distorsiones y generalizaciones. En realidad, la sensación sentida está más organizada que el pensamiento cognitivo, y tiene sus propias propiedades, que son diferentes de las de la lógica. Es un tipo de pensamiento somático que puede ser muy preciso y más intrincado que el conocimiento cognitivo. Esta perspectiva es muy similar a la noción que propuso Milton Erickson de una "mente inconsciente" sabia e inteligente.

Gendlin llegó a sus conclusiones a través de un método similar al modelamiento de la PNL. Él y una serie de compañeros suyos estudiaron miles de horas de grabaciones de sesiones de psicoterapia a fin de explorar cuál era "la diferencia que marcaba la diferencia" cuando las sesiones tenían éxito.

Él observó que los clientes que tenían éxito no eran los más locuaces ni los más analíticos. En cambio, se permitían experimentar y toleraban sentimientos vagos, difusos y poco claros —aunque fueran incómodos o dolorosos— y permitían que estos sentimientos se desplegasen en su momento y a su manera. Prestaban atención a sus sensaciones sentidas internas y corporales, por debajo de los problemas o asuntos (su "estructura profunda"). En lugar de dar vueltas en círculo en su mente, se mantenían en contacto con el flujo siempre cambiante de su experiencia, sin dejarse abrumar por sus emociones. Se ralentizaban, se tomaban tiempo para sentir sus sentimientos y escuchaban el mensaje que estaban tratando de transmitirles.

Gendlin llamó a este proceso *"focusing"*, y desarrolló una serie de pasos que se pueden enseñar para que los demás también aprendan a prestar atención productivamente a sus sensaciones internas. Estaba claro que, al poner la atención en el cuerpo, Gendlin intentaba llevar a la gente a acceder a lo que hemos llamado la mente somática, a lo que él se refería como "confiar en la sabiduría corporal". En lugar de buscar soluciones únicamente con la mente cognitiva, este es un proceso en el que se invita a otras partes del sistema nervioso a revelar lo que saben y a encontrar soluciones manteniendo los sentimientos y problemas en contacto con el cuerpo. Así, resolver asuntos complejos y difíciles implica contactar, trabajar y hablar dese nuestra sensación sentida de la vida, sutil y subyacente, que está contenida en nuestro sistema nervioso mayor.

El trabajo de Gendlin va en paralelo con la visión de la PNL de tercera generación según la cual el cuerpo no es únicamente una máquina controlada por el cerebro de la cabeza. También hay un cerebro en el cuerpo. De hecho, en el cuerpo hay múltiples cerebros. Esta es una extensión importante de la parte "neuro" de la Programación Neurolingüística.

Neurogastroenterología y el cerebro del vientre

Uno de los cerebros del cuerpo recibe el nombre de *cerebro entérico*, o *sistema nervioso entérico* (*entérico* significa literalmente "dentro de los intestinos"), del griego *enteron* o "intestino"). Este sistema contiene 100 millones de neuronas, más que la médula espinal. La neurociencia moderna calcula que el sistema de nervios que rodean al intestino grueso y otros órganos digestivos del vientre tiene una sofisticación y complejidad equivalente aproximadamente a la del cerebro de un gato. De hecho, a menudo se le llama el "segundo cerebro" del cuerpo humano.

A lo largo de los últimos años se han ido desvelando muchos detalles clave de cómo el sistema nervioso entérico refleja al sistema nervioso central. El doctor Michael Gershon, profesor de anatomía y biología celular del Centro Médico Presbiteriano de la Universidad de Columbia, en Nueva York, es uno de los fundadores del nuevo campo de la medicina llamado "neurogastroenterología". En su libro *The Second Brain: The Scientific Basis of Gut Instict and Groundbreaking New Understanding of Nervous Disorders of the Stomach and Intestines*, Gershon afirma que el cerebro entérico desempeña un papel muy importante en la salud y la felicidad humanas, así como en la tensión e incomodidad. Muchos desórdenes gastrointestinales, como la colitis y el síndrome del intestino irritable, tienen su origen en problemas del sistema nervioso entérico.

El papel del sistema nervioso entérico es gestionar cada aspecto de la digestión, desde el esófago hasta el estómago, el intestino delgado y el colon. Los neurogastroenterólogos también creen que se producen interacciones complejas entre el sistema nervioso entérico y el sistema inmunitario.

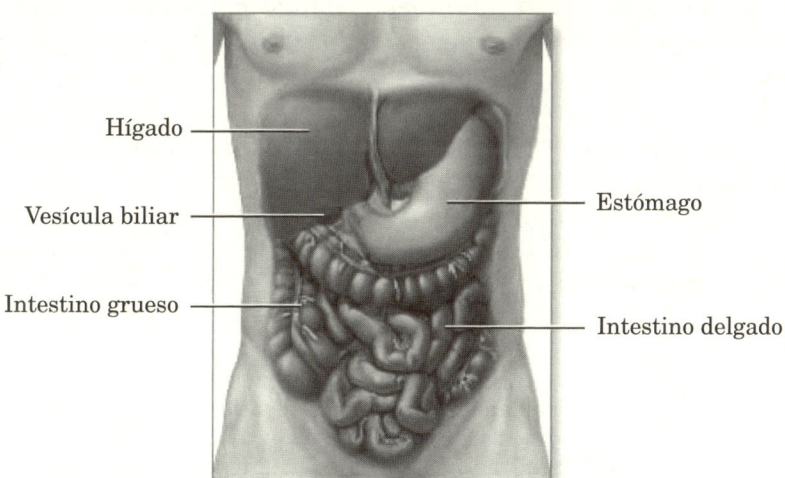

El sistema nervioso entérico gestiona el proceso digestivo

Los biólogos creen que, a medida que los mamíferos fueron evolucionando, el sistema nervioso entérico, debido a su significado, era demasiado importante como para residir dentro de la cabeza del recién nacido, teniendo que mantener largas conexiones hacia el vientre. Los bebés tienen que comer y digerir alimentos desde que nacen. Por lo tanto, el proceso de evolución parece haber preservado el sistema nervioso entérico como un circuito independiente[7]. Está conectado de manera laxa con el sistema nervioso central y en gran medida puede funcionar solo, sin ser controlado por el cerebro.

Tal como el cerebro de la cabeza, el "cerebro del vientre" envía y recibe impulsos, registra experiencias y responde a las emociones usando los mismos neurotransmisores que las células cerebrales de la cabeza. El sistema nervioso entérico está localizado en las envolturas de tejido que rodean al esófago, al estómago, al intestino delgado y al colon. Se le considera una única entidad y es una red de neuronas, neurotransmisores y proteínas que transmite mensajes entre neuronas, presta apoyo a las células del cerebro y forma un circuito complejo que le permite actuar independientemente, aprender y recordar, produciendo "sensaciones viscerales".

Así, tenemos en el vientre el equivalente al cerebro de un gato. Cuando todo va como él quiere, ronronea, pero si se siente amenazado sacará las uñas. Cuando el sistema nervioso central afronta una situación amenazante, libera las hormonas del estrés que preparan el cuerpo para luchar o huir. El sistema entérico contiene muchos nervios sensorios que son estimulados por este brote hormonal, de ahí la experiencia que llamamos "sentir mariposas en el estómago".

Estudios recientes también sugieren que el estrés, especialmente al comienzo de la vida, puede producir enfermedades gastrointestinales. De hecho, un médico informó de que hasta

---

[7] Resulta intrigante que, a medida que se desarrolla el feto humano, un conjunto de tejido llamado "cresta neural" se forma en una época temprana en el embrión. Una sección se vuelve hacia el sistema nervioso central, mientras que otra pieza emigra para convertirse en el sistema nervioso entérico. Según el doctor Gershon, ambos sistemas solo se conectan posteriormente a través del nervio vago.

el 70 por ciento de los pacientes que trataba de alteraciones gastrointestinales crónicas habían experimentado traumas en su primera infancia, como la pérdida de un padre, enfermedades crónicas, la muerte de alguien significativo, etc.

Resulta interesante indicar que las culturas tradicionales de todos los continentes han considerado que el vientre es el "hogar sagrado del alma". Las artes marciales japonesas, las artes curativas chinas, y las danzas de África, India, Polinesia, la América nativa, Oriente Medio y la Antigua Europa incorporan prácticas para energizar el vientre a fin de despertar "el poder del alma" en el centro del cuerpo.

En muchas artes marciales y prácticas de curación se considera que el centro abdominal, que los japoneses llaman *hara,* es un núcleo tanto físico como energético. Se cree que es el lugar donde se asienta el poder y se sitúa el centro de gravedad, y alberga varios órganos corporales. Las piernas, extendiéndose desde el *hara,* conectan el hara con la tierra, estableciendo así sus raíces y dándole movilidad. Además, se entiende que el hara es una fuente de vida y una especie de "ombligo espiritual". Se cree que su cultivo desarrolla la maestría, la fuerza, la sabiduría y la tranquilidad.

En japonés, la palabra *hara* hace referencia tanto al vientre como a las cualidades de carácter que emergen cuando la persona activa la "fuerza de vida" concentrada en el vientre.[8] Una "persona con *hara*" es la que vive creativamente, con coraje, confianza, propósito, integridad y persistencia. *Hara no aru hito* significa literalmente un individuo con "centro" o "con vientre". Una persona así siempre está equilibrada, tranquila, es magnánima y cálida. Al poseer un criterio calmado

---

8 Varias frases japonesas incorporan la palabra *hara* e indican la importancia y el significado del vientre para vivir plenamente. Por ejemplo, "arte del vientre" se refiere a cualquier actividad que la persona realiza con perfección y sin esfuerzo. "Un gran vientre" hace referencia a un persona de mentalidad abierta, comprensiva, compasiva y generosa. "Un vientre limpio" hace referencia a una persona que tiene la conciencia clara. "Determinar tu vientre" significa definir claramente tu intención. "Tocar el tambor del vientre" significa llevar una vida gratificante.

y sin prejuicios, sabe lo que es importante, acepta las cosas como son y mantiene un sentido de proporción equilibrado. La persona está preparada para cualquier cosa que se presente en su camino. Cuando, a través de la disciplina persistente y la práctica tal persona alcanza la madurez, se dice de ella que es *hara no dekita hito,* una persona que "ha completado su vientre".

En chino, al centro del vientre se le denomina *tan tien,* un término que denota literalmente un campo que ha de ser cultivado para obtener la nutrición esencial que sustenta la vida. Esto implica que cuando la persona activa este centro de su cuerpo mediante el movimiento y la respiración, conecta con el centro de su ser, el poder de su alma y su fuente interna.

Está claro que estas expresiones lingüísticas reflejan la intuición y la experiencia subjetiva de que "el cerebro del vientre" es un aspecto esencial de nuestra inteligencia somática y un recurso poderoso. Lo que sigue es un simple ejercicio y práctica que puedes emplear para cultivar el acceso a tu cerebro ventral:

1. Siéntate cómodamente en tu "eje vertical", con la columna erguida pero relajada, y los pies apoyados igualmente en el suelo. Pon la palma de una de tus manos en el vientre, con el pulgar al nivel del ombligo y los demás dedos descansando debajo. Sitúa la otra palma directamente enfrente, en la parte inferior de la espalda.
2. Relájate y respira profundamente hacia el vientre. Imagina una cuerda que va del centro de una palma al centro de la otra. Velo, siéntelo y descríbetelo.
3. Encuentra el punto medio de la cuerda. Enfoca la atención allí durante varias respiraciones. Nota y siente cualquier imagen y sensación que se produzca en ese punto. Permite que emerja una sensación sentida de conexión con tu cerebro ventral (centro del vientre, *hara, tan tien).* Esto debe generar una sensación centrada, de calma, relajación y equilibrio.

Encontrar así tu centro te abre la puerta a la mente somática y es un ancla fundamental para la sabiduría corporal.

Neurocardiología y el cerebro del corazón

Además del cerebro ventral, también hay una creciente cantidad de investigaciones que ilustran que el corazón no se limita a bombear sangre mecánicamente. Los nuevos desarrollos en el campo de la neurocardiología están demostrando que el corazón es, de hecho, un centro de procesamiento de información altamente complejo y autoorganizado con su propio "cerebro" funcional que comunica con, e influye en, el cerebro de la cabeza a través del sistema nervioso, el sistema hormonal y otras rutas. A través de estas vías, la actividad del corazón afecta profundamente al funcionamiento cerebral y a la gran mayoría de los órganos corporales, impactando fuertemente en nuestro estado interno y, en último término, en nuestra calidad de vida.

Al igual que el sistema nervioso entérico, el elaborado circuito de que dispone el corazón le permite actuar independientemente del cerebro craneal: aprender, recordar e incluso sentir sensaciones y sentimientos. El reciente libro *Basic and Clinical Neurocardiology,* publicado por los doctores J. Andrew Armour y Jeffrey Ardell, ofrece una amplia visión general del funcionamiento del sistema nervioso intrínseco del corazón y del papel de las neuronas del sistema nervioso central y autónomo en la regulación de la función cardíaca.

El doctor Armour, un pionero de la neurocardiología, ha mostrado que el corazón tiene un complejo sistema nervioso intrínseco que es lo suficientemente sofisticado como para ser calificado por derecho propio de "pequeño cerebro". El sistema nervioso del corazón contiene en torno a 40.000 neuronas, llamadas neuritas sensorias, que detectan las hormonas y los neurotransmisores en circulación, y sienten el pulso cardíaco y los niveles de presión. El sistema nervioso del corazón traduce la información hormonal, química, y sobre el pulso y la presión en impulsos neurológicos que se envían al cerebro.

Así, el corazón tiene su propio sistema nervioso intrínseco que opera y procesa información independientemente del cerebro o del sistema nervioso central. Esto es lo que permite que un trasplante de corazón funcione. Normalmente, el corazón comunica con el cerebro a través de las fibras del nervio vago y la columna vertebral. Cuando se produce un trasplante de corazón, estas conexiones nerviosas no se restablecen durante un largo periodo de tiempo, si es que lo hacen en absoluto. No obstante, el corazón trasplantado es capaz de funcionar en su nuevo anfitrión gracias a la capacidad de su sistema nervioso intrínseco que se mantiene intacto.

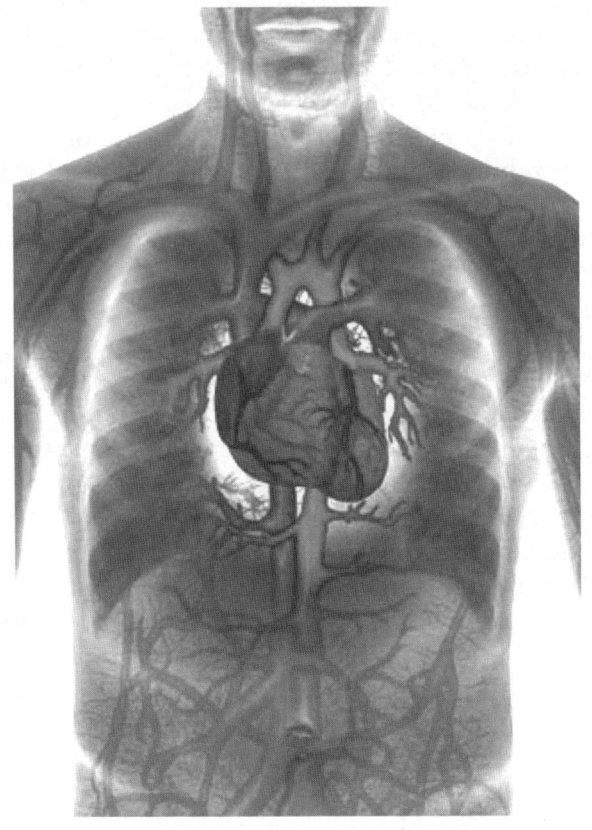

El corazón tiene su propio sistema nervioso intrínseco que funciona autónomamente del cerebro

De hecho, las experiencias de muchos pacientes que han recibido corazones trasplantados ofrecen intrigantes comprensiones sobre el potencial del "cerebro del corazón" para almacenar recuerdos e influir en la conducta. Consideremos el ejemplo de un trasplante de corazón relatado por el doctor Mario Alonso Puig, especialista en cirugía general (y del aparato digestivo) durante más de veinticinco años, y experto en cirugía de la Facultad de Medicina de la Universidad de Harvard, además de miembro de la Asociación Americana para el Avance de la Ciencia. Tras la recuperación del paciente, este empezó a mostrar conductas inusuales. Empezó a desear comer cosas que antes no le gustaban. Descubrió que estaba obsesionado por un tipo de música que antes tampoco le gustaba, y se sentía atraído hacia lugares de los que no tenía recuerdos conscientes.

Todo era un gran misterio hasta que se investigaron los hábitos de vida del donante del corazón. Los investigadores descubrieron que las comidas que ahora el paciente anhelaba habían sido las favoritas del donante, que el donante había sido músico y tocaba la música con la que ahora se estaba obsesionando el receptor, y que los lugares a los que ahora este se sentía atraído habían sido significativos en la vida del donante. Debido a las estrictas normas de confidencialidad, anteriormente ni el paciente ni los médicos habían tenido acceso a información sobre el donante y su historia personal. Parece que, de algún modo, las preferencias se habían transferido a través del corazón del donante.

Este es solo uno de los numerosos ejemplos. Claire Sylvia es otra receptora de un trasplante de corazón que escribió un libro sobre sus experiencias titulado *A Change of Heart* (1997). Según cuenta, el 29 de mayo de 1988 recibió un corazón de un joven de 18 años fallecido en un accidente de motocicleta. Poco después de la operación, notó algunos cambios claros en sus actitudes, hábitos y gustos. Se descubrió actuando de manera más masculina y contoneándose al caminar por la calle (siendo danzarina, esa no era su manera habitual de caminar). Empezó a tener muchas ganas de comer pimientos verdes y tomar cerveza, que antes siempre le habían disgustado. Incluso comenzó a tener sueños recurrentes sobre un hombre misterioso llamado "Tim L.", de quien ella sentía que era su donante. Y ciertamente lo era: al conocer a la "familia de su corazón", como ella la llamaba, Sylvia descubrió que, de hecho, el nombre de su donante era Tim L., y que todos los cambios que había venido experimentando en sus actitudes, gustos y hábitos reflejaban de cerca los del donante.

En su libro *The Heart's Code* (1998), el doctor Paul Pearsal ofrece otros ejemplos notables basados en 73 casos de trasplante, en los que parte de las personalidades, recuerdos y conocimientos de los donantes se transfirieron a los recipientes.

En uno de los casos, una niña de 8 años recibió el corazón de otra niña de diez años que había sido asesinada. La recipiente acabó en la consulta del psiquiatra, asolada por las pesadillas relacionadas con el asesinato de su donante. Ella decía que sabía quién había sido el hombre. Después de unas pocas sesiones, el psiquiatra decidió notificárselo a la policía. Siguiendo las instrucciones de la niña, se hizo el seguimiento del asesino. El hombre fue condenado basándose en las pruebas surgidas de los datos que ella proporcionó: la hora, el arma, el lugar, la ropa que llevaba, lo que le dijo su víctima. Todo lo que la niña dijo acabó siendo verdad.

En otro ejemplo, el corazón de un niño judío de 8 años de edad que había muerto en un accidente de coche le fue trasplantado a una niña árabe que tenía problemas cardíacos. Después de la operación, en cuanto la niña despertó de la anestesia, pidió por su nombre un dulce judío del que no podía conocer la existencia.

Estos ejemplos parecen confirmar que el corazón es mucho más complejo e interesante que un simple músculo que bombea sangre.

Al igual que el vientre, el corazón también ha sido experimentado subjetivamente como un importante centro de conocimiento y sentimiento a lo largo de la historia humana. Algunas de las primeras civilizaciones de las que tenemos registros, como la griega, la mesopotámica y la babilonica, se refieren al corazón como depositario de inteligencia. El filósofo griego Aristóteles identificó el corazón como el órgano más importante del cuerpo y el origen de los nervios. Al observar los embriones de pollo, se dio cuenta de que es el primer órgano que se forma, y Aristóteles creía que era el asiento de la inteligencia, del movimiento y de la sensación: el centro de la vitalidad corporal.

HeartMath

Actualmente, diversos grupos, y de manera notable el Instituto HeartMath de Boulder Creek, California, han estado trabajando en cómo conectar con la inteligencia del "cerebro del corazón". Argumentando que "el corazón es el generador más poderoso de pautas de información rítmica en el cuerpo humano", los investigadores del Instituto HeartMath afirman que "como punto nodal crítico de muchos de los sistemas que interactúan en el cuerpo, el corazón está posicionado de manera única como un poderoso punto de entrada a la red de comunicación que conecta cuerpo, mente, emociones y espíritu".

La esencia del planteamiento HeartMath es que el corazón comunica con el cerebro y el cuerpo de cuatro maneras principales:

1. A nivel neurológico, mediante la transmisión de impulsos nerviosos por medio del nervio vago y la columna vertebral.
2. A nivel biofísico, a través del pulso. El corazón envía energía en forma de una onda de presión sanguínea, también conocida como pulso de volumen de sangre, que lleva concentraciones mayores o menores de riego sanguíneo a las células del cuerpo y del cerebro. Se ha demostrado que los cambios en la actividad eléctrica de las células cerebrales guardan relación con los cambios en la onda de la presión sanguínea.
3. A nivel bioquímico, mediante la liberación de hormonas y neurotransmisores como el péptido atrial, una hormona que inhibe la liberación de otras hormonas del estrés.
4. Energéticamente, a través de los campos electromagnéticos generados por el latido del corazón. Por ejemplo, el electrocardiograma usado para medir el latido del corazón registra una señal eléctrica producida por el corazón. Esta señal puede ser captada en cualquier parte del cuerpo, e impregna el espacio que nos rodea. (Volveremos con más detalle a esta noción de

la influencia energética en la sección sobre la mente campo.)

Las investigaciones y métodos de HeartMath se enfocan principalmente en el proceso de establecer un estado de coherencia psicofisiológica.

Las últimas investigaciones de la neurociencia confirman que lo óptimo es pensar en la emoción y la cognición como funciones o sistemas separados pero interactuantes, cada uno con su inteligencia única. Nuestra investigación indica que la clave para la integración exitosa de la mente y las emociones reside en incrementar la coherencia (funcionamiento ordenado y armonioso) en ambos sistemas, llevándolos a estar en fase uno con el otro.

Basándose en la suposición de que una mayor coherencia se manifiesta como un funcionamiento más ordenado y eficiente de los sistemas nervioso, cardiovascular, hormonal e inmunitario, los métodos HeartMath promueven un estado que ellos llaman de *coherencia psicofisiológica:* un estado que involucra un elevado grado de equilibrio, armonía y sincronización dentro de y entre los procesos cognitivos, emocionales y fisiológicos. Sus investigaciones muestran que dicho estado está asociado con el alto rendimiento, la reducción del estrés, el incremento de la estabilidad emocional y numerosos beneficios para la salud.

Los métodos HeartMath se centran principalmente en una modalidad específica del funcionamiento cardíaco llamada "modalidad de coherencia interna", que según se ha visto acompaña a los estados en los que los sentimientos internos son positivos. A nivel fisiológico, esta modalidad de coherencia interna se registra en lo que se conoce como variabilidad del ritmo cardíaco. En el caso típico, los estados emocionales problemáticos e improductivos, como la ira y la frustración, muestran una pauta cardíaca más aleatoria y desigual, mientras que los estados emocionales sinceros y positivos, como el aprecio, suelen dar como resultado pautas más ordenadas y coherentes de la variabilidad del ritmo cardíaco, generalmente asociadas con un funcionamiento cardiovascular potenciado. El contraste se ilustra en el diagrama siguiente, procedente de la página web de HeartMath.

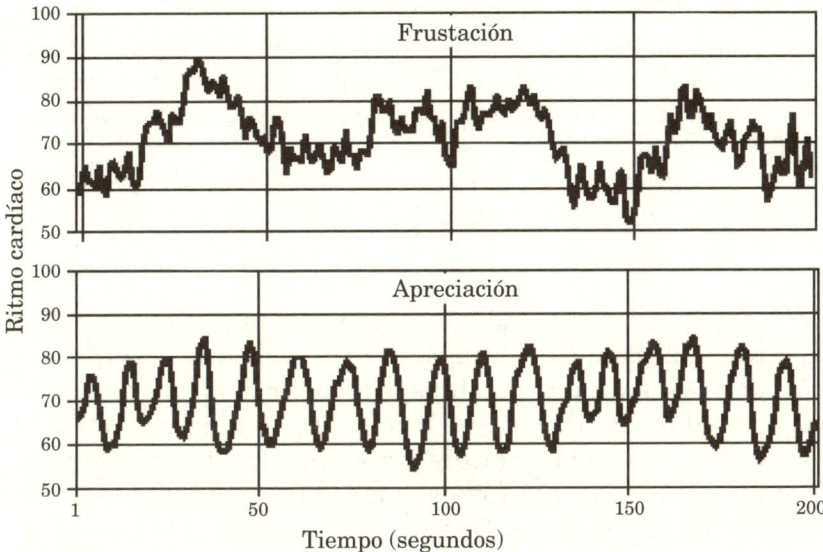

Contraste entre los ritmos cardíacos coherente e incoherente asociados con diferentes estados emocionales

HeartMath ha desarrollado una serie de herramientas simples con el propósito de ayudar a la persona a conectar con la inteligencia intuitiva del corazón y beneficiarse de ella, a fin de mejorar la toma de decisiones y de emplear la sabiduría del corazón para gestionar la mente y las emociones. Se puede encontrar una exploración extensiva de estas técnicas, incluyendo los datos científicos que las apoyan, en el libro *The HeartMath Solution* (1999), de Doc Childre y Howard Martin. Estas herramientas muestran un paralelismo con muchos de los formatos fundamentales de la PNL.

La técnica más básica se llama *Congelar el marco*. Se trata de un procedimiento de un minuto de duración que puede producir un cambio significativo en la percepción. Resulta particularmente útil en situaciones difíciles o estresantes. Lo que sigue es un resumen simple de sus pasos:

1. Aleja la atención de la zona de la cabeza y enfócala en torno al corazón. Mantén la atención ahí durante al menos diez segundos mientras continúas respirando normalmente.

2. Recuerda un sentimiento o experiencia positiva que hayas tenido en tu vida, y reexperiméntalo tan plenamente como puedas. Velo, óyelo y, sobre todo, sintoniza con la sensación sentida a fin de reexperimentarlo plenamente.
3. Pregunta al cerebro de tu corazón: "¿Qué puedo hacer en esta situación para que sea diferente?", o "¿Qué puedo hacer para minimizar el estrés?"
4. Escucha la respuesta de tu corazón.

Aunque no oigas nada internamente, probablemente te sentirás más calmado y relajado. Es posible que la respuesta no venga en forma de palabras, sino de imágenes o sensaciones sentidas. Es posible que recibas una verificación de algo que ya sabes, y también puedes experimentar una nueva perspectiva, viendo la situación de manera más equilibrada.

Otra de las técnicas HeartMath se llama "Cortar a través" y su propósito es ayudar a la gente a gestionar mejor sus emociones. El objetivo es desarrollar la capacidad de "cortar" con las respuestas emocionales complejas y arraigadas, para transformar dinámicamente los estados de estancamiento y atravesarlos.

1. Toma conciencia de cómo te sientes con respecto al problema o situación, enfocando la atención en el corazón.
2. Toma la posición del observador con respecto a la situación. Actúa como si el problema fuera de alguna otra persona. Piensa en ti mismo en tercera persona; por ejemplo, "él" o "ella" en lugar de "yo". ¿Qué tipo de consejo te darías a ti mismo si fueras tu propio testigo o tu entrenador personal?
3. Imagina que llevas cualquier sentimiento distorsionado o energía emocional desequilibrada a tu corazón. Deja que se empape allí, como si estuviera sumergiéndose en un baño caliente, de modo que se relaje, integre y transforme. Deja que el corazón haga el trabajo por ti.

El propósito de la técnica "Cortar a través" es ayudar a las personas a aceptar, contener y transformar los sentimientos difíciles, en lugar de reprimirlos.

Una tercera herramienta, *Encerrado en el corazón,* consiste en experimentar tu corazón a un nivel más profundo a fin de producir la regeneración física, mental y espiritual.

1. Traslada la atención de la mente al corazón y deja que descanse ahí.
2. Recuerda el sentimiento de amor y conexión que sientes por alguien con quien estos sentimientos vienen con facilidad. Enfócate en un sentimiento de aprecio o gratitud por alguien o por algo positivo. Quédate con ese sentimiento entre cinco y quince minutos.
3. Envía delicadamente ese sentimiento de amor o aprecio a ti mismo y a otros.

Puedes averiguar más sobre las investigaciones, métodos y programas HeartMath en su página web: http://www.heartmath.org.

La respiración

La respiración es otra función que influye de manera esencial en la calidad y eficacia de las mentes cognitiva y somática. Por medio de la respiración llevamos oxígeno al cuerpo, al sistema nervioso y al cerebro. Los mamíferos y otros organismos vivos necesitan oxígeno para liberar energía durante el metabolismo de las moléculas ricas en energía, como la glucosa. La respiración también es el mecanismo a través del cual filtramos el dióxido de carbono y otros gases para expulsarlos del cuerpo.

En los seres humanos, los órganos primarios de la respiración son los pulmones. Nuestros pulmones añaden oxígeno a la sangre que los atraviesa en su camino de vuelta hacia el corazón. Cuando la sangre llega al corazón, es bombeada al cerebro y después al resto del cuerpo. A medida que la sangre pasa por el cerebro y el cuerpo, va depositando oxígeno en los órganos. La sangre tiene el oxígeno casi agotado y un color pardo y oscuro justo antes de llegar a los pulmones, donde el oxígeno la refresca, volviendo a darle un color rojo brillante.

Pulmones

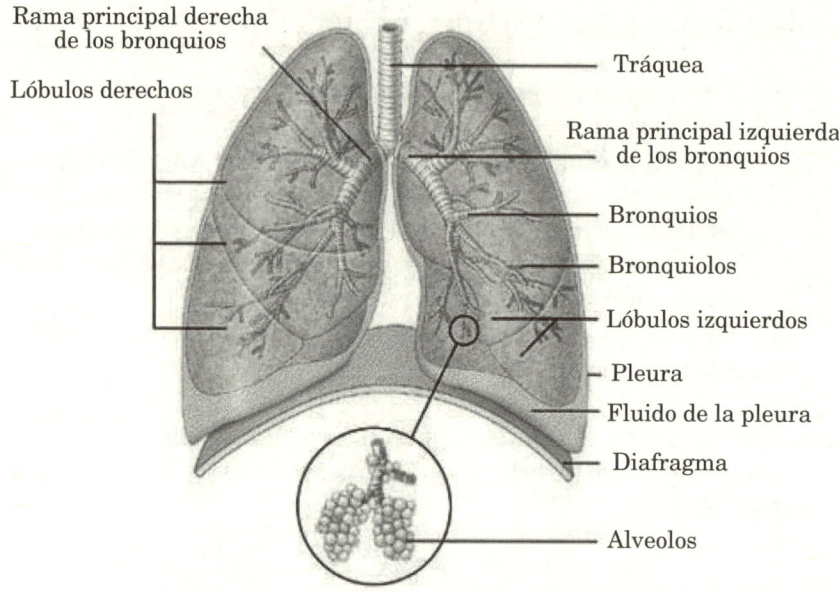

"Los órganos usados en el proceso de respiración incluyen la boca; la nariz y las fosas nasales; la faringe; la laringe; la tráquea; los bronquios y los bronquiolos; el diafragma; los pulmones; y las ramas terminales del árbol respiratorio, como los capilares y los alveolos, los pequeños vasos a través de los cuales se produce el intercambio de gases con la sangre. Los humanos tenemos dos pulmones, de los que el izquierdo está dividido en dos lóbulos y el derecho en tres. Juntos, los pulmones contienen unos 2.400 kilómetros de caminos para el aire y de 300 a 500 millones de alveolos. Además, si todos los capilares que rodean a los alveolos se desenredaran y extendieran de un extremo a otro, medirían unos 1.000 kilómetros. Así, los pulmones son unos órganos muy complejos e intrincados que nos conectan con el entorno."

Respirar es esencial para la supervivencia. No podemos vivir sin respirar durante más de un breve periodo de tiempo antes de que empiecen a producirse daños graves. El ritmo respiratorio típico de un adulto en reposo se sitúa entre 10 y

20 respiraciones por minuto, y aproximadamente un tercio del tiempo se dedica a la inhalación. (El término médico para la respiración normal y relajada es *eupnea*.)

La respiración también es esencial para un rendimiento óptimo, tanto mental como físico. Los estados de más energía, esfuerzo, enfoque, atención y conciencia requieren niveles más elevados de oxígeno en el cuerpo, el cerebro y el sistema nervioso, lo que significa tomar respiraciones más plenas y profundas.

En la *respiración de supervivencia* (el nivel mínimo de respiración que se necesita para sobrevivir), en esencia la persona respira solo lo suficiente para llegar a la siguiente respiración. Muchos respiramos de esta manera sin ser conscientes de que lo hacemos. Para rendir óptimamente y tener acceso a la plena inteligencia y sabiduría de nuestra mente somática, debemos respirar más allá de la respiración de supervivencia.

Respirar es una de las pocas funciones corporales que, dentro de unos límites, puede ser controlada tanto consciente como inconscientemente. La respiración intencional es común en muchos tipos de meditación, yoga y otras prácticas de conciencia. En la natación, en la puesta a punto cardiovascular, y cuando se ejercita la voz y uno se entrena para hablar en público, aprende a disciplinar la respiración, al principio conscientemente y después subconscientemente, para conseguir objetivos que están más allá de la supervivencia y de "conservar la vida". En la práctica del Tai Chi Chuan, por ejemplo, el entrenamiento aeróbico se combina con la respiración para ejercitar los músculos del diafragma y para entrenar una postura eficaz, puesto que ambas cosas mejoran el uso de la energía corporal.

Muchas antiguas culturas han vinculado la respiración con la "fuerza de vida". La Biblia hebrea relata que Dios infundió el "aliento de vida" en la arcilla para hacer de Adán un alma viviente. También dice que la respiración vuelve a Dios cuando el ser mortal fallece. Las palabras "espíritu", "*qi*" (chi), y "psique" son términos relacionados con el fenómeno de la respiración.

Desde la perspectiva de muchas de las grandes tradiciones espirituales y filosóficas del mundo, nuestra respiración no solo aporta el oxígeno y otros gases necesarios al cuerpo físico, sino que también puede aportar, cuando somos conscientes de ella, otras "energías" (por ejemplo prana, chi, y así sucesivamente) que son necesarias para nutrir nuestros "cuerpos sutiles" o almas. Desde este punto de vista, la respiración que intercambiamos con el universo es nuestra conexión más importante con el entorno. Cuando espiramos, estamos dando nuestro espíritu a través del aliento al mundo. Cuando inspiramos, estamos recibiendo el espíritu del mundo a través de nuestra respiración.

Independientemente de lo que creamos con respecto al alma y el espíritu, nuestra respiración y nuestra manera de respirar están íntimamente conectadas con todos los aspectos de nuestro ser.

Así, no es ninguna sorpresa que muchos métodos tradicionales de incrementar la conciencia incluyan prácticas basadas en la conciencia de la respiración. La respiración nos acompaña desde nuestra primera inspiración cuando nacemos hasta nuestra última espiración en el momento de la muerte. La respiración siempre ocurre en el momento presente y, como tal, es un ancla excelente para orientar la conciencia hacia la conexión continuada con la inteligencia somática. Por el simple hecho de tomarnos unos segundos para llevar la atención al movimiento de la respiración en el cuerpo, el proceso mental secuencial que generalmente domina nuestra atención se afloja, el cuerpo se relaja en cierta medida y entonces podemos seguir haciendo lo que estemos haciendo con más presencia y recursos, más conectados con nosotros mismos y con nuestra inteligencia somática en el presente.

Una práctica simple que puedes realizar es mantener la conciencia de la respiración en las numerosas y cambiantes circunstancias de tu vida. Al inhalar, simplemente sé consciente de que estás inhalando. Al exhalar, simplemente sé consciente de que estás exhalando. Practica este ejercicio durante unos diez minutos cada vez al menos tres veces al día. Te ayudará a liberarte de los pensamientos automáticos y de las reacciones emocionales, lo que te capacita para vivir con más receptividad y claridad el momento presente. Es posible que este ejercicio te resulte especialmente útil cuando estés ansioso o enfadado.

Para tener una sensación clara de cómo es esto, tómate un momento ahora mismo para llevar la atención a la respiración. Siente el aire que entra por tus fosas nasales y cómo se expande tu cuerpo en la inspiración. Siente el aire salir a través de las fosas nasales o la boca, y la correspondiente liberación de tensión muscular en la espiración. Respira al ritmo que se produzca de manera natural y, con delicada curiosidad, siente las sensaciones que la respiración produce en tu torso. Mantén la atención en la respiración hasta que notes un cambio en tu estado interno. Cuando estés preparado, vuelve a dirigir la atención hacia cualquier cosa que estés haciendo (leer esta página, por ejemplo), permitiendo que parte de tu atención se mantenga presente en la respiración. Nota también si hay alguna resistencia (impaciencia, frustración, escepticismo, "lo haré después") a prestar tu atención durante unos momentos a la respiración. Es posible que tu mente cognitiva se rebele contra la interrupción de su actividad, pero puedes asegurarle que enseguida estarás de vuelta.

El monje budista y maestro espiritual Thich Nhat Hanh sugiere otra práctica simple que amplía este ejercicio básico añadiendo algunas palabras durante la inspiración y la espiración:

"*Inspirando* (inspiras), *estoy en calma.*"
"*Espirando* (espiras), *sonrío.*"

También puedes añadir las frases:

(Inspiras) "*Habito el momento presente.*"
(Espiras) "*Sé que este es un momento maravilloso.*"

Otra práctica respiratoria simple pero poderosa es la respiración cuadrada:

1. Inspira mientras cuentas hasta cuatro.
2. Contén la respiración contando hasta cuatro.
3. Espira contando hasta cuatro.
4. Retén al vacío mientras cuentas hasta cuatro.
5. Repite.

Nota la diferencia cuando cambias de velocidad. Percibe adónde va la respiración en el cuerpo, a través de los pulmones, bajo los brazos y hacia la espalda, etc. Sigue la respiración con tu conciencia.

Integración Somato Respiratoria™

La Integración Somato Respiratoria™ (SRI) es un proceso desarrollado por Donald Epstein, fundador de Network Chiropractic y de Network Spinal Analysis (NSA). Los ejercicios de la Integración Somato Respiratoria™, descritos en su libro *Las doce etapas de la curación,* están diseñados para ayudar al cerebro a reconectar con el cuerpo y su inteligencia somática a través del proceso de la respiración. Según Epstein, "Estos ejercicios reconectan la respiración con la conciencia corporal y sus ritmos naturales. Ayudan al individuo a experimentar más plenamente su cuerpo, cambiando instantáneamente su estado de conciencia a otro que favorece la confianza en el cuerpo-mente y en el proceso de curación, además de promover la paz y la facilidad."

Lo que sigue es un ejemplo de un ejercicio diseñado por Epstein conocido como Primer paso o primera etapa del proceso SRI (hay un total de doce).

1. Siéntate o túmbate de espaldas. Tócate en la parte alta del pecho la punta superior del esternón con ambas manos, con las palmas orientadas hacia el cuerpo, e inspira lenta y delicadamente por la nariz, espirando por la boca. Inhala con la profundidad suficiente como para sentir el ritmo de tu pecho elevándose. Exhala con la profundidad suficiente para sentir el pecho descendiendo. Limita el área de movimiento y respiración justo a la zona situada debajo de las manos. No permitas que se muevan otras áreas del cuerpo. Repite este proceso durante unas cuantas respiraciones.
2. Ahora haz el mismo ejercicio con las manos situadas en la base del esternón, encima del diafragma; sigue respirando del mismo modo. Seguidamente ponte las manos sobre el abdomen (cerca del ombligo) y repite. Acuérdate de respirar

suavemente hacia el área donde tienes puestas las manos. Nota en qué zonas esto ocurre con más facilidad y te aporta una sensación de paz y facilidad, y en cuáles te parece más difícil de hacer y produce sensaciones incómodas.
3. Identifica el área que te parezca más cómoda y en la que puedes enfocar la respiración y el movimiento con más facilidad. Vuelve a poner las manos ahí, respira delicada y profundamente y deja que la paz que experimentas en esa zona se extienda a otras áreas donde sientes incomodidad.
4. Una vez que hayas encontrado la "conexión" con el lugar de paz y facilidad, y puedas enfocarte en la respiración y en el movimiento limitado a esa área, alterna entre tocar y respirar con esa zona y hacerlo sobre el área de incomodidad. Al tocar el área de incomodidad, debes tratar de llevar la respiración tan cerca de esa área del cuerpo como puedas, y gemir o hacer el sonido de esa zona: el sonido que esa zona haría si pudiera hablar.
5. Después de emitir el sonido en esa área de incomodidad (durante no más de 30 segundos), vuelve a poner las manos sobre el área de conexión, facilidad y paz. Suspira o emite un sonido de paz, facilidad o alivio en esa área. Alterna entre la zona de conexión o paz y la de incomodidad durante unos pocos minutos (generalmente hasta diez minutos). Nota si ahora hay más comodidad o una sensación de mayor bienestar, o si los sonidos de las dos áreas parecen fundirse.

Pueden hallar más información sobre el SRI, Donald Epstein y Network Spinal Analysis en:
http://www.asssociationfornetworkcare.com

La columna

En la anatomía humana, la *columna vertebral* contiene y protege la médula espinal. Está compuesta por siete vértebras cervicales, doce dorsales, cinco lumbares, el sacro y el cóccix (o rabadilla). Las costillas del pecho están conectadas con la columna dorsal.

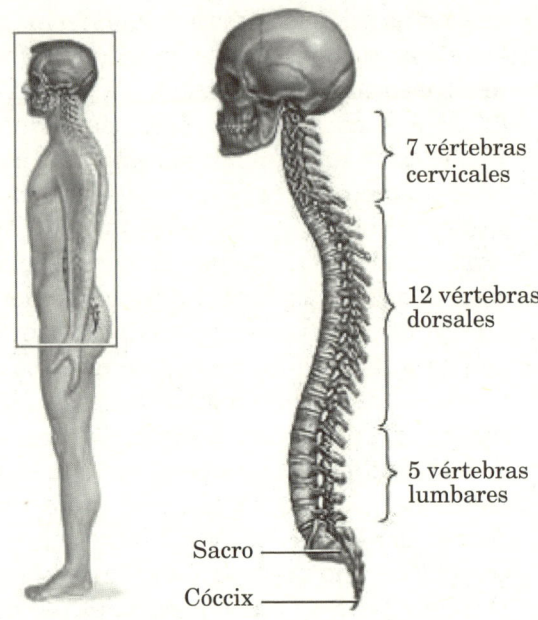

La columna humana

La médula espinal es un haz de tejido nervioso y células de apoyo que tiene la anchura aproximada de un dedo humano, y, extendiéndose desde el cerebro, atraviesa toda la longitud de la columna vertebral. Estos nervios están encajados en la envoltura meníngea y rodeados de fluido cerebro espinal, que actúa como un cojín para protegerlos del choque contra la parte interna de la columna vertebral.

La médula espinal se separa en ramas de nervios que salen por pares en cada nivel de la columna, excepto en las vértebras cervicales superiores. Estas ramas nerviosas salen de la columna por ambos lados a través de espacios situados entre las vértebras.

Los *nervios cervicales* conectan con el hombro, el brazo, el cuello y las manos. Y también controlan el funcionamiento de la garganta, los senos, la nariz, la glándula tiroides, los nodos linfáticos y el diafragma.

Los *nervios torácicos* discurren a lo largo de la parte media de la espalda, dirigiéndose hacia los músculos, los tejidos y los órganos internos. También afectan al tejido superficial de los codos, las manos y los dedos, así como al pecho, el abdomen, el corazón, los pulmones, el hígado, el estómago, el páncreas, el bazo, las glándulas adrenales, los riñones y el intestino delgado.

Los *nervios lumbares* son responsables de coordinar los músculos de la parte baja de la espalda, además de los muslos, las piernas, las pantorrillas y los pies. Los nervios que salen de la zona lumbar también controlan el intestino grueso, el apéndice, la vejiga, la próstata y los órganos reproductivos masculinos y femeninos.

Los *nervios sacrales* están situados en el sacro y cóccix, más conocido como rabadilla. Los nervios que salen a través de estos huesos afectan a los glúteos, las caderas, los muslos y las piernas; también al recto y a algunos tejidos pélvicos.

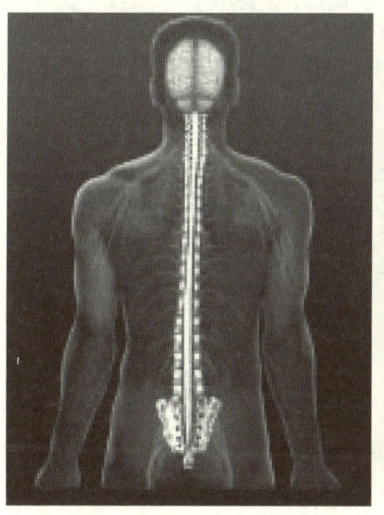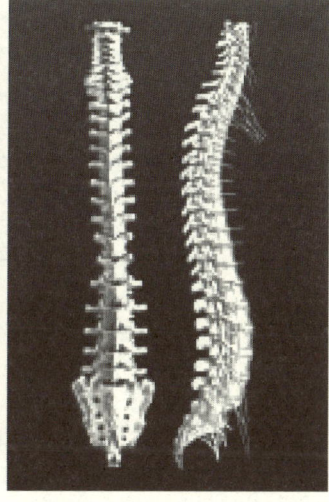

La médula espinal se ramifica, saliendo de la columna entre las vértebras

Así, la médula espinal es la principal ruta por la que discurre la información que conecta el cerebro, el sistema nervioso periférico y el resto del cuerpo. Funciona principalmente mediante la transmisión de señales neurales entre el cerebro y la totalidad del cuerpo, pero también contiene circuitos que pueden controlar independientemente numerosos reflejos. La médula espinal tiene tres funciones principales:

1. Transmite y distribuye señales motoras, que viajan desde el cerebro por la médula espinal.
2. Recoge y transmite información sensorial, que viaja desde la periferia del cuerpo, ascendiendo por la médula espinal hasta el cerebro.
3. Sirve como centro para coordinar ciertos reflejos.

Como el vientre y el corazón, la médula espinal tiene algunas funciones que son independientes del cerebro.

Las fibras nerviosas que van a todas las partes del cuerpo atraviesan la columna. La posición de la columna y el nivel de tensión en la médula espinal pueden afectar mucho al funcionamiento de nuestro cuerpo y sistema nervioso. El daño sufrido por los nervios puede causar dolor, cosquilleo, entumecimiento o debilidad en la zona que el nervio inerva. El daño producido a la médula espinal a cualquier nivel puede causar muchos síntomas, desde parálisis hasta entumecimiento o la alteración del funcionamiento adecuado. Por ejemplo, entre los problemas asociados con los nervios torácicos están el asma, las alergias, las úlceras y los problemas de riñón.

Postura corporal

Cualquiera que haya estudiado artes marciales o yoga, o que haya experimentado con diferentes métodos de trabajo corporal que se enfoquen en la estructura y el movimiento del cuerpo (osteopatía, Técnica Alexander, Feldenkrais, etc.) sabe que la postura de nuestro cuerpo y su forma de moverse son un reflejo de nuestra vida interna, y que, por el contrario, podemos influir en nuestros estados internos practicando la conciencia corporal. Así, otra práctica que puede ayudarnos a tener más acceso a nuestra inteligencia somática es desarrollar la conciencia de nuestra postura corporal. En cualquier momento dado podemos dirigir la atención al cuerpo físico y tomar conciencia de nuestra postura. Esto orienta nuestra atención al momento presente, y vuelve a ralentizar el proceso secuencial de la mente pensante que tiende a sacarnos del contacto con el cuerpo. Podemos tomar conciencia de que tenemos tensiones innecesarias en la columna y de este modo reducir nuestro gasto energético a fin de disponer de más recursos y energía en el presente.

Sin cambiar nada de la postura, toma conciencia de cómo estás sentado (o de pie) ahora mismo. Tómate el tiempo de "visitar" tu cuerpo: hombros, cuello, rostro, columna, vientre, pecho, caderas y cualquier otra parte de tu cuerpo que te llame la atención. Siente dónde puede haber un exceso de tensión (parte posterior de cuello contraída), o falta de vitalidad (pecho hundido, hombros tensos). Permite que tu cuerpo ajuste suavemente su postura. Usa la respiración para ayudarlo. Usa la espiración para ayudarlo a soltar cualquier parte que esté contraída o tensa "respirando suavemente a través de esos lugares". Para tonificar las partes donde falta energía, permite que la respiración las llene delicadamente en la inspiración. No fuerces nada, más bien permite que tu cuerpo encuentre un estado más equilibrado mientras le prestas atención y "respiras con" él.

También puede ser útil imaginar que tu pecho se eleva y expande. Mueve el centro de tu pecho hacia arriba mientras sientes que se abre la zona del corazón. Al mismo tiempo, imagina que se te estira la columna. Siente que tu cabeza se yergue muy suavemente hacia arriba, como si hubiera un hilo que tira de ella desde la coronilla. Piensa en "liberar la cabeza" y siente que la parte posterior de tu cuello se estira y el mentón desciende ligeramente y va hacia dentro. Siente que se libera la articulación occipital, donde la columna vertebral se encuentra con el cráneo. Imagina que hay espacio entre las vértebras a lo largo de toda tu columna.

En la base de la columna imagina que el sacro y el cóccix ("la rabadilla") continúan más allá del cuerpo físico y se extienden hacia el suelo, como si la columna se estirase formando una "cola de canguro" que llega hasta el suelo. Esto puede producir un estiramiento en la parte baja de la espalda y una sensación general de relajación en la zona pélvica. Resulta útil imaginar que esta "cola" continúa extendiéndose, como una raíz, más y más profundo hacia la tierra. Una vez más, no fuerces nada y continúa siendo consciente de las sensaciones presentes en tu cuerpo. Cuando estés preparado, vuelve a prestar atención a lo que sea que estuvieras haciendo, manteniendo parte de tu atención en la sensación sentida de tu cuerpo físico.

Nota los cambios que se producen en tu estado interno cuando prestas atención a la columna y a la postura del cuerpo.

Análisis Espinal Network™ (NSA)

Un buen ejemplo de cómo trabajar con la columna como parte de la mente somática mayor es el Análisis Espinal Network™, desarrollado por el doctor Donald Epstein, cuyo proceso llamado Integración Somato Espinal™ (SRI) se ha descrito en la sección sobre la respiración. Mientras trabajaba inicialmente dentro del paradigma quiropráctico tradicional, Epstein descubrió para su sorpresa que un toque muy suave en la parte superior o inferior de la columna podía hacer que esta se reconfigurase. La respiración profunda, junto con las ondulaciones y la disipación de la tensión espinal acumulada solían estar asociadas con este toque delicado, que producía una mejora general de la calidad de vida del paciente.

Usando la columna como punto de acceso a la inteligencia somática mayor, Epstein empezó a darse cuenta de que en este método de salud no lineal un pequeño cambio en la fisiología, bajo las condiciones adecuadas, producía respuestas desproporcionadas en la salud y el bienestar de la gente. No es necesario aplicar una gran fuerza para crear un cambio significativo en la fisiología. De hecho, él descubrió que aplicar un toque más intenso podía inhibir el proceso. Llamó a este método Análisis Espinal Network™ para distinguirlo de los métodos quiroprácticos más tradicionales.

Trabajando con el método NSA, que asume que el cuerpo no es únicamente una máquina y que la médula espinal tampoco es una serie de cables eléctricos que lo conectan con el cerebro, Epstein descubrió que los recuerdos de las heridas de la infancia, de accidentes y de otros traumas físicos o psicológicos suelen almacenarse en la columna y otras partes del cuerpo en forma de tensiones e improntas energéticas. Esta energía, confinada bajo la tensión, es en cierto sentido como un poderoso muelle. Con el tiempo acaba manifestándose en forma de músculos tensos, fijaciones articulares, resistencia al pleno movimiento corporal, depresión y respiración superficial. También se manifiesta como dolor y enfermedad.

La capacidad que tenga nuestra mente somática de recibir, hacer circular y disipar estas energías, junto con nuestro condicionamiento actual y del pasado, afecta significativamente a nuestra salud y al modo en que interpretamos y respondemos a una situación dada. Con el tiempo, la energía que no circula libremente acaba generando tensión. Cuando esta energía se libera (o pasa de estar confinada a ser libre), está disponible para la curación, la creatividad y otras actividades generativas.

Por sí mismos, la gravedad de los síntomas, la duración de la enfermedad o el grado de la patología no determinan la severidad de las medidas que habrá que tomar para curarse. Cuando el sistema nervioso lo percibe en el estado adecuado, un pequeño cambio puede liberar la energía y la tensión almacenadas, permitiendo que el cuerpo las utilice para propósitos constructivos, como la curación y la transformación.

Para dar un ejemplo personal, el autor Robert Dilts se lesionó la espalda en un accidente sufrido mientras practicaba esquí acuático a los catorce años de edad. La vértebra comprimida y el daño estructural causado en los huesos de la parte inferior de la espalda le produjeron dolor, debilidad y problemas posturales durante casi 30 años. Después de unas pocas sesiones con un terapeuta de NSA, el doctor John Amaral de Santa Cruz, los síntomas desaparecieron, siendo reemplazados por una sensación de energía, vitalidad y vigor que se ha prolongado durante más de doce años hasta el momento de escribir estas líneas.

Algunas de las herramientas usadas por los practicantes de NSA son ajustes y armonizaciones espinales, prácticas de respiración y otros ejercicios. Puedes encontrar más información sobre el Análisis Espinal Network™ en la página web: http://www.associationfornetworkcare.com

Los pies

Nuestros pies son otra parte del cuerpo que desempeña un papel esencial a la hora de acceder a la inteligencia de nuestra mente somática y optimizarla. No solemos pensar que los pies son una parte importante de nuestro sistema nervioso, y sin embargo tienen un efecto significativo en cómo nuestro cuerpo y mente funcionan e interactúan con el mundo que nos rodea.

Como hemos mencionado antes, en algunas tradiciones se considera que las piernas son extensiones del *hara,* o cerebro ventral, que conectan con la tierra a través de los pies, enraizándonos y permitiendo que nos movamos. A nivel fisiológico, los datos sensoriales procedentes de los pies tienen una gran influencia en nuestro equilibrio y postura. Cuando estamos de pie, los pies son el principal punto de conexión con la tierra. Nuestra postura depende completamente de cómo conectan las plantas de los pies con el terreno subyacente.

De manera similar a las palmas de las manos, las plantas de los pies son extremadamente sensibles al toque debido a la alta concentración de terminaciones nerviosas necesaria para realizar los constantes reajustes sutiles que se requieren para mantener el equilibrio y la postura. Así, una mayor conciencia de las plantas de los pies nos permite una mayor estabilidad, movilidad y equilibrio. Moshé Feldenkrais a veces dedicaba entre media hora y una hora a tocar los pies de una persona para ayudarla a mejorar su postura o a caminar con más equilibrio y estabilidad.

Si es necesario, los pies pueden llegar a hacer casi cualquier cosa de lo que hacen las manos. Las personas que han perdido los brazos o las manos (especialmente al comienzo de la vida) a menudo aprenden a hacer casi todo lo que solemos hacer con las manos con los pies, como comer, beber, escribir con un bolígrafo, teclear en un ordenador, conducir un coche, etc. En YouTube puedes encontrar algunos ejemplos fascinantes e inspiradores. Busca los vídeos de Barbara Guerra (madre que carece de manos) y Jessica Parks.

Algunos métodos de salud alternativos, como la reflexología, mantienen que las diferentes partes de la planta del pie se corresponden con los miembros, las glándulas y los órganos del cuerpo. La reflexología, también llamada terapia zonal, se basa en la idea de que todas las demás partes del cuerpo están representadas en las manos y en los pies, y presionar zonas específicas de estos puede tener efectos terapéuticos en esas otras partes del cuerpo.

Las áreas reflejas del pie muestran el estado general de tensión de la persona, el resultado de toda una vida de adaptación al estrés. El mapa de carreteras que emplea el reflexólogo son estas claves del estrés en los pies. Cuando se encuentran señales de estrés en un pie, eso es señal de que la tensión y sus efectos han empezado a acumularse en las partes correspondientes del cuerpo.

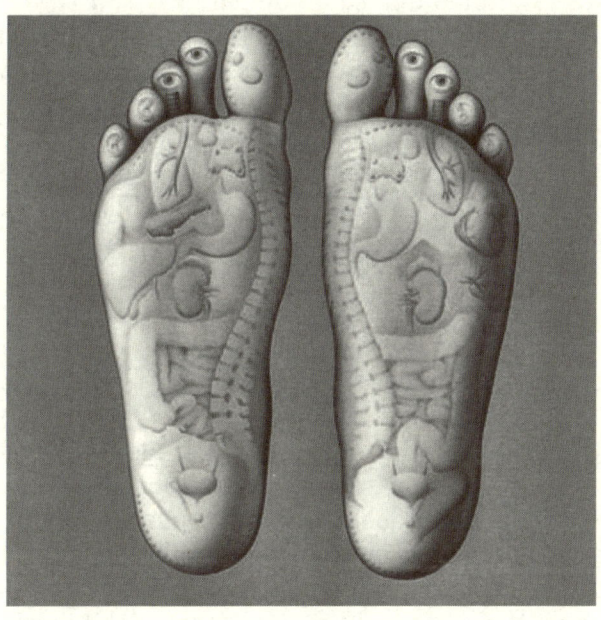

Las diversas zonas de la planta del pie según la reflexología.

A otro nivel, buena parte de nuestro sistema nervioso está programada para favorecer la supervivencia a través de los reflejos de las diversas partes del cuerpo. Nuestra capacidad de movimiento es una pieza esencial de los mecanismos de supervivencia. Es una parte necesaria tanto en el reflejo de "huida" como en el de "lucha", y necesitamos los pies para movernos. Si nuestros pies pierden contacto con el suelo, o si están desequilibrados o restringidos durante el tiempo suficiente, nuestra supervivencia se ve amenazada.

La mayoría de los nervios corporales que están diseñados para detectar cómo nos movemos en el espacio están situados en las articulaciones. Después del cráneo y las manos, nuestros pies son una de las partes del cuerpo que más articulaciones tiene. Si las articulaciones están constreñidas o alteradas, a esos huesos se les impide que hagan aquello para lo que están diseñados: ayudar a movernos. El resto del sistema somático interpreta esto como una señal de peligro.

Las articulaciones desequilibradas o inmóviles señalan a nuestro cuerpo la existencia de un problema o amenaza. Estas experiencias subjetivas relacionadas con los pies se reflejan en el "lenguaje de los órganos", en expresiones como: "Tener (o no tener) los pies en la tierra" o "No dar pie con bola", etc.

Para conservar el equilibrio y la estabilidad (tanto físicos como emocionales), tenemos que tener los pies firmemente plantados en el suelo, lo cual no siempre es tan simple como parece. A menudo descuidamos los pies y no les prestamos mucha atención. Los tacones altos, los zapatos muy apretados o desgastados y los que no ofrecen un apoyo adecuado pueden alterar la forma natural de nuestros pies y producir mucha tensión e inmovilidad en ellos. Cuando los tendones y músculos se tensan, los pies acaban desequilibrados e inestables.

Unos pies mal apoyados y sin firmeza pueden producir el desalineamiento de todo el cuerpo, generando tensión en el sistema somático. Dicha tensión, a su vez, puede causar dolor de piernas, problemas de rodillas y caderas, dolores en la parte inferior de la espalda, incomodidad en el cuello y los hombros, e incluso dolores de cabeza. También puede producir una sensación de no tocar tierra, de inestabilidad y desequilibrio en nuestra experiencia de la vida, limitando así el acceso al pleno potencial de nuestra inteligencia somática.

Gabrielle Roth, la mujer que ha desarrollado los 5Ritmos®, hace un tremendo énfasis en los pies. El principio fundamental de su transformadora práctica de movimiento es "sigue tus pies". A los participantes se les anima a danzar con los pies descalzos para liberar los pies, incrementar la sensación de contacto y enraizamiento en la tierra y mejorar la movilidad.

Práctica para liberar las almohadillas de la planta del pie

Extendiendo y masajeando los músculos y tendones de las plantas de los pies puedes crear una base más sólida y estable sobre la que caminar, evitando así problemas de rodillas y caderas, y en la parte inferior de la espalda.

Liberar las tres almohadillas de los pies (bola, lado y tacón) permite que los pies vuelvan a establecer pleno contacto con el suelo, restaurando la estabilidad y el equilibrio en todo el cuerpo.

Para reequilibrar y estabilizar las plantas de los pies sigue estos tres pasos. Cuando apliques estas técnicas usa una presión firme.

1. *Almohadilla de la bola:* pon los dedos de las manos sobre la bola del pie. Inspira. Espira y arrastra los dedos de las manos sobre la bola y a través de los dedos de los pies mientras extiendes el pie. Repítelo tres veces.
2. *Almohadilla lateral:* pon los dedos de las manos a lo largo de la superficie de la planta, en el tejido blando o zona rosa del pie. Inspira. Espira y arrastra los dedos hacia la parte externa del pie mientras rotas el pie hacia dentro. Repítelo tres veces.
3. *Almohadilla del talón:* pon los dedos de las manos en la zona de los tejidos blandos frente al talón. Inspira. Espira y arrastra los dedos de las manos sobre la superficie del talón mientras flexionas el pie, con los dedos del pie apuntando hacia el cielo. Repítelo tres veces.

Cuando hayas estabilizado un pie, levántate y camina un poco. Deberías sentir que el contacto de las almohadillas con el suelo se ha ensanchado, dándote una mayor sensación de equilibrio, estabilidad y conexión con la tierra. También deberías notar que el arco del pie está más alto.

Seguidamente, repite los mismos pasos en las almohadillas del otro pie.

El homúnculo cortical - el cuerpo en el cerebro

Hasta ahora hemos estado examinando los diversos aspectos del sistema nervioso corporal que constituyen nuestra inteligencia somática: el cerebro en el cuerpo. El *homúnculo* es una representación de cómo nuestro cerebro percibe el cuerpo, percepción que también influye en nuestra conciencia somática. El *homúnculo cortical,* por ejemplo, representa el número relativo de células del cerebro cortical destinadas a sentir o a hacer funcionar las diversas partes del cuerpo, e indica la proporción de células dedicadas a cada parte del cuerpo. En otras palabras, el homúnculo cortical es un mapa de las cantidades relativas del córtex que están asociadas con las distintas partes del cuerpo. También refleja la propiocepción cinestésica, el cuerpo tal como se le siente en movimiento.

Algunas partes del cuerpo están vinculadas a un mayor número de células sensorias y motoras en el córtex cerebral. El tamaño de estas partes concretas del cuerpo es mayor en el homúnculo. Una parte del cuerpo que tenga menos conexiones sensorias y/o motoras con el cerebro aparecerá de un tamaño más pequeño. Por ejemplo, el pulgar, que se usa en miles de actividades complejas, aparece mucho más grande que el muslo, que tiene unos movimientos relativamente simples.

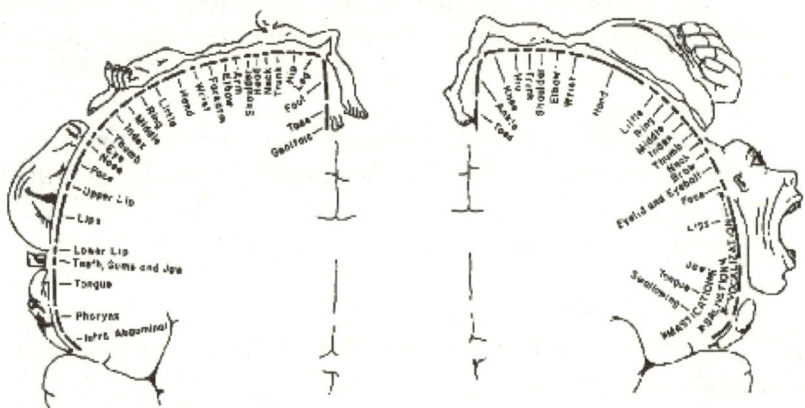

El homúnculo cortical muestra la cantidad relativa de células sensorias y motoras del cerebro dedicadas a las diversas partes del cuerpo

El homúnculo cortical es la base del modelo mental que tenemos de nuestro cuerpo y de nuestra autoimagen física; es decir, el cuerpo dentro del cerebro. Refleja nuestra conciencia cognitiva de nuestro cuerpo, con las supresiones, generalizaciones y distorsiones que la acompañan.

Si tradujéramos esa representación a un cuerpo real, el resultado sería un ser humano grotescamente desfigurado, con unas manos, labios y rostro desproporcionadamente grandes en comparación con el resto del cuerpo.

Así sería el cuerpo humano si se le mirara tal como está representado en el homúnculo cortical

El homúnculo cortical es un profundo ejemplo de la diferencia entre el "mapa" y el "territorio". Tenemos tanto un brazo real como la representación interna de dicho brazo en el cerebro (el territorio y el mapa). Ambos no son lo mismo, y esa diferencia es lo que permite que las personas experimenten el fenómeno del "miembro fantasma" o que "alucinen negativamente" con partes de su cuerpo y experimenten que les faltan cuando aún están allí.

La percepción que el cerebro tiene del cuerpo no es nuestro cuerpo real, ni tampoco lo es el que percibe nuestra mente somática. Además de nuestro vientre real y de la percepción que el cerebro tiene del vientre, también están las percepciones que el sistema nervioso entérico tiene del mismo. Está claro que cuando Gendlin se refiere a la "sensación sentida" de nuestro cuerpo, incluye más que el homúnculo, integrando la percepción puramente somática con la cortical.

La mente somática y la mente cognitiva dan prioridad de manera natural a diferentes partes y aspectos de nuestro cuerpo y fisiología. El córtex está muy dedicado a procesar la información procedente de nuestros telereceptores: los sentidos orientados hacia el mundo externo. Nuestro sistema nervioso somático gestiona nuestro mundo interno.

El córtex es la parte del cerebro humano que ha evolucionado en último lugar. Así, las estructuras y los propósitos a los que sirve son más recientes que las partes de nuestro sistema nervioso con raíces más antiguas (como el sistema entérico, el sistema neuro-cardio, la médula espinal, el "cerebro reptiliano", etc.). Nuestro córtex, que es un rasgo singular de los seres humanos, se desarrolló para ayudarnos a gestionar las interacciones sociales, culturales y ambientales. Por eso el homúnculo hace tanto énfasis en nuestras manos, labios, lenguas, etc. Estas son las partes de nuestro cuerpo que usamos para comunicar y para la manipulación del mundo externo. El homúnculo cortical es una representación de nosotros mismos más orientada hacia la sociedad, la cultura y el entorno.

También existen pruebas de que nuestras experiencias de vida conforman el homúnculo cortical. Se ha demostrado que el homúnculo se desarrolla a lo largo del tiempo y difiere de una persona a otra. Por ejemplo, la representación de la mano en el cerebro de un niño será diferente de la representación de la mano en el cerebro de un pianista profesional. También podemos predecir que este es el caso de las personas que mencionamos antes, personas que habían perdido sus brazos y manos y habían aprendido a comer, escribir y conducir con los pies; probablemente una gran parte de su homúnculo motor estará dedicada a los pies, en comparación con el de una persona que tenga y use sus brazos y manos.

Esto tiene una implicación importante: dentro de ciertos límites, nuestro grado de conciencia y de uso de una parte concreta del cuerpo puede alterar su representación en el homúnculo neural. Así, el tipo de prácticas que se ofrecen en este libro podrían alterar la estructura neurolingüística de nuestro cerebro (y tal vez otras partes de nuestro sistema nervioso). Esto puede ayudarnos a tener una sensación sentida más equilibrada e integrada de nuestro cuerpo y de nosotros mismos.

Explora tu homúnculo subjetivo

Nuestro homúnculo cortical se refleja en nuestro *homúnculo subjetivo:* nuestra percepción personal de nuestro propio cuerpo. Si llevas la atención introspectivamente a las sensaciones internas de tu cuerpo, sin duda notarás que ciertas partes del mismo destacan espontáneamente en tu conciencia más que otras. Explorar tu homúnculo subjetivo implica notar qué partes del cuerpo están más o menos presentes en tu conciencia en un momento dado. Esto te puede ofrecer mucho *feedback* (retroalimentación) con respecto a tu relación con las diferentes partes de tu cuerpo y el tipo de actividad que se despliega en tu mente somática.

Si ahora mismo haces una pausa y diriges la atención al cuerpo, ¿qué partes del mismo (por ejemplo, la columna, las manos, los ojos, el vientre, la pelvis, etc.) llaman más tu atención? Recuerda que el homúnculo no es un registro de las respuestas emocionales, y está más relacionado con las sensaciones físicas y el movimiento.

Es posible que algunas partes de tu cuerpo no estén en tu conciencia en absoluto. ¿Hay algunas partes de tu cuerpo (plantas de los pies, lóbulos de las orejas, codos, pulmones, dedo gordo del pie izquierdo, etc.) que han estado ausentes de tu conciencia en este momento?

Puede resultar útil y esclarecedor evaluar tu homúnculo subjetivo cuando estás en diferentes estados internos o funcionando a diferentes niveles de rendimiento. Como ejemplo, prueba el ejercicio siguiente:

1. Recuerda una experiencia en la que te hayas encontrado en un estado carente de recursos (atascado, confuso, ansioso, etc.) o con un bajo nivel de rendimiento.

2. Revive la experiencia tan plenamente como puedas. Al hacerlo, toma conciencia de qué partes de tu cuerpo están más en primer plano. ¿Cuáles de ellas sientes más intensamente? ¿Cuáles sientes con más detalle? ¿Hay alguna distorsión? ¿Qué partes de tu cuerpo quedan en segundo plano? ¿Hay algunas partes del cuerpo que van juntas o que no puedes distinguir una de otra a este nivel de la sensación? ¿De cuáles no eres consciente en absoluto?
3. Limpia tu mente y libera tu cuerpo de ese estado.
4. Identifica una experiencia en la que te encontraste en un estado con abundantes recursos (confiado, relajado, creativo, centrado, etc.) o en un alto nivel de rendimiento.
5. Entra en esa experiencia tan plenamente como puedas. Una vez más, sé consciente de qué partes de tu cuerpo están más en primer plano. ¿Cuáles sientes más intensamente o con más detalle? ¿Qué partes quedan en el trasfondo? ¿De cuáles no eres consciente en absoluto?
6. Despeja tu mente y reflexiona sobre cualquier diferencia que marque la diferencia. Oriéntate hacia el momento presente, donde puedes considerar ambas experiencias, e identifica las diferencias en tu percepción de tu cuerpo entre los estados con y sin recursos, o entre los estados de alto y bajo rendimiento.

Cuando se hacen este tipo de exploraciones, las personas suelen tener comprensiones muy interesantes. Resulta fascinante darse cuenta de que la imagen que percibimos de nuestro cuerpo a veces varía muy drásticamente. Por ejemplo, las personas adictas a ciertas sustancias suelen tener percepciones muy distorsionadas de su cuerpo y anatomía cuando ansían dichas sustancias. Tales distorsiones indican que uno no tiene acceso al pleno rango y poder de su inteligencia somática y de sus recursos. Estas distorsiones nos impiden adquirir una conexión somática plena, creando una especie de espiral descendente o círculo vicioso que nos lleva a colapsar en el estado problemático.

Resulta interesante explorar estos estados problemáticos y reducir las supresiones, distorsiones y generalizaciones presentes en el homúnculo subjetivo. A continuación, se ofrecen dos exploraciones posibles:

1. Vuelve a entrar en esa experiencia en la que careces de recursos o tienes un bajo nivel de rendimiento que exploraste antes, pero manteniendo una conciencia corporal general más equilibrada. ¿Qué es diferente en tu percepción subjetiva del estado o situación?
2. Si sientes que una parte concreta de tu cuerpo está especialmente distorsionada o ausente, enfoca la atención de manera igualitaria en esa parte. Seguidamente, mantén ese mismo nivel de conciencia al entrar y salir de esa experiencia.

Otro ejemplo muy interesante del impacto de la conciencia corporal es la versión siguiente de la técnica Primer plano-trasfondo:

Pasos del proceso somático primer plano-trasfondo

1. Identifica una respuesta automática y limitante que se produzca en un contexto bien definido y que sea comprobable (por ejemplo, *la ansiedad relacionada con hacer una presentación*).
2. Asóciate con un ejemplo específico de la respuesta limitante en la medida suficiente para experimentar sus efectos en tu fisiología.
    a) Presta atención introspectivamente a tu imagen corporal (el homúnculo subjetivo) dentro de esa experiencia. Identifica qué está en "primer plano" de tu conciencia: qué partes y sensaciones de tu cuerpo parecen MÁS amplificadas en el momento en el que se produce la respuesta limitante (por ejemplo, *eres consciente del latido del corazón y de la tensión en la mandíbula*).
    b) Identifica qué está en el "trasfondo" o es neutral con respecto a este estado. Nota las partes de tu cuerpo de las que no eres consciente durante la experiencia y que no parecen participar en ella (por ejemplo, *las*

plantas de los pies, los lóbulos de las orejas, el codo izquierdo).
3. Identifica una experiencia que sirva de *contra ejemplo* ingenioso; es decir, una ocasión en la que podrías o deberías haber tenido la respuesta limitante pero no la tuviste. Si no hay contraejemplo, entonces identifica una experiencia que esté tan cercana a la experiencia limitante como sea posible en todos los sentidos, pero donde no haya habido respuesta limitante. Asóciate con esta experiencia (por ejemplo, *contar un chiste o historia a un grupo de nuevos conocidos.)*
    a) Una vez más, atiende a de qué partes del cuerpo eres MÁS consciente *(primer plano)* (por ejemplo, *una sensación de energía en la columna y calma en el vientre).*
    b) Identifica también qué hay en el trasfondo, qué es neutral o está ausente de tu conciencia corporal subjetiva (por ejemplo, *la rótula, las plantas de los pies y los lóbulos de las orejas).*
4. Reflexionando sobre ambos ejemplos, encuentra algunas partes del cuerpo que estén en el trasfondo o ausentes de ambas experiencias, las problemáticas y las positivas (por ejemplo, *el dedo pequeño del pie y el codo izquierdo).*
5. Vuelve a la experiencia positiva y siéntela plenamente. Mientras estás en ese estado, expande tu conciencia corporal para producir una sensación más equilibrada de todo tu cuerpo, incluyendo especialmente las partes del mismo que descubriste en el paso anterior (por ejemplo, *el dedo pequeño del pie y el codo izquierdo).*
6. Ahora vuelve a la experiencia limitante. Accede plenamente a ella, pero en esta ocasión enfoca tu atención en las partes del cuerpo que antes han estado en el trasfondo de ambos estados (por ejemplo, *el dedo pequeño del pie y el codo izquierdo).* Deberías notar que la respuesta al problema se disipa inmediata y automáticamente, y cambias de estado hacia una experiencia más positiva.

Para obtener más información y una versión más amplia del proceso Primer plano-trasfondo, consulta *Encyclopedia of Systemic NLP* (2.000).

Biofeedback

Lo que se conoce como *biofeedback* es otro recurso para desarrollar una conexión más profunda con la conciencia y la inteligencia somáticas. El "biofeedback" provee a la persona de retroalimentación auditiva o visual con respecto a una respuesta biológica o corporal particular a fin de ayudar a crear un mayor vínculo entre los procesos somático y cognitivo. Generalmente estos procesos se dan en el sistema nervioso "autónomo", que es involuntario, y algunos ejemplos son el ritmo cardíaco, las respuestas vasculares (a menudo medidas indirectamente por la temperatura corporal), las ondas cerebrales, y la actividad de los poros y las glándulas sudoríparas (medidas por las respuestas eléctricas de la piel).

El sistema nervioso autónomo tiene dos ramales básicos, los sistemas simpático y parasimpático. El ramal *simpático* es la parte del sistema nervioso que modera nuestras reacciones de lucha o huida y otras estrategias de supervivencia. En esencia cumple una función excitatoria. Cuando se activa el sistema simpático, acelera los ritmos del corazón y de la respiración, estimula el flujo de adrenalina, constriñe el flujo sanguíneo hacia la periferia del cuerpo, abre los poros causando un aumento de la sudoración, etc.; en esencia, prepara el cuerpo para la acción. Estas reacciones van acompañadas tanto de la estimulación de la excitación como de la tensión de las estrategias de supervivencia.

El sistema nervioso parasimpático tiende a calmar y relajar el cuerpo, y es responsable de las funciones regenerativas. Cuando se activa el sistema parasimpático, el ritmo cardíaco se ralentiza y la respiración se hace más lenta y profunda, los micro músculos en torno a los vasos sanguíneos y los capilares se relajan, incrementando el flujo hacia las manos, los pies y la periferia del cuerpo, la sudoración se reduce, etc. Esto posibilita que el cuerpo se relaje, recupere energía y recomponga sus recursos.

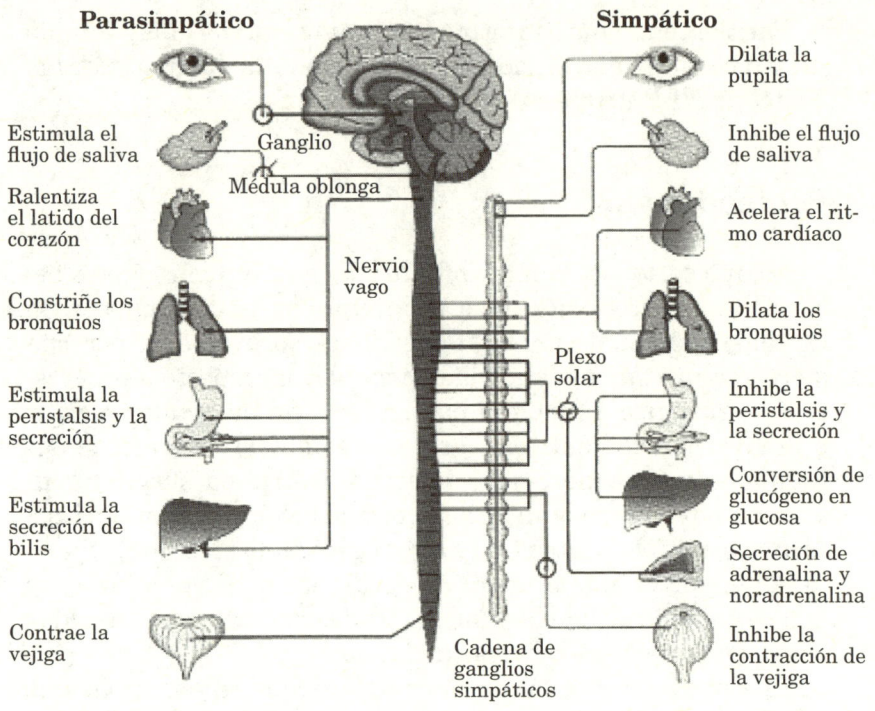

El Sistema Nervioso Autónomo está dividido en dos ramas: los sistemas simpático y parasimpático

El *biofeedback* ofrece un medio muy poderoso mediante el cual la persona puede reconocer y explorar la relación entre la mente cognitiva y estas funciones corporales vitales (entre el sistema nervioso central y el sistema nervioso autónomo). Al medir las funciones "autonómicas" y "retroalimentar" con el resultado al individuo mediante un sonido o un gráfico, este es capaz de reconocer de qué maneras él es capaz de armonizar e influir en ese aspecto de su fisiología.

Como resultado de extensas investigaciones en el área del *biofeedback* se ha descubierto que el sistema "autónomo" —del que antes se pensaba que estaba plenamente "autorregulado"— responde sorprendentemente a la influencia del sistema nervioso central.

El uso del *biofeedback* ha demostrado que se pueden conseguir mejoras potencialmente dramáticas enseñando técnicas psicosomáticas a pacientes con problemas médicos. El *biofeedback* se ha usado para influir positivamente en una serie de respuestas biológicas que causan problemas de salud, como los dolores de cabeza, los músculos crónicamente tensos a causa de accidentes o lesiones deportivas, el asma, la presión sanguínea alta y la arritmia cardíaca. A menudo sustituye a los medicamentos o se usa como complemento de estos en el tratamiento del dolor.

El *biofeedback* es particularmente útil para ayudar a la gente a reducir el impacto del estrés y para conseguir estados óptimos de funcionamiento físico y mental. Esto se debe a que aporta una mayor conciencia de nuestro estado interno e incrementa nuestra capacidad de influir intencional y positivamente en él.

Como hemos señalado antes, cuando la persona experimenta estrés o excitación, se produce una activación del sistema nervioso simpático. Esto incrementa el ritmo respiratorio, la actividad de las glándulas sudoríparas (y consecuentemente la conductancia de la piel) y el ritmo cardíaco. La variabilidad del ritmo cardíaco también se vuelve desigual y esporádica. Por otra parte, la relajación, la calma y la quietud son producto de la activación del sistema parasimpático, que reduce y profundiza la respiración, limita la actividad de las glándulas sudoríparas y la conductancia de la piel, y produce un latido cardíaco más lento, suave y rítmico.

Al ayudarnos a reconocer y calibrar mejor nuestro estado interno, y aprender (consciente e intuitivamente) los tipos de pensamientos y acciones que activan e influyen en ese estado, el *biofeedback* refina nuestra capacidad de elegir y dirigir la cualidad de nuestro estado interno, de manera similar al proceso de aprender a montar en bicicleta.

El entrenamiento en los métodos de *biofeedback* es relativamente simple, aunque se requiere la instrumentación adecuada. Inicialmente, el alumno debe elegir el tipo de *feedback* apropiado que sea más relevante para sus objetivos. Por ejemplo, aprender a relajar ciertos músculos puede ser útil en muchos desórdenes relacionados con el estrés, pero puede no ser el tratamiento más eficaz para otros problemas físicos. Un paciente ansioso con taquicardia (ritmo cardíaco rápido) puede beneficiarse mucho más de aprender a ralentizar su ritmo cardíaco y a ponerlo en coherencia psicofísica que de aprender a relajar los músculos.

Estrés o excitación	
Activación del sistema nervioso simpático • Incremento de la actividad de las glándulas sudoríparas. • **Incremento de la conductancia de la piel.** • Incremento del ritmo cardíaco.	• La respiración es rápida (12-18 respiraciones por minuto o más) e irregular. • **Los cambios en el ritmo cardíaco son agudos y esporádicos.**

Relajación o quietud	
Activación del sistema nervioso parasimpático (o falta de activación del simpático) • Reducción de la actividad de las glándulas sudoríparas. • **Reducción de la conductancia de la piel.** • Reducción del ritmo cardíaco.	• La respiración es lenta (en torno a 6 respiraciones por minuto), suave y regular. • **Los cambios en el ritmo cardíaco son rítmicos, suave y amplios.**

Respuestas somáticas comunes asociadas con estados de estrés o excitación y relajación o quietud

Una vez que se ha seleccionado la modalidad de *feedback* deseada, al alumno se le conecta con el sensor adecuado. Seguidamente, la información sobre la función particular del sistema nervioso autónomo, que está siendo medida, se envía a un ordenador u otro tipo de dispositivo que permite presentar la respuesta al alumno. La conciencia que el alumno tiene del *feedback* queda registrada en su sistema nervioso central, que a su vez influye en el sistema nervioso autónomo. Esta influencia suele ser intuitiva, y a menudo queda fuera de la conciencia del alumno.

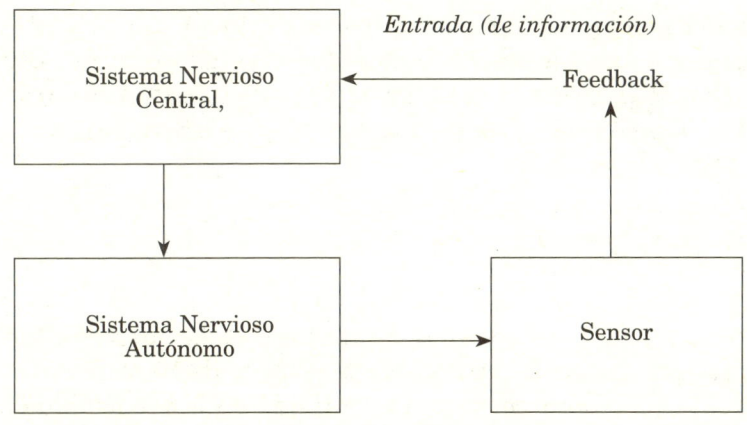

Salida (de información)

El proceso del biofeedback tradicional

El alumno puede recibir un *feedback* "binario" o "analógico". El *feedback* "binario" o "digital" implica establecer cierta diana o valor umbral para la reacción del sistema nervioso autónomo. Cuando la respuesta física del alumno alcanza esa diana o cruza el umbral, una luz o un sonido le indica que está teniendo éxito. Esta es la modalidad primaria de entrenamiento para producir el estado "alfa" en el electroencefalograma. Se ofrece *feedback* al alumno cuando está produciendo ondas cerebrales en el rango "alfa" (de 8 a 12 Hz).

El *feedback* "analógico" ofrece al alumno una representación continua de una función autonómica particular, como el ritmo cardíaco, la temperatura, o la resistencia de la piel. De esta manera, el alumno desarrolla la capacidad de calibrar y controlar ese proceso autónomo particular, y establece su propio mecanismo de *feedback*.

Independientemente del tipo de *feedback* que se dé, el alumno acaba siendo capaz de desarrollar una sensación de profunda conexión con las funciones somáticas fundamentales sin necesidad de un aparato externo.

En realidad, muchas técnicas de la PNL emplean los principios del *biofeedback,* de tal modo que el guía o facilitador funciona como "sensor" para proveer *feedback* a los clientes o alumnos sobre algunos aspectos de su estado interno. Otras técnicas PNL (como la calibración y el inventario interno) ayudan a la persona a desarrollar sus propios mecanismos y habilidades de *feedback*.

NeuroLink y MindDrive

A comienzos de los años 80, Robert Dilts empezó a aplicar los principios de la PNL al desarrollo de herramientas y métodos de *biofeedback,* lo que culminó en la creación de las tecnologías patentadas NeuroLink y MindDrive. Dilts trató de proporcionar a los alumnos otro nivel lógico de *feedback*. Creía que la persona aprendería a conectar con las funciones del sistema nervioso autónomo de manera más rápida y eficaz, y a influir en ellas, si se le ofrecía *feedback* sobre el grado de cambio que era capaz de efectuar, en lugar de sobre el estado específico de esa función. Por ejemplo, además de mostrar al alumno una lectura de su ritmo cardíaco, también se le ofrecía *feedback* sobre el grado de *cambio* en el ritmo cardíaco que era capaz de producir.

Este planteamiento ha demostrado ser eficaz para acelerar la capacidad de la persona de alinearse conscientemente e influir sobre una función autonómica particular, reforzando así su conexión cuerpo-mente. También se descubrió que este método podía usarse para ayudar a la gente a controlar ciertos dispositivos, como un juego de vídeo o un robot, por medio de su sistema nervioso autónomo. Esto ha llevado a producir aplicaciones que permiten que personas con lesiones en el sistema nervioso central (como esclerosis múltiple, lesión espinal, parálisis cerebral, etc.) sean capaces de jugar a juegos de ordenador y de comunicarse más eficazmente. También ha conducido al desarrollo de juegos de vídeo "controlados a través del pensamiento". Así, este planteamiento no solo amplía el valor terapéutico del *biofeedback,* sino que amplía las capacidades de la gente para desarrollar y usar sus sistemas nerviosos y su inteligencia somática.

Visión somática (SomaticVision)

Los últimos productos de este método son las herramientas de integración cuerpo/mente llamadas *SomaticVision*, que han sido desarrolladas por Ryan DeLuz en colaboración con Robert Dilts. Los programas informáticos SomaticVision operan sobre equipos informáticos Wild Divine "LightStone", que sienten el ritmo cardíaco y la conductancia de la piel (GSR) y la transmiten a un ordenador portátil.

Los productos SomaticVision permiten a la gente practicar el *biofeedback* en sus ordenadores portátiles

Los programas informáticos SomaticVision recogen estos datos somáticos y los representan en forma de gráficos de ordenador dinámicos, juegos 3D y música. Estas herramientas ayudan a la gente a profundizar y a refinar su conexión consciente con el cuerpo. Esto, a su vez, hace posible que, de manera más intencional:

- Se incremente la relajación.
- Se restaure el equilibrio y la vitalidad.
- Mejore el bienestar físico y mental.

Algunas de las herramientas SomaticVision son:

El emisor de partículas, que ofrece un *feedback* continuo en forma de imágenes de partículas en movimiento como respuesta a cambios somáticos corporales. Un cambio de estado altera instantáneamente la actividad sobre la pantalla, permitiéndote tomar conciencia de cómo algunas sensaciones, sentimientos y pensamientos específicos producen cambios concretos en los gráficos.

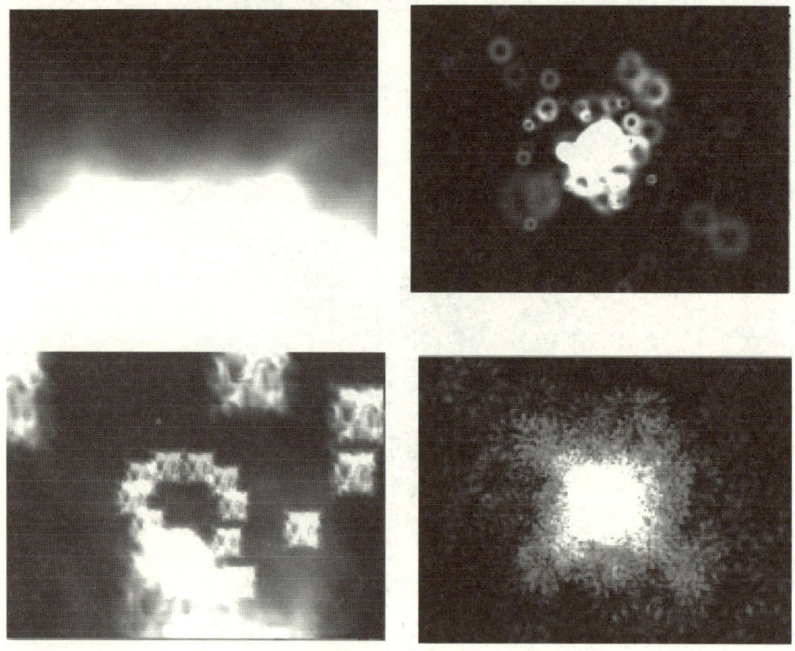

Imágenes del programa de *biofeedback* Editor de Partículas SomaticVision

Inner Tube y *Dual Drive* son juegos 3D en tiempo real que usan el ritmo cardíaco y la conductancia de la piel para hacer funcionar una nave espacial o un vehículo todoterreno. La velocidad del vehículo cambia con tu estado interno de relajación o excitación. Cuanto más te relajas, más rápido vas. Es una manera muy entretenida de aprender a gestionar tu estado interno.

Fotografía de una pantalla del juego 3D *Dual Drive* de SomaticVision

NLPace (Paso de la PNL) es una herramienta de *coaching* (bien para el auto-*coaching* o para hacer *coaching* a otro) que ayuda a la persona a tomar conciencia, entender y registrar cambios sutiles en su estado físico, emocional y mental. Empleando esta herramienta se pueden observar y verificar los cambios somáticos que se han producido durante una sesión, así como obtener un *feedback* constante durante un proceso:

1. Durante una sesión puedes observar los cambios que se producen en el ritmo cardíaco y en la conductancia de la piel, considerándolos como señales de cambios en el estado mental o emocional.
2. Al final de la sesión puedes verificar que esta ha sido eficaz comprobando tu respuesta somática ante un suceso que antes te resultaba difícil o problemático. Por ejemplo, si sientes ansiedad a la hora de hablar en público, puedes imaginarte hablando en público y notar tu respuesta somática.
3. Si eliges grabar una sesión, puedes analizar los cambios ocurridos durante la misma. Esto puede hacerse además de, o en lugar de, observar los cambios durante la sesión.
4. Grabar también te permite hacer un seguimiento de los cambios que se producen a lo largo de muchas sesiones.

Cuando se trabaja con la herramienta de *coaching* NLPace, puede resultar útil experimentar con técnicas de relajación, bien mientras se observa directamente la medición del *feedback*, o mirando el *feedback* posteriormente con ayuda de los gráficos. Puede resultar útil cerrar los ojos (o alejarlos del *feedback*) cuando se aplica cualquiera de las técnicas siguientes. Aunque es importante saber cómo impacta en ti la técnica de relajación, también puede distraerte si estás evaluando constantemente los cambios, en lugar de enfocarte plenamente en la experiencia interna.

El siguiente ejercicio de relajación fue diseñado para explorarlo mediante el *feedback* de los programas informáticos SomaticVision. No obstante, puede ser igualmente valioso si usas tu propia conciencia introspectiva para observar el nivel de calma y relajación alcanzadas.

1. Deja ir los pensamientos mentales molestos con respecto al trabajo, a ti mismo, a las relaciones, etc.
2. Permítete respirar suavemente con respiraciones relajadas, lentas y constantes (sin forzar, trata de contar hasta cinco o seis mientras inspiras, y después vuelve a contar hasta cinco o seis en la espiración).
3. Piensa en alguien a quien amas o en algo muy gratificante. Es posible que quieras cerrar los ojos por un momento y ahondar en ese sentimiento. Nota si eso produce algún cambio, pero no intentes crear el cambio. Simplemente cultiva los sentimientos y recuerdos positivos, y la calidez asociada con esa persona, lugar, animal, etc.
4. Enfócate en relajar progresivamente todos los músculos del cuerpo. Libera especialmente el rostro, el cuello, los hombros e incluso la lengua.
5. Imagina que una calidez relajante fluye a través de tus brazos, piernas, manos, pies, espalda, vientre, rostro, cuello y cabeza.
6. Imagina una situación muy positiva o que estás en un entorno relajante. Experimenta la situación o el entorno tan vívidamente como puedas.
7. Nota las sensaciones físicas en el cuerpo. Percibe la sensación de los pies apoyados en el suelo. Nota la sensación

que te produce el latido del corazón. Siente cada latido del corazón en tu pecho o en las puntas de los dedos.
8. Permítete experimentar sentimientos positivos, como amor, alegría, paz profunda, etc.

Buena parte de nuestra capacidad para rendir eficazmente y llevar una vida saludable es el resultado de lo que se llama *control adaptativo*. Por ejemplo, debemos mantener nuestro nivel de estrés dentro de cierta "banda de tolerancia" o sufrir las consecuencias. Para que un atleta rinda eficazmente tiene que mantener su ritmo cardíaco, su presión sanguínea, temperatura, etc. dentro de cierta banda de tolerancia. El tiempo o la distancia que el atleta es capaz de alcanzar dentro de su especialidad irá en función de lo que sea capaz de mantenerse dentro del rango definido por la banda de tolerancia. El *biofeedback* y herramientas como SomaticVision nos ayudan mucho a incrementar nuestra capacidad de practicar el control adaptativo, lo que hace que nos resulte más fácil gestionar aspectos como el estrés y la fatiga (como el *jet lag*) con más resiliencia y disponiendo de recursos.

Para más información sobre los productos SomaticVision puedes consultar la página web: http://www.somaticvision.com

Sintaxis somática

Un viejo proverbio de Papúa Nueva Guinea dice: *"El conocimiento solo es un rumor hasta que está en el músculo"*. Este dicho define una de las premisas básicas de la *Sintaxis somática*. En 1993 los autores Judith DeLozier y Robert Dilts fueron los originadores de los principios y la práctica de la sintaxis somática para usar la conexión entre las mentes somática y cognitiva y ahondar en ella. Como vimos al principio del capítulo, el término "somático" viene de la palabra griega *soma*, que significa "cuerpo". *Sintaxis* es una palabra griega que significa "poner en orden" o "disponer".

La sintaxis somática guarda relación con el "lenguaje corporal", con cómo organizamos nuestra fisiología a fin de procesar y expresar nuestra experiencia y el significado que le atribuimos. De manera similar al resto de la PNL, la sintaxis somática se enfoca más en la forma, en la organización profunda y en las pautas de relación de nuestro lenguaje corporal que en su contenido. A la sintaxis somática no le importa tanto qué partes del cuerpo están involucradas en estos procesos como cuál es su estructura profunda. En lugar de enfocarse en los detalles físicos, la sintaxis somática hace énfasis en la pauta general y en la organización del movimiento, así como en la formación de las expresiones cognitivo-somáticas (por ejemplo, "cuerpo-mente"). Tomemos, por ejemplo, una estructura profunda fundamental como "abrir". Podemos "abrir los ojos". Podemos "abrir el corazón", "abrir los brazos", "abrir la boca", etc.

Uno de los principales objetivos de la sintaxis somática es movilizar y utilizar la "sabiduría del cuerpo". Como señala el autor Morris Berman en su libro *Coming to Our Senses:*

"La comprensión académica occidental, incluyendo la filosofía y la antropología, así como la historia, asumen tácitamente que el cuerpo no tenía nada que decirnos, no tiene conocimiento o 'información'; que para todos los propósitos prácticos, ni siquiera está ahí. Y sin embargo la vida del cuerpo es nuestra vida real, la única vida que tenemos."

Un principio fundamental de la sintaxis somática es que hay información y sabiduría en el cuerpo, hay conocimiento "en el músculo". Es un modo de acceder y de aprovechar la plena capacidad del "cerebro en nuestro cuerpo".

La PNL ha reconocido desde hace mucho la influencia de nuestra fisiología en los procesos de pensamiento. Las "claves de acceso" micro conductuales, como los conocidos movimientos de los ojos de la PNL, se consideran al mismo tiempo reflejos de procesos mentales específicos, y activadores de la actividad interna relacionada con los sistemas de representación sensorial. A través de estas claves físicas podemos detectar y promocionar ciertos aspectos de nuestras estrategias cognitivas. Este es uno de los fundamentos del aspecto "programación" de la "Programación Neurolingüística".

Sin embargo, este tipo específico de claves no constituye el único vínculo entre cuerpo y mente. Disciplinas como los métodos Feldenkrais y Alexander, el yoga, el aikido, el tai chi, la danza y las prácticas del movimiento transformador, como los 5Ritmos de Gabrielle Roth®, exploran una variedad de otras interacciones entre el movimiento y los procesos mentales. Estas disciplinas hacen énfasis en la naturaleza sistémica de nuestros cuerpos, y se enfocan más en la pauta y la cualidad del movimiento que en las partes concretas que están involucradas. Hasta el desarrollo de la sintaxis somática, la PNL no había aplicado métodos que aprovecharan plenamente el papel que desempeñan los movimientos de "todo el cuerpo" en la programación y el pensamiento humanos.

La ruta para pensar de Darwin

Un artículo fascinante de la revista *Natural History* de 1996 nos ofrece un ejemplo simple pero poderoso de la relación entre nuestra mente somática y nuestro funcionamiento cognitivo. El artículo es esencialmente una reflexión sobre la finca campestre de Charles Darwin (1809-1882), el biólogo y naturalista inglés cuya teoría de la evolución a través del mecanismo de la selección natural revolucionó nuestra comprensión de la historia natural y cambió nuestra percepción de los orígenes humanos. Darwin adquirió Downe House pocos años después de volver de su histórico viaje a bordo del HMS *Beagle*. Darwin dedicó unos 20 años después de volver de sus viajes a desarrollar sus teorías y la relación de estas con las pruebas que había reunido y las observaciones que había realizado. En Downe House fue donde escribió sus obras clásicas *El origen de las especies* y *El origen del hombre*.

Al describir la finca, el autor del artículo dice:

"Poco después de establecerse en Downe, Darwin construyó un sendero cubierto de arena, conocido como el camino de arena, que aún recorre los sombríos bosques y después vuelve hacia la casa a lo largo de un campo soleado y rodeado de un seto. Lo recorría a diario, y se refería a él como 'mi camino para pensar'. A menudo apilaba varias piedras en la entrada del camino, y quitaba una con la punta del bastón cada vez que completaba el circuito. Él podía anticipar lo que sería un 'problema de tres piedras', tal como Sherlock Holmes podía tener un 'problema de tres pipas', y volvía a casa cuando todas las piedras habían caído."

Leyendo esta descripción resulta fácil imaginar a Darwin, profundamente inmerso en sus pensamientos, caminando por su camino de arena y contemplando algún aspecto clave de su teoría de la evolución y la selección natural. El hecho de que Darwin llamara al camino de arena su "camino para pensar" indica que consideraba que sus caminatas por el sendero tenían una conexión significativa con su proceso de pensamiento. Una pregunta intrigante desde la perspectiva de la PNL sería: "¿Cuál, específicamente, es el vínculo entre 'pensar' y caminar por un camino así?"

Movimiento y mente

Como hemos mencionado anteriormente, el método tradicional PNL de interpretar y utilizar la relación entre el pensamiento y la conducta ha sido relacionar categorías específicas de movimientos corporales (como los movimientos de los ojos, los ritmos de la respiración, las expresiones faciales, los gestos, etc.) con sucesos mentales específicos: por ejemplo, "el movimiento del ojo hacia arriba y hacia la izquierda acompaña a la memoria visual", "acariciarse la barbilla indica diálogo interno", "una respiración más baja y profunda incrementa el acceso a los sentimientos". Las *claves de acceso* de la PNL generalmente se enfocan en conductas muy sutiles, y se dirigen a la microestructura transitoria de nuestro proceso de pensamiento.

Por otra parte, las actividades y los movimientos físicos repetitivos que involucran importantes grupos de músculos (como los usados para caminar, nadar, montar en bici, jugar a tenis, etc.), influyen en el estado general de nuestra mente, y de este modo proporcionan un contexto más general para nuestros procesos de pensamiento.

Como indica la alusión a la pipa de Sherlock Holmes en la cita sobre el camino de pensar de Darwin, la idea de que algún tipo de actividad repetitiva facilita la contemplación profunda nos es familiar. Además de su pipa, también se dice del

Holmes ficticio que tocaba el violín cuando necesitaba resolver algún aspecto particularmente difícil de un caso.

Podemos encontrar pautas similares en muchos pensadores no ficticios. Al igual que Holmes, Albert Einstein tocaba el violín durante los procesos de pensamiento productivo, afirmando que era, de algún modo, una extensión de su pensamiento y que le ayudaba a resolver problemas particularmente complicados. A Einstein también le encantaba navegar; lo hacía con regularidad y se dice que anotaba apresuradamente sus pensamientos en un cuaderno cuando amainaba el viento. Leonardo da Vinci tocaba la lira[9]. Wolfang Amadeus Mozart afirmaba que muchas de sus mejores ideas musicales le llegaban mientras caminaba o iba montado en un carruaje. Al igual que Darwin, caminar formaba parte de los hábitos diarios de otros pensadores famosos, como Emmanuel Kant.

Nosotros, los autores, tenemos nuestras prácticas físicas que nos ayudan a afrontar creativamente y a procesar los problemas difíciles y las situaciones complicadas. Deborah, por ejemplo, danza regularmente los 5Ritmos®. Robert corre cada mañana. Los caminos por los que corre han sido el lugar de nacimiento y el criadero de muchos seminarios, programas informáticos, libros y artículos.

Hemos notado que las diferentes cualidades de movimiento asociadas a diversas actividades parecen sacar a la luz distintas cualidades de la mente. Distintas pautas físicas de "todo el cuerpo" parecen ayudar a acceder y a integrar distintas cualidades del procesamiento mental. Es decir, ciertos tipos de actividad parecen más conducentes a abordar ciertos tipos de resultados y problemas[10].

---

9   De hecho, Leonardo fue llevado originalmente a Milán por el poderoso duque Ludovico Sforza más por sus virtudes como músico que como pintor.

10 Tú mismo puedes probar esto como un experimento. Elige tres actividades físicas distintas que sean rítmicas y en cierta medida cíclicas o repetitivas. Pueden ser deportes u otro tipo de actividades. Piensa en un problema particular que estés tratando de resolver y empieza a involucrarte en una de las actividades físicas. Cuando la hayas completado, revisa tu percepción del problema elegido. Repite el mismo proceso con las otras dos actividades. Nota qué tipo de comprensiones emergen de la práctica de cada actividad física.

Durante el extenso estudio realizado por Robert del liderazgo eficaz, este entrevistó al fundador de una gran naviera escandinava. Incluso a una edad avanzada, este hombre decía que usaba distintas actividades físicas para ayudarse a resolver diversos problemas. Para tratar ciertos asuntos iba a jugar al golf a fin de entrar en el marco mental adecuado. Si quería resolver otros problemas se iba a montar en bicicleta para poder pensar con más eficacia. Era tan específico con respecto a la fisiología que usaba para resolver el problema que decía: "No puedes jugar al golf para tratar eso. Tienes que montar en bici".

Parece natural concluir que ciertas pautas de actividad física estimulan u organizan pautas de actividad neurológica, y no solo en el cerebro sino también en la totalidad del cuerpo y en las diversas funciones somáticas que hemos venido explorando en este capítulo. Montar en bicicleta es un ejemplo de un modo de activar y mantener un estado interno particular.

Algunos podrían llegar a afirmar que la mente *es* movimiento, y que la sabiduría y la inteligencia vienen de la calidad de dicho movimiento.

Gramática transformacional

Una inspiración clave para el desarrollo de la sintaxis somática viene de las teorías de la *grámatica transformacional* de Noam Chomsky (1956, 1966), que son el fundamento de los patrones del meta modelo del lenguaje que propone la PNL. Según Chomsky, las experiencias sensorias y emocionales (*estructuras profundas*) pueden expresarse a través de una variedad de descripciones lingüísticas (*estructuras superficiales*). En otras palabras, podemos usar frases y modalidades lingüísticas muy distintas (descripción literal, poesía, canción, etc.) para expresar los mismos sentimientos e ideas. Esto se conoce como *gramática generativa*.

Otra característica de la gramática generativa es que un número relativamente pequeño de palabras puede recombinarse de distintas formas para formar un número de expresiones prácticamente infinito. Por ejemplo, todas las ideas expresadas hasta ahora por la raza humana (desde Jesús hasta Shakespeare, Hitler, Madre Teresa o Madonna, y así sucesivamente, incluyendo las de este libro) pueden expresarse en el idioma inglés mediante un vocabulario operativo de unas 30.000 palabras.

Las mismas palabras pueden tomar distintos significados y tener distintas implicaciones en función de su orden y relación mutua. Podemos ordenar las palabras: "El hombre vio a la rata perseguir al gato", para crear distintos significados: "El hombre vio a la rata perseguir al gato", "El gato vio al hombre perseguir la rata", "La rata vio al hombre perseguir al gato", "El gato vio a la rata perseguir al hombre", y así sucesivamente. Si dejamos fuera o repetimos ciertas palabras, podemos empezar a crear aún más expresiones: "El hombre vio a la rata", o "El hombre vio al hombre perseguir la rata", etc. La cuestión es que se pueden expresar muchas cosas diferentes con el mismo pequeño número de palabras reordenadas de diferentes formas.

Un aspecto central de la gramática transformacional es la noción de que las estructuras profundas llegan a una expresión superficial particular después de una serie de transformaciones. Estas transformaciones actúan como una especie de filtro sobre las estructuras profundas experienciales que están tratando de manifestar. Según Grinder y Bandler (1975), el movimiento de la estructura profunda a la superficial implica necesariamente *la supresión, la generalización y la distorsión* de algunos aspectos de la estructura profunda original. Cuando decimos: "El gato persiguió a la rata", por ejemplo, hemos dejado fuera cómo de rápido, hasta dónde, en qué marco físico, el tamaño y el color de estos animales, etc.

Bandler y Grinder descubrieron que podían usar los principios de la gramática transformacional para crear un modelo de las intuiciones que emplean los terapeutas eficaces cuando escuchan a sus clientes y les hacen preguntas. Libros tales como *La estructura de la magia* y *Modelos de técnicas hipnóticas de Milton H. Erickson,* describen explícitamente los procesos terapéuticos usados por estos individuos en términos de la gramática transformacional. Descubrieron que los terapeutas eficaces tenían importantes intuiciones con respecto cuáles de estas supresiones, distorsiones y generalizaciones eran problemáticas, y con respecto a cómo usar el lenguaje para enriquecer los mapas internos del mundo del cliente.

Bandler y Grinder formularon el meta modelo como una descripción de las intuiciones de los terapeutas que ellos estudiaban. La función del meta modelo es identificar generalizaciones, supresiones o distorsiones problemáticas mediante el análisis de la sintaxis, o forma de la estructura superficial, y proveer un sistema de preguntas de modo que se pueda conseguir una representación más enriquecida de la estructura profunda. El meta modelo aplica la idea de que las expresiones verbales que pueden estar "bien formadas" en conversaciones informales no están necesariamente "bien formadas" en terapia. Los terapeutas (y otros comunicadores profesionales) deben especificar o recuperar cierta información relacionada con la estructura profunda de un cliente a fin de conseguir que la persona cambie de manera eficaz y ecológica.

La PNL ha seguido adelante y ha ampliado el uso de las nociones de "estructura profunda" y "estructura superficial" para incluir más cosas que los procesos lingüísticos y las representaciones. La PNL considera que la estructura profunda se compone de experiencias sensorias y emocionales fundamentales, o "experiencias primarias" derivadas de los datos sensoriales procedentes del mundo que nos rodea. Las técnicas de la PNL trabajan con todo el rango de los filtros "neurolingüísticos" que realizan las "transformaciones" que actúan sobre nuestra experiencia primaria para darle expresión y significado. De este modo, la sintaxis somática aplica los principios del lenguaje verbal al lenguaje corporal.

Consideremos el siguiente ejemplo de relación entre la estructura profunda y las estructuras superficiales. La mayoría de nosotros aprendimos a escribir usando la mano derecha o la izquierda. Sin embargo, una vez que nuestra mano aprende esta habilidad, puede ser transferida inmediatamente a otras partes del cuerpo. Por ejemplo, podemos escribir fácilmente nuestro nombre sobre la arena con el dedo gordo del pie, o dibujar letras sosteniendo un lápiz con la boca, aunque las estructuras físicas de estas partes del cuerpo sean completamente diferentes. La estructura profunda relacionada con la forma de las letras no está vinculada con ninguna parte concreta del cuerpo. Puede generalizarse a muchas estructuras superficiales.

Estructura profunda
Recurso

↗↑↖
↙↓↘

Expresión física y verbal
Movimientos, palabras
Estructuras superficiales

En esencia, la sintaxis somática usa el movimiento del cuerpo como un modo de fortalecer, integrar y expandir la expresión de los recursos del nivel profundo. Al explorar la forma física y la organización de los movimientos asociados con un estado particular, podemos aprender a expresar o manifestar mejor dicho estado en más situaciones, incrementando así nuestra flexibilidad. La sintaxis somática ayuda a profundizar nuestra comprensión y habilidad para utilizar el conocimiento trayéndolo más "al músculo".

A otro nivel, como el movimiento físico conecta con más estructuras dentro de nuestro sistema nervioso aparte del cerebro, la exploración de la sintaxis somática puede acercarnos a ciertas estructuras experienciales profundas. Así, otras de las aplicaciones de la sintaxis somática es ayudar a recuperar y expresar partes de las estructuras profundas que pueden haber sido suprimidas o distorsionadas por la expresión verbal u otras formas de expresar. En palabras de la famosa bailarina Isadora Duncan: "Si pudiera decirlo no tendría que bailarlo".

El cuerpo como sistema de representación

La perspectiva de las anteriores generaciones de la PNL ha sido que toda nuestra información con respecto al mundo que nos rodea es transmitida por los sentidos al cerebro, el centro donde se representa y procesa. Uno de los principios de la sintaxis somática es que el cuerpo mismo es un "sistema representacional". En lugar de considerar al cuerpo como un simple dispositivo mecánico para enviar y recibir señales del cerebro, la sintaxis somática lo ve como un medio de representar y procesar información dentro del "cerebro ventral", el "cerebro del corazón" y otras estructuras del sistema nervioso.

Según la sintaxis somática, podemos usar nuestros cuerpos para fabricar un modelo del mundo, tal como hacemos con nuestros otros sistemas de representación. Podemos representar relaciones clave del mundo que nos rodea y de nuestra historia personal a través de la relación entre partes de nuestro cuerpo. Por ejemplo, nuestra percepción de la relación entre nuestra madre y nuestro padre podría estar representada por la relación entre nuestra mano izquierda y la derecha, o entre el pecho y el vientre.

Además de ser capaces de captar, procesar y emitir información, todos los sistemas representacionales tienen la capacidad de representar la información al menos de dos maneras: *literal* y *figurativamente*. Es decir, cada uno de nuestros sistemas sensoriales puede formar mapas que tengan una correspondencia directa o bien una conexión más metafórica con el fenómeno que estamos representando. Por ejemplo, podemos visualizar los leucocitos de nuestro cuerpo tal como los hemos visto bajo el microscopio, o como si tuvieran aspecto de pulpos o de personajes de un juego de vídeo. Asimismo, podemos hablar de nuestros cerebros literalmente como "una red de neuronas", o figurativamente "como si fuera un ordenador". Podemos experimentar un síntoma emocional particular como cierto conjunto de sensaciones corporales cinestésicas o como un "nudo" en el estómago.

Como sistema de representación, nuestros cuerpos también tienen una doble capacidad similar. Podemos expresar movimientos que sean la respuesta literal a una situación particular o crear expresiones más metafóricas, como las propias de la danza y el mimo. Por ejemplo, un estado de ansiedad puede representarse literalmente reproduciendo los efectos físicos que acompañan al sentimiento de ansiedad (como tensar los músculos del rostro y los hombros), o figurativamente poniendo los brazos sobre la cabeza y los ojos, como si nos escondiéramos de algo peligroso.

Igual que en el caso de otras modalidades de representación, las representaciones metafóricas a menudo son más significativas e impactan más que las literales, porque son portadoras de múltiples niveles de información. Según el antropólogo Gregory Bateson, la modalidad de representación caracterizada por la sintaxis somática es la forma primaria de comunicación de la mayoría de los animales. Un lobo adulto, por ejemplo, puede tratar a otro lobo adulto con la misma conducta usada por la madre loba con su lobezno como signo de reconciliación o de dominio.

Aplicar la sintaxis somática

La sintaxis somática es el estudio activo de cómo puede usarse el movimiento para ayudar a llevar el conocimiento *al* músculo, y para ayudar a extraer conocimiento *del* músculo. Es un medio de acceder a la "sabiduría del cuerpo". Según la sintaxis somática, las estructuras de movimiento repetitivas pueden formar el marco que rodee a un proceso de pensamiento particular, y así influir en sus conclusiones. Como señalaba Moshe Feldenkrais (en *Body and Mature Behaviour*, 1949):

"Un estado emocional recurrente siempre aparece junto con la actitud corporal y el estado vegetativo con el que fue condicionado anteriormente. Por lo tanto, cuando un complejo emocional individual se resuelve, se resuelve simultáneamente un hábito corporal específico e individual."

La herramienta más fundamental de que disponemos para dirigir nuestra vida y crearnos un futuro es nuestro cuerpo y nuestro sistema nervioso. Ciertamente, la manifestación de nuestros pensamientos y sueños debe producirse finalmente, del modo que sea, a través de nuestro cuerpo y fisiología. Nuestra actividad mental se manifiesta en el mundo por medio de palabras, del tono de voz, de las expresiones faciales, de la postura corporal, de los movimientos de las manos, etc. Y nuestra manera de usar estos instrumentos fundamentales de la vida está fuertemente influida por el tipo de prácticas físicas y de disciplinas que adoptamos.

Una vida física y mental saludable y creativa a menudo va acompañada de algún tipo de movimiento, como hemos ilustrado anteriormente con el camino de pensar de Darwin. O el ejemplo de Mozart, que escribió que sus ideas musicales fluían "óptimamente y de manera más abundante" cuando estaba en movimiento, "como viajando en un carruaje o caminando después de una buena comida".

Ejercicios de sintaxis somática

Los siguientes ejercicios fueron desarrollados por los autores Robert Dilts y Judith DeLozier para explorar y aplicar la sintaxis somática a fin de desarrollar más plenamente nuestros propios recursos, modelar los estados positivos de otros, comunicar más eficazmente y transformar las respuestas problemáticas y los "estados de estancamiento".

Primer ejercicio: Conseguir tener el recurso "en el músculo"

Este ejercicio ayuda a identificar pautas de movimiento concretas que están asociadas con un estado interno positivo y lleno de recursos, en particular las pautas que nos permiten potenciar o disminuir dicho estado.

1. Identifica un estado positivo en el que cuentas con recursos (te sientes creativo, confiado, centrado, etc.) y del que te gustaría tener más en tu vida.
2. Experimenta plenamente el recurso e identifica cualquier expresión física espontánea asociada con ese estado (por ejemplo, la postura corporal, el ritmo respiratorio, los movimientos, los gestos, etc.).
3. Explora la organización (estructura profunda) de las expresiones físicas cambiando la "sintaxis" (o forma) de diversos aspectos de estas expresiones (por ejemplo, cualidad, velocidad, partes del cuerpo involucradas, secuencia, dirección, etc.)

4. Nota cuáles de estos cambios:
    b. Intensifican/potencian ese estado.
    c. Apagan/amortiguan ese estado.
    d. Cambian de ese estado a otro.

Segundo ejercicio: Generalizar el patrón que nos sirve de recurso

Este ejercicio ayuda a incrementar el acceso a un estado interno particular incorporando pautas de movimiento clave asociadas con ese estado en el marco de otras acciones y actividades.

Elige tres acciones comunes o conductas "macro" (por ejemplo, caminar, transportar algo, sentarse, escribir). Para cada acción:

1. Comienza haciendo tu mejor versión de las expresiones físicas asociadas con ese estado positivo que has explorado en el ejercicio anterior.
2. Comienza la acción (caminar, sentarte, etc.) y adapta la expresión física del recurso (respiración, postura, gestos, movimientos, etc.) para combinarla y encajarla con esa actividad del modo que sea más natural y preserve la plena experiencia del recurso.

Tercer ejercicio: Aplicar el patrón que sirve de recurso

En este ejercicio llevas la pauta asociada con el recurso que has estado explorando en los dos primeros ejercicios a situaciones en las que sería (o hubiera sido) útil.

1. Identifica un contexto específico o situación en el que te gustaría tener más acceso al recurso que has estado explorando en los ejercicios anteriores.
2. Proyéctate internamente dentro de esa situación, imaginando que realmente estás allí. Nota la postura corporal, el ritmo de la respiración y los movimientos que surgen espontáneamente al ponerte en esa situación.

Expresa físicamente la postura, la respiración, el movimiento, etc.
3. Comienza a combinar la expresión física del recurso que has estado explorando con el patrón de movimiento espontáneamente asociado con esa situación. Nota qué empieza cambiar en tu postura, respiración y cualidad de movimiento.
4. Adapta la expresión física del recurso de modo que se integre y "encaje" en la situación de la manera más apropiada y elegante.
5. Date cuenta de cómo llevar el patrón de movimiento del recurso a la situación transforma o enriquece tu experiencia de dicha situación.

Cuarto ejercicio: Modelar recursos con la sintaxis somática

En este ejercicio se explora cómo usar la sintaxis somática para modelar los estados positivos de otras personas.

1. Identifica un estado en el que disfrutas de recursos (estás confiado, juguetón, abierto, etc.) y al que te gustaría acceder más plenamente.
2. Encuentra una persona (un modelo de rol) que sea capaz de expresar fácilmente ese estado.
3. Pide a la persona que se ponga en el estado en el que cuenta con recursos y observa las conductas espontáneas (postura, gestos, ritmo respiratorio, etc.) que la acompañan.
4. Imita el movimiento de ese modelo de rol (por ejemplo, desde tu propia perspectiva o primera posición, reproduce el patrón de movimiento de la otra persona con tanta precisión como puedas).
5. Ahora ponte "en los zapatos" del modelo de rol (tomando la segunda posición) y repite el movimiento (por ejemplo, actuando como si fueras la otra persona realizando el movimiento).
6. Reflexiona sobre la fuente del movimiento desde la perspectiva de un observador (tercera posición). ¿Qué

has aprendido sobre ti mismo, sobre el modelo de rol y sobre el recurso?
7. Volviendo a tu propia perspectiva (primera posición), toma contigo algún aspecto del recurso de la otra persona (estructura profunda y/o estructura superficial) que sea apropiado y enriquecedor para ti. Exprésalo como movimiento. No tienes que tomar todo el patrón ni tampoco tienes que hacerlo exactamente como el modelo. Adapta el patrón para que encaje contigo.

Quinto ejercicio: Ampliar el ámbito de tu auto-expresión - Sintaxis somática del Ser

A veces, cuando empezamos a explorar o a enriquecer nuestros recursos internos a través de la expresión de la sintaxis somática, inicialmente puede parecer algo poco sincero, como si fuera una "actuación". Este ejercicio puede expandir el ámbito de esta expresión, ayudando a vincular las expresiones conductuales con tu sentido del "yo".

1. Identifica un recurso que hayas explorado en ti mismo o que hayas modelado de otra persona y que te gustaría expresar más plenamente en ti mismo.
2. Ponte en un estado interno en el que te sientas centrado y alineado, en el que eres plenamente "tú mismo".
3. Empieza a recordar y a representar la expresión física y la cualidad de movimiento asociada con el estado positivo que te gustaría experimentar y expresar más plenamente. Explora la organización y la sintaxis (estructura profunda) de este movimiento o cualidad de movimiento cambiando distintos aspectos de él (por ejemplo, la velocidad, las partes del cuerpo involucradas, la dirección, etc.)
4. Nota cuál de estos lenguajes:
   a. Intensifica el estado o te hace sentirte más "tú".
   b. Apaga el estado o te hace sentirte menos "tú".
   c. Cambia a un estado o experiencia que no puedas etiquetar (como se indica con un interrogante "?" en el diagrama de la página siguiente).

La mente somática

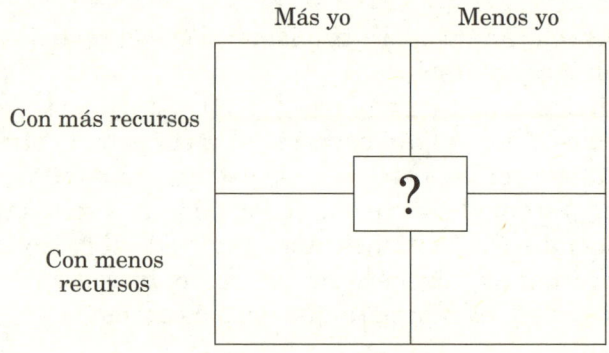

5. Si un movimiento particular apaga tu estado, lo cambia hacia otro estado o reduce tu sentido del yo, explora qué otros cambios tendrías que hacer en otras partes del cuerpo a fin de recuperar y mantener el estado original y tu sentido del yo. Por ejemplo, si algún gesto con las manos o brazos parece "falso" o "insincero", ¿qué podrías ajustar en tu postura o respiración, o en alguna otra parte, que hiciera que ese mismo gesto fuera más auténtico y "más como tú".)

Sexto ejercicio: Transformar los estados de estancamiento a través de la sintaxis somática

Hay una vieja historia sobre dos actores a punto de salir al escenario. Uno de ellos es más experimentado y maduro. El otro es más joven y tiene menos experiencia. El joven se acerca al viejo y le dice:

—¡Vaya, estoy tan nervioso! Siento como si tuviera una tonelada de mariposas en el estómago. Después de tantos años actuando, ¿aún sientes mariposas en el estómago?

Sonriendo con conocimiento, el otro actor le responde:

—Oh sí, aún siento mariposas cada vez que estoy a punto de comenzar una actuación. No creo que eso cambie nunca. Cuando era más joven me molestaban tanto que trataba de matarlas. Con el tiempo aprendí que era mucho mejor enseñarles a volar en formación.

Es posible que en el ejercicio anterior hayas descubierto ciertos patrones de movimiento que, aunque los sientes auténticamente tuyos, hacen que te sientas sin recursos, atascado o ansioso. Este ejercicio te ayuda a transformar los estados internos de atasco o falta de recursos por expresiones mejores (por ejemplo, enseñar a volar en formación a las "mariposas de tu estómago").

1. Identifica una situación en la que experimentes resistencia, interferencia o en la que te sientas "atascado", sin posibilidad de ser tú mismo de manera alineada y positiva.
2. Usando la memoria y/o la imaginación, sitúate plenamente en la experiencia interna de estar atascado y sin recursos. Toma conciencia y expresa físicamente las pautas somáticas asociadas con el movimiento que hizo tu cuerpo para pasar de un estado normal o neutral a estar atascado: por ejemplo, doblar la postura corporal, constreñir la respiración, tensión en los hombros, brazos o manos, apuntar con el dedo, etc.
3. Da físicamente un paso atrás con respecto a la situación problemática, pero mantén la fisiología asociada con el estado de atasco y falta de recursos. Céntrate internamente y explora la sintaxis y organización (estructura profunda) del movimiento repitiéndolo varias veces muy despacio y con mucha conciencia. Mientras lo haces, considera la intención positiva del movimiento. ¿Qué está tratando de hacer o de lograr para ti?
4. Manteniendo en mente la intención positiva de este movimiento, explora formas de completarlo de modo que te devuelva a un estado más centrado y positivo. Haz los mínimos cambios posibles en la expresión física en cualquier momento dado. Evita hacer grandes movimientos o grandes cambios en la postura, respiración, etc. Cuanto más sutiles sean los movimientos y los cambios, mejor.
5. Comienza con la expresión física del estado de atasco y después, lenta y sutilmente, complétalo de un modo que te lleve a otro estado más centrado y positivo. Repítelo varias veces hasta que sientas que este nuevo patrón está "en el músculo".
6. Cuando estés preparado, vuelve a ponerte en la situación en la que antes habías experimentado el estado de es-

tancamiento. Deja que tu cuerpo y tu "mente somática" reaccionen intuitivamente. Deberías sentir un cambio natural y espontáneo en tu respuesta.

Usar la sintaxis somática para potenciar la comunicación no verbal

El lenguaje corporal y la sintaxis somática son una forma poderosa de añadir impacto y riqueza a nuestra comunicación verbal. Los ejercicios siguientes pueden potenciar tu capacidad de comunicar con mayor viveza e influencia.
1. Identifica una idea, principio o mensaje que sea importante para ti comunicar clara y eficazmente a otros. Crea una expresión verbal simple y clara del mensaje: por ejemplo, "El conocimiento solo es un rumor hasta que está en el músculo". O "Es importante conectar la sabiduría corporal con nuestra comprensión cognitiva."
2. Para cada parte clave de tu mensaje, identifica un gesto o expresión física que pueda acompañar a las palabras. Imagina que fueras un mimo o alguien que habla con el lenguaje de signos. ¿Cómo podrías decir con el cuerpo la misma cosa que dices con palabras?
3. Pronuncia tu mensaje verbal al tiempo que haces los gestos y las expresiones no verbales.

Por ejemplo: "El conocimiento (apuntando con el dedo a la cabeza) solo es un rumor (moviendo las manos sobre la cabeza) hasta que está en el músculo (pon las dos manos sobre el cuerpo y toma una respiración profunda)."

Otro ejemplo: "Es importante (extiende ambas manos hacia fuera, por delante del pecho, una frente a otra, y respira profundo) conectar (junta las manos) la sabiduría del cuerpo (ponte una mano en el vientre y la otra sobre el corazón mientras tomas una respiración profunda) con nuestra comprensión cognitiva (ponte las dos manos a los lados de la cabeza)."

Explorar las metáforas somáticas para potenciar la comunicación no verbal

1. Identifica una idea o tema que sea importante para ti poder comunicar clara y eficazmente a otros.
2. Identifica una metáfora simple, basada en algo físico, que te ayude a ilustrar esa idea o tema. Por ejemplo: construir, pescar, cocinar, practicar esgrima, etc.
3. Expresa verbalmente o describe el tema o la idea mientras expresas la metáfora con tu cuerpo. No menciones ni incorpores la metáfora en tu descripción verbal.

Formato "Fractal Somático"

Un fractal es un patrón geométrico complejo que puede subdividirse en partes, cada una de las cuales es (al menos aproximadamente) una copia más pequeña de la totalidad. En general, los fractales son "similares a sí mismos" (los trocitos se parecen al todo) e independientes de la escala (suelen tener un aspecto similar por muy de cerca que los mires). Benoit Mandelbrot, el descubridor del conjunto de Mandelbrot, acuñó el término "fractal" en 1975 del latín *fractus,* que significa "romper". Como los fractales suelen estar hechos de curvas irregulares o de formas que se repiten a todas las escalas, son difíciles de representar con la geometría clásica y han desarrollado su propia rama de las matemáticas.

Muchas estructuras matemáticas son fractales; por ejemplo, el triángulo Sierpinski, el copo de nieve Koch, la curva Peano, el conjunto Mandelbrot y el atractor Lorenz. Los fractales también describen muchos objetos del mundo real que no tienen formas geométricas simples, como las nubes, las montañas, las turbulencias y las líneas costeras. Las ecuaciones de tipo fractal también son los motores generativos que están detrás de muchas de las simulaciones de "vida artificial".

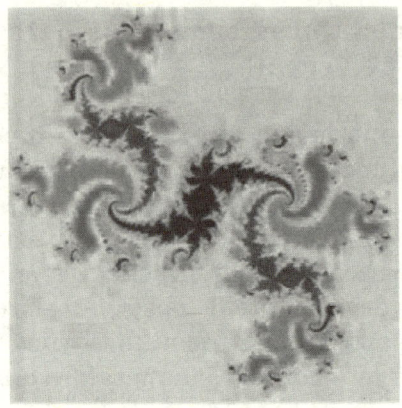

El fractal Dragón (Benoit B. Mandelbrot/IBM)

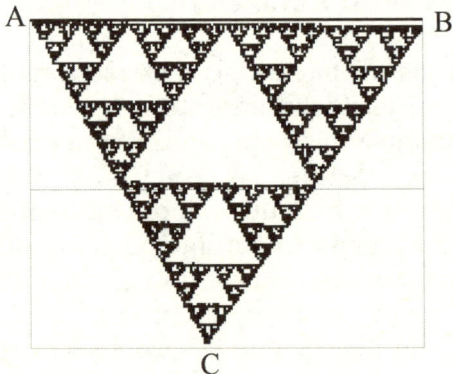

El triángulo Sierpinski

Desde la perspectiva de la PNL, los fractales son un buen ejemplo de cómo un proceso simple en el nivel de la estructura profunda puede generar un patrón complejo al nivel de la estructura superficial. Se podría considerar que muchas conductas son fractales "neurolingüísticos". La danza, por ejemplo, es un tipo de fractal somático. Muchas formas de música son un tipo de fractal auditivo (consideremos, por ejemplo, el Bolero de Ravel o el Canon de Pachelbel).

El ejercicio siguiente combina la sintaxis somática con los principios del fractal para crear y potenciar estados personales positivos.

Crear un Fractal Somático para un estado positivo

1. Identifica y asóciate con un estado positivo y dotado de recursos (por ejemplo, creatividad, confianza, enfoque, etc.).
2. A medida que "revives" plenamente cómo es estar en ese estado, nota un patrón físico o cualidad de movimiento que lo acompañe. ¿Qué sensaciones están presentes? ¿Dónde las sitúas en tu cuerpo? ¿Cuáles son los patrones y las cualidades de movimiento de las sensaciones corporales?
3. Introduce conscientemente unas cuantas variaciones sutiles en ese movimiento, y nota el impacto que tienen en tu experiencia de ese sentimiento positivo. Esto te ayudará a tener una sensación de su estructura profunda.
4. Transfiere el patrón y la cualidad de movimiento a alguna otra parte de tu cuerpo. Por ejemplo, si el movimiento involucraba de manera natural los brazos, transfiérelo a los hombros. Haz cualquier adaptación que sea necesaria hasta que te parezca natural y puedas sentir el estado positivo al hacer el movimiento con esa otra parte de tu cuerpo.
5. Transfiere el movimiento que te ofrece recursos a tantas partes de tu cuerpo como puedas (por ejemplo, la cara, los pies, los ojos, la respiración, las caderas, etc.). De este modo, todo tu cuerpo debería sentirse vivificado por el recurso.

Formato Bailar el S.C.O.R.E.

Aunque muchos aspectos de estos ejercicios concretos son únicos de la sintaxis somática, los principios y el uso de la sintaxis somática pueden adaptarse para encajar en muchas otras técnicas y modelos de la PNL. La sintaxis somática es una poderosa forma de complementar y potenciar de manera práctica cualquier proceso de cambio.

El formato Bailar el S.C.O.R.E. es un ejemplo simple pero poderoso de una aplicación de la sintaxis somática. Fue desarrollado por la autora Judith DeLozier en 1993 a fin de usar el movimiento físico y la ordenación de los espacios para maximizar la intuición y la "sabiduría del cuerpo" en la resolución de problemas. Este formato combina los principios de la sintaxis somática con el modelo S.C.O.R.E. de la PNL a fin de promover una relación cuerpo-mente eficaz, de acceder a los recursos profundos y movilizarlos, y de crear un ruta autoorganizada hacia un estado deseado particular.

Como hemos descrito en el capítulo anterior, las letras "S.C.O.R.E." son las iniciales de: Síntomas, Causas, Objetivos, Recursos y Efectos. Estos elementos representan la cantidad mínima de información que hay que abordar en cualquier proceso de cambio.

1. Los *síntomas* suelen ser los aspectos más notables y conscientes de un problema presente o de un estado problemático.
2. Las *causas* son los elementos subyacentes responsables de crear y mantener los síntomas. Suelen ser menos evidentes que los síntomas que producen.
3. Los *objetivos* son los estados o conductas particulares que tomarán el lugar de los síntomas.
4. Los *recursos* son los elementos subyacentes (habilidades, herramientas, creencias, etc.) responsables de retirar las causas de los síntomas y de alcanzar y mantener los objetivos deseados.
5. Los *efectos* son los resultados a largo plazo de conseguir un objetivo particular.
   a. Los efectos positivos suelen ser la razón o motivación para establecer inicialmente un objetivo particular.
   b. Los efectos negativos pueden generar resistencias o problemas ecológicos.

Bailar el S.C.O.R.E. implica situar cada uno de los elementos del S.C.O.R.E. en una secuencia o "línea temporal", de modo que la causa del síntoma sea el primer paso de la secuencia, en una ubicación que representa el pasado. El síntoma puede situarse en una localización que represente el presente o en un marco temporal continuo. El objetivo deseado se posicionará ligeramente más allá del presente en un lugar que represente el marco temporal del futuro, en el que se consigue dicho objetivo. Y el efecto se pondrá en algún lugar más allá del objetivo.

Una ventaja de usar estas localizaciones físicas es que ayudan a clasificar más fácil y claramente las distintas partes del S.C.O.R.E. y a mantenerlas separadas. También hacen posible explorar tangible y experiencialmente las pautas fisiológicas (como la postura, la respiración, el movimiento, etc.) asociadas con cada elemento.

Según el diccionario Webster, la danza es "una serie de movimientos rítmicos que tienen como objetivo la creación de un diseño visual mediante una serie de poses y pautas que se despliegan en el espacio y el tiempo". A menudo, la danza comienza como una simple expresión emocional, pero después desarrolla un diseño: una serie de pautas de movimiento organizadas y planeadas que incorporan espacios, secuencias y ritmos. Cuando un patrón particular de expresión física tiene su propio conjunto de pasos, gestos y dinámicas, se convierte en una danza específica.

Bailar el S.C.O.R.E. aporta los poderosos recursos de la mente somática y de la sabiduría corporal al proceso de resolución de problemas.

Pasos del formato Bailar el S.C.O.R.E.

1. Piensa en un estado problemático o en un asunto complicado con el que quieras trabajar.
2. Establece una secuencia de cuatro localizaciones que representen la causa, el síntoma, el objetivo y el efecto deseado con relación a un problema o dificultad, como en la secuencia que se muestra seguidamente:

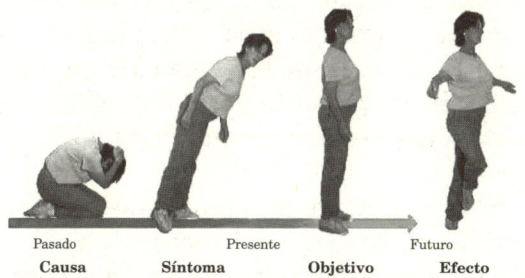

Distribución física de las posiciones de partida para bailar el S.C.O.R.E.

3. Asóciate físicamente con la experiencia del síntoma físico. Usa tu cuerpo como "sistema de representación". Crea un patrón de movimiento que represente y exprese ese síntoma. Asimismo, permite que el estado interno que sientes en ese lugar se expanda y se exprese más plenamente a través de la pauta de movimiento.
4. Da un paso atrás hacia el espacio de la causa. Permite que el sentimiento y el movimiento asociados con el síntoma te guíen intuitivamente hacia la causa del síntoma. Expresa plenamente la experiencia de la causa en movimiento. (Nota que este patrón de movimiento está relacionado con el movimiento del síntoma.)
5. Cambia de estado y abandona completamente la experiencia del problema, dando físicamente un paso a un lado. Pasa a la localización del objetivo y crea una experiencia plenamente asociada de tu estado deseado. Representa y expresa plenamente este estado a través del movimiento corporal.
6. Da un paso adelante hacia el espacio de los efectos y siente los resultados de haber conseguido tu objetivo. Pasa tiempo en ese estado para obtener la plena representación física de los efectos deseados.
7. Empezando en la localización que corresponde a la causa, camina lentamente por toda la secuencia, repitiendo los movimientos asociados con cada posición. Pasa muy lentamente del lugar del síntoma al del objetivo para notar cómo tu cuerpo conecta intuitivamente estos dos espacios. Repite varias veces este proceso hasta que se produzca la sensación de un único movimiento continuo desde la causa hasta el efecto (la danza).
8. Ponte en la posición de los efectos y deja que tu cuerpo te guíe intuitivamente hacia un movimiento especial que represente el recurso apropiado que has de añadir a la secuencia de la "danza".
9. Empezando en el lugar de la causa, incorpora el movimiento recurso al otro movimiento asociado a esa localización. Atraviesa caminando las demás localizaciones, añadiendo el movimiento recurso a los demás movimientos hasta que hayas llegado al espacio de los efectos.

10. Repite el movimiento pasando por la causa, el síntoma, el objetivo y los efectos hasta que lo hayas transformado en una especie de "danza".

Los cinco ritmos de Gabrielle Roth®

Una de las expresiones más puras de la sintaxis somática es el ritmo. El ritmo puede definirse con respecto al cuerpo como "una pauta de movimiento regular y repetida". En PNL consideramos que estas pautas de movimiento repetidas son estructuras somáticas profundas que pueden movilizar e integrar diversas cualidades de conocimiento y procesamiento en el seno de nuestras mentes somáticas. Diferentes ritmos pueden funcionar como "claves de acceso" y "meta programas" somáticos que organizan pautas fundamentales de las relaciones.

Así como los diversos tipos de ondas cerebrales de nuestro córtex cerebral (alfa, beta, delta, theta, etc.) producen distintos estados de conciencia en nuestra mente cognitiva, los ritmos corporales manifiestan distintos estados de conciencia y funcionamiento de nuestra mente somática.

Los cinco ritmos de Gabrielle Roth® son un buen ejemplo de la capacidad transformadora del ritmo y de la sintaxis somática. Los 5Ritmos® son el resultado de muchos años de observación por parte de Gabrielle Roth de cómo se mueve la energía en las personas y en la vida. Como indica en *Sweat Your Prayers* (1997), "La energía se mueve en olas. Las olas se mueven en pautas. Las pautas se mueven en ritmos. Un ser humano es todo esto: energía, olas, pautas y ritmos".

Ella identifica cinco ritmos —fluido, *staccato,* caos, lírico y quietud— que forman una especie de "meta modelo" del cambio y la transformación. Estos 5Ritmos® son expresiones de patrones de energía "arquetípicos" que emergen orgánicamente en una secuencia particular que forma una especie de patrón mayor u *ola*.

Los 5Ritmos® son tanto un conjunto de mapas como una práctica del movimiento. Como experiencia somática, el cuerpo se mueve a través de los cinco ritmos de la ola, empezando con el ritmo *fluido*. La persona comienza enraizada en sus pies, sintiendo su conexión con el suelo e invitándoles a que empiecen a moverse por el espacio. El cuerpo sigue a los pies y comienza a desplazarse con un movimiento fácil y continuo. No se fuerza nada. El movimiento está bien asentado en la tierra, está conectado y es circular. Roth dice que fluir es el ritmo de lo femenino, del cuerpo físico y de la tierra. Si mientras fluimos perdemos la conexión con el suelo o con nuestro centro, experimentamos la sombra del fluir. Nos quedamos atascados en la inercia, nos movemos inconsciente y automáticamente, o empezamos a "dejarnos llevar por el viento".

Los 5Ritmos de Gabrielle Roth siguen la forma de una ola

Fluir es el ritmo donde practicamos la conexión y la receptividad, inspirando y "estando con" nuestra experiencia del movimiento. A medida que conectamos con nuestros cuerpos y con nosotros mismos, y recibimos nuestro propio flujo, acumulamos energía como una ola que comienza a formarse.

Conforme nuestra energía aumenta mediante el ritmo aterrizado y continuo del fluir, emerge de manera natural el segundo ritmo, el *staccato*. En el *staccato*, el ritmo de lo masculino y del corazón, la ola continúa aumentando y sentimos la fuerza que viene de estar profundamente conectados con nosotros mismos y con nuestro entorno. A partir del movimiento continuo del ritmo fluido, el cuerpo da una forma diferenciada a la expresión de nuestra energía en el *staccato*. Este es el *yang* para el *yin* del fluir, la espiración que sigue a la inspiración. La forma centrada del *staccato* exhibe enfoque, concentración, compromiso y establece unos límites claros. Su forma descentrada o sombría puede exhibir rigidez, agresión y violencia.

Como los pies, el cuerpo y el corazón también se unen al ritmo en la fase del *staccato;* nuestro nivel de energía sigue aumentando y llega un punto en el que es difícil de contener. La estructura del *staccato* se disuelve en el tercer ritmo del caos, de manera similar a como una ola se dobla al alcanzar su punto más alto.

En el ritmo del *caos* nos rendimos, soltando el cuello y la cabeza a medida que las estructuras fijas se disuelven en nuestros cuerpos y mentes. Con la base de los pies firmemente enraizados en el flujo, y el coraje y el compromiso que han despertado en el *staccato,* llegamos al caos en un espacio más seguro donde dejarnos ir. El caos nos permite soltar completamente los antiguos patrones. Cuando liberamos su energía estancada, experimentamos la renovación y nos sentimos refrescados por el agua que fluye. El lado descentrado y sombrío del caos es la confusión, el desorden: sentirnos abrumados y fuera de control. Pero la función positiva del caos es liberarnos para permitir nuestra expresión única en el ritmo de lo lírico.

El *lírico* es el ritmo de la creatividad espontánea, la expresión de cualquier cosa que es verdadera, única y está viva en el momento. Está profundamente conectado y al mismo tiempo es profundamente libre. A menudo, es ligero y juguetón, como la espuma de una ola después de romper, pero puede tomar la forma de cualquier cosa que estemos experimentando después de pasar por los tres primeros ritmos. Después de tomar tierra en el flujo, de involucrarnos en el *staccato* y de soltar en el caos, el ritmo lírico nos permite ser originales, imprevisibles y estar exquisitamente vivos. Como el aire, en el ritmo lírico no estamos atados a ninguna forma en particular y somos capaces de encarnar cualquier forma que sea apropiada en el momento. Sin embargo, si no estamos enraizados en el cuerpo y profundamente conectados con nuestro yo, es posible que aterricemos en el lado sombrío del ritmo lírico, que es la superficialidad, la trivialidad o el escape.

La ligereza y la libertad del ritmo lírico se expanden en la *quietud,* tal como hace la ola al llegar a la orilla. En lugar de una ausencia de energía, la quietud es la plena presencia de la energía de una forma que nos permite conectar tanto con nosotros mismos como con el más allá. Gabrielle Roth dice que la quietud es el ritmo a través del cual nos abrimos al campo. El lado sombrío de la quietud —que puede surgir cuando no estamos enraizados en nuestros pies y en nuestro cuerpo, presentes y conectados con nuestra propia fuente de energía— es el letargo, la disociación, quedarnos desencarnados y perdidos en el campo. La quietud centrada es una forma de desaparecer al mismo tiempo que permanecemos plenamente presentes: eres el punto aquietado situado en el centro del movimiento, conectado con el campo mayor que te rodea.

Mientras practican los 5Ritmos®, a los danzarines se les invita a desarrollar su conciencia del espacio que les rodea y a llevar la atención hacia las distintas partes del cuerpo. Se les recuerda que han de "moverse continuamente hacia los espacios vacíos". También se les invita a explorar diferentes formas de moverse por el espacio y de mover las partes de su cuerpo, expandiendo progresivamente su repertorio de movimientos.

Hace unos años se llevó a cabo un interesante estudio sobre el movimiento humano. Los investigadores observaron a niños pequeños, niños más mayores y adultos durante una hora, registrando el número de movimientos únicos (singulares y norepetitivos) que hacían durante ese periodo. Descubrieron que, en el periodo de una hora, los niños pequeños hacían unos 1.000 movimientos únicos. Los niños más mayores, en torno a los diez años, hacían unos 300. El número de movimientos únicos que hacía el adulto medio de 30 años se reducía a unos 100.

Una de las conclusiones de este estudio puede ser que, a medida que envejecemos, usamos el cuerpo de manera más elegante e intencional, conservando y dirigiendo mejor nuestra energía. Sin embargo, otra conclusión es que inconscientemente empezamos a estar más limitados y restringidos en cuanto a la variedad de nuestra expresión física.

Como enseña Gabrielle Roth, lo que hacemos en la pista de baile mientras practicamos los ritmos es un reflejo de lo que hacemos en otros aspectos de nuestra vida. Pasar por los cinco ritmos nos enseña cuál es nuestra relación con los distintos principios contenidos en cada uno de ellos. Moverse conscientemente a lo largo de la estructura de la ola nos permite movilizar patrones inconscientes y desarrollar otros nuevos que nos aportan progresivamente más libertad, flexibilidad y capacidad de elección. El movimiento es como el agua corriente: aporta espacio, renovación y nueva información a nuestros patrones somáticos.

Gabrielle pregunta: "¿Tienes la disciplina necesaria para ser un espíritu libre?" Como práctica de movimiento, los 5Ritmos® nos enseñan que seguir procesos contenidos dentro de una estructura clara puede aportar nueva conciencia, comprensión y transformación, así como más capacidad de elección. Las prácticas somáticas como los 5Ritmos® nos ayudan a recuperar la flexibilidad de expresión y a acceder a todas las dimensiones de nosotros mismos.

En palabras de Gabrielle:

"En el flujo te descubres a ti mismo. En el *staccato* te defines a ti mismo. El caos te ayuda a disolverte, de modo que no acabes sintiéndote fijado y rígido en el yo que has descubierto y definido. El ritmo lírico te inspira a cavar profundamente en la expresión única de tu energía. Y la quietud te permite desaparecer en la gran energía que nos contiene a todos para poder empezar todo el proceso de nuevo."

Cada uno de estos ritmos puede tener muchas formas de expresión, siendo la danza y la "sintaxis somática" las más evidentes. Por otra parte, también tienen sus expresiones visuales y auditivas (como en el arte y la música). Los cinco ritmos se hacen aparentes en los procesos de diversas técnicas.

En PNL es evidente que la técnica Swish es una aplicación del ritmo *staccato* para establecer una demarcación clara en el comportamiento. Bailar el S.C.O.R.E. es más como una ola que comienza en el *staccato* (cada parte se experimenta primero separadamente) y después añade el flujo (todos los elementos están vinculados en una secuencia de movimientos unificada) y más adelante el ritmo lírico (se añaden energías positivas y transformadoras a través de la secuencia de movimientos).

Cabalgar la ola del cambio

1. Establece una localización que represente tu estado actual. Sitúate en tu experiencia del problema o de la situación. Ve lo que ves, oye lo que oyes y siente lo que sientes con respecto a la situación. Permite que tu cuerpo cree una expresión somática —un gesto y/o un movimiento repetitivo— de cómo experimentas tu estado actual.
2. Avanza varios pasos hacia delante hasta un lugar que represente tu estado deseado. Sitúate en la experiencia de cómo sería. Ve lo que ves, oye lo que oyes y siente lo que sientes con respecto a esa experiencia. Una vez más, permite que tu cuerpo cree una expresión somática —un gesto y/o un movimiento repetitivo— de cómo experimentas el estado deseado.
3. Entre medio de las localizaciones que representan tu estado presente y el estado deseado, crea un espacio al que puedas llevar cada uno de los cinco ritmos: flujo, *staccato,* caos, lírico y quietud.

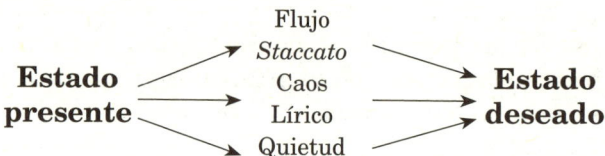

4. Pasa por el proceso siguiente accediendo a cada uno de los cinco ritmos:
   a. Ve a la localización de tu estado presente y haz el gesto y/o el movimiento asociado con esa experiencia. Da un paso adelante y lleva ese movimiento al ritmo *fluir.* Deja que tu cuerpo siga tus pies y que empiece a moverse con un movimiento fácil y continuo,

un movimiento terrenal, conectado y circular. Practica la conexión y la receptividad, inspirando y "estando con" la experiencia en movimiento del estado presente. Para acabar, fluye a la expresión somática asociada con el estado deseado.

b. Retorna a la localización de tu estado presente y vuelve a hacer el gesto y/o el movimiento asociado con esa experiencia. Da un paso adelante y lleva ese movimiento al ritmo *staccato*. Asienta los pies en el suelo y deja que encuentren un ritmo repetitivo, marcándolo con fuerza en tus pasos, sintiéndote profundamente conectado contigo mismo y con tu entorno. Siente el latido de tu corazón y, al espirar, haz movimientos y gestos fuertes, claros y diferenciados con tu cuerpo. Aporta enfoque, concentración, compromiso y claridad al estado de tu experiencia presente. Acaba moviéndote con fuerza y confianza en la expresión somática de tu estado deseado.

c. Empieza de nuevo en la localización de tu estado presente, haciendo el gesto y/o el movimiento asociado con esa experiencia. Da un paso adelante y lleva ese movimiento al ritmo del *caos*. Mantente fuertemente enraizado en tus pies, y alterna tus pasos de lado a lado. Suelta el cuello y la cabeza y deja que tu cuerpo se mueva como si estuviera hecho de goma. Permítete soltar cualquier tensión o rigidez, y lleva flexibilidad a las viejas pautas. Libera cualquier energía estancada en tu experiencia del estado presente. Acaba llevando la soltura y la relajación del caos a la expresión somática asociada con el estado deseado.

d. Comenzando en la localización del estado presente y la expresión somática asociada con esa experiencia, da un paso adelante y lleva esa expresión al ritmo *lírico,* que es ligero y libre. Permítete explorar la creatividad espontánea y expresar cualquier cosa que sea verdadera, única y esté viva para ti en el momento. Permítete ser original, imprevisible y estar plenamente vivo. Juega con cualquier forma física y energética que te parezca apropiada para llevar ligereza al estado de tu experiencia presente. Cabalga esa sensación de libertad en la expresión somática asociada con tu estado deseado.

e. Una vez más, vuelve al lugar asociado con tu estado presente y a la expresión somática de esta experiencia. Da un paso adelante y lleva esa expresión al ritmo final de la *quietud*. A medida que haces los movimientos y gestos asociados con el estado presente, muévete lenta y conscientemente, respirando profundo y haciendo pausas de vez en cuando. Siente la plena presencia de la energía de una forma que te permita conectar contigo mismo y más allá de ti con el campo mayor. Experiméntate como el punto aquietado de un centro en movimiento, conectado con el espacio que te rodea. Permítete llegar suavemente a la expresión somática asociada con tu estado deseado.

5. Reflexiona sobre lo que has aprendido de cada ritmo.

Los 5Ritmos® y Bailar el S.C.O.R.E.

Puedes combinar Cabalgar la ola del cambio con Bailar el S.C.O.R.E. Empieza estableciendo localizaciones específicas para el síntoma, la causa, el objetivo y el efecto, y explora las expresiones somáticas espontáneas asociadas con cada localización. Seguidamente, incluye, uno por uno, cada uno de los cinco ritmos como un recurso para la situación que estás expresando.

Recursos
Flujo ⟶
Staccato ⟶
Caos ⟶
Lírico ⟶
Quietud ⟶

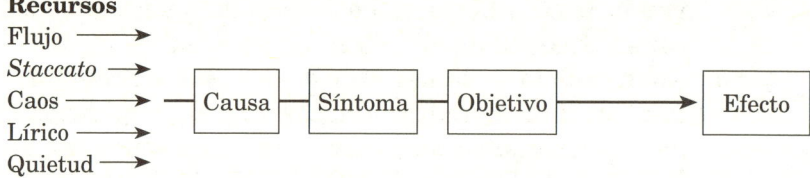

Empieza por el flujo. Enraízate en los pies y comienza a moverte con fluidez y continuidad. Integra esta cualidad de movimiento con la expresión somática asociada con la localización Causa. Nota qué tipo de cambios y "diferencias que marcan la diferencia" aporta este ritmo a tu experiencia de la causa.

Seguidamente pasa a la localización asociada con el Síntoma, y continúa llevando la cualidad de fluir a cualquier expresión somática conectada con tu experiencia del síntoma. Una vez más, nota el impacto que esto tiene en tu experiencia del síntoma. Continúa pasando por las localizaciones Objetivo y Efecto, llevando la cualidad del flujo a las expresiones somáticas asociadas con esas localizaciones.

Como en Cabalgar la ola del cambio, repite el movimiento de causa a síntoma, a objetivo y a efecto, llevando cada uno de los cinco ritmos a los gestos y movimientos asociados con cada localización. Cada recorrido por las fases del S.C.O.R.E. debería aportarte nueva conciencia y ayudarte a incrementar el impulso de avanzar hacia el Objetivo y el Efecto.

¡Sigue tus pies!

Al igual que ocurre con todas las obras verdaderamente geniales, los 5Ritmos® son universales y pueden parecer engañosamente simples. Y tal como ocurre con cualquier disciplina, como la necesaria para aprender PNL, adquirir la habilidad necesaria para guiar a otros en su recorrido a lo largo del mapa y del territorio requiere muchas, muchas horas de práctica dedicada y de formación. Aunque los 5Ritmos® se basan en una serie de mapas, el aprendizaje se produce fundamentalmente en el cuerpo. La inteligencia de la mente somática alimenta la mente cognitiva, pero este es un proceso de aprendizaje que comienza en (y nunca abandona) los pies, en lugar de intentar ir desde la cabeza hacia abajo.

Te animamos a experimentar este proceso "en el músculo" danzándolo tú mismo. Si quieres bailar con otros, Gabrielle Roth y su grupo The Mirrors han creado CD's para bailar los ritmos. La propia música te guiará por los 5Ritmos®.

Huesos: pistas 2-6
Iniciación: pistas 1-5
Trance: pistas 4-8
Tribu: pistas 1-5
Jhoom: pistas 1-5

Ola interminable, vol. 1 y 2 (la voz de Gabrielle te guía a lo largo de una ola).

En muchas partes del mundo puedes encontrar talleres y cursos dirigidos por profesores que han realizado extensas formaciones con Gabrielle. Ella también ha escrito tres libros inspiradores y prácticos: *Maps to Ecstasy, Sweat Your Prayers* y *Connections,* que profundizan la relación con la práctica. Para más información sobre clases, profesores, música y sobre sus libros consulta su página web: www.gabrielleroth.com. También puedes consultar posibles clases y talleres en www.movingcenter.com.

A medida que explores los 5Ritmos® de Gabrielle, acuérdate de respirar, de mantenerte enraizado, ¡y de seguir tus pies!

Capítulo 3

La mente campo

Visión general del Capítulo 3

Campo, espíritu y propósito
Estudiar la experiencia subjetiva del campo y del espíritu
Mecanismos neurofisiológicos de la mente campo
Neuronas espejo
El campo de energía humano
Explorar la mente campo
Sentir tu campo
Conectar a través de tu centro
Reflejo energético
Generar una "Segunda Piel"
Crear un campo generativo
Desplegar un recurso compartido (un "Recurso-nosotros")
Colaboración generativa
Crear un "espacio" (continente) generativo
Enriquecer el campo grupal
"Intervisión"
Acceder a la "Mente mayor"
Soñar activamente
Ejercicio para soñar activamente
Ver el "Campo"

La mente campo

El énfasis en la noción de *campo* o *mente campo* es una de las características definitorias de la tercera generación de la PNL. Un "campo", según la visión de la PNL de tercera generación, es, en esencia, un tipo de espacio o energía producido por las relaciones e interacciones dentro de un sistema de individuos. Un aspecto central de esta visión del campo es la idea de que la propia relación es una "tercera entidad" generada entre las personas involucradas, al igual que el hidrógeno y el oxígeno se combinan para producir una tercera entidad, que es el agua. La relación se convierte en un recipiente que contiene, procesa y hace evolucionar los pensamientos, emociones y experiencias de las personas involucradas.

En física, un campo se define como "una región del espacio caracterizada por una propiedad física, como la fuerza electromagnética o gravitacional o la presión fluida, que tiene un valor determinable en cada punto de esa región". Un campo, en física, guarda relación con el movimiento de energía a través de una amplia área del espacio.

En el caso típico, un campo electromagnético se representa con "líneas de fuerza" que se extienden hacia fuera infinitamente en todas las direcciones y producen cierta influencia en los objetos situados en el "campo" creado por dichas líneas de fuerza. La acumulación de esas líneas de fuerza es lo que determina la densidad e intensidad del campo, y por tanto su influencia.

Esto contrasta con la noción de "partícula", que es un objeto que existe únicamente en una región del espacio muy limitada y definida. Un campo es menos tangible que una partícula, y guarda más relación con el movimiento y con las relaciones que con las "cosas" mismas. Un campo está generado por las relaciones entre objetos y ejerce una influencia en la conducta o en las acciones de los objetos. Por ejemplo, el campo gravitacional se basa en la atracción fundamental que se produce entre todos los objetos del espacio. La atracción de la gravedad no existe sin la presencia de objetos que son atraídos unos hacia otros. El campo gravitacional generado entre dos objetos (digamos, dos planetas) también afectará al comportamiento de otros objetos (una nave espacial, por ejemplo) que entren en el ámbito de influencia de dicho campo.

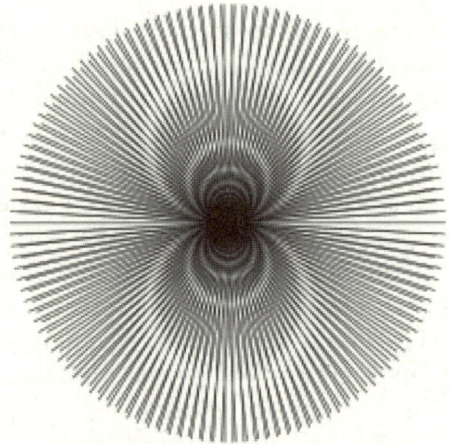

En física, un campo se representa mediante "líneas de fuerza" que se extienden externamente en el espacio

Esta idea de un campo físico tiene implicaciones importantes (tanto directas como metafóricas) en psicología, en dirección de empresas, en terapia y también en la PNL. El hipnoterapeuta y explorador de la PNL Stephen Gilligan (1997) habla de un "campo relacional" sentido que existe entre los seres humanos, al que él considera un aspecto fundamental y necesario del cambio y la sanación. El terapeuta familiar alemán Bert Hellinger (1996) basa su trabajo en la noción de un "campo familiar" que se extiende a toda la historia de un sistema familiar, e incluye la influencia de miembros que ya no están vivos.

La sensación de formar parte de un sistema o campo mayor es una experiencia subjetiva común a casi todos los seres humanos. Por ejemplo, a menudo hablamos de sentir el "espíritu de equipo": la sensación de formar parte de un grupo que nos incluye pero es mayor que nosotros. Esta experiencia de pertenecer a un colectivo más extenso se expresa en PNL a través de la noción de la *cuarta posición perceptual,* o la posición "Nosotros" (Dilts & DeLozier, 1998). La primera, segunda y tercera posiciones perceptuales (yo, otro y observador) guardan relación con puntos de vista significativos con respecto a un sistema de interacción humana, que definen el "espacio" de la interacción. Las pautas de relación e interacción que ocurren en ese espacio crean un tipo de "campo" relacional. La cuarta posición incluye y trasciende simultáneamente las otras tres posiciones. Las cualidades de este "campo" a menudo son conformadas por, y se reflejan en, el posicionamiento físico o la "psicogeografía" existente entre los individuos involucrados en la interacción.

Así, las experiencias subjetivas —como el "espíritu de equipo"— emergen de una sensación sentida del "campo relacional" que surge de las interacciones entre nuestro propio sistema nervioso y los de otras personas, formando una especie de sistema nervioso colectivo más amplio. Este sistema nervioso colectivo produce resultados a los que a veces se les ha llamado "mente grupal" o "inteligencia colectiva". Esta *mente* grupal puede tener características y cualidades de inteligencia muy diferentes a las de las mentes individuales de los miembros del grupo, tal como el agua tiene propiedades muy diferentes de las de los átomos de oxígeno e hidrógeno que la componen. Según el psicólogo francés Gustave Le Bon (1895):

> "La peculiaridad más sorprendente que presenta un grupo psicológico es la siguiente: quienes quiera que sean los individuos que lo componen, por más similar o diferente que sea su modo de vida, sus ocupaciones, su carácter o su inteligencia, el hecho de haber sido transformados en un grupo les pone en posesión de una especie de mente colectiva que les hace sentir, pensar, y actuar de una manera muy dife-

rente de aquella en que cada individuo sentiría, pensaría y actuaría si estuviera aislado. Hay ciertas ideas y sentimientos que no vienen a ser, o que no se transforman en actos, excepto en el caso de que los individuos formen un grupo."

Le Bon añade:

"El grupo psicológico es un ser provisional formado por elementos heterogéneos que se combinan por un momento, exactamente como las células que constituyen un cuerpo viviente forman, mediante su reunión, un nuevo ser que exhibe características muy diferentes de las poseídas por cada una de las células separadas."

Estos fenómenos son una expresión de lo que el escritor, filósofo y teórico transpersonal Ken Wilber llama una *holarquía*. Las holarquías son disposiciones de *holones* relacionados (un concepto central en los escritos de Arthur Koestler y en los trabajos de Gregory Bateson). La noción de holón consiste en que cada entidad y concepto comparte una naturaleza dual: *es una totalidad en sí mismo y al mismo tiempo forma parte de alguna otra totalidad*. Por ejemplo, una célula de un organismo es una totalidad y al mismo tiempo forma parte de otra totalidad mayor que es el propio organismo. Otro ejemplo es que una letra es una entidad autoexistente y al mismo tiempo es parte integral de una palabra, que seguidamente pasa a formar parte de una frase, que forma parte de un párrafo, que a su vez forma parte de una página, y así sucesivamente.

Todo, desde los quarks hasta la materia, la energía o las ideas puede contemplarse de esta manera. Cada entidad *incluye y trasciende* los holones de los que está hecha. De esta manera, los campos colectivos también pueden ser creados por otras criaturas y seres, e incluso por nuestro medio ambiente.

Según Gregory Bateson, cuando algunas holarquías alcanzan el nivel apropiado de interconexión e integración, exhiben algunas de las cualidades clave de la "mente". Él afirmaba que los sistemas con la cantidad apropiada de complejidad, flexibilidad y *feedback* pueden mostrar características "autoorganizativas". Tales sistemas a menudo parecen tener "su propia mente":

"Cualquier combinación continua de eventos y objetos que tenga la complejidad adecuada de circuitos causales y las relaciones energéticas apropiadas seguramente mostrará características mentales. Comparará... 'procesará información' e inevitablemente se autocorregirá bien hacia el óptimo homeostático o hacia la maximización de ciertas variables".

Un sistema con suficiente interconexión y *feedback* es capaz de alcanzar un nivel más elevado de integración y mostrar características de autoorganización. Un buen ejemplo de esto es la denominada *hipótesis Gaia,* propuesta por el investigador de la NASA James Lovelock (1979). Lovelock usó el término "Gaia" (en honor de la diosa primordial griega de la Tierra) para describir "una entidad compleja que involucra la biosfera de la Tierra, la atmósfera, los océanos y los continentes; esta totalidad constituye un sistema de *feedback* o cibernético que busca el entorno físico y químico óptimo para la vida en este planeta".

Lovelock sugirió que la vida en la Tierra provee un sistema de *feedback* cibernético y homeostático que opera para mantener estable la temperatura superficial, la composición atmosférica y la salinidad de los océanos. Por ejemplo, la temperatura global de la superficie de la Tierra se ha mantenido constante, a pesar de que la energía provista por el sol ha aumentado entre un 25 y un 30% desde que comenzó la vida en el planeta. La composición atmosférica de la Tierra (79% de nitrógeno, 20,7% de oxígeno y 0,03% de dióxido de carbono) también permanece constante, aunque debería ser inestable. La salinidad de los mares se ha mantenido constante en un 3.4% durante mucho tiempo. La estabilidad de la salinidad es importante puesto que la mayoría de las células requieren una salinidad constante y generalmente no toleran valores por encima del 5%.

Lovelock propuso que estos hechos prueban que el ecosistema planetario de la biomasa de la Tierra regula este tipo de variables para mantener el planeta en condiciones más habitables.

El físico Peter Russell aplicó y extendió este principio en su concepto de *El cerebro global* (1983, 1995). Russell percibe el proceso de la evolución como la reunión progresiva de unidades (holones) en sistemas mayores: desde partículas elementales hasta átomos, moléculas, células, tejidos, y así sucesivamente, hasta los organismos autoconscientes. Cada salto a una unidad mayor establece una nueva pauta de autoorganización.

Según Russell, la creciente densidad de la población del planeta y los desarrollos acelerados en la tecnología de las comunicaciones han producido una situación en la que los seres humanos tienen el potencial de alcanzar un nivel superior de integración y de actuar como una especie de sistema nervioso o "cerebro" para el resto del planeta.[11] (Las personas son como neuronas y los teléfonos móviles, la televisión, las radios, Internet, etc. son como conexiones sinápticas entre ellas.)

La visión de Russell del "cerebro global" resuena con la siguiente afirmación de Gregory Bateson:

"La mente individual es inmanente, pero no solo en el cuerpo. También es inmanente en rutas y mensajes que van fuera del cuerpo; y hay una Mente mayor de la que la mente individual solo es un subsistema. Esta Mente mayor es comparable a Dios, y tal vez la gente se refiere a ella al hablar de "Dios", pero sigue siendo inmanente en el sistema social interconectado total y en la ecología planetaria."

La declaración de Bateson implica la posibilidad de que podamos conectar con redes de inteligencia más grandes que nuestras mentes individuales. Esta es una noción que ciertamente ha sido reflejada a lo largo de la historia humana en la experiencia subjetiva de los chamanes, sanadores, parapsicólogos, médiums, artistas, en la gente de las culturas tradicionales y en algunos de los genios más creativos del mundo.

---

11 Russell postula que la raza humana está preparada para alcanzar un nuevo nivel de "conciencia" y autoorganización, tal vez comparable con el cambio del Neanderthal al Cro-Magnon. Mientras consideras la hipótesis de Russell, recuerda que el umbral requerido para un nuevo nivel de integración no tiene que ser grande. Por ejemplo, los seres humanos y los chimpancés compartimos el 98% de nuestro ADN.

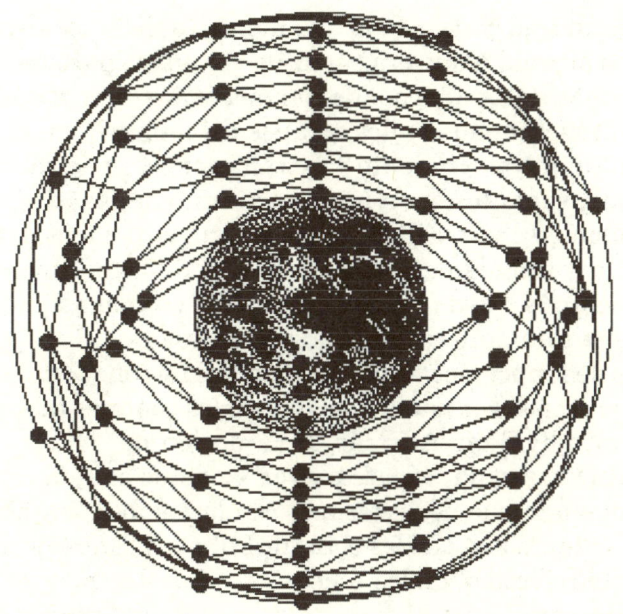

Gregory Bateson postuló que nuestras mentes individuales forman parte de una "mente mayor" que emerge del "Sistema social interconectado total y la ecología planetaria".

Por ejemplo, en su trabajo sobre las *Estrategias de los genios,* el autor Robert Dilts señala que casi todos los genios creativos más conocidos de la historia, desde Leonardo da Vinci hasta Einstein, Mozart o Michael Jackson, mantienen, de una u otra manera, que sus obras e ideas creativas vienen "a través de" ellos y no "desde" ellos mismos como individuos. Por ejemplo, esto es lo que Mozart escribió sobre sus ideas musicales: "De dónde y cómo vienen, no lo sé; tampoco puedo forzarlas". Sin embargo, mencionó que estas ideas le llegaban más fácilmente cuando estaba en cierto tipo de estados internos, en los que el proceso creativo se desplegaba "como un sueño agradable y vivaz".

En sus cuadernos, Leonardo da Vinci describió que se quedaba mirando fijamente a las "paredes punteadas de diversas manchas o a una mezcla de diferentes tipos de piedras" a fin de "estimular y despertar" su mente "a diversos inventos". Leonardo afirmaba que era capaz de ver en las paredes "varios paisajes diferentes adornados con montañas, ríos, rocas, árboles, llanuras, amplios valles, grupos de colinas", así como "figuras en rápido movimiento y extrañas expresiones de caras y trajes extravagantes, y un número infinito de cosas".

Asimismo, Albert Einstein afirmó que sus ideas y teorías surgían espontáneamente de cierto tipo de "experimentos del pensamiento" y "no de la manipulación de axiomas", ni de formas de pensamiento racionales y cognitivas.

Estas descripciones implican métodos de conectar con la inteligencia creativa situada más allá de los confines de la mente cognitiva individual. Además de la noción de "Dios" mencionada por Bateson, la "Mente mayor" a la que se refiere tal vez sea aquello a lo que nos referimos con la palabra "intuición", el "inconsciente creativo" de las obras de Milton H. Erickson, o el "inconsciente colectivo" de los escritos de Carl Jung.

Freud asumió que el inconsciente era algo personal, contenido dentro del individuo. Jung, por su parte, consideraba que la mente inconsciente individual estaba encima de una capa de conciencia mucho más profunda y universal, el inconsciente colectivo: la parte heredada de la psique humana y no desarrollada desde la experiencia personal.

Según Jung, el inconsciente colectivo se expresa a través de *arquetipos,* formas-pensamiento universales o imágenes mentales que influyen en los sentimientos y acciones del individuo. Notando que la experiencia de los arquetipos a menudo no se pliega a la tradición local o a las reglas culturales, Jung sugirió que eran proyecciones innatas. Según su visión, un bebé recién nacido no es una pizarra en blanco, sino que viene preparado para percibir cierto tipo de patrones y símbolos arquetípicos. La razón por la que los niños fantasean tanto, según Jung, es que no han experimentado lo suficiente de la realidad para cancelar su conexión mental con el conocimiento y las imágenes arquetípicas.

Los arquetipos han sido expresados a lo largo de la historia en diversos tipos de mitos, cuentos de hadas, textos sagrados, arte, literatura e incluso en los anuncios. A nivel personal surgen en sueños y visiones. Platón los describió en términos filosóficos como "formas elementales" de pensamiento y experiencia.

Otro fenómeno de lo que Bateson llama la "Mente mayor" son los *campos mórficos* de Rupert Sheldrake. Sheldrake propuso la idea de los campos mórficos para explicar fenómenos que implican acciones a distancia, desde el desarrollo de embriones hasta la curación por medio de la oración y el fenómeno del "centésimo mono"[12]. Es decir, situaciones en las que un cambio en una parte de la población estimula un cambio en otro miembro de la población, o en el grupo como un todo, sin ningún contacto físico directo.

Un aspecto esencial del modelo de Sheldrake es el proceso de *resonancia mórfica*. Se trata de un mecanismo de *feedback* entre el campo y los elementos correspondientes (holones) de los que emerge. Cuanto mayor es el grado de similitud entre los elementos individuales u holones, mayor es la resonancia, haciendo que sea más probable la existencia, la fuerza y la persistencia de esa forma particular de pensamiento o conducta contenida en el campo mayor.

---

12 El fenómeno del centésimo mono hace referencia a un salto de conciencia repentino, espontáneo y misterioso que se alcanza en poblaciones dispersas de individuos cuando se llega a una "masa crítica", es decir, cuando un número suficiente de individuos de esa población comparten un comportamiento o idea particular. La idea del centésimo mono viene del doctor Lyall Watson en su libro *Lifetide* (1979), en el que escribió sobre varios estudios realizados en los años 60 por los primatólogos japoneses que observaban poblaciones de macacos en algunas islas de Japón.
Según Watson, un mono enseñó a otro a lavar las patatas dulces. El segundo mono, a su vez, enseñó a otro, que enseñó a otro y así sucesivamente hasta que pronto todos los monos de la isla estaban lavando las patatas, aunque ningún mono las había lavado anteriormente. Cuando el "centésimo" mono aprendió a lavar patatas, de repente, espontánea y misteriosamente, los monos de otras islas que no habían tenido contacto físico con el grupo que lavaba las patatas, también empezaron a lavarlas.
Aunque desde entonces se ha cuestionado la precisión científica de estos estudios, existen muchos otros ejemplos de fenómenos que parecen ser el resultado de este tipo de efecto mórfico; como la formulación simultánea de ciertas ideas y teorías por personas de diferentes partes del planeta (por el ejemplo, el descubrimiento del cálculo por Newton y Leibniz.)

Consideremos, por ejemplo, el fenómeno de los soldados de Estados Unidos que torturaron tan brutalmente a los prisioneros en la prisión de Abu Ghraib (esto incluyó abusos físicos, psicológicos y sexuales, violaciones, sodomía y asesinato de prisioneros) durante las primeras fases de la ocupación de Irak por parte de Estados Unidos en 2003-2004. En los juicios realizados a estos soldados, los abogados defensores aportaron un testigo tras otro que testificaban que sus clientes particulares no tenían ningún historial de conducta violenta o sádica, y que eran esencialmente personas normales, dentro de la media. ¿Cómo es posible, entonces, que una persona normal pueda convertirse en un "monstruo inhumano", aparentemente sin empatía ni compasión? Una posible explicación sería una especie de campo mórfico, como el propuesto por Sheldrake, en el que la violencia engendra y perpetúa la violencia a través de la resonancia mórfica entre los soldados, obligándoles a actuar de forma opuesta a su naturaleza y personalidad individual.

Sheldrake propone que el proceso de resonancia mórfica conduce a campos mórficos estables, con los que es significativamente más fácil *sintonizar*. Sugiere, por ejemplo, que este es el medio por el que las formas orgánicas simples se autoorganizan sinérgicamente en otras más complejas, y que este modelo permite una explicación diferente del propio proceso de la evolución, que puede añadirse al proceso evolutivo de Darwin de la selección y la variación.

Sin embargo, es muy importante entender que, como señala Bateson, "las características mentales son inherentes o inmanentes al grupo como totalidad". Cuando nos separamos o desconectamos del sistema mayor, perdemos acceso a la inteligencia que contiene.

Otra forma de entender lo ocurrido en la prisión de Abu Ghraib, por ejemplo, es que los soldados se quedaron atrapados dentro de un campo alterado, desconectado y no integrado que impregnaba su entorno, perdiendo así la conexión consigo mismos.

Esta necesidad de conexión con nosotros mismos y con los campos mayores que nos rodean es la razón por la que es tan fundamental desarrollar herramientas neurolingüísticas que nos ayuden a conectar o reconectar con nosotros mismos y con la Mente mayor a la que Bateson se refería. Las herramientas y los procesos que nos abren y nos conectan con diversos niveles del campo y de la mente campo incluyen el desarrollo de estados alterados, la meditación, el trance, las drogas psicogénicas y otras sustancias, la oración, el canto, soñar, la poesía, la danza, el movimiento, la sintaxis somática, el yoga e incluso hacer el amor.

Por ejemplo, Michael Dilts ha venido explorando la conexión entre la PNL y el chamanismo para crear procesos de *coaching* chamánicos (http://shamancia.com/). Usando los tambores para crear una conexión entre el sistema nervioso humano y la inteligencia del campo, Michael ayuda a la gente a acceder a la sabiduría arquetípica a fin de encontrar recursos y soluciones profundos.

Campo, espíritu y propósito

Las nociones de campo y mente campo están claramente conectadas con lo que ha sido conocido a lo largo de la historia humana como la experiencia "espiritual". El término *espiritual* se usa en la PNL de tercera generación para referirse a la experiencia subjetiva de formar parte de un "sistema mayor"; un sistema que va más allá de nosotros como individuos hacia nuestra familia, nuestra comunidad y los sistemas globales. Este nivel de experiencia se considera uno de los seis niveles fundamentales de aprendizaje y cambio en el modelo de los niveles neurológicos de Robert Dilts. La experiencia del nivel "espiritual" está relacionada con lo que se puede llamar el Yo con "Y" mayúscula: una sensación de ser que va más allá de nuestra imagen de nosotros mismos, de nuestros valores, creencias, pensamientos, acciones o sensaciones. Guarda relación con nuestra conexión con los seres y cosas que están en el sistema mayor que nos rodea. En este nivel de experiencia, el cambio suele venir en forma de un "despertar" a este contexto mayor que da significado y propósito a nuestras vidas.

Dependiendo del individuo y de la cultura, la experiencia subjetiva de lo espiritual puede estar representada en términos de un "Dios" personal, de todo un reino de dioses y espíritus, de una energía difusa que lo conecta todo en el universo, de un vasto orden impersonal, o de un poder iniciador que viene a la vida humana y la toca desde el más allá.

Las experiencias espirituales están en la raíz de la religión, pero no son intrínsecamente "religiosas". En el caso típico, las religiones surgen del intento de establecer una comunidad en torno a las experiencias y creencias espirituales compartidas. La religión implica la institucionalización de creencias, valores y códigos éticos específicos que son un intento de reflejar o representar socialmente algo derivado de la experiencia personal del "Espíritu".

Como no podemos percibir directamente las relaciones intrincadas, complejas e invisibles que conforman el campo, nuestras representaciones subjetivas de ellas a menudo son simbólicas en lugar de literales. Las revelaciones que tipifican la experiencia espiritual o religiosa suelen estar caracterizadas por distorsiones sensoriales o combinaciones inusuales de cualidades sensoriales (o submodalidades). Por ejemplo, a medida que una imagen visual se aleja, suele parecer más pequeña, más difusa y menos clara. Sin embargo, las "visiones" religiosas a menudo se caracterizan por imágenes distantes que son grandes, brillantes y claras. Asimismo, cuando un sonido o voz está lejos, se amortigua y está menos diferenciada. Sin embargo, la voz "de Dios" generalmente se representa como distante, pero alta y clara. Otro ejemplo: la mayoría de las personas que son conscientes de las "voces internas" hablan consigo mismas, y por tanto están acostumbradas a oír las cualidades específicas de su tono asociadas con esa voz. Es inusual oír la voz de otra persona en la ubicación de nuestro propio "diálogo interno", como hacen quienes oyen "voces internas" que les guían.

Otra característica de las experiencias espirituales o religiosas es que a menudo incluyen "sinestesias", o superposiciones entre experiencias sensoriales. Es decir, la persona no solo ve algo, sino que también lo oye y lo siente al mismo tiempo (un músico podría "ver" y "sentir" la música).

El hilo común que une todas las experiencias del nivel espiritual es que guardan relación con nuestra sensación de formar parte de algo muy profundo que está más allá de nosotros. Es la conciencia de lo que Gregory Bateson llamó *el patrón que conecta todas las cosas* en una totalidad mayor. Nosotros, como individuos, somos un subsistema de este sistema mayor. Nuestra experiencia de este nivel está relacionada con nuestra sensación de nuestro propósito y misión en la vida. Viene de plantearnos las preguntas: "¿A quién y a qué dedico mi energía y mis acciones?"

Los propósitos espirituales, cumplir con nuestra propia "visión" y "misión", son la motivación que está detrás de algunos de los mayores logros de la humanidad. Esto es lo que Albert Einstein decía de sus trabajos en el campo de la física:

"Quiero saber cómo creó Dios este mundo. No me interesa este o el otro fenómeno en el espectro de este o aquel elemento; yo quiero conocer sus pensamientos; el resto son detalles."

Desde la perspectiva de la PNL de tercera generación, la noción de lo espiritual puede equipararse con lo que Einstein llamó "los pensamientos de Dios". Muchos de los líderes y genios mundiales más importantes reconocen algún tipo de guía espiritual que es muy significativa en sus vidas y en su trabajo.

Estudiar la experiencia subjetiva del campo y del espíritu

Está claro que la experiencia subjetiva del campo y del espíritu es una de las más intensas y profundas de las que están al alcance del ser humano. Como la PNL es, por definición, el estudio de la estructura de la experiencia subjetiva, la exploración de la estructura de la experiencia subjetiva del campo, la Mente mayor y la espiritualidad son de gran relevancia para la PNL. Sin embargo, las experiencias del campo y del nivel espiritual, y los procesos que las influencian, son un área de estudio relativamente nueva en PNL. En su trabajo *Tools of the Spirit* (1997), el autor Robert Dilts y el formador de PNL Robert McDonald han sido pioneros de muchos desarrollos en esta área. Asimismo, el propósito general de muchas de las distinciones llamadas *Nuevo Código de la PNL (NPL New Coding)* (Grinder y DeLozier, 1987) es cambiar el punto donde enfoca la atención la PNL, pasando de los elementos específicos de una interacción al campo relacional mayor de la interacción entre elementos.

No hace falta ir muy lejos para establecer que la percepción de diversos tipos de campos es una experiencia subjetiva muy común. Los tres campos principales que las personas experimentan son:

1. Un campo personal o "fuerza de vida" asociado con nuestro cuerpo y nuestro ser físico.
2. Un campo interpersonal entre uno mismo y otros, o entre los individuos dentro de un grupo.
3. Un campo progresivamente más amplio o mente, del que nosotros y otros formamos parte como subsistemas de una totalidad mayor, dotada de una inteligencia que está más allá de nuestras mentes individuales.

En este capítulo examinaremos algunos de los mecanismos "neurolingüísticos" del campo y de la mente campo, y exploraremos los procesos y procedimientos a través de los cuales podemos acceder a la inteligencia mayor del campo para ayudarnos a sanar, crear, pensar fuera de la caja, tomar decisiones más sabias y gestionar mejor nuestras vidas.

Mecanismos neurofisiológicos de la mente campo

Neuronas espejo

Una de las bases neurológicas de la noción de campo en la PNL de tercera generación es lo que se conoce como *neuronas espejo*. Las neuronas espejo se descubrieron a comienzos de la década de los 90 en la Universidad de Parma, Italia. Un neurocientífico llamado Giacomo Rizzolatti y sus alumnos graduados estaban registrando la actividad eléctrica de las neuronas del cerebro de un macaco. Pusieron las puntas de electrodos muy finos dentro de las neuronas individuales del córtex premotor del macaco, del que se sabe que está involucrado en la coordinación de los movimientos.

Como era de esperar, los investigadores observaron que cuando el mono movía el brazo para agarrar un objeto, se activaban ciertas neuronas del córtex premotor, produciendo un sonido específico de chisporroteo en sus equipos.

Un día, cuando el equipo de investigación se estaba tomando un descanso para comer, se olvidaron de apagar los equipos. Siendo italiano, uno de los estudiantes graduados de Rizzolatti decidió tomar helado de postre y llevó consigo un cono de helado dentro del laboratorio. Al chupar el helado, de repente oyó el chisporroteo característico de la activación de las neuronas del mono, como si este estuviera moviendo la mano. Cuando miró al mono, no estaba moviéndose, sino que estaba observándole con determinación.

Para sorpresa del estudiante, cada vez que chupaba el helado se activaban las neuronas en la parte del cerebro que el mono usaba para coordinar la actividad motora, a pesar de que el animal estaba quieto y solo observaba su acción.

Anteriormente, el mismo grupo de investigadores había observado otro fenómeno igualmente extraño relacionado con los cacahuetes. Estas mismas células cerebrales se activaban cuando el mono observaba a los humanos o a otros monos llevarse cacahuetes a la boca, tal como ocurría cuando el mono llevaba cacahuetes a su propia boca. Posteriormente los científicos encontraron células que se activaban cuando el mono abría un cacahuete u oía a alguien abrirlo. Lo mismo ocurría con los plátanos, las pasas y con numerosos objetos.

Llamaron a estas células cerebrales "neuronas espejo" porque "reflejaban" las acciones que los monos observaban en otras personas.

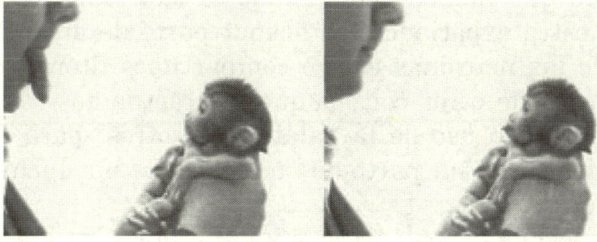

Un bebé macaco "reflejando" a un ser humano que le saca la lengua

Experimentos posteriores han confirmado la existencia de neuronas espejo en los seres humanos. Dichos experimentos también han revelado que, además de reflejar las acciones físicas, estas neuronas también reflejan sensaciones y emociones. Resulta que los seres humanos tenemos neuronas espejo más sensibles, flexibles y evolucionadas que las de los monos. Según los científicos, este hecho refleja la evolución de las sofisticadas habilidades sociales humanas.

El cerebro humano tiene múltiples sistemas de neuronas espejo que se especializan en llevar a cabo y entender no solo las acciones de otros, sino sus intenciones, el significado social de su conducta y sus emociones.

"Somos criaturas exquisitamente sociales", indica el doctor Rizzolatti. "Nuestra supervivencia depende de que entendamos las acciones, intenciones y emociones de otros. Las neuronas espejo nos permiten entender la mente de otros no a través del razonamiento conceptual, sino de la estimulación directa. Sintiendo, no pensando."

Está claro que las neuronas espejo son la base de la empatía, la compasión y lo que se conoce como la *segunda posición* en PNL: nuestra capacidad de adoptar el punto de vista de otro sujeto y de tener una sensación de lo que siente, piensa y experimenta en una situación o interacción particular. Está claro que también son un elemento clave a la hora de explicar cómo la gente, y en particular los niños, son capaces de aprender indirectamente, simplemente observando a otra persona realizar una acción.

No obstante, las neuronas espejo también pueden ser potencialmente responsables de algunas de nuestras experiencias de lo que hemos denominado la *cuarta posición* de la PNL: nuestra experiencia de formar parte de un colectivo. A través de las neuronas espejo compartimos literalmente las experiencias de otros con los que interactuamos. Esto se refleja en nuestro uso de la palabra "nosotros" para describir la experiencia de ser parte de un grupo que nos incluye y nos trasciende.

Las neuronas espejo también son uno de los mecanismos fisiológicos que están en la base de los fenómenos de la introyección y la improntación. Ambos son procesos mediante los cuales internalizamos las conductas y los sentimientos de otras personas significativas.

A través de las neuronas espejo, las conductas, las respuestas y las emociones de otros entran en nuestro sistema nervioso sin pasar por el filtro de la decisión o la elección consciente. Está claro que forman parte del modo en que incorporamos las acciones y la energía de otras personas (y seres) de nuestro entorno.

El campo de energía humano

Otro mecanismo que contribuye a lo que hemos venido llamando la "mente campo" es el *campo de energía humano*. Se sabe desde hace tiempo que las actividades de las células y de los tejidos corporales generan campos eléctricos que pueden ser detectados sobre la superficie de la piel. Entre estas señales eléctricas se incluyen las ondas cerebrales (Electroencefalograma), la conductividad de la piel (Respuesta galvánica de la piel), la actividad de los micro músculos (Electromiograma) y el latido del corazón (Electrocardiograma). Estas mediciones son el fundamento de las tecnologías del *biofeedback* y del polígrafo (detector de mentiras).

Las corrientes eléctricas asociadas con estas señales también generan el correspondiente campo magnético en el espacio circundante. De hecho, se ha descubierto que todos los tejidos y órganos producen pulsaciones magnéticas específicas, que han llegado a ser conocidas como *campos biomagnéticos*.

Instrumentos como el magnetómetro SQUID, por ejemplo, son capaces de detectar el campo biomagnético proyectado por el corazón humano y de medir los campos magnéticos en torno a la cabeza producidos por las actividades cerebrales. En algunas áreas de la medicina, los registros eléctricos tradicionales, como el electrocardiograma y el electroencefalograma, ahora están siendo complementados por registros biomagnéticos, llamados *magnetocardiogramas* y *magnetoencefalogramas*. De hecho, trazar el mapa de los campos magnéticos en el espacio que rodea al cuerpo puede proporcionar una información más precisa de la fisiología y de la patología que las mediciones eléctricas tradicionales.

Estos campos biomagnéticos no solo reflejan la actividad de las células y los órganos corporales, sino que también influyen en su funcionamiento. Algunos estudios han mostrado, por ejemplo, que las neuronas cambian las propiedades de su activación bajo la influencia de campos magnéticos.

En una exploración de la influencia del campo energético, los investigadores del *Instituto HeartMath,* en California, llevaron a cabo análisis relacionados con la comunicación energética del corazón, a los que denominan *comunicación cardioelectromagnética.* Estos estudios (McCraty, Atkinson y Tiller, 1999) exploran la posibilidad de que el campo magnético generado por el corazón pueda transmitir información que sea recibida por otros.

Según los investigadores de HeartMath, el corazón es el generador de energía electromagnética más poderoso del cuerpo humano, y produce el campo electromagnético rítmico más grande de todos los organismos corporales. El campo eléctrico del corazón es aproximadamente 60 veces más extenso que el generado por el cerebro. Este campo, medido en forma de electrocardiograma, puede ser detectado en cualquier lugar de la superficie del cuerpo. Además, la fuerza del campo magnético producido por el corazón es 5.000 veces mayor que la del campo generado por el cerebro, y no solo envuelve cada célula del cuerpo, también se extiende hacia fuera en todas las direcciones del espacio que nos rodea. El campo cardíaco puede medirse a cierta distancia del cuerpo.

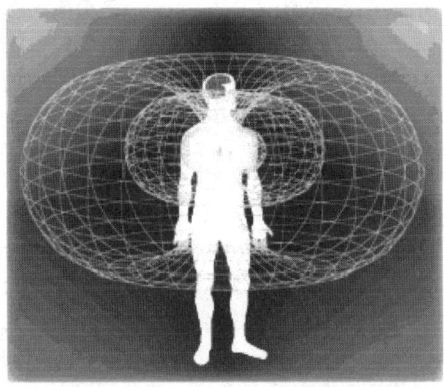

El campo electromagnético del corazón

La investigación HeartMath indica que las señales electromagnéticas generadas por el corazón son capaces de afectar a otras personas que nos rodean. Sus datos muestran que se puede producir la sincronización entre las ondas alfa del electroencefalograma de una persona y la señal del electrocardiograma de la otra en sujetos situados a varios decímetros de distancia. En otras palabras: cuando dos personas están a la distancia en la que solemos mantener una conversación, la señal electromagnética generada por el corazón de una puede influir en los ritmos cerebrales de la otra.

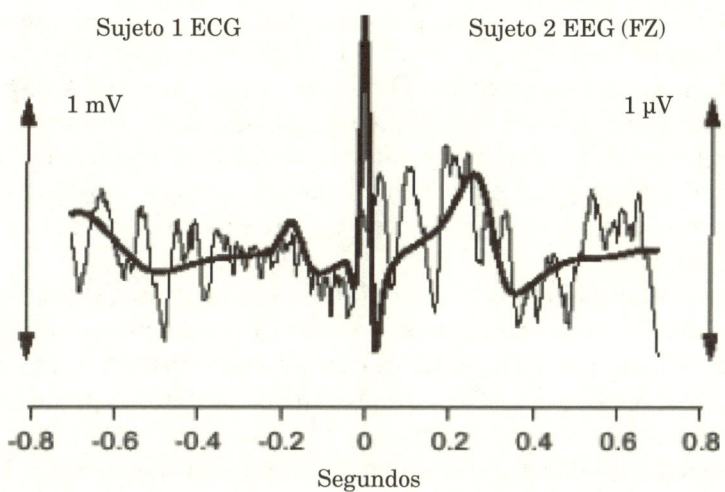

Gráfico de HeartMath en el que se muestra el latido del corazón (ECG) de una persona superpuesto sobre las ondas cerebrales (EEG) de otra.

Los descubrimientos de HeartMath también indican que a medida que los individuos estabilizan y alinean las funciones de su propio estado psicofisiológico (lo que se denomina "coherencia" fisiológica), dichos individuos se vuelven más sensibles a las señales electromagnéticas sutiles que les comunican quienes les rodean.

Estos resultados sugieren que la comunicación cardioelectromagnética puede ser una fuente de intercambio de información entre la gente, y que dicho intercambio está influido por nuestros estados emocionales y procesos internos. Estos fenómenos pueden ser expresiones de lo que Rupert Sheldrake llamó "resonancia mórfica".

Otros estudios han mostrado que la patología altera los campos biomagnéticos corporales. Algunos investigadores han sugerido que es posible detectar las enfermedades en el campo de energía corporal antes de que aparezcan los síntomas físicos, y postulan que algunas enfermedades pueden prevenirse alterando el campo energético.

Estos estudios revelan el sustrato fisiológico de las formas de comunicación energéticas, continuas y sutiles, que se producen entre las personas a través de mecanismos como los campos biomagnéticos. De manera similar a las sinapsis que conectan las células nerviosas del cuerpo y del cerebro, los campos biomagnéticos pueden funcionar como sinapsis energéticas que nos conectan a unos con otros y también nos conectan con otros organismos en un sistema nervioso virtual mayor.

La combinación de la actividad de las neuronas espejo con el fenómeno de los campos de energía humanos nos proporciona una rica base para entender mejor cómo podemos acceder a los recursos de la mente campo y utilizarlos. En la sección siguiente exploraremos ejercicios y técnicas mediante los cuales puedes ahondar la conexión con los campos personales e interpersonales, y en último término con los campos más extensos de lo que Bateson denominó la "Mente mayor".

Explorar la mente campo

A medida que leas y pongas a prueba los ejercicios siguientes, recuerda que lo que estamos explorando no tiene que ver necesariamente con la realidad objetiva. Más bien, su propósito es enriquecer tu experiencia subjetiva y tu mapa personal del mundo. Que lo que experimentas sea verificable como "realidad objetiva" es menos importante que la cualidad de los recursos que te aporta. La medida última de todos los procesos de la PNL es si te resultan útiles o no en algún sentido.

Existen muchos sistemas de creencias relacionados con el fenómeno del campo, la mente campo y los procesos del nivel "espiritual". Estos sistemas de creencias no son necesarios para la experiencia subjetiva directa de estos fenómenos, y a menudo incluso distorsionan o contaminan nuestra experiencia. Cuando nos dejemos pillar en creencias e historias con respecto a nuestra experiencia, y no estamos somáticamente centrados, conectados y asentados en nuestro cuerpo, podemos perdernos en los fenómenos de campo o experimentar sus aspectos problemáticos o "sombríos".

Según la PNL de tercera generación, el cuerpo y la inteligencia somática son la puerta de acceso a la conciencia del campo y a la mente campo. A través del cuerpo conocemos el campo de manera más directa. La mente consciente cognitiva opera fundamentalmente a través de la lógica lineal del propósito consciente. Un aspecto clave de la tercera generación de la PNL es la capacidad de centrarse en el núcleo somático (venir a casa en el cuerpo) y seguidamente abrirse al campo. Esto permite incluir, y al mismo tiempo trascender, las estructuras cognitivas del ego (salir de la caja).

Así, generalmente el primer paso de estos procesos implica algún tipo de centramiento y conexión con la mente somática, incorporando elementos del capítulo anterior.

Sentir tu "campo"

El propósito de este primer ejercicio es ayudarte a ser más consciente de tu propio campo de energía personal y de cómo, a través de él, puedes conectar con el campo mayor que te rodea (la "Mente mayor") a fin de acceder a los recursos fundamentales y fortalecerlos.

1. Céntrate somáticamente y mantente plenamente presente en tu cuerpo. Frótate las manos para calentarlas y sensibilizarlas.
2. Mantén las palmas de las manos una frente a otra de modo que estén casi tocándose. Lleva presencia y conciencia a tus manos y deja que se sensibilicen tanto que

puedas sentir tu energía corporal entre las palmas. Puedes experimentarlo como una especie de presión sutil, calidez o cosquilleo.
3. Separa los dedos un poco más hasta que estén a unos 8-10 centímetros de distancia. Manteniendo la conciencia de tus manos, empieza a sentir el campo de energía existente entre ellas a esta distancia. ¿Son las cualidades diferentes de cuando tus manos estaban casi tocándose? Recuerda que reducir tus procesos mentales cognitivos, especialmente el diálogo interno, te ayudará a estar más en sintonía con las dinámicas sutiles de tu campo corporal. Mover las manos muy ligeramente una hacia otra, y alejándolas una de otra, también puede ayudarte a tener una sensación más clara del campo.
4. Continúa moviendo las manos, separándolas un poco más hasta que estén a unos 25 centímetros una de otra. Manteniendo la conciencia en las manos, siente el campo de energía existente entre ellas a esta distancia. Nota las cualidades de ese campo. ¿Cómo son estas cualidades en comparación con las de las dos distancias anteriores?
5. Sigue separando las manos hasta tener los brazos casi completamente extendidos. Manteniéndote centrado en tu cuerpo y manteniendo la sensación de presencia y conciencia en las manos, siente el campo de energía entre ellas a medida que aumenta la distancia. Conforme vayas separando las manos, continúa notando las cualidades del campo existente entre ellas, y también si cambia y cómo lo hace.
6. Manteniendo los brazos extendidos, permite que tus manos y brazos pasen a esa posición en la que parece que fueras a abrazar a alguien. Nota si puedes sentir la sensación de abrazar el campo de energía que emana de tu cuerpo. Asimismo, toma conciencia de cualquier sensación energética en los dorsos de tus manos y brazos (en la parte externa del abrazo).
7. Abre los brazos completamente y permite que las palmas de las manos miren hacia fuera. Nota hasta dónde

puedes sentir la sensación de tu campo corporal extendiéndose en el espacio que te rodea.
8. Establece la intención de incorporar algún recurso (como serenidad, paz interna o sabiduría) de esa sensación de conexión con el campo mayor que te rodea, y mueve los brazos y las manos hacia atrás, a la posición de extenderlas en un abrazo. Toma conciencia de una mayor sensación de plenitud o riqueza en tu campo.
9. Lleva lentamente las manos hacia el cuerpo y continúa sintiendo más plenitud y riqueza en el campo situado entre tus manos y tu cuerpo.
10. Acaba poniendo las manos una encima de otra y situándolas en la parte de tu cuerpo que sientas más apropiada para recibir el recurso que has traído de la conexión entre tu campo de energía personal y el campo mayor que te rodea.

Cuando hayas terminado, reflexiona sobre si este tipo de experiencia ha sido fácil para ti. ¿Te ha resultado fácil ser consciente subjetivamente de estos fenómenos de campo?

¿Has experimentado alguna interferencia? A veces te encontrarás con creencias limitantes o pensamientos críticos. Puede resultar útil tomar conciencia de ellos para estar seguro de que tienes elección con respecto a ellos.

Como cualquier otra habilidad, esta capacidad básica de ser consciente de tu propio campo de energía y de conectarlo con un campo mayor se hará más fácil con la práctica. Si este proceso te ha resultado útil o si sientes que puede serte útil en algún momento, te animamos a que lo repitas a intervalos regulares, como una especie de meditación. Como señaló Aristóteles: "Somos aquello que hacemos repetidamente. Así, la excelencia no es un acto, sino un hábito".

Conectar a través de tu centro

El propósito del ejercicio siguiente es explorar cómo conectar tu campo personal con el de otra persona a fin de crear y experimentar un campo "interpersonal" que incluya e integre vuestros campos individuales, de manera similar a como los átomos de hidrógeno y oxígeno se combinan para crear una tercera entidad, que es el agua.

Un aspecto clave de este proceso es tu habilidad para, en primer lugar, mantenerte centrado y conectado contigo mismo. Richard Moss, un profesor que facilita la transformación personal, señala que "la distancia entre nosotros y los demás es la misma distancia que mantenemos entre nosotros y nosotros mismos". Esto implica que nuestras relaciones con los demás y con el mundo que nos rodea son un espejo de nuestra relación con nosotros mismos. Así, nuestra relación con nosotros mismos establece el terreno del que emergen nuestras relaciones con los demás y con el mundo externo.

Según Moss, cuando dos personas están conectadas cada una consigo misma y presentes una para la otra, surgen de manera natural los sentimientos de compasión, empatía, interés genuino por el otro, espontaneidad, autenticidad y alegría. Estos sentimientos son el fundamento de todas las relaciones eficaces, tanto personales como profesionales.

1. Ponte de pie frente a un compañero/a. Cierra los ojos y permite que tu atención se oriente hacia dentro del cuerpo y se dirija a la sensación sentida de tu "centro". Siente y conecta plenamente con tu centro, llevando conciencia y presencia a todo tu cuerpo.
2. Cuando te sientas centrado y presente dentro de ti, pon las manos una sobre otra y sitúalas encima del cuerpo, allí donde sientas más claramente la sensación de tu centro físico personal.
3. Manteniéndote conectado con la sensación sentida de tu centro, abre los ojos y mira a los ojos de tu compañero/a. Cuando estés seguro de que puedes hacer esto manteniendo la sensación sentida de conexión con tu propio centro interno, "ánclala" levantando la mano derecha y extendiéndola hacia tu pareja. Ofreceros mutuamente la mano derecha, como si estuvierais estrechándoos la mano. Siente la sensación de conexión con tu compañero a través de la mano derecha.

4. Suelta suavemente la mano del compañero y vuelve a orientar la atención hacia ti mismo, cierra los ojos y ponte las dos manos sobre tu centro.
5. Siente una sensación de conciencia y presencia en tu cuerpo, pero en esta ocasión toma conciencia de tu cuerpo como "punto central" del campo o espacio que lo rodea.
6. Cuando puedas hacer esto, empieza a alejar las manos lenta y delicadamente del cuerpo. Siente el campo o la energía de tu presencia y conciencia expandirse hacia el espacio que te rodea, indicado por la distancia entre las manos y el cuerpo. Una vez más, sé consciente de tu centro como punto central de este espacio o campo.
7. Sigue alejando las manos lentamente del cuerpo, manteniendo la sensación de que tu centro es el punto central de un campo o espacio que se extiende desde tu cuerpo hasta la distancia que abarcan tus manos.
8. Continúa ensanchando la sensación de tu campo o espacio hasta tener los brazos y las manos plenamente extendidos hacia los lados en un gesto de apertura al mundo. Siente tu centro como el punto central de este vasto espacio o campo.
9. Una vez más, abre los ojos y mira a los ojos de tu compañero, manteniendo la sensación de que el punto central está dentro de ti. Ahora daros uno a otro la mano izquierda, como si estuvierais estrechándolas. Siente la sensación de conexión con tu compañero a través de la mano izquierda. Nota cualquier diferencia entre esta sensación de conexión y la que sentiste cuando os disteis la mano derecha.
10. Suelta la mano y vuelve al gesto abierto. Seguidamente, deja tus manos relajadas y colgando a los lados.
11. Cambia de estado moviéndote un poco: da una vuelta, sacude los brazos y las piernas.
12. Vuelve a ponerte frente a tu compañero. Miraros mutuamente a los ojos e inspirad juntos al mismo tiempo; a continuación estirad las dos manos. Toma la mano derecha de tu compañero con tu mano derecha y su mano izquierda con la tuya, como si estuvierais estrechándoos las dos manos simultáneamente. Nota la presencia simultánea de las dos maneras de experimentar tu centro.

13. Siente la rica sensación de conexión con tu compañero que esto produce. ¿Qué sentimientos emergen naturalmente de esta conexión? ¿Cuáles son las cualidades de la "tercera entidad" que produce vuestra conexión? Envía silenciosamente una bendición o un regalo a tu compañero a través de esta conexión. A continuación, suelta suavemente las manos de tu compañero y daros un abrazo.

Cuando hayáis acabado, vuelve a reflexionar sobre si esta experiencia ha sido fácil para ti. ¿Has podido sentir la "tercera entidad" o el campo producido por vuestra conexión?

¿Has sentido alguna interferencia, como miedo, vulnerabilidad o una inhibición incómoda? De ser así, ¿han surgido creencias limitantes o pensamientos críticos asociados con dichas interferencias con respecto a los cuales podrías tener más opciones?

Si este nivel de conexión te ha resultado útil o fascinante, existen formas de crearlo sin tener que pasar formalmente por todos estos pasos. Con frecuencia, el simple hecho de estar presente en el cuerpo, de centrarte y de tener la intención de conectar con otra persona producirá la experiencia subjetiva de este campo interpersonal.

Reflejo energético

Según la noción de *resonancia mórfica* de Rupert Sheldrake, cuanto mayor es el grado de similitud entre individuos (u holones), mayor es el nivel de resonancia. La resonancia, a su vez, enriquece la calidad del campo mórfico existente entre ellos.

Un propósito clave de este ejercicio es ayudarte a desarrollar un alto grado de resonancia mórfica entre tú y otra persona a través del "reflejo energético", combinando la calidad y el nivel de intensidad de vuestros campos personales. Esto incrementa el nivel de resonancia producido por el campo interpersonal que se crea entre vosotros.

1. Céntrate y siéntete plenamente presente en tu cuerpo. Frótate las manos para calentarlas y sensibilizarlas.

2. Ponte de pie frente a tu compañero y levanta las dos manos, de modo que vuestras palmas estén unas frente a otras, casi tocándose. Lleva la conciencia a las manos siendo muy consciente del campo de energía entre tus manos y las de tu compañero. Siente una sensación de conexión con tu compañero a través de este campo.
3. Junto con tu compañero, empezad a separar vuestras manos, hasta que estén a unos 8-10 cms. Manteniendo la conciencia en las manos, incrementa tu sensibilidad hacia tu compañero hasta poder sentir el campo de energía existente entre tus manos y las suyas. Acercar y alejar vuestras manos muy despacio puede ayudaros a tener una sensación más clara de este campo. Nota las cualidades del campo. ¿En qué sentido es igual a, o diferente de, lo que has experimentado en la distancia anterior? Mantén la sensación de conexión con tu compañero a través de este campo.
4. Da lentamente un paso atrás con respecto a tu compañero de modo que vuestras manos estén a unos 25 centímetros de distancia. Manteniendo la conciencia en las manos, siente el campo de energía entre tus manos y las suyas y vuestra conexión a esta distancia. Nota las cualidades de vuestro campo conjunto a esta distancia. Compáralo con los otros dos.
5. Continúa moviéndote lentamente hacia atrás, alejándote de tu compañero, manteniendo vuestras manos unas frente a otras, y sintiendo el campo entre vosotros y la sensación de conexión a través de él. Alejaros solo la distancia suficiente como para poder seguir sintiendo vuestra conexión a través del campo existente entre vuestras manos.
6. Empezad a volver uno hacia el otro, sintiendo el campo entre vuestras manos hasta que estén casi tocándose. A continuación, permitid que establezcan un contacto físico suave.
7. Empujad cada uno las manos del otro con una suave presión hasta moverlas ligeramente hacia delante y hacia atrás.
8. Ajusta la presión que aplicas con tus manos hasta reflejar exactamente la presión que proviene de las manos de

tu compañero. Tanto tus manos como las suyas deberían quedarse perfectamente quietas. Sintoniza con esta sensación de igual presión y energía entre vuestras manos y siente la mayor sensación de conexión que la acompaña.

9. Junto con tu compañero, separad ligeramente vuestras manos hasta que vuelvan a estar casi tocándose y podáis sentir la fuerza de vida entre ellas. Quedaos de pie, sintiendo vuestras manos, hasta que ambos estéis reflejando la misma cantidad de energía que el compañero. Una vez más, notad cómo aumenta la sensación de conexión mutua.
10. Repetid los pasos del 3 al 5 de este ejercicio añadiendo el proceso de reflejaros mutuamente vuestra energía a través del campo existente entre vuestras manos en cada distancia sucesiva.
11. Una vez más, acercaos lentamente, reflejándoos la energía que sentís en el campo entre vuestras manos, hasta que vuelvan a estar casi tocándose. Seguidamente, permitid que vuestras manos hagan un contacto físico suave y reflejaos mutuamente la presión física que sentís uno del otro. Siente la fuerza de la conexión entre tu compañero y tú.
12. Cuando estéis preparados, podéis soltar la conexión entre vuestras manos y daros un abrazo.

Vuelve a reflexionar sobre si este ejercicio te ha resultado fácil o difícil. Con frecuencia, estos ejercicios y experiencias pueden producir una sensación de vulnerabilidad cuando nos abrimos más íntimamente a la energía de otra persona. Esto puede ser especialmente difícil si la energía es muy intensa, si está alterada o si no está integrada. Cuando alguien emplea una expresión del tipo: "Si las miradas pudieran matar...", o "Esa persona está lanzando puñales con los ojos", son descripciones de "ataques" energéticos. Uno de los grandes retos de abrir la mente campo es cómo recibir estos "ataques" con destreza y trabajar con ellos positivamente.

Es importante tener una sensación de seguridad y confianza para poder abrir el campo a otra persona. Esta es la razón por la que uno de los recursos más importantes que podemos aprender a fin de desarrollar de manera segura nuestra experiencia de la mente campo es crear lo que nuestro colega Stephen Gilligan (2009) denomina una "segunda piel".

Generar una "Segunda Piel"

Una segunda piel es una especie de aislamiento energético que nos protege de potenciales alteraciones provenientes de los diversos campos que nos rodean, sin desconectarnos del importante conocimiento y de la información contenidos en dichos campos.

En este caso, la metáfora de crearse una "piel" es crucial. A diferencia de una barrera o de una "armadura", la piel es *receptiva* y *selectiva*. Te permite ser visible sin quedar expuesto, y estar presente sin ser excesivamente vulnerable o frágil. Para ello se requiere un campo de energía equilibrado, que no sea demasiado suave ni demasiado duro. El fenómeno de la "segunda piel" te permite abrirte de manera segura y confiada al mundo, sin dominar a otros con tu energía ni dejarte empujar por ellos porque eres demasiado débil.

La piel es un tipo de membrana porosa que filtra el flujo de energía, el material y la información que circulan entre lo que queda fuera de la membrana y lo que está contenido dentro. Por una parte, lo que Gilligan denomina la segunda piel determina cuánta de nuestra energía queda contenida dentro y cuánta se libera al mundo. Por otra parte, nos conecta con el mundo externo a través del tacto, pero también regula el impacto de las energías externas y determina a qué aspectos de ellas se les permite entrar.

El ejercicio siguiente puede ayudarte a crear subjetivamente una "segunda piel" energética, saludable y resistente que puede ser un recurso para ti en tus interacciones con los demás.

1. Identifica un contexto relacional en el que te sientas abrumado, te pierdas o te sientas asaltado por un campo alterado o "sombrío". Por ejemplo, una situación en la que te sientes atrapado o bajo el influjo de cierto tipo de

energía o vibración negativa (por ejemplo, temor, agresión, tristeza, depresión, fatiga, etc.). Esto no tiene por qué estar conectado con ningún contenido conductual ni con ninguna expresión específica. Puede tratarse de una sensación que notes en ese contexto.
2. Selecciona una ubicación delante de ti, entra en ella y ponte en esa situación, imaginando que estás allí ahora, viendo lo que ves, oyendo lo que oyes y sintiendo lo que sientes. Haz un inventario interno de cómo es esa situación para ti subjetivamente. ¿Cómo experimentas el impacto de esta energía negativa? ¿Cómo te sientes? ¿Qué les ocurre a tus pensamientos?
3. Sal de la situación y sacúdete ese estado. Céntrate y toca tierra, estando plenamente presente en tu cuerpo. Frótate las manos para calentarlas y sensibilizarlas.
4. Mantén las palmas de las manos una frente a otra de modo que estén casi tocándose. Lleva presencia y conciencia a tus manos y déjalas volverse tan sensibles que puedas sentir tu fuerza de vida corporal entre las palmas. Imagina que tu centro está bien asentado y es un generador de energía. Imagina que la energía de tu centro sale por tus brazos y manos. Siente la presencia de esta energía en el espacio entre tus manos.
5. Separa las manos un poco más, hasta que estén a unos 8 o 10 centímetros de distancia. Manteniendo la conciencia en las manos, continúa sintiendo el campo de energía entre ellas a esa distancia. Mover las manos muy levemente una hacia otra y separarlas puede ayudarte a tener una sensación más clara de este campo. Nota: mantente presente y en tu cuerpo. Si tu mente empieza a deambular o se va del presente, no podrás sentir el campo.
6. Continúa sintiendo la presencia del campo generado desde tu centro, y permite lentamente que tus brazos y manos se pongan en la posición de ir a abrazar a alguien. Nota si puedes sentir la sensación de abrazar el campo de energía que emana de tu centro y de tu cuerpo. Asimismo, toma conciencia de cualquier sensación energética en los dorsos de las manos y de los brazos (en la parte externa de tu abrazo).

7. Manteniendo esta sensación del campo en tus manos y brazos, empieza a esculpir y a crear a tu alrededor una "segunda piel". En este caso la metáfora de la piel es importante. No es ni una armadura ni un campo de fuerza. La piel te permite al mismo tiempo estar conectado y ser selectivo. La piel de tu cuerpo protege tus delicados órganos internos y también te conecta de manera íntima con el entorno. Esta piel energética hará lo mismo con el campo. Tómate el tiempo que necesites para asegurarte de que esta segunda piel está en su lugar en las partes del cuerpo donde te sientes más vulnerable (corazón, estómago, garganta, etc.). Cuando sientas que la segunda piel está claramente en su lugar, da unos pocos pasos y practica moviéndote con la segunda piel puesta. Nota: si te ayuda, también puedes añadir otros sistemas de representación. Por ejemplo, visualiza la piel como un campo de energía o de luz de cierto color.
8. Sintiendo intensamente la presencia de tu segunda piel, ahora entra en la ubicación donde exploraste esa situación que te alteraba. Siente la sensación de seguridad/selectividad y de conexión con el entorno que te rodea. Mientras re-experimentas el contexto y la situación problemática, date cuenta de que es distinta de ti.
9. Proyéctate hacia el futuro imaginando la próxima vez que estarás en esa situación disponiendo de la segunda piel.

Si estás guiando a otra persona en este proceso, céntrate y genera un campo con las manos mientras diriges a tu compañero. Al tiempo que le explicas y le demuestras lo que hay que hacer, puedes reforzar su segunda piel reflejándosela al esculpirla con tus manos.

No obstante, si haces esto es importante que, como *coach*, no trates de poner ninguna de tus cualidades o energía en la "segunda piel" de tu compañero. Tu papel consiste únicamente en reconocer y favorecer la presencia de una segunda piel en él, reflejándosela mediante los movimientos de esculpir con tus manos donde quiera que observes que él se pone esa segunda piel.

Crear un campo generativo

Cuando estamos centrados en nosotros mismos y conectados de manera adecuada con los demás, los campos interpersonales pueden ser una fuente de recursos extremadamente poderosa para nosotros. A través de nuestras interacciones con otros, descubrimos y fortalecemos el conocimiento y la energía arquetípicos, creando lo que llamamos un "campo generativo".

Un campo generativo es el que es capaz de aportar o de producir algo nuevo, notable y sin precedentes para los individuos involucrados en su creación o para las interacciones entre ellos. Como señaló Le Bon: "Hay ciertas ideas y sentimientos que no vienen a ser, o que no se transforman en actos" a menos que las personas participen en grupos. En otras palabras, disponemos de recursos, de capacidades potenciales y de conductas que solo pueden ser descubiertas y desarrolladas mediante nuestras relaciones e interacciones con otros.

Esto es similar a la dinámica del ADN que constituye la estructura física de nuestro cuerpo. Los genes se activan (se encienden y se apagan) mediante las interacciones con otras moléculas que les rodean. Nuestros genes representan nuestro potencial, que puede expresarse o no. El hecho de tener una predisposición genética hacia algo no significa necesariamente que lleguemos a manifestarlo, o que lo manifestemos adecuadamente. Esto viene determinado por la interacción con el entorno local.

Consideremos, por ejemplo, la capacidad humana para el lenguaje verbal. Se cree que la capacidad de hablar es algo innato. Es decir, el lenguaje emerge de manera natural y espontánea de las interacciones humanas. Todas las poblaciones humanas del planeta poseen algún tipo de lenguaje verbal. No obstante, la liberación, el desarrollo y la expresión de estas capacidades innatas (arquetípicas) parecen requerir de la interacción entre personas. Según parece, el lenguaje se desarrolla espontáneamente cuando hay dos o más individuos viviendo juntos. Sin embargo, no surge en los seres humanos que están aislados.

En el que posiblemente fue el primer experimento psicológico que se haya llevado a cabo, el historiador griego Herodoto cuenta que el faraón egipcio Psametico trató de descubrir el origen del lenguaje dando dos bebés recién nacidos a un pastor. Al pastor se le instruyó para que los cuidara y alimentara, pero se le ordenó que no les hablara mientras crecían. La idea era ver si los niños desarrollaban el lenguaje por sí mismos y, de ser así, determinar cuál sería su lenguaje. Se aceptaba la hipótesis de que pronunciarían sus primeras palabras en la lengua raíz de todos los pueblos.

Aparentemente, los niños empezaron a hablar por sí solos. Cuando uno de los niño gritó "becos" con los brazos estirados, el pastor concluyó que la palabra era frigia, porque ese sonido correponde a la palabra frigia "pan". Como resultado, concluyeron que los frigios eran un pueblo más antiguo que los egipcios, y que el frigio era el lenguaje original de los hombres.

Sin embargo, el desarrollo natural del lenguaje, como en el caso de los dos niños egipcios, no se produce en casos de niños aislados, los denominados "niños ferales o salvajes", criados por lobos u otros animales. De hecho, en el caso típico, los niños ferales tienen problemas para aprender a andar erguidos y demuestran una total falta de interés por las actividades humanas que les rodean. A menudo parecen mentalmente impedidos y, si son descubiertos a partir de cierta edad, tienen problemas casi insuperables para aprender un lenguaje humano.

Como una demostración interesante de las neuronas espejo, los niños ferales tienden a asumir las características de los animales que les han criado. En un incidente reciente (diciembre de 2007), se descubrió un niño en Rusia central que había estado viviendo con una manada de lobos. El muchacho exhibía las típicas reacciones y comportamientos lobunos, y era incapaz de hablar ningún lenguaje humano.[13]

La conclusión de estas observaciones parece ser que se requiere la relación y la interacción con otros seres humanos para generar el grado de "resonancia mórfica" (tal vez a través de las neuronas espejo) que se necesita para activar las capacidades humanas básicas, como caminar erguido y emplear el lenguaje verbal. En otras palabras, podríamos decir que no se trata tanto

---

13 Desde esta perspectiva, resulta interesante reflexionar sobre el hecho de que la palabra "becos", que supuestamente pronunció el niño egipcio en el relato de Herodoto, tiene un sonido similar al balido de las ovejas.

de que el lenguaje sea innato dentro de los individuos, como de que es innato en el campo que se crea entre los individuos.

En su libro *Outliers* (2008), Malcolm Gladwell señala que los logros y el rendimiento de los individuos más destacados y exitosos están conformados tanto por su entorno y contexto social como por su estructura interna. Gladwell afirma que el éxito requiere algo más que inteligencia individual, ambición, empeño y trabajo duro, y concluye que "lo que hacemos como comunidad, como sociedad, unos por otros, importa tanto como lo que hacemos por nosotros mismos".

A modo de ilustración, si Albert Einstein hubiera estado aislado de niño o hubiera sido criado por lobos, está claro que no habría desarrollado ni expresado su genialidad única. Como él mismo dijo:

"El individuo, si se le dejara solo desde el nacimiento, se mantendría primitivo, sería como un animal en sus pensamientos y sentimientos hasta un grado que nos resulta difícil concebir. El individuo es lo que es y tiene el significado que tiene no tanto en virtud de su individualidad, sino como miembro de la gran sociedad humana, que dirige su existencia material y espiritual desde la cuna hasta la tumba.

El valor de un hombre para la comunidad depende principalmente de la medida en que sus sentimientos, pensamientos y acciones están dirigidos a promover el bien de sus semejantes. Decimos que es bueno o malo en función de cómo responde en este asunto. Parece, a primera vista, que nuestra estimación de un hombre depende completamente de sus cualidades sociales. Y sin embargo esta actitud estaría equivocada. Está claro que todas las cosas valiosas, materiales, espirituales y morales, que recibimos de la sociedad pueden rastrearse a lo largo de incontables generaciones hasta ciertos individuos creativos. El uso del fuego, el cultivo de plantas comestibles, el motor de vapor, cada uno de ellos fue descubierto por un hombre.

Solo el individuo puede pensar, y por tanto crear nuevos valores para la sociedad... e incluso establecer nuevos criterios morales a los que se adapte la vida de la comunidad. Sin personalidades creativas, que piensen y juzguen independientemente, el movimiento ascendente de la sociedad es tan impensable como el desarrollo de una personalidad individual sin el terreno nutricio de la comunidad."

Así, crecemos y evolucionamos a través de nuestras interacciones con otros. Como un cliente dijo en una ocasión a uno de los autores: "Yo soy quien soy porque estoy cerca de ti". Ciertamente hemos experimentado que estar cerca de ciertas personas puede hacer que expresemos energías y cualidades que no expresaríamos en soledad. Un ejemplo clásico de esto es el enamoramiento.

Hay un segmento de un vídeo musical muy instructivo e inspirador que nos gusta mostrar en nuestros talleres y seminarios para ilustrar de manera muy hermosa el fenómeno del campo generativo. Es un fragmento de un concierto de un grupo de música *New Age* que se llama Yanni y la Acrópolis. En él se muestra una breve improvisación de dos violinistas: una mujer afroamericana formada en el jazz y un hombre originario de Oriente Medio con una formación clásica. A medida que ambos músicos toman sus turnos durante el dueto improvisado, es evidente que hay una conexión positiva y creativa entre ellos, que se evidencia en el entusiasmo somático y en las bromas que se hacen mientras tocan sus instrumentos y se escuchan mutuamente. Mientras actúan, empiezan a incorporar ideas y melodías musicales que acaban de oír del otro, y las expanden en direcciones nuevas y creativas.

El resultado final es una actuación inspirada en la que cada uno de los músicos da claramente lo mejor de sí y eleva al otro, tocando músicas que nunca habrían entrado en sus mentes si hubieran estado tocando solos. También está claro que el resultado no es solo consecuencia de su gran habilidad con sus instrumentos. Es función de la energía somática dentro de sus cuerpos y del campo generativo que se forma entre ellos.

Desplegar un recurso compartido (un "Recurso-nosotros")

El autor y humanista Morris Berman declaró: "La energía del universo se origina en el cuerpo, y es generada como un campo entre cuerpos". El propósito del siguiente ejercicio es explorar cómo podemos liberar, dirigir y usar creativamente nuestra energía a través de lo que hemos llamado un "campo generativo".

Como en el ejemplo de los músicos citado anteriormente, el proceso requiere interactuar con un compañero para generar y enriquecer mutuamente los estados positivos y las expresiones creativas de uno y otro. Sin embargo, en lugar de usar el lenguaje de la música, trabajarás con la sintaxis somática, el lenguaje del cuerpo.

Sigue los pasos siguientes:

1. Con un compañero, entra en un estado centrado de armonía, equilibrio y generatividad. Siente la energía positiva de este estado en tu cuerpo. Expande tu conciencia para incluir a tu pareja y siente las cualidades del campo o "tercera entidad" que existe entre vosotros.
2. Percibe qué sentimiento o estado positivo parece emerger naturalmente de esa conexión con tu compañero. Ambas personas (A y B) permitís que surja un movimiento físico que exprese vuestra actual sensación sentida de este estado creativo.
3. La Persona A demuestra su movimiento a la Persona B. La Persona B observa, permitiendo que sus "neuronas espejo" capten la expresión somática de A y la energía acompañante. Seguidamente, B muestra su movimiento a A. La Persona A observa, permitiendo que sus "neuronas espejo" capten la expresión somática de B y la energía que la acompaña.
4. Manteniendo la atención en el campo que está creando con la Persona B, la Persona A refleja parte del movimiento creativo de B, permitiendo que le inspire espontáneamente un nuevo movimiento que añada a, o extienda, la sintaxis somática de B.
5. Manteniendo su atención en el campo generativo que está creando con la Persona A, la Persona B refleja parte del movimiento creativo de A, permitiendo que le inspire espontáneamente un nuevo movimiento que añada a, o extienda, la sintaxis somática de A.
6. La Persona A, a su vez, refleja alguna parte del nuevo movimiento de la Persona B y permite que le inspire

espontáneamente otro movimiento que le añada algo o que lo amplíe.
7. Después de repetir este proceso varias veces, A y B comienzan a moverse al mismo tiempo, sintiendo la energía o "campo" que las conecta y encontrando el movimiento que expresa el carácter único del campo generativo existente entre ellas.
8. [Opcional] Si el ejercicio se está haciendo con un grupo de gente, cada pareja puede encontrar otra pareja y repetir el mismo proceso; en esta ocasión usando el movimiento que han creado juntos como pareja en el paso 7. Después puede volver a repetirse en cuartetos, etc. hasta que hayáis encontrado un movimiento común para todo el grupo.

Es de esperar que este ejercicio te ofrezca una experiencia clara de la capacidad generativa de los campos interpersonales. Cuando lo practicamos en nuestros seminarios y talleres, el sentimiento de energía y conexión entre los participantes se incrementa drásticamente.

Colaboración generativa

El fenómeno del campo generativo puede extenderse fácilmente a un grupo o equipo para componer un estado creativo que llamamos "colaboración generativa". Trabajar con otras personas en grupos y equipos es algo cada vez más común e importante en la vida contemporánea y en los negocios de nuestros días. Los grupos y equipos de alto rendimiento demuestran las características de una *inteligencia colectiva*. El fruto de los equipos eficaces y de la inteligencia colectiva es lo que se conoce como *colaboración generativa*. Esto se relaciona con la habilidad de la gente del equipo, grupo u organización para pensar y actuar de manera alineada y coordinada a fin de generar una totalidad que sea realmente mayor que la suma de sus partes.

Colaborar significa literalmente "trabajar juntos". Existen muchas maneras de trabajar juntos y colaborar. Algunas son más eficaces que otras. De hecho, el rendimiento de un grupo puede categorizarse en tres tipos:

1. En un grupo o equipo de *bajo rendimiento,* el resultado o la producción final del grupo como totalidad es *menor* que si los individuos trabajan separadamente.
2. En un grupo o equipo de *rendimiento medio,* el resultado o la producción del grupo como totalidad es aproximadamente igual que si los individuos trabajan independientemente.
3. En un grupo o equipo de *alto rendimiento,* el resultado o la producción del grupo como totalidad es *mucho mayor* que si los individuos trabajan por separado. Esto es el resultado de la colaboración *generativa*.

Podemos decir que, en esencia, a un grupo o equipo de bajo rendimiento le falta la capacidad de colaborar eficazmente. No es solo que los individuos estén fracasando a la hora de trabajar juntos, sino que sus interacciones obstaculizan el desempeño eficaz de sus tareas individuales (un tipo de interacción que produce una "colaboración degenerativa" o "suma negativa").

Se puede decir que un grupo promedio alcanza un nivel básico de colaboración. La *colaboración básica* implica que el grupo de individuos trabaje junto para alcanzar un objetivo específico. Esta conexión exige que los individuos tengan cierto grado de conexión unos con otros, que comuniquen eficazmente y que cada uno de ellos realice la tarea requerida en coordinación con los otros compañeros o miembros del grupo. El objetivo de la colaboración básica es que la gente rinda de acuerdo con lo que se espera de ella a fin de producir un resultado que iguale la suma de las contribuciones individuales. La colaboración básica requiere que los miembros del grupo sean capaces de prestarse apoyo mutuamente como guías, *coaches,* y a veces como profesores.

La *colaboración generativa* consiste en una serie de personas trabajando juntas para crear o generar algo nuevo, sorprendente y más allá de las capacidades individuales de cualquiera de los miembros del grupo. Mediante la colaboración generativa, los individuos son capaces de utilizar sus habilidades al máximo y de descubrir y aplicar recursos que aún no sabían que tenían. Extraen nuevas ideas y recursos unos de otros. Así, el rendimiento o la producción del grupo como totalidad es *mucho mayor* de lo que sería si sus componentes estuvieran trabajando aisladamente.

Consideremos el siguiente ejemplo de una gran compañía de telecomunicaciones muy conocida. La compañía se estaba esforzando por mantener la competitividad y sabía que tenía que desarrollar un producto para un área muy importante de su mercado. La situación era tan crítica que reunió a un equipo de 1.000 personas para desarrollar el nuevo producto. Sin embargo, para su sorpresa y vergüenza, uno de sus competidores fue capaz de crear un producto mejor en menos tiempo y con un coste mucho menor, superándoles completamente en el mercado con un equipo de solo 20 personas.

Por supuesto, la pregunta candente para la gran compañía de telecomunicaciones era: ¿Cómo es posible que 20 personas puedan superar completamente el trabajo de 1.000? La diferencia que marcó la diferencia es lo que llamamos la capacidad de "colaboración generativa". Al reflexionar sobre cómo habían trabajado los equipos de 1.000 personas, se hizo evidente que operaban en "silos", en gran medida aislados unos de otros. Los miembros de los equipos simplemente llevaban a cabo las tareas que el líder del proyecto les había asignado, y este consideraba a sus trabajadores como partes de una máquina o de un programa de ordenador.

Por otra parte, las veinte personas del otro grupo estaban en constante comunicación e interacción, retándose, estimulándose y apoyándose mutuamente para ser y para dar lo mejor de sí mismos, y para pensar "fuera de la caja". La colaboración generativa trata de que las personas se estimulen y apoyen unas a otras para avanzar de maneras nuevas y crear algo sin precedentes. Requiere que los miembros del grupo compartan algunas habilidades como la visión, las perspectivas múltiples y la capacidad de crear un sólido campo relacional basado en la confianza y el respeto mutuo. Esto implica que los miembros del grupo tengan la capacidad de darse apoyo mutuo como mentores, patrocinadores y "despertadores".

Como hemos señalado, este tipo de colaboración generativa da como resultado el desarrollo de la mente grupal o inteligencia colectiva, en la que el conocimiento y el saber hacer de los individuos se combina para producir una inteligencia y creatividad colectiva mayores, que son imposibles sin la presencia de los otros compañeros o miembros del grupo. Como hemos dicho, este proceso es similar a lo que ocurre cuando dos átomos de hidrógeno se combinan con uno de oxígeno para crear una tercera entidad nueva, el agua.

Sin embargo, para crear agua, el oxígeno debe seguir siendo plenamente oxígeno y el hidrógeno debe seguir siendo hidrógeno. En palabras del filósofo Ken Wilber: las nuevas relaciones expresadas por la creación del agua "incluyen y trascienden" a las entidades individuales que la constituyen, produciendo algo que contiene a ambas, pero al mismo tiempo es completamente nuevo.

Un principio importante que está operando aquí es que, para la colaboración generativa, son necesarios el interés personal, la individualidad y la pasión. Se ha dicho que "en el equipo no hay yo", y esto tal vez sea verdad en la colaboración básica, pero no en la colaboración generativa. Para producir colaboración generativa, las personas deben estar firmemente enraizadas en sí mismas, centradas somáticamente en su energía única y en sus recursos personales, y deben sentirse personalmente apasionadas por convertir sus visiones en realidades. Cuando la gente "sacrifica sus intereses por el bien del equipo", el equipo mismo pierde la plena pasión, creatividad y energía de sus miembros.

A modo de ejemplo podemos decir que, en la colaboración básica, un grupo de seis o siete personas se juntan, llegan a un consenso con respecto a un proyecto particular y trabajan juntas para conseguirlo; de este modo producirían un proyecto como producto de la suma de sus interacciones. Aplicando los principios de la colaboración generativa, el grupo de seis o siete individuos produciría al menos seis o siete proyectos, además de varias posibles sinergias entre algunos de ellos.

Como dijo Thomas Jefferson, uno de los padres fundadores de la Nación Americana: "Si dos personas se juntan e intercambian un dólar, ambas se van con un dólar. Pero si dos personas se juntan e intercambian una idea, ambas se van con, al menos, dos ideas". De hecho, probablemente se van con más ideas como resultado de las combinaciones y sinergias entre las ideas compartidas. La colaboración generativa es un buen ejemplo de este tipo de economía de las ideas.

Una buena metáfora para entender la dinámica de la colaboración generativa es la interacción entre burbujas. En esta analogía, una burbuja representaría una visión o idea particular. En la colaboración básica, todos los participantes o miembros del equipo trabajan juntos para crear una burbuja. La colaboración generativa requiere que cada miembro cree su propia burbuja y después ver cómo esa burbuja se junta con las formadas por los demás miembros del grupo.

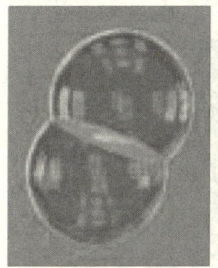 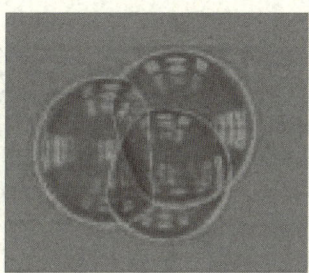 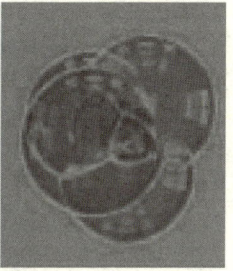

De manera similar a como las burbujas se juntan para formar una totalidad mayor, la colaboración generativa requiere la integración de visiones e ideas complementarias.

Muchos logros y desarrollos de nuestro mundo moderno no son el resultado de la visión de una única persona, sino la consecuencia de combinar múltiples visiones e ideas.

La creación de Internet es un buen ejemplo. Las semillas de Internet comenzaron en 1969 en Arpanet, un proyecto de investigación del Departamento de Defensa de Estados Unidos que tenía como objetivo crear una arquitectura en red para uso militar, así como una manera de conseguir un uso más económico de los grandes ordenadores, que eran un recurso escaso. Las universidades, los laboratorios de investigación y los contratistas del Departamento de Defensa pronto descubrieron el potencial de Internet como medio de comunicación entre los "humanos" y fueron vinculándose en números crecientes. En la década de los 80 y los primeros 90, cada vez más piezas de la red gubernamental original fueron vendidas a las grandes compañías de telecomunicaciones, hasta que la columna vertebral de Internet quedó totalmente comercializada. En 1994, los usuarios convencionales de ordenadores descubrieron Internet, atraídos por las características hipertexto y multimedia de la World Wide Web. Ahora Internet se ha extendido globalmente y se ha convertido en la clave que unifica las tecnologías de comunicación para la población del planeta.

No obstante, como señaló uno de los creadores de Arpanet: "Entonces nadie tuvo la visión de *Internet*. Nadie en aquel tiempo visionó lo que se ha desarrollado hoy".

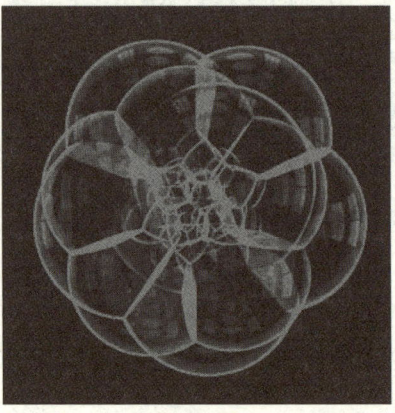

El resultado de la colaboración generativa es una visión colectiva única

El emprendedor Don Pickens confirma este punto de vista cuando afirma: "El liderazgo visionario no es únicamente tener una visión; es entretejer esa visión con otras visiones".

Crear un "espacio" (continente) generativo

Los ejercicios siguientes exploran cómo crear las condiciones para la colaboración generativa. Al hacerlo, es importante distinguir entre el *continente* (la relación o el campo existente entre los miembros del grupo o del equipo) y el *contenido* (las visiones, ideas o asuntos que el grupo o equipo ha de abordar).

Para la colaboración generativa es esencial la creación de un "entorno" relacional basado en la confianza, el respeto mutuo y el reconocimiento de los recursos y las contribuciones únicas de cada miembro del grupo. En PNL de tercera generación esto se conoce como "apadrinar".

El profesor transformacional Richard Moss afirma que: "El mayor regalo que nos podemos dar a nosotros mismos o a otra persona es la calidad de nuestra atención". Apadrinar involucra ver, sentir y afirmar las cualidades positivas y el potencial de otros. Un modo de animar el apadrinamiento mutuo en un grupo de gente es hacer que sus componentes busquen y reconozcan lo que perciben y aprecian de los otros miembros del grupo.

El proceso siguiente, desarrollado inicialmente por el formador de la PNL Robert McDonald, anima a las personas a apadrinarse mutuamente haciendo que se enfoquen en lo que perciben y en lo que les gusta auténticamente de los demás.

Los miembros del grupo toman turnos para ser la Persona A, la persona en la que se enfoca el resto del grupo. Es importante que cada persona se presente voluntaria solo cuando se sienta preparada para estar en el foco.

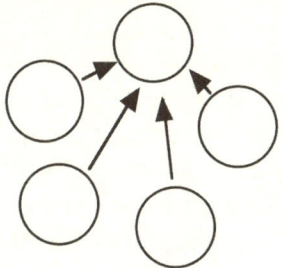

Cada miembro se ofrece voluntario para estar en el foco del grupo

Empezando por la izquierda de la Persona A, y continuando en la dirección de las agujas del reloj, cada miembro del grupo comenta una cosa que ve (u observa) y le gusta de la Persona A, y algo que siente (u observa) de la Persona A. Este "ver" está basado en nuestras observaciones sensoriales literales de la conducta de la otra persona. Este "sentir" es una impresión somática e intuitiva con respecto a la esencia profunda de la otra persona.

Cada miembro del grupo usa el formato siguiente:

"Veo _____. Y me gusta."

"Siento _____. Y me gusta."

Repite este proceso hasta que todos los miembros del grupo hayan tenido la oportunidad de ser la Persona A y de recibir estos comentarios de todos los demás.

Es importante recordar que ser observado tan íntimamente por otros puede generar sentimientos de vulnerabilidad en muchas personas. Así, es importante estar seguro de que los miembros del grupo están centrados en sí mismos y con una "segunda piel" saludable al comenzar este proceso.

Cuando se hace adecuadamente, esta práctica puede crear una experiencia rápida y profunda de confianza y conexión entre los miembros del grupo, aunque antes no hayan tenido mucha familiaridad entre ellos.

Enriquecer el campo grupal

Un principio clave de la colaboración generativa es que cuanto más es capaz cada persona de aportar su propia energía especial y sus recursos al grupo, tanto más se beneficia el grupo. Asimismo, cuanto más de ese recurso pueda el grupo extraer de la persona, más se beneficiarán tanto la persona como el grupo.

El ejercicio siguiente está diseñado para ayudar a establecer y mantener un circuito de *feedback* positivo entre el individuo y la totalidad del grupo.

Como individuo:
1. Identifica un estado en el que tienes recursos y que te gustaría que fuera tu contribución al grupo, de modo que este te permita expresarlo todavía más.

2. Ponte completamente en ese estado. Siente la energía de ese estado y deja que se convierta en una expresión física en forma de un movimiento (sintaxis somática). Identifica también la palabra o etiqueta que usarías para caracterizar ese estado. El nombre puede ser literal (por ejemplo, "confianza", "humor", "sabiduría", "generosidad", etc.) o puede ser simbólico o metafórico (por ejemplo, "luz estelar", "raíces profundas", "energía azul radiante", etc.).

Como grupo:

3. Uno por uno, cada miembro del grupo expresa y demuestra el estado y la energía que le gustaría aportar al campo grupal. Para ello, el individuo hace la siguiente invitación: "Ved mi (estado positivo/energía)".
4. El resto del grupo observa cuidadosamente a la persona que está haciendo la invitación y seguidamente va a la "segunda posición", asumiendo la sintaxis somática de ese individuo. Cuando los miembros del grupo tienen una sensación del estado especial del individuo y de su energía, retoman su primera posición y dicen: "Veo tu (estado positivo/energía)."
5. Entonces el individuo dice: "Vedme".
6. Cada miembro del grupo siente la presencia profunda de ese individuo (su "superposición") y dice: "Te veo".
7. Repetid el proceso hasta que cada miembro del grupo haya hecho las dos invitaciones, ["Ved mi (estado positivo/energía)" y "Vedme"], y haya sido reconocido por el resto del grupo.
8. Después de que cada miembro del grupo haya demostrado su recurso y haya sido patrocinado con respecto a él, todos los miembros del grupo empiezan a hacer sus propios movimientos al mismo tiempo. Seguidamente, todos los miembros del grupo empiezan a cambiar gradualmente y a combinar sus movimientos individuales en un único movimiento que es el "recurso grupal". Esto creará una especie de "cuarta posición" compartida.

Cuando el "continente o receptáculo" que es el campo grupal ha sido establecido y enriquecido, es posible empezar a conectar con la "inteligencia colectiva" de los miembros del grupo. Un modo poderoso de hacerlo es el proceso que llamamos "Intervisión".

"Intervisión"

La riqueza de un campo generativo viene del hecho de que la gente tiene distintos mapas del mundo, y diferentes formaciones, recursos y perspectivas. Cuando estas diferencias se ensamblan de un modo en el que se complementan mutuamente, forman la base de la colaboración generativa eficaz. El proceso de *intervisión* es un modo de promover sinergias y superposiciones constructivas entre las diversas visiones, ideas y perspectivas de los componentes del grupo.

En la "supervisión" está implicada una relación jerárquica entre dos personas; el supervisor provee el "mapa correcto" al supervisado. En la "inter-visión" se asume que las personas son iguales y que no hay un único mapa que sea el correcto. El término "visión" también conlleva una implicación importante. Uno de los objetivos del proceso de intervisión es aplicar las estrategias del pensamiento visual y simbólico en un contexto grupal.

Uno de los principales beneficios de la intervisión guarda relación con la influencia que ejerce nuestra manera de representar y conceptualizar nuestras ideas y visiones. La manera en la que otra persona representa la visión o la idea de un individuo puede ayudar automáticamente a enriquecer la percepción que tienen de ella los demás miembros del grupo. Por esta razón, lo óptimo es realizar el proceso de intervisión con un grupo de al menos cuatro personas a fin de conseguir un nivel de diversidad suficiente.

Otro aspecto importante de la intervisión es que cada miembro del grupo se sienta inspirado por las visiones y las ideas de los demás. En términos de la relación entre los miembros del grupo, el objetivo del proceso de intervisión es que cada persona comparta su visión con las demás asumiendo la actitud: "Esto es mi futuro, ¿puedes contribuir a él?" Y los demás preguntan: "¿Cuál es tu visión para que pueda contribuir?"

En el típico formato de intervisión, cada miembro del grupo toma un turno para presentar a los demás su visión, idea o situación de forma tan breve y concisa como sea posible. Mientras los miembros del grupo escuchan, dejan que las palabras e ideas del presentador les toquen e inspiren.

Cuando el presentador ha acabado, los demás miembros del grupo hacen un dibujo simbólico o metafórico que representa cómo entienden lo que han recibido y describe lo que ha inspirado en ellos. Puede ser cualquier tipo de boceto o diagrama. Por ejemplo, alguien podría dibujar un árbol o un paisaje; otra persona podría dibujar simplemente un grupo de símbolos como rectángulos, círculos y estrellas, y conectarlos con líneas y flechas. Lo que es bien cierto es que los demás miembros no representarán del mismo modo la descripción del explorador. Cada cual tendrá un mapa distinto del territorio.

Al dibujar, cada persona hace individualmente su propio mapa representativo, sin mirar los otros dibujos. Cada miembro del grupo, incluido el presentador, traza su dibujo personal de lo que la visión, idea o situación del presentador ha inspirado en él.

Seguidamente, los miembros del grupo considerarán qué recursos pueden ofrecer libremente al presentador. En este caso, un "recurso" sería algo con lo que un miembro del grupo puede ayudar al presentador a manifestar mejor su visión o idea. Por ejemplo, los recursos podrían ser un libro, un artículo, una página web, información de contacto sobre una persona u organización, etc. El recurso también podría ser una sugerencia, consejo o guía tomados de tu propia experiencia.

Es importante que el recurso sea algo que el miembro del grupo pueda ofrecer al presentador sin pedir nada a cambio.

Una vez que los miembros han completado sus bocetos y pensado en los recursos que pueden ofrecer, cada persona explica lo que ha dibujado y hace su contribución empleando el formato siguiente:

1. "Esta es mi imagen de tu idea o visión..." (Explica brevemente el dibujo según sea necesario.)

2. "Lo que tu visión inspira en mí es..." (Comparte cualquier sentimiento, idea, nueva perspectiva, etc., que las palabras o las ideas del presentador hayan activado en ti.)
3. "Un recurso que puedo ofrecerte libremente y que puede ayudarte a poner en práctica tu idea o visión es..."

Al final, el presentador ofrece *feedback* al grupo sobre cómo se ha enriquecido su propio mapa de la visión o de la idea.

Si hay tiempo, el grupo también puede explorar la creación de dibujos y cuadros que representen las superposiciones o las ideas comunes de sus visiones.

Acceder a la "Mente mayor"

Como hemos dicho antes, los campos generativos pueden extenderse más allá de las interacciones personales. También pueden surgir de nuestras interacciones con lo que Bateson denominó la "Mente mayor" contenida dentro de nuestro medio natural, la ecología planetaria y el inconsciente colectivo. Los ejercicios siguientes ofrecen procedimientos diseñados para ayudarnos a conectar con la inteligencia del campo mayor que nos rodea.

Soñar activamente

"Soñar activamente" es un modo de acumular información procedente del campo mediante un estado de "no saber". Este es un proceso inspirado por ciertos grupos de nativos americanos. Requiere establecer una intención que se ha de completar durante el sueño o bien mientras se sueña despierto. La intención podría ser conseguir una respuesta, resolver un problema, tomar una decisión, conseguir más información, entender mejor algo, etc. Habitualmente, las intenciones se declaran en términos más generales que un objetivo o resultado específico. Por ejemplo, una persona podría decir: "Mi intención es soñar con cómo podría dejar ir algo de manera segura y ecológica". La intención sirve de filtro o guía que dirige los procesos inconscientes.

Las respuestas pueden ser literales o simbólicas. Una persona podría despertar a la mañana siguiente y darse cuenta: "Ya es hora de soltar el enfado al que me he venido aferrando con respecto a esa relación que acabó hace cinco años". Otra persona podría salir a dar un paseo y fantasear con las hojas que caen del árbol. Es posible que la persona no tenga una comprensión consciente de lo que las hojas simbolizan, pero que aun así se sienta más ligera y cómoda.

Un modo de explorar los símbolos es asumir la "segunda posición" con respecto a ellos: por ejemplo, imaginar que eres las hojas o el propio árbol. Seguidamente, al volver a la primera posición o a la posición del observador, uno puede explorar la relación entre los símbolos y su intención original.

Ejercicio para soñar activamente

Para explorar el sueño activo, prueba el ejercicio siguiente:

1. Céntrate en tu cuerpo y abre tu conciencia al campo mayor que te rodea (consulta los ejercicios *Sentir tu campo* y *Conectar desde tu centro*). Establece una "intención" en el trasfondo de tu mente; por ejemplo, puede tratarse de una decisión que estás tomando, un problema que estás resolviendo, algo con lo que deseas ser más creativo, un asunto con respecto al cual deseas más información, etc.
2. Crea un estado de "no saber" o "de disponibilidad" de las maneras siguientes:
   a. Cambiando a la visión periférica (a diferencia de la visión foveal o más enfocada).
   b. Enfoca tus oídos en los sonidos externos (apagando el diálogo interno).
   c. Entra en relajación (sin excesos emocionales ni tensiones físicas).
3. Comprométete a mantener este estado mientras das un paseo de diez minutos. Mientras caminas, nota cualquier cosa que parezca "saltar a tu vista" o "captar tu atención", por ejemplo: un árbol, la hierba, el viento, los trinos de un pájaro, etc.

4. A medida que se presenten estos fenómenos (puede haber más de uno), toma la segunda posición con respecto a cada símbolo u objeto. ¿Cuáles son las características de ese símbolo u objeto? ¿Cuáles serían tus atributos si fueras un árbol, por ejemplo? Es probable que el sentido del tiempo cambiara, que los objetos y personas se movieran a otra velocidad, que tú te quedaras quieto en el fondo y tuvieras movimiento encima de ti, etc.
5. Toma todo el conocimiento y las características que has descubierto al asumir la segunda posición con respecto a los objetos o símbolos y crea una tercera posición o meta posición con respecto a tu intención original. Explora qué nuevas informaciones, datos o comprensiones has adquirido con respecto a tu intención original.

Ver el "Campo"

Albert Einstein dijo: "Nuestra forma de pensar crea problemas que este mismo tipo de pensamiento no puede resolver". La mayor parte de nuestra educación formal se centra en métodos orientados hacia la aplicación de las funciones de nuestra mente cognitiva consciente. Sin embargo, muchos de nuestros retos existenciales y decisiones no pueden resolverse mediante la lógica lineal y racional de la mente consciente. A menudo, esto nos lleva a un estado de *impasse* en el que "nuestro ingenio se agota".

El diccionario Webster define *impasse* como "un punto muerto o situación en la que no es posible progresar". El ejercicio siguiente te ayuda a conectar con la inteligencia de la mente campo para poder avanzar en aquellas áreas de tu vida, de tu carrera profesional o de tus relaciones personales en las que has alcanzado un *impasse*.

El acceso a la mente campo nos permite salir de la caja de nuestras propias limitaciones cognitivas. Todos los genios creativos más conocidos del mundo y los grandes pensadores reconocen la importancia de tener métodos y prácticas que les conecten con un nivel de inteligencia que incluya pero trascienda los límites de su ego y de su intelecto racional.

Ver el campo consiste en enfocarse en la estructura profunda de una situación, y no en el contenido particular ni en las condiciones a través de las cuales está siendo expresada. Como hemos señalado antes, las dinámicas del campo son demasiado complejas y sutiles para poder percibirlas literalmente. Y como no podemos percibir directamente las relaciones intrincadas e invisibles que constituyen el campo, nuestras representaciones subjetivas de ellas suelen ser simbólicas y no literales.

1. Identifica una experiencia en la que hayas alcanzado un *impasse* y selecciona un lugar físico para asociarlo con ella. Entra en el lugar físico elegido y asóciate con esa experiencia tan plenamente como puedas.
2. Sal del lugar físico y adopta una posición de observador. Céntrate y ábrete al campo. Con los ojos cerrados, imagina que estás mirando a través de tu centro al campo o a las dinámicas energéticas que influyen en el sistema. Permite que emerja una imagen simbólica.
3. Reflexiona sobre tu estado deseado y selecciona otro lugar físico diferente con el que asociarlo. Manteniéndote centrado, entra en esa localización y siente el estado deseado. Presta atención al campo o a la energía dinámica de ese estado. Permite que emerja una imagen simbólica.
4. Vuelve a la posición de observador. Céntrate y ábrete al campo mayor que influye y trasciende tanto los símbolos de la situación de *impasse* como los del estado deseado. Con los ojos cerrados, imagina que miras a través de tu centro. Establece la intención de descubrir qué recurso te permitiría transformar la situación de *impasse* en el estado deseado. No pienses lógica ni racionalmente sobre la situación. Permite que surja espontáneamente una imagen simbólica. Mientras mantienes esa imagen en la conciencia, llévala a tu cuerpo como sensación sentida del recurso, de modo que se exprese somáticamente como un gesto o movimiento.
5. Toma la imagen simbólica y la expresión somática que haya surgido en el paso anterior, vuelve a la localización

del *impasse* y experimenta cómo se transforma espontáneamente cuando le aportas el recurso del campo mayor.
6. A continuación, pasa al estado deseado, llevando contigo la imagen simbólica y la expresión somática del recurso. Nota qué se fortalece, profundiza o enriquece al llevar el recurso del campo mayor a esa localización.
7. Finalmente, quédate en un lugar a medio camino entre el *impasse* y el estado deseado, llevando contigo la imagen simbólica y la expresión somática del recurso. Una vez más, nota qué se fortalece, enriquece y transforma a medida que llevas el recurso del campo mayor a esa localización.

Ahí fuera, más allá de las ideas de bien o mal, hay un campo. Me encontraré contigo allí.

Cuando el alma yace sobre la hierba, el mundo está demasiado lleno para hablar de él.

Las ideas, el lenguaje, e incluso la frase "uno a otro" no tienen ningún sentido.

—Rumí

Capítulo 4

Aplicar la siguiente generación de la PNL

Visión general del Capítulo 4

Aplicar la siguiente generación de la PNL
Preparación para el futuro
Estrategias de supervivencia
Promover el cambio generativo
Ciclo adaptativo
Elección
Conciencia: la base de la elección
Programación inconsciente y los virus mentales
Coaching con la siguiente generación de la PNL
Coaching con "C" mayúscula y con "c" minúscula
Coaching y el "juego interno"
El ejemplo del "Milagro del Hudson"
La importancia de la práctica
La práctica de estar en la zona: *COACHing* frente a *CRASHing* (estado de bloqueo)
Encontrar tu zona
Aprender del zumo de manzana
El poder de la presencia

Crear un espacio (continente) *COACHing*™
Pasar del *CRASH* al *COACH*
Introducir las energías arquetípicas en el espacio (continente) *COACHing*™
Explorar la influencia de las energías arquetípicas
Contener los sentimientos difíciles
Creencias barrera y creencias puente
Trabajar con los arquetipos de transición

Aplicar la siguiente generación de la PNL

Las aplicaciones de la tercera generación de la PNL utilizan y combinan nuestras tres mentes: *cognitiva, somática y campo*. Cuando integramos estas tres fuentes de inteligencia, tenemos más habilidad para realizar muchos tipos de actividades y proyectos diferentes con mayor facilidad y elegancia. Al mismo tiempo, también somos capaces de abordar asuntos más profundos y complejos, y de conseguir resultados que no pueden conseguirse mediante una sola de estas inteligencias. Así, la característica de los procesos de la PNL de tercera generación es que son al mismo tiempo simples y profundamente transformadores.

Las prácticas y técnicas de la tercera generación de la PNL se basan en la comprensión de que *en esencia somos intrínsecamente generativos,* de que *la semilla de la solución está contenida dentro del problema,* y de que *podemos aprender a crear espacio para que las soluciones se desplieguen de manera orgánica conteniendo la fuente de un problema dentro de un campo de recursos mayor.*

Desde la perspectiva de la tercera generación de la PNL, los tiempos de crisis, crecimiento y transformación que aparecen en nuestra vida suelen ir acompañados por la necesidad de evolucionar y "despertar", que son los productos del *cambio generativo.* "Generar" significa *crear algo nuevo.* Así, los procesos generativos son los que favorecen la expansión y el crecimiento.

Crear verdaderamente algo nuevo implica cambios en la "estructura profunda", así como en la "estructura superficial".

Las estructuras profundas —como las leyes de la física, el ADN de las criaturas vivas, los códigos de las máquinas o los sistemas operativos de los ordenadores, los valores y la misión esenciales de una organización, etc.— son formas fundamentales que se expresan a través de una variedad de estructuras superficiales concretas. A nivel biológico, por ejemplo, los cambios evolutivos de una especie se producen cuando esta interactúa y se adapta a los cambios en su entorno. Cuando estas adaptaciones y cambios alteran la estructura profunda (ADN) de una especie, esto produce nuevos desarrollos y expresiones en su forma; es decir, se produce una metamorfosis. El propósito de estos cambios generativos es ayudar a que la especie esté más preparada para el futuro.

Preparación para el futuro

Un criterio esencial tanto para la supervivencia como para el éxito de cualquier sistema es *su preparación para el futuro:* es decir, en qué medida es capaz de adaptarse, cambiar y avanzar eficazmente hacia un futuro saludable y sostenible. La preparación para el futuro incluye la capacidad del individuo, grupo u organización de percibir señales débiles, ajustar su conducta para lidiar con las limitaciones, evitar o afrontar los peligros, y aprovechar las oportunidades que surjan, en muchos casos inesperada o espontáneamente; como tan elocuentemente apuntó Arthur C. Clarke: "El Futuro ya no es lo que era".

Hay un viejo proverbio que dice: "Más vale prevenir que curar". Cuando se desarrollan recursos y se incorporan anticipadamente, la persona, el grupo o la organización es capaz de afrontar el reto, en lugar de verse obligada a esforzarse para lidiar con problemas innecesarios. Prepararse para el futuro implica poder afrontar oportunidades y retos futuros que aún no hemos imaginado ni anticipado.

La capacidad para el cambio generativo es un aspecto clave de nuestra preparación para el futuro. Si bien los procesos generativos pueden usarse para abordar problemas concretos o alcanzar resultados específicos en el presente, no tienen que aplicarse exclusivamente con relación a un problema u objetivo actual. Se basan en la suposición de que los recursos necesarios para producir las soluciones ya existen de alguna forma dentro del sistema, y pueden movilizarse mediante estrategias y herramientas que ayuden a desvelar, liberar y fortalecer las capacidades latentes. En este sentido, los procesos "generativos" consisten en sacar mayor provecho de lo que ya existe.

Las técnicas generativas para el cambio ayudan a las personas a resolver problemas y a conseguir objetivos de una manera más sistémica y orgánica. Cuando se descubren y desarrollan nuevos recursos, los problemas que estén preparados para ser resueltos por dichos recursos emergerán de manera natural y se resolverán sin esfuerzo.

Por tanto, el cambio generativo consiste esencialmente en descubrir, crear, enriquecer, fortalecer y elaborar recursos. Consiste en encontrar la "estructura profunda" de un recurso y facilitar su expresión en muchos otros contextos donde aún no ha sido aplicado. El cambio generativo implica identificar recursos durmientes y activarlos, haciendo que estén más disponibles y sean más "holográficos". Se centra en desarrollar procesos de nivel superior que puedan llevar evolutivamente hacia nuevas posibilidades.

Estrategias de supervivencia

Lo opuesto a la evolución y al cambio generativo es la regresión a las estrategias de supervivencia. Como su nombre indica, las estrategias de supervivencia se activan cuando percibimos una amenaza para nuestra supervivencia física o psicológica. Forman parte de la programación profunda que compartimos con todos los demás animales. Todas las criaturas deben desarrollar algún tipo de estrategia de supervivencia.

Las principales estrategias de supervivencia son *luchar* (ataque), *huir* (escape), *congelación* (parálisis) o *rendición* (sometimiento). Estas estrategias son pautas internas profundas y a menudo inconscientes que ya están plenamente establecidas a una edad muy temprana. Forman parte de nuestra programación y función, como una especie de meta programa fundamental que conforma nuestro planteamiento de la vida y de las relaciones.

Estas estrategias fundamentales pueden asumir muchas formas en nuestra vida cotidiana, como rebelarse, retirarse o consentir, sentir la necesidad de encogerse, intentar hacerse pequeño e invisible, quedarse en blanco, disociarse de los sentimientos, estar pasivo, seducir a otros, creer en la necesidad de preservar nuestro terreno a toda costa, etc. En muchos casos, la "supervivencia" se extiende más allá de la supervivencia física para incluir la preservación o protección de nuestro sentido de identidad y de nuestra integridad personal, nuestras creencias y valores clave, los papeles fundamentales y las relaciones importantes, y así sucesivamente.

Como ocurre con todas las conductas, lo más eficaz es disponer de una variedad de posibilidades con respecto a las estrategias de supervivencia y aplicarlas con flexibilidad en función del contexto. El reto que plantean la mayoría de las estrategias de supervivencia es que están impulsadas por el miedo, y cuando este es excesivo, puede hacer que nos desconectemos, nos cerremos y nos contraigamos. Esto nos lleva a actuar inapropiadamente, y con frecuencia produce un resultado contradictorio que agrava la situación, con lo que acabamos estando sometidos a un riesgo todavía mayor.

La mayoría de las estrategias de supervivencia están diseñadas para preservar lo existente y evitar asumir riesgos. Por tanto, no son generativas: no favorecen la transformación, el crecimiento ni el cambio. Cuando una estrategia de supervivencia se aplica en exceso debido al miedo, empieza a limitarnos y a mantenernos en un estado de inercia. Hay una diferencia significativa entre sobrevivir y progresar.

Las estrategias de supervivencia surgen de manera natural cuando afrontamos cambios o territorios desconocidos, especialmente si existe la posibilidad de un colapso o de perder la estructura actual. Por tanto, las estrategias de supervivencia pueden ser tanto un complemento como un obstáculo para la evolución y el cambio generativo. El crecimiento y la evolución incluyen claramente la supervivencia (seguir existiendo), pero sin perderse en la estrategia de supervivencia, que puede acabar frenándonos. Esto solo es posible cuando se produce una expansión de conciencia. Así, es importante revisar, enriquecer y actualizar periódicamente nuestras estrategias de supervivencia, expandiendo nuestras opciones para incluir nuevas posibilidades.

Reconocer, abordar y actualizar las estrategias de supervivencia es una habilidad clave del cambio generativo. Como son tan profundas y vitales para nuestra existencia, cambiar estas estrategias no es simplemente una cuestión de realizar ajustes superficiales, sino que implica revisar las situaciones clave de nuestra vida y aportar nuevos recursos a esas experiencias a distintos niveles.

Promover el cambio generativo

Para trascender las viejas estrategias de supervivencia y lograr la evolución personal y el despertar tenemos que ampliar nuestros mapas mentales con respecto a quiénes somos y lo que es posible en el mundo, percibiendo las viejas limitaciones de una manera completamente nueva. Esto requiere que nos deshagamos de nuestra vieja mentalidad y "salgamos de la caja", es decir, que aprendamos al nivel que el antropólogo y teórico de sistemas Gregory Bateson llamó *Aprendizaje IV*: la creación de algo "completamente nuevo" que no ha existido antes dentro del individuo o de la especie. Esta conciencia generativa debe *incluir,* y al mismo tiempo *expandir,* nuestro conocimiento y nuestra conciencia anterior.

Así, la verdadera generatividad con frecuencia requiere el colapso de la actual estructura que se ha vuelto muy rígida. Este colapso produce una regresión a un estado más desintegrado y primordial, que nos lleva a estar en contacto más directo tanto con nuestras "sombras" (conductas y características que no nos gustan y tratamos de evitar) como con nuevos recursos que no han sido reconocido o utilizados anteriormente. Si somos capaces de mantenernos centrados en nosotros mismos y de conectar con el campo de conciencia mayor que contiene todas estas expresiones, podemos alcanzar un estado generativo de expansión, reorganización y mayor integración. Esto nos permite rendir mucho más.

Ciclo adaptativo

En la base del cambio generativo y de todos los niveles de aprendizaje está la capacidad de adaptación. El científico y ecologista C.S. Holling (1979, 1986) ha desarrollado un modelo de cambio sistémico que propone un ciclo adaptativo compuesto por cuatro fases: 1) crecimiento, 2) conservación, 3) colapso, y 4) reorganización.

Este modelo, derivado del estudio comparativo de las dinámicas de los ecosistemas, dirige la atención hacia los procesos de destrucción y reorganización, así como de crecimiento y conservación, proporcionando una visión abarcante de las dinámicas del sistema que están detrás de la adaptación, la resiliencia y la evolución.

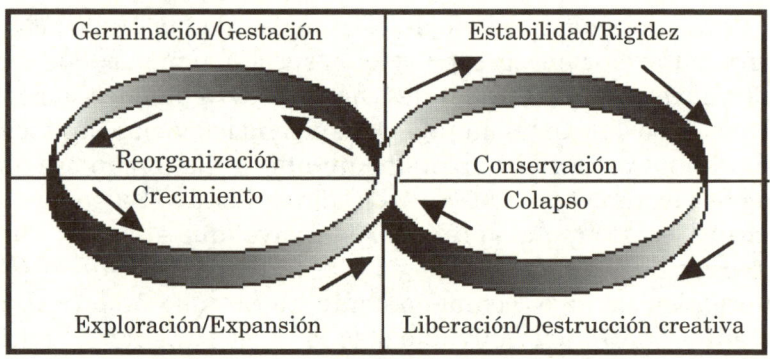

El ciclo adaptativo de Holling presenta un mapa de las fases del cambio en un ecosistema.

Según la visión tradicional, el desarrollo de un ecosistema es producto de dos funciones primarias: 1) crecimiento y expansión, en la que se hace énfasis en el desarrollo rápido y la explotación de recursos; y 2) conservación y equilibrio, en la que se hace énfasis en la acumulación, el almacenamiento y el uso frugal de los recursos.

En el campo de la ecología, de las especies que tienen éxito en la fase de crecimiento se dicen que siguen la "estrategia-R", que se caracterizan por una amplia capacidad de extenderse y crecer rápidamente en contextos donde se produce la *competición por explotación* (el primero en conseguir el premio, gana).

De los que tienen éxito en la fase de conservación se dice que siguen la "estrategia-K", y tienden a conservar los recursos, a tener tasas de crecimiento menores y a florecer en un entorno que favorece la *competición por concurso* (quien dura más que el otro, gana).[14]

Según Holling, hay dos funciones adicionales que también son clave en el ciclo adaptativo. La primera, el *colapso,* o lo que el economista Joseph Schumpeter llamó la *destrucción creativa,* se produce cuando se "liberan" de repente acumulaciones de recursos rígidamente contenidas (por ejemplo, en un ecosistema este puede ser el resultado final de influencias como incendios forestales, sequías, pestes o periodos de intenso consumo).

En segundo lugar, a este periodo de colapso le suele seguir una fase de *reorganización.* En momentos así, los límites y las conexiones internas de un sistema son tenues e inestables. Un sistema de este tipo, que apenas está contenido, puede perder o ganar rápidamente recursos y participantes. Durante este periodo, el sistema puede ser reorganizado fácilmente por pequeñas aportaciones (el denominado "efecto mariposa") y es común la aparición o la expansión transitoria de actores u organismos oportunistas. Así, la organización futura del sistema puede quedar conformada por sucesos fortuitos, y el sistema puede transformarse en un nuevo tipo de estructura.

En esta fase es donde pueden entrar a participar organismos o actores nuevos o exóticos, que incluso podrían acabar dominando el ecosistema. Estos nuevos actores o elementos pueden surgir del crecimiento de potenciales del sistema anteriormente *suprimidos,* desde aquellos que han estado germinando y acumulándose en áreas sin explotar hasta los que han migrado desde sistemas vecinos. Es en esta etapa donde la innovación es más probable.

A medida que comienza otra vez la fase de crecimiento, los procesos competitivos (tanto la competición por explotación

---

14 En la teoría de ecosistemas, R representa la tasa de crecimiento instantánea de una población. K representa la "capacidad de arrastre" o el máximo tamaño posible de una población.

como por concurso) llevan a que unas pocas especies se vuelvan dominantes. El nuevo sistema que surge de estas condiciones puede replicar aspectos de la organización previa o puede ser completamente distinto. La falta de integración y control internos hace difícil predecir exactamente qué tipo de forma asumirá la nueva organización.

La nueva fase de crecimiento vuelve a producir una acumulación de recursos. Esto, a su vez, incrementa la posibilidad de que emerjan otros tipos de ecosistemas y nuevas especies de participantes durante el siguiente ciclo de colapso y reorganización.

Las etapas generativas del ciclo adaptativo son las dos últimas, que con frecuencia son las más difíciles de gestionar. Los pasos generales del proceso de pasar de (a) *la rigidez y el estancamiento* a (b) *el colapso y la regresión* y después al (c) *descubrimiento y la adición de nuevos recursos* para (d) *reorganizarse en una totalidad mayor* implica las etapas básicas de:

1. *deconstruir*
2. *enriquecer* y después
3. *reconstruir*

Para conseguir esto a nivel personal, las prácticas y los procesos de la PNL de tercera generación aplican la siguiente estructura básica:

1. Comienza con un estado positivo en el que te sientas bien asentado y centrado en tu cuerpo y en el presente.
2. Identifica y revive la experiencia o pauta problemática.
3. Lleva una nueva conciencia expandida a la estructura del actual programa "neurolingüístico" asociado con la experiencia o pauta problemática.
4. Sal de la influencia del programa a un estado de conciencia en el que estés centrado y que incluya, pero que sea más amplio que, la experiencia problemática (a diferencia de simplemente quedarse en la polaridad o antítesis del estado problemático). Como dijo Einstein: "No puedes resolver un problema con el mismo tipo de pensamiento que lo ha creado".

5. Ve el programa como parte de un contexto o sistema mayor e identifica su propósito positivo dentro de ese contexto o sistema.
6. Conecta con un campo de posibilidades y recursos más amplio (por debajo y más allá) del asociado con la experiencia o la pauta problemática. Esto se consigue accediendo a las tres inteligencias (cognitiva, somática, campo) y alineándolas para llegar a ser la mejor versión de ti mismo en ese momento.
7. Contén la experiencia o la pauta actual, y el programa que la produce y refuerza, dentro del marco de los nuevos recursos y de una mayor conciencia.
8. Permite que surjan nuevas opciones que incluyan y trasciendan el programa o la pauta actual, integrándolo como una parte funcional de una totalidad mayor.

Este capítulo explora algunas aplicaciones que permiten usar la tercera generación de la PNL para facilitar cambios generativos, e incluye:

- Prácticas para mantenerse enraizado y presente ante la incertidumbre, la vulnerabilidad y los sentimientos difíciles.
- El desarrollo de la capacidad de aceptar las faltas, en uno mismo y en los demás, sin juzgarlas.
- Aprender a reconocer y crear un espacio para el potencial que esté libre de expectativas.
- Profundizar y alinear nuestro nivel de conexión con nosotros mismos y con los demás.
- Expandir nuestra conciencia de la "cuarta posición" y del "campo".

Elección

La idea de "tener elección" es fundamental en todos los procesos PNL (de todas las generaciones) y es el fundamento del cambio generativo. El diccionario Webster define la elección como la capacidad de "seleccionar entre una serie de alternativas, con libre albedrío y ejerciendo el juicio". La capacidad de elegir es un componente integral de la libertad, la inteligencia y el éxito. Según la PNL, la capacidad de elegir está en el núcleo de la evolución humana; es decir, el proceso de evolución es el proceso de tener progresivamente más elección en nuestra vida.

Como señalan los cofundadores de la PNL Richard Bandler y John Grinder en *La estructura de la magia, Volumen I* (1975), la diferencia entre las personas que responden eficazmente y las que responden ineficazmente al mundo que les rodea es, en gran medida, una función de las elecciones que perciben disponibles en su mapa interno del mundo.

"Las personas que responden creativamente y resuelven eficazmente [...] son personas que tienen una rica representación o modelo de su situación, en el que perciben un amplio rango de opciones a la hora de elegir sus acciones. Las demás personas se experimentan a sí mismas con pocas opciones, y ninguna de ellas les resulta atractiva [...] Lo que hemos descubierto no es que el mundo sea demasiado limitado o que no haya opciones, sino que estas personas se impiden ver las opciones y posibilidades que están abiertas a ellas, puesto que no están disponibles en sus modelos del mundo."

Así, es importante recordar que existe una diferencia sutil pero significativa entre "alternativas" y "elecciones". Las *alternativas* son externas a la persona. Las *elecciones* son alternativas que forman parte del mapa interno de la persona, y esta puede acceder a ellas mediante su "libre voluntad" y su "juicio". A un individuo se le podrían ofrecer muchas opciones o alternativas, pero en realidad ninguna elección. La elección y el juicio implican tener la capacidad y las claves contextuales para ser capaz de seleccionar internamente y llevar a cabo la opción más apropiada.

La elección también está íntimamente asociada con la noción de "ecología". Una de las suposiciones fundamentales de la PNL es que las personas escogerán la mejor elección que perciban disponible para ellas. Es decir, cualquier conducta, independientemente de lo "malvada", "loca" o "extraña" que pueda parecer, es o fue la mejor elección disponible para esa persona, teniendo en cuenta sus capacidades y su modelo del mundo en ese momento. La PNL considera que todas las conductas son potencialmente útiles o necesarias en algún contexto. Incluso el enfado, la frustración, los celos, la confusión, etc. pueden ser elecciones apropiadas y ecológicas bajo ciertas circunstancias.

Así, en PNL es importante añadir opciones, no retirarlas. Una suposición básica de la PNL es que si alguien tiene realmente una elección mejor, la tomará automáticamente. La clave reside en encontrar una elección que sea auténticamente "mejor", teniendo en cuenta las capacidades y la situación de la persona.

En PNL también se considera importante que la persona posea más de una alternativa, además de la respuesta no deseada o problemática. Hay un dicho que afirma: "Tener una elección es no tener elección en absoluto. Tener dos elecciones es tener un dilema. Hasta que la persona no tiene tres posibilidades, no es verdadera y legítimamente capaz de elegir". Una de las misiones de la PNL es proveer constantemente a la persona la capacidad de generar más elecciones.

La elección también puede ser cualitativa en lugar de cuantitativa. Es decir, en lugar de tener "más" u "otras opciones", uno puede tener elección con respecto a la cualidad con la que uno se aproxima a, o experimenta, la situación o suceso. Por ejemplo, aproximarse a una situación con "gracia", "congruencia" o cierto "enfoque de la atención" serían elecciones "cualitativas", que influirían en cómo se percibe y se da significado a dicha situación. Las opciones cuantitativas son típicas en el nivel de las capacidades y las conductas, mientras que las elecciones cualitativas están en el nivel de las creencias, los valores y la identidad.

Conciencia: la base de la elección

La elección y el cambio generativo solo se vuelven posibles mediante la expansión de la conciencia. La conciencia es transformadora de manera natural. Como dice Richard Moss: "Cuando puedes ser consciente de cualquier cosa, sea la que sea, hay algo dentro de ti, más allá del objeto de conciencia, que está siendo consciente". Así, al hacerte consciente, eres automáticamente más que el objeto de conciencia. Por ejemplo, si me hago consciente de una de mis creencias, hay un "yo" que es consciente de esa creencia y que no es la creencia. Si no soy consciente, entonces la creencia misma lleva la voz cantante, como si estuviera en piloto automático. Yo no tengo elección al respecto.

Veamos un ejemplo: en los primeros días de la PNL, el autor Robert Dilts habló con un hombre que se esforzaba por tomar una decisión determinada. Robert notó que el hombre emitía muchas señales conductuales asociadas con una voz interna que parecía estar creando una notable cantidad de interferencias. De modo que Robert preguntó al hombre:

—¿Estás hablando contigo mismo con respecto a esta decisión?

El hombre repitió inaudiblemente:

—¿Estoy hablando conmigo mismo?

Y un momento después añadió:

—No, yo no hago eso. Yo no hablo conmigo mismo.

Un poco sorprendido, Robert continuó:

—¿Estás seguro?

Entonces respondió:

—Sí, muy seguro.

Robert continuó:

—Quiero decir que, si te hago una pregunta, ¿te la repites a ti mismo?

—¿Me repito la pregunta a mí mismo? —se preguntó el hombre a sí mismo—. No. No hago eso.

Obviamente, el hombre era completamente inconsciente de este aspecto de su proceso interno. Y como consecuencia no tenía elección al respecto. Cuando Robert finalmente consiguió que el hombre se diera cuenta de su diálogo interno, él se quedó muy sorprendido.

—Oh —dijo—, ¿eso es una voz interna? Pensaba que simplemente era la realidad.

Esta misma dinámica ocurre con buena parte de nuestra "programación neurolingüística". A menudo no somos conscientes de los procesos mediante los cuales se crean nuestras experiencias y mapas internos, y esto limita mucho nuestro nivel de elección con respecto a ellos. Consecuentemente, pasamos una buena cantidad de nuestro tiempo en "piloto automático". Esto no es necesariamente un problema, pero puede llegar a serlo si estos programas ya no nos sirven y pueden interferir con nuestra preparación para el futuro.

Programación inconsciente y los virus mentales

Lo mismo puede ocurrir con la "programación" dentro de un grupo. Consideremos el experimento siguiente. El proceso comienza con una jaula que contiene cinco monos y un sistema de agua especialmente diseñado para activarse y mojar a los monos. En la jaula, los experimentadores cuelgan una banana de un hilo y ponen una escalera debajo. En breve, un mono va a la escalera y empieza a trepar hacia la banana. Sin embargo, en cuanto toca la escalera, se activa el sistema de agua, que ducha con agua fría a todos los monos. Al rato, otro mono hace otro intento con el mismo resultado: todos los monos vuelven a ser duchados con agua fría. Muy pronto los monos establecen la conexión y cuando un mono empieza a dirigirse hacia la escalera, los otros se lo impiden, usando la fuerza física si es necesario. Finalmente, los monos aprender a evitar completamente la escalera.

A continuación, los experimentadores desactivan el mecanismo del agua fría, pero los monos no llegan a descubrirlo porque siguen evitando la escalera (El territorio ha cambiado, ¡pero el mapa del territorio no!).

Las cosas se ponen aún más interesantes cuando uno de los cinco monos originales de la jaula es remplazado por otro. El nuevo mono ve la banana y quiere trepar por la escalera. Para su sorpresa, al aproximarse a ella, todos los demás monos se apresuran a detenerle. Cuanto más lucha él, más fuerza emplean los demás. Después de varios intentos, aprende que si trata de trepar la escalera, le detendrán.

Más adelante, otro de los cinco monos originales es sustituido por uno nuevo. El recién llegado trata de trepar por la escalera y el grupo lo detiene. El anterior recién llegado parece unirse a los demás con entusiasmo ("¡Si yo no puedo trepar la escalera y conseguir la banana, tú tampoco!"). El segundo mono de reemplazo acaba aprendiendo también que la escalera y la banana son "tabú". Seguidamente, un tercero de los monos originales es reemplazado por otro nuevo. Cuando el nuevo va hacia la escalera, también es detenido por todos los demás. Dos de los monos que le impiden trepar por la escalera no tienen ni idea de por qué lo hacen (nunca se les ha duchado con agua fría). Están reflejando el trato recibido.

Por último, se reemplaza al cuarto y al quinto de los monos originales. Ahora todos los monos que habían sido duchados con agua fría se han ido, y hace tiempo que el agua fría ha sido desconectada. Sin embargo, ningún mono del grupo se acerca nunca a la escalera. ¿Por qué no? Porque "así es como siempre ha sido".

Esto es un ejemplo de cómo se crea lo que hemos denominado un "virus mental". Un *virus mental* es una creencia limitante que ha quedado disociada de las experiencias que la produjeron originalmente. Para el primer grupo de monos, la creencia "no deberías trepar por la escalera para conseguir la banana" se basaba en la incómoda experiencia personal de que todos eran duchados cuando uno de ellos lo intentaba. El segundo grupo nunca tuvo esa experiencia. Aprendieron "no debes trepar por la escalera para conseguir la banana" de su contexto social.

En otros experimentos (Stephenson, G.R.; *Cultural acquisition of a specific learned response among rhesus monkeys*, 1967), los investigadores entrenaron monos rhesus adultos, machos y hembras, para que evitaran manejar un objeto empleando consecuencias incómodas, como las descritas en el experimento anterior. Seguidamente pusieron en una jaula a un mono no condicionado junto con un mono condicionado de la misma edad y sexo, y el objeto particular que el primero había aprendido a evitar. En un caso, un macho condicionado empujó el objeto lejos de su compañero no condicionado durante su periodo de interacción. Y lo que es aún más interesante, en otros casos, los monos previamente condicionados exhibieron lo que se describieron como "expresiones faciales de amenaza manteniendo una postura de temor" para animar a su compañero a evitar el objeto cuando el animal no condicionado se aproximaba a él. Posteriormente, cuando el macho no condicionado que había sido emparejado con uno condicionado estaba solo en la jaula con el objeto, lo evitaba casi completamente. Sin embargo, los monos no condicionados que no habían interactuado con monos condicionados no mostraron diferencia alguna en su interés por ese objeto con respecto a cualquier otro objeto dentro de la jaula.

Estas experiencias muestran que este tipo de "programas" pueden transmitirse directamente a través de la conducta (por ejemplo, el mono que empuja a su compañero lejos del objeto) o a través de las neuronas espejo (como en el caso de los monos que muestran expresiones amenazadoras y posturas temerosas cuando sus compañeros se aproximan al objeto). El resultado es que la creencia se mantiene y se transmite a través del "campo" de las interacciones de los monos sin ningún contacto físico. Resulta interesante preguntarse cuánta de nuestra propia programación la hemos incorporado a través de las neuronas espejo, especialmente en edades tempranas.

Estas creencias o "virus mentales" pueden ser difíciles de cambiar o corregir por diversas razones. Una de ellas es que, como están asociadas con la evitación, incluso cuando las condiciones cambian (como cuando se desconecta el agua en el primer experimento), no es probable que el grupo original lo descubra, puesto que nunca se arriesgan a probarlo. Para el segundo grupo hay otro factor. Como la creencia no se deriva de experimentar directamente las consecuencias desagradables de sus acciones, no se actualizará automáticamente si cambian las condiciones externas. Si el grupo original de monos del primer experimento descubre que el agua está desconectada, volverán a aproximarse a la escalera con cautela. Sin embargo, para el segundo grupo el agua nunca fue el motivo por el que evitaban la escalera. Simplemente era algo "que no se debía hacer".

Aportar nueva conciencia y nuevas opciones a una situación así es un gran (y común) reto; mostraremos varias formas de abordarlo en este capítulo.

Coaching con la siguiente generación de la PNL

El marco dentro del cual se aplica principalmente la siguiente generación de la PNL es el *coaching*, un campo que ha crecido mucho desde el origen de la PNL en los años 70. Muchos de los ejercicios y técnicas originales de la PNL se desarrollaron dentro del marco de la psicoterapia. El *coaching* aborda un rango mucho más amplio de asuntos cotidianos que la psicoterapia, y puede aplicarse tanto a los individuos como a grupos y organizaciones.

En general, *coaching* es el proceso de ayudar a las personas y a los equipos a rendir al máximo de sus capacidades. Implica sacar a la luz los puntos fuertes de la gente, ayudarles a superar sus barreras y límites personales a fin de que puedan expresar lo mejor de sí y facilitar que funcionen más eficazmente como miembros de un grupo. Así, el *coaching* eficaz requiere hacer énfasis tanto en la tarea como en la relación.

El *coaching* hace énfasis en el cambio generativo, concentrándose en definir y conseguir objetivos específicos. Sus metodologías están orientadas más hacia los resultados que hacia la resolución de problemas. Tienden a enfocarse mucho en la solución, favoreciendo el desarrollo de nuevas estrategias de pensamiento y actuación, en lugar de intentar resolver problemas y conflictos del pasado. La resolución de problemas, o el cambio corrector están más asociados con el *counseling* y la terapia.

Curiosamente el término *"coach"* viene del nombre de una pequeña ciudad húngara, *Kocs,* donde se construían carros y carretas de alta calidad. Kocs estaba en la carretera principal situada a lo largo del Danubio entre Viena y Budapest. Estas dos grandes ciudades necesitaban vehículos rápidos y bien construidos que llevaran a más de dos personas por los tortuosos caminos de aquellos días con la mayor comodidad posible. Una de las mejores carretas para múltiples caballos —un vagón de pasajeros de cuatro ruedas, ligero y razonablemente cómodo, con suspensión por correas— era el *kocsi széker* húngaro, literalmente "un vagón de Kocs". Era tan compacto, elegante y robusto que el diseño se extendió por toda Europa en los siglos XV y XVI. A partir del nombre de la ciudad húngara, los vieneses llamaron al vehículo *Kutsche*. En París, los franceses adaptaron la palabra austríaca a *coche*. En Roma se convirtió en un *cocchio*. Finalmente el vehículo apareció en Inglaterra, donde se le llamó *coach*.

Así, un *coach* era originalmente un "vagón o carruaje" y aún sigue teniendo este significado actualmente, como cuando una persona viaja en tren. Un "coach" o "coche" es literalmente un vehículo que transporta a una persona o grupo de personas desde un lugar de partida a una localización deseada.

En el sentido educativo, la noción de *coaching* se deriva del concepto de que el tutor "lleva" o "transporta" al estudiante a la superación de sus exámenes. El *coach* educativo es "un tutor privado", "alguien que instruye o entrena a un ejecutante o intérprete, o a un grupo de ellos", o bien "el que instruye a los jugadores en los fundamentos del deporte competitivo y dirige la estrategia del equipo [en este caso, un entrenador]." El proceso de ser un *coach* o entrenador se define como "el de entrenar intensivamente (mediante instrucciones y demostraciones)."

Un "coach" o coche era originalmente un vehículo que transportaba a gente desde algún estado presente a un estado deseado.

En los deportes, el entrenador *(coach)* acompaña y observa a los atletas durante su práctica, dándoles ánimos y *feedback* para que puedan rendir al máximo. Por ejemplo, un entrenador de remo va montado en otro barco que avanza al lado del de los remeros, observándoles y dirigiendo su atención hacia diversos aspectos de su ejecución, tanto individual como de equipo, diciéndoles cosas como: "Mira las rodillas del compañero que tienes delante"; "Abre el pecho y levanta los hombros".

Un entrenador deportivo observa a los atletas, animándolos y dándoles *feedback*.

Así, el *coaching* consiste en proveer un vehículo mediante el cual la persona o grupo puede pasar del *estado presente a un estado deseado,* y es de esperar que esto se lleve a cabo por la *ruta* más eficiente y efectiva. Para realizar este viaje es necesario identificar y poner en marcha *recursos* clave, y también hay que identificar y lidiar adecuadamente con las posibles *interferencias*. Podemos resumir el proceso básico del *coaching* en el diagrama siguiente.

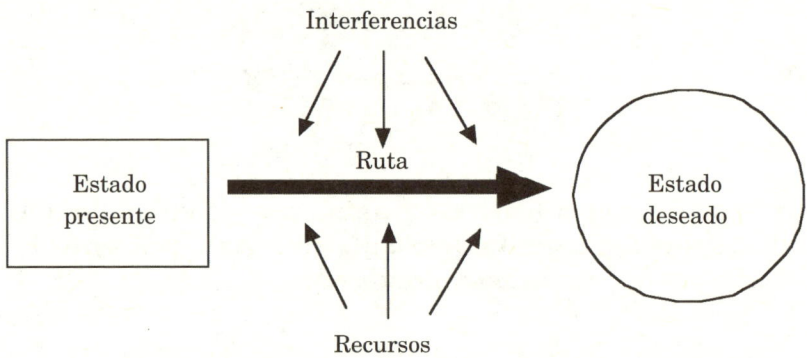

Diagrama del proceso general de *coaching*.

Las habilidades y las herramientas de todas las generaciones de la PNL están singularmente equipadas para promover un *coaching* eficaz. El enfoque de la PNL en una buena formulación de los resultados deseados, su fundamentación en tomar como modelos ejecutores excepcionales, y su capacidad de producir procesos secuenciales para promover la excelencia hacen de ella un recurso poderoso e importante para los *coach* de todo tipo.

Entre las habilidades, herramientas y técnicas de la PNL que favorecen el *coaching* eficaz están: establecer objetivos y resultados bien formulados, gestionar los estados internos, tomar distintas posiciones perceptuales, identificar momentos de excelencia, elaborar mapas para acceder a los recursos y proporcionar *feedback* de alta calidad.

Coaching con "C" mayúscula y con "c" minúscula

Históricamente, el *coaching* se ha enfocado en conseguir mejoras con respecto al rendimiento de un comportamiento específico. Un *coach* eficaz de este tipo (como un "*coach* de la voz", un "*coach* teatral" o un "*coach* deportivo") observa la conducta de la persona y le ofrece indicaciones y guía para mejorar en contextos y situaciones específicos. Esto requiere promover el desarrollo de la competencia conductual de esa persona mediante la observación cuidadosa y el *feedback*.

Sin embargo, el *coaching* que promueve el cambio generativo tiene que ofrecer apoyo en una serie de niveles diferentes: conducta, capacidades, creencias, valores e incluso identidad. Nos referimos a este tipo de *coaching* como Coaching con "C" mayúscula (véase *De Coach a despertador,* R. Dilts, 2003).

El *coaching* con "c" minúscula está más enfocado en el nivel conductual, y hace referencia al proceso de ayudar a otra persona a alcanzar o a mejorar un resultado conductual particular. Estos métodos se derivan principalmente del modelo del entrenamiento deportivo, que promueve la toma de conciencia de los propios recursos y habilidades, y el desarrollo de las competencias conscientes.

El *Coaching* con "C" mayúscula o *coaching* generativo implica ayudar a la gente a conseguir resultados en una variedad de niveles. Hace énfasis en el cambio generativo, concentrándose en reforzar la identidad y los valores, y en llevar los sueños y objetivos a la realidad. Esto abarca las habilidades del coaching con "c" minúscula, pero también incluye muchas otras cosas.

El *Coaching* con "C" mayúscula consiste fundamentalmente en ser un "despertador". *Despertar* a otros implica ayudarles a desarrollar su conciencia y a crecer a nivel de su visión, misión y espíritu. Un despertador apoya a otra persona a ser la mejor versión de sí misma, proveyéndole contextos y experiencias que saquen a la luz lo mejor de la persona, de su conciencia del propósito, de su yo y de su papel dentro de los sistemas mayores de los que forma parte.

Es evidente que no es posible despertar a otros si tú mismo aún estás dormido. De modo que la primera tarea del despertador es despertar y mantenerse despierto. Un despertador "despierta" a otros a través de su propia integridad y congruencia. Un despertador pone a otros en contacto con sus propias misiones y visiones estando plenamente en contacto con su propia visión y misión. En otras palabras, nos convertimos en despertadores siendo la mejor versión de nosotros mismos.

Coaching y el "juego interno"

El crecimiento del *coaching* a lo largo de los últimos 20 años ha producido una nueva conciencia de lo que se necesita para tener éxito en el desafiante y cambiante mundo de nuestros días. Uno de los principales aprendizajes es que es esencial ayudar a la gente a desarrollar su "juego interno" para poder ofrecer un rendimiento óptimo.

Dominar el juego externo de cualquier actividad guarda relación con desarrollar las capacidades necesarias para gestionar eficazmente los aspectos conductuales y ambientales de esa actividad. En el deporte, esto incluye los aspectos físicos relacionados con jugar a ese juego y usar el equipamiento adecuado (raqueta de tenis, esquís, pelota, bate, guante de béisbol, etc.). En un entorno de negocios, esto guarda relación con aplicar las herramientas y poner en práctica los procedimientos necesarios para realizar las tareas que son esenciales para la misión, y competir eficazmente en el mercado.

El *juego interno* guarda relación con tu aproximación interna —emocional y mental— a lo que estás haciendo. Esto incluye la actitud, la fe en ti mismo y en tu equipo, la capacidad de concentrarte eficazmente, de lidiar con los errores y las presiones, y así sucesivamente. Timothy Gallwey (1974, 2000) desarrolló el concepto de juego interno para ayudar a la gente a conseguir la excelencia en diversos deportes (por ejemplo, el tenis, el golf, el esquí, etc.), en la música y también en los negocios y en la formación de directivos.

Según Gallwey:

"En toda tarea humana hay dos áreas de implicación: la externa y la interna. El juego externo se juega en el ámbito externo para superar obstáculos externos a fin de alcanzar un objetivo externo. El juego interno se desarrolla dentro de la mente del jugador y afronta obstáculos como el miedo, la duda con respecto a uno mismo, los lapsos de atención, y los conceptos y suposiciones limitantes. El juego interno se juega para superar los obstáculos autoimpuestos que impiden que un individuo o equipo acceda a su pleno potencial."

En la década de los 70, Gallwey, que había sido capitán del equipo de tenis de la Universidad de Harvard, empezó a practicar técnicas de meditación. Descubrió que esto potenciaba su capacidad de concentración y conciencia de un modo que mejoraba espontáneamente su juego de tenis. La práctica de Gallwey del juego interno se basa en ciertos principios en los que el individuo usa la autoobservación libre de juicio. Cuando se incrementa la conciencia de esta manera, el cuerpo de la persona se ajusta y corrige automáticamente para lograr una actuación óptima.

Cuando el juego externo y el interno trabajan conjuntamente, las acciones fluyen con una excelencia libre de esfuerzo que se denomina "estar o jugar en la zona". Estos son algunos indicadores de que estás enfocado y *en la zona:*

- Un sentimiento de confianza y de ausencia de ansiedad y dudas con respecto a uno mismo.
- No tener miedo a fracasar ni sentirse inhibido con respecto a la consecución de las propias metas.
- Enfocarse en actuar con belleza y excelencia.
- Una sensación de "autoridad humilde", sentirse confiado sin arrogancia.
- Un estado corporal de preparación relajada y de espaciosidad enfocada en la mente.
- Se actúa sin esfuerzo y sin tener que pensar en ello.

Los opuestos de este estado —ansiedad, falta de confianza, baja energía, miedo, estrés, parálisis mental— son responsables de muchas de las dificultades y retos en cualquier área de actuación. Diciéndolo de otra manera, *las limitaciones de la persona limitan su rendimiento.*

Tener éxito en cualquier área de actuación implica emplear el cuerpo y la mente conjuntamente. La esencia del juego interno es prepararte mental y emocionalmente para rendir bien. Desde la perspectiva de la tercera generación de la PNL, el dominio del juego interno consiste en movilizar y alinear la inteligencia de nuestras tres mentes.

El ejemplo del "Milagro del Hudson"

Un buen ejemplo de la importancia de dominar el juego interno es el caso del capitán y de la tripulación del denominado "milagro en el Hudson", que se produjo el 15 de enero de 2009. El vuelo 1549 de US Airways se vio obligado a aterrizar en el río Hudson de la ciudad de Nueva York después de chocar con una bandada de gansos y perder toda la operatividad de ambos motores. Gracias a la capacidad del capitán y de la tripulación de mantenerse calmados y centrados, los 155 pasajeros pudieron salir sanos y salvos de la aeronave y fueron rescatados por los barcos cercanos.

Manteniendo la compostura y permaneciendo dentro de su zona de excelencia en una situación inesperada y extremadamente desafiante, el capitán Chesley Sullenberger fue capaz de llevar el Airbus 320 a un aterrizaje de emergencia sobre las aguas del río. Ambos motores habían dejado de funcionar completamente y solo transcurrieron tres minutos entre el momento en que las aves chocaron con los motores y el momento en que el avión tocó el agua. Después de haber recorrido dos veces el interior del avión para asegurarse de que no quedaba nadie dentro tras la evacuación, el capitán fue la última persona en abandonarlo.

Sullenberger fue ampliamente elogiado por su calma y serenidad durante la crisis, aunque está claro que la situación no fue fácil para él. De hecho, le exigió jugar el mejor juego interno de toda su vida. Si no se hubiera mantenido en su zona interna de excelencia, y en vez de eso hubiera entrado en pánico, perdiéndose en las estrategias de supervivencia de luchar, huir o quedarse congelado, está claro que se habrían perdido muchas vidas. Esta capacidad del capitán de gestionar su estado interno posiblemente fue la "diferencia que marcó la diferencia" en esta increíble historia.

Cuando le preguntaron cómo se sentía por dentro cuando el Airbus se dirigía hacia el agua, el capitán dijo: "Tranquilo por fuera, en un torbellino por dentro". Sullenberger dijo que nunca se había sentido tan nervioso, pero logró mantener la compostura. El capitán describió su estado emocional en los momentos previos al aterrizaje como "el peor sentimiento enfermizo, de agujero en el estómago y de caerme al suelo" que había experimentado nunca. A pesar de ello, Sullenberger fue capaz de mantenerse dentro de su zona de excelencia y de hacer el aterrizaje de emergencia más exitoso en la historia de la aviación.

Esta descripción que hace el piloto del sentimiento de calma externa ante el torbellino interno es a lo que nos referimos como la capacidad de "contener" los sentimientos difíciles. Cuando somos capaces de *contener* una respuesta interna muy intensa, podemos estar con ella y permitir que siga allí desde un estado interno que es mayor y está más allá de dicha respuesta. En lugar de perderse en la respuesta, de luchar con ella o intentar controlarla, la clave está en dejar que tenga su lugar, e incluso en utilizarla como un recurso.

Parece evidente que, para conseguir un "milagro" como el del vuelo 1549 se requiere la activación y el alineamiento de la inteligencia de las tres mentes: cognitiva, somática y campo. El conocimiento cognitivo y la inteligencia son necesarios para maniobrar hábilmente el avión, aunque el conocimiento mismo no es suficiente si no está "en el músculo". También están muy claramente presentes los factores somáticos relacionados con el juego interno de mantenerse centrado, calmado, abierto y en la zona. Los factores del campo tienen que ser capaces de estimular y organizar la inteligencia y la competencia colectiva del equipo para formar una zona colectiva de confianza y excelencia.

En esta interesante demostración de liderazgo, trabajo en equipo y tal vez de la influencia de las neuronas espejo, Sullenberger afirma que una de las razones por las que fue capaz de mantenerse tan calmado fue que su tripulación se mantuvo muy compuesta y equilibrada. Por su parte, los miembros de la tripulación dijeron que habían sido capaces de mantener la calma porque el capitán estaba muy confiado y en control. Asimismo, los pasajeros dijeron que la actitud del piloto y la tripulación les animaron a mantener la calma. Al mismo tiempo, los miembros de la tripulación reconocieron que la calma y la cooperación de los pasajeros influyeron en su capacidad de mantenerse serenos.

Los supervivientes de la catástrofe del 11 de septiembre de 2001 han informado de un fenómeno similar. Permaneciendo en calma y enfocados gracias al apoyo mutuo, muchos de los ocupantes de las Torres Gemelas fueron capaces de evitar el pánico, bajar muchos pisos y salir de los edificios a lugares seguros, reduciendo enormemente la pérdida de vidas, que pudo haber sido mucho mayor. Este apoyo mutuo genera una especie de campo en el que las personas refuerzan su capacidad de mantenerse en su zona de excelencia. Este es el lado positivo del efecto demostrado en los experimentos con monos que hemos citado anteriormente, en los que el temor aprendido en un grupo inicial de monos generó un virus mental de evitación.

La importancia de la práctica

La capacidad de mantenerse en la zona y de coordinar las tres mentes requiere, evidentemente, mucha preparación y práctica. Como dijo el capitán Sullenberger: "Una manera de ver esto es que durante 42 años he estado haciendo pequeños depósitos regulares en el banco de la experiencia mediante la educación y la formación. Y el 15 de enero el saldo era suficiente para poder hacer una gran retirada de fondos".

El filósofo griego Aristóteles mantenía: "Somos lo que hacemos repetidamente. Así, la excelencia no es un acto, sino un hábito". En su libro: *Outliers: The Story of Success* (2008), Malcolm Gladwell menciona repetidamente "la regla de las 10.000 horas". Citando estudios publicados por Anders Ericsson (2006), un psicólogo que ha estudiado la acumulación de experiencia y la actuación de los expertos, Gladwell afirma que la clave del éxito en cualquier campo es, en gran medida, una cuestión de practicar durante un total aproximado de 10.000 horas.

"Atípico" es un término científico que se usa para describir cosas o fenómenos que quedan fuera de la experiencia normal. En su libro, Gladwell se enfoca en las personas *atípicas:* hombres y mujeres excepcionales que han conseguido algo más allá de lo ordinario. Gladwell dice que alcanzar esta grandeza requiere una enorme inversión de tiempo dedicado a la práctica. Recurriendo a ejemplos tan diversos como Los Beatles, Bill Gates y Robert Oppenheimer, Gladwell muestra que cada uno de ellos cumplió la "regla de las 10.000 horas" como preludio de su éxito.

Los Beatles, por ejemplo, actuaron en vivo en Hamburgo, Alemania, más de 1.200 veces entre 1960 y 1964, con lo que acumularon más de 10.000 horas tocando juntos y, por tanto, cumpliendo la regla de las 10.000 horas. Gladwell afirma que todo el tiempo que los Beatles pasaron actuando configuró su talento, "de modo que cuando retornaron a Inglaterra, sonaban como nadie. Eso fue lo que los creó".

Bill Gates cumplió la regla de las 10.000 horas cuando tuvo acceso a un ordenador de su instituto en 1968, a la edad de 13 años, y pasó 10.000 horas programando en él. En una entrevista para su libro, Gates mantiene que esa posibilidad única de acceder a un ordenador cuando no eran muy comunes le ayudó a triunfar.

Si bien 10.000 horas parecen mucho tiempo (sería el equivalente de 20 horas de trabajo a la semana durante 10 años), es una inversión que vale la pena cuando verdaderamente buscamos la evolución y la transformación. Como señala nuestra colega y amiga Lynne Conwell: "Eres lo que practicas".

También es importante señalar que no se requieren 10.000 horas de práctica para alcanzar un nivel de rendimiento básico, e incluso bueno. Es posible que alcancemos un umbral muy aceptable en mucho menos tiempo. Además, conviene recordar que este tipo de práctica no es simplemente una repetición inconsciente y mecánica. En lugar de una actividad tediosa y aburrida, es más como el proceso repetitivo mediante el cual se forma un fractal.

Además, un creciente volumen de investigaciones demuestra que hay diversos tipos de "ensayo mental" que pueden acelerar nuestra adquisición de habilidades. Otras metodologías, como la autohipnosis, también pueden crear la posibilidad de ensayar mentalmente, incluso mientras dormimos (lo que potencialmente reduce el tiempo que tardamos en completar las 10.000 horas).

Sin embargo, lo que sigue siendo cierto es que el fundamento de la excelencia y del alto rendimiento en cualquier área comienza con la práctica. La práctica física desarrolla las habilidades de tu juego externo y las sitúa en la "memoria muscular" para que no tengas que pensar en ellas durante el juego. Asimismo, hay ejercicios somáticos y mentales que pueden ayudarte a mejorar tu juego interno.

La práctica de estar en la zona: *COACHing* frente a *CRASHing*

Se dice que las cosas siempre están cambiando, pero no siempre van a mejor. Durante los momentos de transición y cambio pueden presentarse muchos desafíos, como tener que afrontar el miedo a lo desconocido y poco familiar, lidiar con una pérdida, y una sensación general de vulnerabilidad. Estos retos pueden hacernos caer en estrategias de supervivencia inútiles: ataque, escape o rigidez (lucha, huida o congelación). Esto podría dar lugar a una regresión temporal y a estados de inercia, ambivalencia, dificultad para soltar, confusión y conflicto.

Cuando esto ocurre, es posible que caigamos en un estado de bloqueo que puede resumirse con el acrónimo CRASH (choque, colisión):

Contracción
Reacción
Análisis
Separación
Herida (Dolor)

A fin de progresar por medio del cambio, es importante cultivar cualidades como la flexibilidad y la estabilidad, el equilibrio, la conexión y la capacidad de soltar. Esto ocurre cuando permanecemos centrados y en nuestra zona interna de excelencia, conectados con algo que está más allá de los confines de nuestro ego. Estos procesos se caracterizan por lo que llamamos el estado COACH:

Centered (Centrado)
Open (Abierto)
Attending (Atento)
Connected (Conectado)
Holding (Capaz de contener)

Este estado representa la coherencia y el alineamiento de las tres mentes que hemos venido explorando en este libro: somática, cognitiva y campo.

Es importante contar con prácticas que nos ayuden a fortalecer nuestra capacidad de estar en el estado *COACH* (nuestra zona de excelencia) y dar lo mejor de nosotros mismos, especialmente cuando afrontamos momentos de cambio y dificultades. Resulta fácil mantenerse equilibrado cuando la vida se despliega con facilidad, pero, para mantener el equilibrio en tiempos turbulentos, uno debe haber desarrollado estas cualidades hasta que estén "en el músculo". Prepararse para el cambio requiere prácticas consistentes que nos permitan superar hábilmente esos periodos.

Las anteriores generaciones de la PNL tendieron a poner el máximo énfasis en las técnicas. La tercera generación de la PNL se centra más en la importancia de la práctica como componente clave del cambio generativo y de estar en forma para el futuro.

Encontrar tu zona

El ejercicio siguiente se basa en un juego interno simple pero profundo que aprendimos de nuestro colega John Welwood (autor de *Toward a Psychology of Awakening* y *Journey of the Heart*). Fue desarrollado originalmente por su esposa Jennifer y formaba parte de una práctica de meditación.

Lo hemos adaptado y modificado un poco para incluir todos los elementos del estado *COACH*. Su propósito es permitirnos acceder a los tres tipos de inteligencia y alinearlas, empezando por la mente somática, para incluir a continuación la mente cognitiva y abrirse finalmente a la mente del campo. Como observarás, integra una serie de elementos y prácticas de los capítulos anteriores.

1. Siéntate o ponte de pie en una posición cómoda, con los dos pies apoyados en el suelo y la columna erguida pero relajada (es decir, "en tu eje vertical"). Comprueba que tu respiración es regular y parte del vientre. (La respiración breve y rápida desde el pecho indicaría que estás estresado.)
2. Lleva la atención a las plantas de los pies (pon la "mente" en tus pies). Toma conciencia del universo de sensaciones que sientes en las plantas de los pies. Siente la superficie de los talones, de los dedos de los pies, de los arcos y de los metatarsos.
3. Empieza a expandir tu conciencia hasta incluir tu volumen físico (el espacio tridimensional) de tus pies y a continuación recorre con la atención la parte baja de las piernas, las rodillas, los muslos, la pelvis y las caderas. Toma conciencia del centro del vientre, respira profundamente hacia él y dite a ti mismo: "Estoy aquí"; "Estoy presente"; "Estoy centrado".
4. Mientras conservas la conciencia de la parte inferior de tu cuerpo, expande la atención para abarcar el plexo solar, la columna, los pulmones, la caja torácica y el pecho. Lleva la conciencia a tu centro corazón, en la parte alta del pecho; inspira hacia el pecho y dite a ti mismo: "Estoy abierto."; "Estoy abriéndome."
5. Ahora continúa expandiendo tu conciencia hacia los hombros, los brazos, los codos, los antebrazos, las muñecas, las manos y los dedos, y asciende también por el cuello, la garganta y la cara. Asegúrate de incluir todas las terminales de los sentidos que están en la cabeza: los ojos, las orejas, la nariz, la boca y la lengua. Lleva la atención al cráneo, el cerebro y el centro de tu cabeza, detrás de los ojos. Respira como si respirases hacia el centro de tu cabeza, aportándole oxígeno y energía,

y dite a ti mismo: "Estoy despierto."; "Soy consciente."; "Me mantengo alerta y claro."
6. Manteniéndote en contacto con las sensaciones físicas del cuerpo, empezando desde los pies e incluyendo los tres centros (vientre, corazón y cabeza), toma conciencia de todo el espacio por debajo de ti, que continúa hasta el centro de la Tierra; de todo el espacio por encima de ti, que llega hasta el cielo; de todo el espacio hacia tu izquierda; de todo el espacio hacia tu derecha; de todo el espacio que queda detrás de ti; y de todo el espacio que tienes delante de ti. Siente una profunda sensación de conexión con los pies y con los centros del vientre, el corazón y la cabeza, y también con el entorno o campo que te rodea. Sé consciente de la amplia variedad de recursos que tienes disponibles dentro de ti y en el campo circundante, y dite a ti mismo: "Estoy conectado".
7. Desde este estado puedes contener todos los recursos, la fuerza, la inteligencia y la sabiduría que están disponibles para ti, así como las energías perturbadoras, como el miedo, la ira, la tristeza, etc. Reconoce esta capacidad diciéndote a ti mismo: "Estoy preparado para contener cualquier cosa que pueda surgir".

Practicar este estado *COACH* y estar en tu zona te permitirá abarcar una parte cada vez mayor de tu experiencia desde un lugar de calma y claridad, tal como el capitán Sullenberger fue capaz de contener su miedo desde un lugar más allá del miedo en el "milagro del río Hudson".

Veamos un ejemplo en el que el autor Robert Dilts estaba haciendo *coaching* al vicepresidente de un gran banco internacional. Durante una serie de años, este hombre se había encargado de un gran proyecto en el que había invertido mucho tiempo, energía y emoción. Sin embargo, últimamente la junta directiva había empezado a introducir algunos cambios en el proyecto, y él sentía que lo estaban llevando en una dirección equivocada que no estaba en sintonía con sus valores. Por tanto, había llegado al punto de concertar una reunión con la junta directiva para intentar redirigir el proyecto. Si no se realizaban algunos reajustes, él se sentía obligado a abandonar la compañía.

En un sentido muy claro, se estaba jugando el puesto y estaba claro que tenía que "jugar el juego interno" más importante de su carrera. No obstante, cuando había estado ante la junta directiva en otras ocasiones, siempre le había resultado difícil. Como decía, el ambiente era "tan pesado" que se sentía tenso, contraído, constreñido e incapaz de expresarse con facilidad. Durante el proceso de *coaching* practicó para encontrar y poder enraizarse en su zona interna de excelencia, por lo que fue capaz de sentirse calmado y confiado, y de hacer una presentación clara, contundente y carismática. Así fue capaz de salvar su proyecto, su integridad y, en definitiva, su carrera profesional.

Aprender del zumo de manzana

Thich Nhat Hanh —monje budista, profesor, poeta y activista por la paz— relata una historia instructiva que ilustra los beneficios de este tipo de práctica. Cuenta la historia de un monje que fue a vivir a Francia durante la guerra de Vietnam. Mientras estaba allí, el monje ayudaba a otras personas procedentes de esa problematizada parte del mundo cuidando de sus hijos mientras ellas se dedicaban a crearse una nueva vida.

Un día, el monje estaba cuidando de un grupo de niños pequeños. Después de jugar un rato, los niños vinieron a pedirle algo de beber. El monje tenía una botella de zumo de manzana hecho en casa. Como es habitual, el zumo hecho en casa tenía muchos sedimentos en la parte baja de la botella.

El monje sirvió cinco vasos de zumo de manzana a los niños. A la niña a la que le tocó el último vaso también le tocaron la mayor parte de los sedimentos. Al ver que su jugo estaba tan turbio, decidió que no lo quería y se fue a jugar con sus amigos.

Más tarde tuvo sed y volvió a la casa para conseguir algo de beber. Fue al fregadero e intentó abrir el grifo para beber agua, pero no llegaba. El monje la descubrió y le preguntó qué estaba haciendo. La niña respondió que tenía mucha sed y quería beber.

El monje le sugirió que probara el zumo de manzana que le había ofrecido antes. Lo tenía guardado para ella. La niña estaba a punto de volver a decir "no" cuando se dio cuenta de que ahora el zumo estaba claro como el cristal. Sorprendida, creyó que era otro zumo de manzana. El monje le dijo que no, que era el mismo: había tenido la oportunidad de asentarse durante un rato y se había aclarado de manera natural porque los sedimentos se habían posado en el fondo.

La niña bebió el zumo: era el mejor que había probado nunca. Volviéndose hacia el monje, le preguntó: "Tío monje, ¿significa esto que el jugo de manzana estaba meditando?" Sonriendo, el monje replicó que el jugo de manzana no estaba exactamente meditando, pero hasta del zumo de manzana podemos aprender a centrarnos, asentarnos y estar claros.

Podemos equiparar el estado *COACH* con el vaso de zumo de esta historia. El vaso incluye tanto el dulce zumo de la manzana como los antiestéticos sedimentos. Podemos comparar el zumo con nuestras comprensiones y recursos, y los sedimentos con energías y sentimientos nublados, difíciles o perturbadores (miedo, frustración, enfado, etc.). El acto de contener ambos desde un estado de calma y quietud permite que las emociones se asienten, y que surjan la claridad y el sabor (el zumo que está más cerca de los sedimentos es el más sabroso).

Cuando aprendemos a mantenernos calmados, claros y conectados con un campo mayor, es muy probable que tengamos más recursos. Para ilustrar esto, a los budistas les gusta hablar de la relación entre las nubes, el cielo por encima de ellas y la tierra debajo. Si me identifico con las nubes, puedo perderme en los contenidos cambiantes, confusos y tormentosos de mi experiencia, pero si me centro en la tierra bajo las nubes y me abro al campo del cielo más allá de las formaciones nubosas, puedo dejar que las nubes o los contenidos de mis pensamientos y emociones pasen por mi conciencia sin dejarme alterar por ellos. En lugar de perderme, de luchar, de intentar controlar o librarme de las "nubes" de la experiencia, puedo ser consciente de ellas y dejarlas pasar, conteniéndolas en un campo de conciencia abierto.

El poder de la presencia

Un factor clave en el éxito de una relación de *coaching* es la presencia. El diccionario Merriam-Webster define *presencia* como: "Una cualidad de aposentamiento y efectividad que permite al artista o presentador mantener una relación íntima con su público". La capacidad de estar centrado, ser eficaz y conseguir una conexión íntima con aquellos con quienes estamos interactuando son recursos importantes para los *coaches,* los entrenadores, los directores y los comunicadores profesionales de todo tipo.

Como implica la definición anterior, el centramiento y la conexión vienen de la capacidad de estar presente, centrado en ti mismo (el estado *COACH)* y en relación con los que te rodean. La presencia está asociada con sentimientos de vivacidad, conexión, creatividad, satisfacción y flujo. Cuando no estamos presentes y estamos desconectados de nosotros mismos y de otros, nos sentimos vacíos, fuera de control, distantes y desconectados.

Como demuestran los fenómenos de las neuronas espejo y de los campos biomagnéticos, nuestra presencia física y nuestro estado interno pueden tener un poderoso impacto, positivo o negativo, en aquellos con los que interactuamos, tanto si nos vinculamos directamente con ellos a nivel físico o verbal como si no. La influencia calmante que el capitán y la tripulación del vuelo 1549 de US Airways ejercieron sobre los pasajeros es un ejemplo del impacto positivo de la presencia y del estado *COACH*. La influencia de las respuestas temerosas de los monos negativamente condicionados en sus compañeros es un buen ejemplo de que la presencia contraída y temerosa puede tener el efecto opuesto.

Así, la calidad de nuestra presencia es frecuentemente la "diferencia que marca la diferencia" en nuestra capacidad de disfrutar de la vida, colaborar generativamente y contribuir al crecimiento y la transformación de otros. Cuando las personas están conectadas consigo mismas y presentes unas para otras, los sentimientos que surgen naturalmente son de compasión, empatía, interés genuino por los demás, espontaneidad, autenticidad y alegría. Estos sentimientos son el fundamento de todas las relaciones eficaces, tanto personales como profesionales.

Crear un "espacio" (continente) *COACHing*™

Desde la perspectiva de la tercera generación de la PNL, el estado *COACH* nos ayuda a mantenernos conectados con las fuentes de nuestros recursos mientras recorremos el camino que nos lleva del estado actual al estado deseado. También nos ayuda a gestionar los problemas que puedan surgir, como se ilustra dramáticamente en el caso del capitán Sullenberger y el vuelo 1549 de US Airways.

De manera similar al ejemplo de la influencia que Sullenberger ejerció en su tripulación (y viceversa), el hecho de estar enraizados en nuestro estado *COACH* puede convertirse en un recurso para otros. Esta es la esencia de la *relación coaching*. Como *coach*, una de nuestras principales maneras de apoyar a los demás en su camino del estado presente al deseado es enraizarnos en nuestro estado *COACH* y ayudar a nuestro cliente a permanecer en el suyo mientras va dando cada paso, afronta los problemas y se esfuerza por progresar. Cuando hacemos esto, establecemos un campo de recursos entre nosotros y otros que saca a la luz lo mejor de cada cual. Como dijo un ejecutivo a su *coach:* "Me gusta mucho quien soy cuando estoy contigo".

Nos referimos a esta relación especial y al campo que produce como el *espacio o continente COACHing*™. Crear un espacio o continente *COACHing*™ sólido y rico es esencial para acompañar y dar apoyo a otros en momentos de cambio y desafíos.

El espacio *COACHing*™ es un entorno de acogida. El psicólogo Donald Winnicott desarrolló la noción de *entorno de acogida* para referirse al modo en que el niño es acogido física, emocional y psicológicamente por sus cuidadores primarios. El modo en que los cuidadores primarios acogen y responden a las conductas, sentimientos y reacciones del niño en su infancia conforma la relación que ese niño tendrá posteriormente con dichas conductas, sentimientos y reacciones.

La psicología evolutiva ha ampliado el significado de entorno de acogida para incluir a las personas, lugares, herramientas y rituales que nos rodean en un momento dado de nuestra vida. En *coaching,* un entorno positivo crea un "espacio seguro" donde las personas pueden hablar de lo que les está pasando y de lo que está pasando en sus organizaciones. Es un espacio donde pueden reflexionar abiertamente sobre los retos que afrontan, debatir problemas, clarificar suposiciones, encontrar recursos, etc. Un buen entorno de acogida ofrece la seguridad que necesitamos para vincularnos con la vida, y nos anima a asumir riesgos para crecer. Un entorno de acogida pobre no nos ofrece apoyo suficiente para afrontar los retos de la vida, coarta el crecimiento y activa conductas reactivas.

En un entorno de acogida positivo somos capaces de encontrar nuestros propios recursos y soluciones, y de expresar lo mejor de nosotros mismos, incluso en circunstancias muy comprometidas (como las del capitán, la tripulación y los pasajeros del milagro del Hudson). Así, ser capaz de mantenerse dentro de la zona *COACH* genera un entorno de acogida positivo en el que las personas pueden permanecer conectadas con su creatividad y recursos, y fortalecerse para encontrar sus propias soluciones.

El ejercicio siguiente nos invita a llevar las cualidades del estado *COACH* a una conversación de *coaching*. El propósito de esta práctica es asegurarse de que tanto el *coach* como el cliente comiencen su interacción desde la mejor versión de sí mismos, a fin de sacar el máximo provecho de ella. Tal como los atletas realizan prácticas de calentamiento que les permiten dar lo mejor de sí mismos durante las competiciones y los entrenamientos, el espacio *COACHing*™ prepara a los participantes para una interacción en la que pueden dar lo mejor de sí mismos.

Antes de comenzar resulta útil establecer un conjunto de señales no verbales que recuerden los elementos del espacio *COACHing*™:

a. Céntrate
b. Respira (Ábrete)
c. Ralentízate (Presta atención)
d. Haz una pausa (Conecta)
e. Relájate (Siendo capaz de contener)

El propósito de estas señales es que el *coach* ayude a su cliente a recordar que ha de mantenerse en su zona de excelencia durante la interacción. Por ejemplo, *respirar* nos ayuda a permanecer abiertos a las posibilidades, los recursos y las nuevas ideas. *Ralentizarnos,* especialmente al hablar, nos ayuda a asegurarnos de que somos conscientes de lo que estamos diciendo y pensando mientras hablamos, y no nos limitamos a estar en "piloto automático", perdidos en nuestros programas neurolingüísticos habituales, en nuestras historias y "rollos" internos. *Hacer pausas* nos ofrece la oportunidad de conectar con nosotros mismos y de establecer el vínculo entre lo que decimos o pensamos y su significado en nuestra vida. *Relajarse* hace que sea más fácil contener cualquier pensamiento o respuesta que la conversación esté suscitando desde un lugar de positividad.

Esto hace que seamos capaces de estar presentes y de crear suficiente espacio para que emerjan espontáneamente una mayor conciencia y movimiento.

Las señales deben ser gestos simples que no interrumpan y que indiquen al cliente que vuelva a su zona de excelencia sin alterar el flujo de la conversación. Es preferible que el cliente elija los gestos indicadores del *coach*.

Cuando estés preparado, inicia la conversación mediante los pasos siguientes:

1. Poneos de pie o sentaos uno frente a otro en una postura relajada, alineada y equilibrada.
2. Lleva la atención al cuerpo y a la respiración, y mantente presente. (Una buena manera de hacer esto es la práctica *Encontrar tu zona,* que hemos descrito anteriormente.)
3. Manteniendo el contacto ocular, tomad turnos haciéndoos uno al otro las declaraciones siguientes:
"Estoy presente. Estoy centrado.
Estoy abierto.
Soy consciente. Estoy despierto, alerta y claro.
Estoy conectado conmigo mismo, contigo y con el campo de recursos interno y con el que está a nuestro alrededor.
Estoy preparado para contener lo que emerja internamente y en el espacio de nuestra interacción desde lo mejor de mí."

Cuando se hace esta declaración con autenticidad y presencia, genera una rica e intensa sensación sentida de conexión y recursos entre los participantes. Esto es lo que denominamos el campo, espacio o continente. Este espacio forma el entorno de acogida para el resto de la conversación.

Pasar del *CRASH* al *COACH*

Una vez que se ha establecido el espacio *COACHing*™, el cliente puede empezar a reflexionar sobre su estado actual, su estado deseado y el camino que ha de recorrer entre ellos, en el que ha de tener acceso a todos sus recursos. En muchos sentidos, esta es la esencia del *coaching*. Como un entrenador de remeros, que acompaña a su equipo dándole ánimos y *feedback* para que puedan dar lo mejor de sí mismos, un *coach* de ejecutivos o un *coach* de vida acompaña a sus clientes mientras estos se preparan para afrontar sus retos, ayudando a mantenerles en el estado *COACH*.

1. El cliente relata su experiencia de bloqueo *(CRASH)*, es decir, el problema o situación en el que involuntariamente se contrae y se siente reactivo, excesivamente analítico, separado de sus recursos, y pillado en sentimientos incómodos o dolorosos.
2. El *coach* da señales al cliente para que se "centre", "respire", "se ralentice", "haga una pausa" o "se relaje" tal como sea apropiado a fin de mantenerle y mantenerse en un estado *COACH,* conservando también la calidad del espacio o campo compartido.
3. Seguidamente, el *coach* pide al cliente que describa su estado deseado dentro de ese contexto o situación. Una vez más, el *coach* ofrece las señales apropiadas para mantenerse y mantener al cliente en el estado *COACH*.
4. A continuación, pide al cliente que reflexione sobre los recursos internos que le permitirían alcanzar su estado deseado en ese contexto o situación. Una vez más, el *coach* continúa dando señales, tal como sea apropiado, para mantenerse a sí mismo y a su cliente en el estado *COACH*.

Cuando un cliente se siente apoyado de esta manera por la presencia y la intención, es capaz de encontrar su propia solución sin necesitar la intervención o la interferencia del *coach*. Como le gustaba decir a Milton Erickson: "Tú sabes mucho mejor lo que es apropiado para ti de lo que yo podría tratar de adivinar desde fuera".

En lugar de analizar o comentar soluciones particulares al final de la sesión, el *coach* y el cliente pueden compartir los símbolos y metáforas que surjan espontáneamente para completar el proceso.

El *coach* y el cliente pueden acabar la interacción con un intercambio de gestos no verbales como expresión de agradecimiento mutuo. Esto también sirve para anclar los recursos que cada cual se llevará consigo como resultado de la interacción. Este ritual es una forma de señalar el final de la interacción, de manera similar a como se marca el final de una actuación musical o teatral. La conciencia y la conexión se mantienen desde el principio hasta el fin del proceso.

Introducir las energías arquetípicas dentro del espacio (continente) *COACHing*™

Una vez que se ha establecido un sólido espacio *COACHing*™ es posible introducir recursos adicionales en forma de "energías arquetípicas". Según nuestro amigo y colega Stephen Gilligan (2009), se necesitan tres *energías arquetípicas* para el cambio generativo: *fiereza* (fuerza, intensidad), *ternura* (suavidad, apertura, delicadeza) y *un animo juguetón* (humor, flexibilidad, creatividad).

A estas energías se les puede llamar arquetípicas porque todos los seres humanos (y la mayoría de los mamíferos) las poseen, y no tienen que ser aprendidas. Vienen "con el equipo", han evolucionado a lo largo de muchas generaciones y son una parte fundamental de nuestra inteligencia somática. Desde el momento en que nacemos somos capaces de expresar estas energías de algún modo. Cuando tiene hambre o está incómodo, el bebé muestra su fiereza llorando para que lo alimenten y cuiden de él. Los bebés también exhiben ternura de manera natural, buscando el amor y la conexión. Y también está claro que a los niños no hay que enseñarles a jugar. La risa y la creatividad son características definitorias de la infancia, que permanecen con nosotros a lo largo de la vida.

Cada energía arquetípica nos apoya para que podamos abordar eficazmente los retos y las oportunidades de la vida. Necesitamos la *fiereza* para mantener los compromisos y establecer límites. Para asumir cualquier tarea importante, tienes que estar dispuesto a mantener un compromiso fiero: un enfoque profundo e intenso. Es la energía del guerrero.

Necesitamos la *ternura* para conectar con los demás, para sentir nuestra plenitud emocional y para dar y recibir eficazmente la nutrición necesaria a fin de crecer y sanar. Si vas a afrontar un reto profundo en la vida, tendrás que estar conectado con la ternura. Es lo que te permite tocar y ser tocado, aliviar, calmar y estar calmado, sentir empatía y sensibilidad, etc. Es la energía de la madre y del sanador.

Necesitamos el *ánimo juguetón* para encontrar nuevas perspectivas, para ser creativos y fluir. El humor y el ánimo juguetón nos permiten "salir de la caja" de nuestras limitaciones y sentir las cosas de muchas maneras. Cuando estamos demasiado serios, nos quedamos rígidamente fijados a una perspectiva o punto de vista particular. El ánimo juguetón y el humor ayudan a mover las cosas, a soltarlas y mantenerlas en marcha, y a crear espacio para nuevas posibilidades. Es la energía del cambiador de formas[15]. Hemos observado que en la sesión de *coaching* suele producirse un punto de inflexión en el que el cliente empieza a reírse o a sonreír. Es la risa del despertar. Cuando se produce este cambio, la nueva comprensión y la expansión de conciencia se liberan en forma de risa. Esta es una de las razones por las que se considera que la risa tiene una cualidad sanadora.

Aunque cada una de estas energías es arquetípica y no tiene que ser enseñada, la forma de usarla y expresarla es una cuestión de habilidad, y es un componente clave de nuestro juego interno. También es posible que perdamos contacto con estas energías o que las reprimamos. Como ocurre con todas

---

15 Figura característica del chamanismo de los nativos americanos (N. del T.).

las estructuras profundas, cada pauta arquetípica tiene un lado sombra y un lado recurso.

La fiereza positiva o centrada surge cuando somos capaces de contenerla y nos expresamos desde el estado COACH. Desde este estado, la fiereza permanece centrada y puede ser integrada y equilibrada mediante el contacto con otros recursos. Se manifiesta en forma de determinación, claridad, fuerza, coraje, compromiso, límites, ver más allá de los juegos y seducciones, y proteger la vida, tanto la propia como la de otros. Cuando nos bloqueamos *(CRASH)*, esta misma energía se vuelve tensa, contraída y reactiva. La fiereza descentrada y descontrolada, sin suavidad ni humor, se manifiesta como violencia y agresión.

Asimismo, las expresiones positivas de ternura toman la forma de bondad, calma, dulzura, delicadeza, etc. Pero si te pierdes a ti mismo en la energía de la ternura, puedes volverte demasiado suave y sentimental. El lado sombrío de la ternura es la debilidad, la falta de límites claros, la dependencia, etc.

En su forma positiva, el ánimo juguetón nos ayuda a estar sueltos, alegres, fluidos y a ser capaces de "salir de las perspectivas rígidas". En su aspecto descentrado y desenraizado, desconectado de la fiereza y la ternura, el ánimo juguetón puede convertirse en cinismo, superficialidad, irresponsabilidad y trucos engañosos.

Para lidiar eficazmente con los retos y las oportunidades de la vida tenemos que conectar con estas energías arquetípicas. Piensa en ellas como si fueran los colores primarios: rojo, azul y amarillo. Puedes combinarlos en muchas proporciones distintas para crear un número infinito de expresiones posibles.

A veces, introducir una energía arquetípica ausente en una situación la altera drásticamente. Consideremos el ejemplo siguiente contado por una mujer policía que había sido estudiante de PNL.

Estando de servicio en un vecindario difícil de una gran ciudad, recibió una llamada para presentarse urgentemente en un domicilio local a fin de gestionar un episodio de violencia doméstica. Al aproximarse al apartamento se puso en estado de máxima alerta, porque en este tipo de situaciones es donde los policías afrontan los mayores peligros, incluso más que en un robo o asesinato. Las personas, especialmente cuando están descentradas y bloqueadas *(CRASH)*, no quieren que la policía interfiera en sus asuntos familiares.

Al aproximarse a la escena, la oficial de policía oyó gritos y llantos procedentes de dentro del apartamento. Un hombre estaba gritando en voz alta y parecía muy enfadado. También pudo oír el sonido de varios objetos rompiéndose, junto con los gritos aterrorizados de una mujer. De repente, un aparato de televisión salió volando por la ventana, haciéndose añicos en el suelo frente a ella. Al mismo tiempo, los gritos iban en aumento. La oficial de policía corrió a la puerta y empezó a golpearla con todas sus fuerzas para llamar la atención de los ocupantes. Un momento después, escuchó la voz iracunda del hombre que estaba dentro gritando: "¡¿Quién demonios es?!"

Como había practicado muchas horas para entrar en su zona de excelencia en momentos difíciles, la oficial entró rápidamente en el estado *COACH* y abrió el campo de posibilidades. Notando los pedazos del aparato de televisión destrozado que estaban en el suelo, respondió rápidamente: "¡El reparador de televisiones!"

Tras un silencio muerto que duró al menos treinta segundos, el hombre se echó a reír. Poco después abrió la puerta y la oficial fue capaz de realizar su intervención sin confrontación física ni violencia. Comentó que aquellas palabras habían sido más útiles para lidiar con la situación que cualquier combate cuerpo a cuerpo.

Explorar la influencia de las energías arquetípicas

Según Gilligan, es necesario mantener un equilibrio entre estas tres fuerzas y "humanizarlas" expresándolas desde tu "centro". El ejercicio siguiente explora cómo llevar las formas positivas de cada energía arquetípica, y su combinación, a una situación difícil para explorar las opciones que posibilitan. En este ejercicio se accede a cada una de estas energías expresándolas a través del estado *COACH* y el espacio COACHing™ para experimentar el máximo beneficio que puede aportar a una situación particular.

1. El *coach* se lleva a sí mismo y al explorador al estado *COACH* para crear un espacio o entorno *COACHing*™ con abundantes recursos.
2. El cliente se sitúa en la posición que representa el "estado presente" y cuenta su experiencia de bloqueo *(CRASH)*, por ejemplo: un estado o situación problemática en la que involuntariamente se siente contraído, reactivo, excesivamente analítico, separado de sus recursos, y atrapado en sentimientos incómodos o dolorosos. El cliente revive la situación tan plenamente como puede sin dejarse atrapar por ella: viendo lo que ve en esa situación, oyendo lo que oye y sintiendo lo que siente. De esta manera el cliente toma conciencia de su reacción actual y de las opciones que percibe disponibles en esa situación.
3. Seguidamente el cliente cambia de lugar y vuelve al estado *COACH*.
4. Con la ayuda del *coach,* el cliente explora el impacto de llevar la expresión positiva de cada energía arquetípica a la situación de bloqueo, empezando por la fiereza.
    a. Manteniéndose en el estado *COACH,* el cliente accede a esta energía a través de uno de los métodos siguientes:
    1) Identifica y revive una *experiencia de referencia* del pasado en la que experimentó intensamente la expresión positiva de esa energía.
    2) Identifica un *modelo de rol* que exprese el aspecto *positivo* de esa energía: una persona que sea capaz de expresar consistentemente la versión positiva o centrada de esa energía. Seguidamente, ponte en el lugar de esa persona (toma la segunda posición) a fin de tener la sensación sentida de esa forma de expresar la energía.
    3) Usando la imaginación, actúa *"como si"* fueras capaz de ofrecer la expresión centrada y positiva de esa energía.

4) Encuentra un *símbolo* para la expresión positiva de esa energía y llévalo a tu cuerpo, de modo que genere en ti una sensación sentida de la energía.
b. Después de conectar con una expresión positiva de la energía arquetípica, el cliente vuelve a la localización del bloqueo llevando la energía arquetípica a esa situación. El cliente toma conciencia de cómo la energía cambia su experiencia de la situación y nota qué nuevas posibilidades se presentan.
c. Seguidamente, el cliente vuelve a la localización del estado *COACH* y repite estos mismos pasos para las energías de ternura y ánimo juguetón.

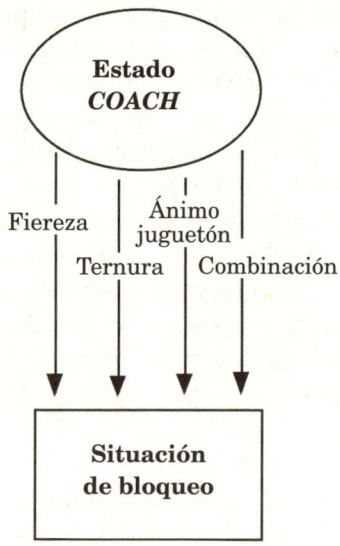

Llevar las formas positivas de las energías arquetípicas a la situación desafiante ayuda a generar nuevas opciones de respuesta y comportamiento.

Después de explorar individualmente el impacto de las energías arquetípicas, el cliente conecta simultáneamente con las tres energías arquetípicas, permitiéndoles que se combinen, y vuelve a entrar en la localización del bloqueo. Una vez más, el cliente experimenta que esta combinación de energías cambia su percepción de la situación, y nota qué nuevas opciones se han abierto.

Contener los sentimientos difíciles

Un aspecto clave del dominio del propio juego interno es la capacidad de reconocer y transformar los sentimientos difíciles que las situaciones de nuestra vida pueden producir. Uno de los principales factores que determinan si nos quedamos atascados en un estado sin recursos o nos mantenemos en el estado *COACH* es nuestra capacidad de contener los sentimientos difíciles. Frecuentemente, estos sentimientos difíciles son los aspectos descentrados o sombríos de energías arquetípicas, como la ira, la pena, la frustración, el pánico, la ansiedad, etc.

Richard Moss señala que "la distancia entre nosotros y otros es precisamente la misma distancia que existe entre nosotros y nosotros mismos". Esto implica que nuestra forma de relacionarnos con los demás y con el mundo que nos rodea es un reflejo de cómo nos relacionamos con nosotros mismos. A partir de esta relación fundamental con nosotros mismos emerge nuestra relación con los demás y con el mundo externo. Esta relación de uno consigo mismo a menudo está limitada por sentimientos que no sabemos afrontar, aceptar, contener, y amar en nosotros mismos.

La terapeuta familiar Virginia Satir solía plantear dos preguntas a sus clientes. La primera era: "¿Cómo te sientes?" El cliente podía responder diciendo que se sentía enfadado, triste, temeroso, culpable o con algún otro tipo de sentimiento difícil. Entonces Virginia le planteaba la segunda pregunta: "¿Cómo te sientes con respecto a sentirte así?" La respuesta a esta segunda pregunta es muy significativa y determina buena parte del impacto y significado que tendrá la respuesta a la primera pregunta. Hay mucha diferencia entre si uno se siente calmado o curioso con respecto a su propio enfado o si se siente culpable o frustrado por estar enfadado. Este segundo sentimiento es el que determina la facilidad y la calidad con la que somos capaces de mantenernos presentes y contener el primer sentimiento o conjuntos de sentimientos.

La descripción que ofreció el capitán Chesley Sullenberger de que se sentía "calmado por fuera y como un torbellino por dentro" cuando llevó su avión averiado a aterrizar sobre el río Hudson es un poderoso ejemplo de la capacidad de contener los sentimientos difíciles.

"Contener" implica una relación entre dos cosas: la cosa que contiene y la cosa contenida. La imagen metafórica de una madre abrazando a un bebé puede ayudarnos a visualizar esta relación. El bebé representa el sentimiento, la sensación o la reacción somáticos y primarios que estamos experimentando. La madre representa la respuesta del resto del sistema nervioso a esta reacción primaria.

Si un bebé se echa a llorar y la madre se tensa, se enfada o se pone nerviosa, es probable que el bebé experimente aún más incomodidad. Si la madre es capaz de contener al bebé y darle apoyo, es más probable que el bebé se sienta calmado por esa presencia (a través de las neuronas espejo) y pueda superar esa incomodidad con fluidez.

Esta misma dinámica es la que se produce en nuestra relación con nuestros propios sentimientos. Cuando les tenemos miedo, los negamos o luchamos contra ellos, en realidad aumentamos nuestro grado de contracción, reacción, desconexión e incomodidad. Como se ha señalado: "Aquello a lo que te resistes, persiste". Cuando podemos reconocer y contener estos sentimientos manteniéndonos centrados, abiertos, conscientes y conectados, dejan de ser un "problema", y su energía puede ser liberada o transformarse en otra expresión más apropiada.

Sugerimos que las cualidades siguientes ayudan a contener los sentimientos difíciles:

- Ausencia de reactividad.
- Aceptación incondicional del sentimiento tal como es.
- No tener ninguna intención de cambiar el sentimiento.
- Paciencia, tomarse tiempo.
- Atención constante al sentimiento.

- Confiar en que todo está bien tal como está, en que el sentimiento tiene una intención y un propósito positivos.
- Sensación de estar contenido en un campo más grande que uno mismo.
- Bondad hacia el sentimiento.
- Curiosidad no intrusiva con respecto al sentimiento.

Como demostró Virginia Satir, resulta útil identificar y reconocer los sentimientos o actitudes incómodos con respecto a los sentimientos difíciles. Así, estos sentimientos con respecto a los sentimientos incómodos también pueden contenerse, incluirse y transcenderse desde un campo de conciencia mucho más grande y con más recursos. Las respuestas a los sentimientos difíciles pueden ser de:

- Querer que se vaya.
- Querer que sea diferente, que cambie.
- Analizarlo o explicarlo.
- Identificarse con él (perderse en él).

Como *coach*, es importante darse cuenta de que este segundo sentimiento forma parte del estado problemático tanto como el primero. Si no somos conscientes de esto, es posible que nos alineemos con el segundo sentimiento para tratar de librarnos del primero. Cuando no sabemos cómo estar con un sentimiento o emoción, queremos que se vaya como sea.

En resumen, como los bebés inquietos, lo que más necesitan nuestros sentimientos difíciles es ser abrazados y contenidos. A través de esta contención, los sentimientos, como el bebé, se transforman, pasando del estado de contracción y la sensación de separación a la relajación y la conexión. Por lo tanto, no se trata de librarnos de los sentimientos difíciles, sino más bien de relacionarnos con ellos de un modo que les permita transformarse. Entonces devolvemos su energía al flujo de nuestra vida. Recuperamos la energía que antes empleábamos en evitar afrontar el sentimiento difícil, lo que nos permite estar más plenamente presentes y estar más disponibles para este momento.

El propósito del siguiente ejercicio es ayudarte a descubrir y aplicar los recursos necesarios para mantenerte presente y contener los sentimientos difíciles que puedan surgir y te saquen del ahora.

1. Identifica una situación desafiante en la que experimentas un sentimiento difícil que no puedes contener y, consecuentemente, te saca de tu "zona" y te lleva al estado *CRASH*. Experimenta ese sentimiento y sensación, y permite que tu cuerpo lo exprese. Pon conciencia y reconoce los sentimientos y sensaciones sin intentar cambiarlos, analizarlos ni explicarlos.
2. Da un paso atrás con respecto a la localización donde estabas experimentando este sentimiento difícil y reflexiona sobre el tú que está experimentando los sentimientos difíciles. ¿Cómo te sientes con respecto a esos sentimientos? ¿Qué sientes con respecto a ti mismo por sentirlos? ¿Cuál es tu relación con esos sentimientos y contigo mismo cuando los sientes? Es posible que haya una serie de sentimientos con respecto al primer sentimiento (vergüenza, culpa, desesperación, enfado, impotencia, etc.). Como en el paso anterior, reconoce y haz conscientes estos sentimientos y sensaciones sin juicio y sin intentar cambiarlos.
3. Ahora pasa a un tercer lugar, y cambia de estado dándote la vuelta, moviendo el cuerpo, sacudiendo los brazos y piernas, etc. Tómate el tiempo necesario para entrar en un estado positivo en el que te sientas centrado, abierto, despierto (el estado *COACH*), y conectado con un campo mayor que tú. ¿Qué recursos (por ejemplo, confianza, aceptación, curiosidad, fuerza, amor, etc.) podrían ayudarte a contener más amorosa, hábil y respetuosamente el segundo conjunto de sentimientos? Ábrete al campo mayor y permítete recibir los recursos sin pensar en ello. Percibe qué surge del campo. Podría venir en forma de imágenes, símbolos, sentimientos, movimientos, etc.
4. Integra plenamente los recursos que hayan emergido en el campo en tu cuerpo y en tu ser. Si es necesario, pue-

des facilitar este proceso encontrando experiencias de referencia para estos recursos y reviviéndolas tan plenamente como puedas. Encuentra un símbolo y un gesto o movimiento (sintaxis somática) que exprese estos recursos y los haga presentes en tu cuerpo. Permite que la energía de estos recursos fluya plenamente a través de ti desde y hacia el campo que te rodea.

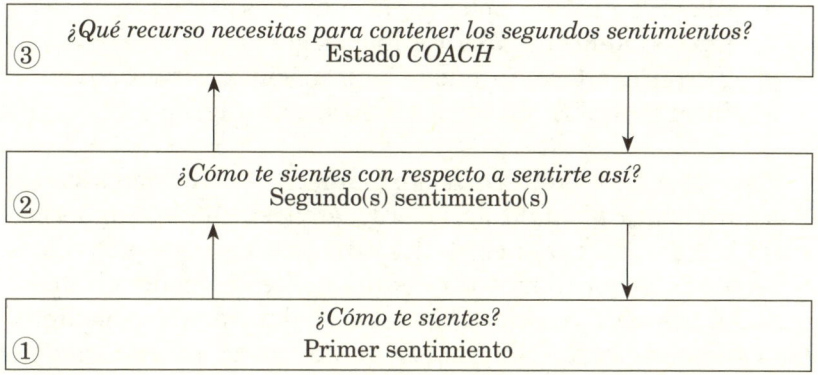

6. Con estos recursos y su símbolo asociado plenamente presentes en tu cuerpo y en tu conciencia, vuelve a la segunda localización (los sentimientos con respecto a los sentimientos). No intentes cambiar nada. Simplemente mantén los sentimientos y las respuestas asociadas con la segunda localización dentro del campo mayor de los recursos. Haz el gesto o movimiento asociado con los recursos que has recibido. Nota qué cambia en tu percepción y en tu actitud hacia el segundo conjunto de sentimientos.

7. Ahora entra en la localización donde ubicaste el sentimiento difícil original trayendo contigo los recursos que has identificado. Una vez más, no intentes cambiar nada. Simplemente contén el sentimiento difícil y la respuesta dentro del campo mayor de los recursos. Haz el gesto y el movimiento asociados con los recursos que has recibido. ¿Cómo te sientes con respecto a esos sentimientos difíciles? ¿Qué cambia en tu capacidad de contenerlos?

Creencias barrera y creencias puente

También es posible identificar y transformar las creencias limitantes y los "virus mentales" de manera similar a como se contienen los sentimientos difíciles. Esto puede hacerse:

- Centrándose y conteniéndolos dentro de un campo de recursos mayor.
- Llevando más conciencia a la estructura de la programación neurolingüística que los genera.
- Encontrando su intención y propósito positivos.
- Integrándolos con otras creencias y programas.

Las creencias influyen poderosamente en nuestras vidas. Son un clásico ejemplo de la programación neurolingüística surgida de la integración de los circuitos cognitivos y somáticos. También pueden estar contenidos y ser transmitidos a través de campos relacionales, como se ilustra en los ejemplos de los experimentos con monos citados antes en este capítulo. Se considera que las creencias son uno de los niveles de cambio y aprendizaje más fundamentales en la PNL, siendo también uno de los componentes clave de nuestra estructura profunda. En muchos sentidos conforman y crean nuestra estructura superficial. Las creencias determinan cómo se da significado a los sucesos y forman el núcleo de la motivación y la cultura. Nuestras creencias y valores proveen el refuerzo (*motivación* y *permiso*) que favorece o inhibe capacidades y conductas concretas.

Por ejemplo, es bien sabido que si alguien cree que puede hacer algo lo hará, y si cree que es imposible, ningún esfuerzo le convencerá de que puede conseguirlo. El poder de las creencias se demostró en un estudio esclarecedor en el que a un grupo de 100 supervivientes del cáncer (pacientes que habían invertido los síntomas y habían seguido así durante más de 10 años) se les entrevistó para preguntarles qué habían hecho para conseguirlo. Las entrevistas mostraron que no había ningún método que sobresaliera como más eficaz que otro. Algunos habían tomado el tratamiento médico estándar de quimioterapia y/o radiación, otros habían usado métodos nutricionales, los terceros habían seguido un camino espiritual, mientras que también había otros que se habían concentrado en métodos psicológicos, e incluso algunos de ellos no habían hecho nada en absoluto. La única característica común a todos los miembros del grupo es que todos creían que su método funcionaría.

Como ilustra el estudio anterior, y algunos fenómenos como el efecto placebo, las creencias tienen una gran capacidad de auto cumplirse.

Sin embargo, las creencias son una "espada de doble filo". Las creencias limitantes pueden ser tan persistentes e influyentes como las que capacitan y fortalecen. Hay una vieja historia sobre un paciente que estaba siendo tratado por un psiquiatra. El paciente no comía ni cuidaba de sí mismo porque decía que era un cadáver. El psiquiatra pasó muchas horas hablando con él e intentando convencerle de que no era un cadáver. Finalmente, le preguntó si los cadáveres sangraban. El paciente respondió:

—Por supuesto que los cadáveres no sangran, todas sus funciones corporales están detenidas.

Entonces el psiquiatra le convenció para probar un experimento: le pincharía cuidadosamente con un alfiler y ambos verían si empezaba a sangrar. El paciente accedió. Después de todo, era un cadáver. El psiquiatra le pinchó suavemente la piel con un alfiler y, como era previsible, empezó a sangrar. Con una mirada de sorpresa el paciente dijo asombrado:

—¡Maldita sea! Los cadáveres sangran...

Como ilustra esta historia, las creencias son notablemente difíciles de cambiar empleando las típicas reglas de la lógica o el pensamiento racional. Además, las creencias más influyentes a menudo quedan fuera de nuestra conciencia (como ocurre con los "virus mentales"). Consideremos, por ejemplo, el caso de los monos mencionados antes, que condicionaron a sus compañeros haciéndoles creer que un objeto particular era peligroso simplemente por cómo reaccionaban a la conducta de sus compañeros con respecto a dicho objeto. Esto demuestra que las creencias pueden quedar contenidas y ser transferidas a través de un campo relacional, así como a través de la comunicación directa y la interacción física.

El poder de las creencias transmitidas a través de este tipo de campo relacional quedó demostrado en un estudio esclarecedor en el que se dividió a un grupo de niños de inteligencia media (comprobada en un test) en dos grupos del mismo tamaño. Uno de los grupos se asignó a un profesor al que se le dijo que los niños "eran superdotados". El otro grupo se le asignó a otro profesor al que se le dijo que los niños "aprendían con lentitud". Al año siguiente se volvió a realizar el test de inteligencia a los niños de ambos grupos. Como era de esperar, la mayoría de los niños que estaban en el grupo de los "superdotados" puntuaron más alto que antes, mientras que la mayoría de los "lentos" puntuaron por debajo. Parece que las creencias de los profesores con respecto a sus alumnos afectaron a su capacidad de aprendizaje.

En conclusión, podemos equiparar el proceso de transformar las creencias limitantes a la receta del estofado de tigre: "Primer paso, atrapar al tigre". En el ejercicio siguiente, que trata sobre el juego interno, exploramos cómo "atrapar al tigre", pero a continuación, en lugar de matarlo, lo convertimos en un gatito. La energía contenida en la creencia es liberada y transformada. El proceso siguiente nos ofrece un método para descubrir y transformar las creencias que nos impiden conectar con nuestros recursos, con nosotros mismos y con otros.

1. Piensa en una situación desafiante en la que sea importante para ti estar más plenamente presente y más conectado contigo mismo y con otros, pero en la que involuntariamente te sientes contraído, reactivo, excesivamente analítico, separado de tus recursos y atrapado en sentimientos incómodos o dolorosos (te quedas pillado en un estado *CRASH)*. Establece un lugar físico para esa situación y entra en ella. Experimenta la situación tal como la vives ahora.
2. Sal de esa situación y sitúate en otra localización donde entres plenamente en el estado *COACH*. Define tu estado deseado para esa situación. ¿Cómo te gustaría pensar, sentir y responder? Experimenta ese estado deseado en tu cuerpo tan plenamente como puedas.

3. Manteniendo la atención en la sensación sentida del estado deseado, comienza a caminar lentamente hacia el lugar que representa la situación desafiante. Presta atención a tu fisiología y a tus sensaciones corporales, y detente en cuanto sientas cualquier cambio o contracción que comience a reducir, a interferir con, o a sacarte de tu estado positivo (la barrera). Detente, lleva la atención a esas sensaciones y explora la cuestión: "¿Qué creencias están asociadas con estas sensaciones que me impiden estar plenamente conectado y disponer de recursos en esta situación?" Mientras buscas las creencias, mantén la atención en el cuerpo y en las sensaciones de contracción, en lugar de subir a la cabeza para intentar resolverlo. A medida que descubras las creencias barrera, explora y reconoce también las intenciones y los propósitos positivos a los que sirven.
4. Cuando hayas identificado las creencias barrera, vuelve atrás al lugar del estado *COACH,* donde te sientes plenamente centrado, presente y con recursos. Plantéate estas preguntas: "Dado que he descubierto las creencias barrera, ¿qué creencias necesitaría para mantenerme conectado y positivo en esa situación?" "¿Cuáles son las 'creencias puente' que me permitirían mantenerme en el estado *COACH* en ese contexto?" Ábrete al campo mayor y permítete recibir las respuestas sin analizarlas ni pensar en ellas. Nota lo que surge del campo. "Programa neurolinguísticamente" las creencias repitiéndotelas a ti mismo y experimenta la sensación sentida que generan en tu cuerpo. ¿En qué parte de tu cuerpo es donde más necesitas contener las creencias? Crea un gesto físico o movimiento (sintaxis somática) que exprese la creencia puente.
5. Manteniéndote centrado y presente, contén las creencias asociadas con la creencia puente en tu cuerpo, corazón y cabeza. Vuelve a la ubicación de la situación desafiante usando el gesto asociado a estas nuevas creencias y mantén la atención en ellas. Percibe cómo cambia tu experiencia de la situación. ¿Qué se vuelve posible gracias a la presencia de estas creencias en tu sistema nervioso?

Para más información sobre el trabajo con las creencias usando la PNL, véase *Las creencias: caminos hacia la salud y el bienestar* (Dilts, Hallbom, Smith, 1990), *Cómo cambiar creencias con la PNL* (Dilts, 1990), *De Coach a despertador* (Dilts, 2003) y *The Encyclopedia of Systemic NLP* y *NLP New Coding* (Dilts & DeLozier, 2000).

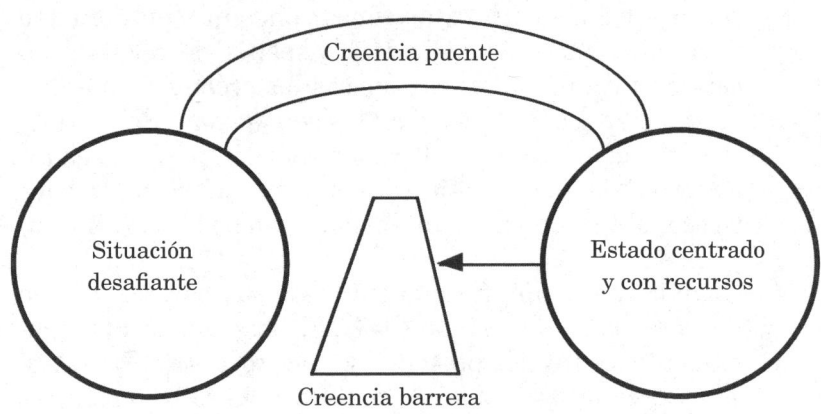

Crear una "Creencia puente" puede ayudarte a superar las "Creencias barrera" que alteran tu conexión contigo mismo y con otros.

Trabajar con los arquetipos de transición

Los problemas asociados con las creencias y los sentimientos difíciles surgen más frecuentemente en momentos de transición (como los que acompañan a las diversas etapas del ciclo adaptativo). Habitualmente, la fase de transición que a la gente más le cuesta gestionar es la del colapso o destrucción creativa. En general, esta fase es la que produce más alteraciones y convulsiones.

Arquetípicamente esta fase se representa con el símbolo del "dragón", que es algo enorme, en gran medida desconocido y potencialmente peligroso. Algunos de los "dragones" comunes en el camino de vida de nuestra especie son la llegada de la adolescencia, la menopausia, la vejez, un cambio de profesión, la jubilación, la muerte de un ser querido, la pérdida, la enfermedad, y otras transiciones vitales importantes. Cuando se producen dichas transiciones, solemos tener reacciones o respuestas comunes o arquetípicas, como la negación, sentirnos abrumados, frustración, enfado, determinación, aceptación, etc. Cada una de estas reacciones o respuestas produce cierta relación con la transición o dragón.

Carol Pearson (1992) ha identificado una serie de respuestas arquetípicas a las transiciones vitales perturbadoras que simbolizan diversas etapas de nuestra relación con el misterioso y peligroso dragón.

- El inocente (no sabe que el dragón existe).
- El huérfano (se siente abrumado y consumido por el dragón).
- El mártir (perseguido por el dragón).
- El vagabundo (evita el dragón).
- El guerrero (lucha contra el dragón).
- El hechicero (acepta y transforma al dragón).

Como ocurre con todas las energías arquetípicas, cada una de las cualidades representadas por estos roles simbólicos tiene sus luces y sus sombras:

Los dones de la *inocencia* son el optimismo, la pureza y la simplicidad. Su lado sombrío es la candidez, la inexperiencia y la vulnerabilidad.

El *huérfano* aporta los dones de la compasión y la capacidad de dejar ir. Sus sombras son la impotencia y la desesperación.

Entre los dones del *mártir* se incluyen el autosacrificio y la justicia. Sus sombras son la victimización, el juicio y la reactividad pasivo-agresiva.

Los dones del *vagabundo* son el tomarse espacio, la libertad y el descubrimiento. Su lado sombrío es la evitación y la negación.

Los recursos asociados con el *guerrero* son la determinación, el coraje y la claridad. Sus sombras son la agresión, la violencia y la imposición de un punto de vista particular.

Los dones del *hechicero* guardan relación con la aceptación, la creatividad y la sabiduría. Las sombras toman la forma de manipulación, engaño e ilusión.

Obviamente, la clave para lidiar eficazmente con una transición consiste en ser capaz de acceder a y saber gestionar los dones y recursos que aporta cada arquetipo con relación al dragón. Cuando podemos mantener al dragón dentro del campo de estos recursos, se transforma: el problema se convierte en una oportunidad; la herida se convierte en una fuente de aprendizaje y crecimiento. Lo peor que nos ha pasado nunca se convierte en lo mejor que nos ha pasado nunca.

Traemos a la luz los dones de cada arquetipo conectando con ellos a través del estado *COACH,* produciendo así la versión centrada e integrada de cada respuesta.

El ejercicio siguiente combina los procesos de la siguiente generación de la PNL, como la ordenación de los espacios, la sintaxis somática y la conexión con la mente campo, con los arquetipos de Pearson para afrontar ingeniosamente los momentos convulsos y de transición.

1. Define el dragón. Identifica la transición vital que estás afrontando. Aquí puedes incluir elementos clave del contexto o del entorno relacionados con la transición, como las reacciones de otras personas significativas para ti o detalles problemáticos relacionados con las circunstancias que la rodean.
2. Crea una localización espacial para el dragón y ordena espacialmente cada uno de los arquetipos en un círculo a su alrededor, siguiendo la secuencia siguiente: a. Inocente, b. Huérfano, c. Mártir, d. Vagabundo, e. Guerrero, f. Hechicero. Incluye una localización para el estado *COACH* que quede justo fuera del círculo (una meta posición).
3. Empezando por la localización que representa al inocente, explora sucesivamente cada arquetipo de transición asumiendo la actitud, la energía, la postura corporal y los movimientos (sintaxis somática) asociados con cada uno de ellos. Experimenta el tipo de relación que tiene cada arquetipo con el dragón. Nota tanto los dones como las sombras que cada relación con el dragón hace surgir en ti.

4. Cuando hayas pasado por toda la secuencia de arquetipos, pasa a la localización de la meta posición y entra en el estado *COACH* tan plenamente como puedas. Conecta con tu zona de excelencia y ábrete a la sabiduría de la mente campo mayor.

Esquema para el ejercicio de los arquetipos de transición

5. Manteniendo este estado en tu cuerpo, muévete y pasa físicamente por cada uno de los arquetipos del ciclo, asegurándote de que recibes y experimentas los regalos, los recursos y los aprendizajes que te aportan con relación al dragón. Haz esto explorando la postura corporal, los gestos y los movimientos (sintaxis somática) asociados con la versión positiva del arquetipo creada al conectarlo con el estado *COACH*. Completa el proceso volviendo al espacio que sientas más apropiado para ti en ese

momento con relación al dragón. Nota que ahora puedes hacer esto con conciencia de dónde te encuentras dentro de todo el círculo de transición.
6. Vuelve a la localización COACH, en la meta posición, y reflexiona sobre lo que has descubierto y aprendido en este viaje.

Para más información sobre este proceso, véase *El viaje del héroe: un camino de autodescubrimiento* (Gilligan & Dilts, 2009), y *The Encyclopedia of Systemic NLP y NLP New Coding* (Dilts & DeLozier, 2000).

Conclusión: ego y alma

Hemos llegado al final de lo que podemos presentar dentro de los límites de este volumen. Sin embargo, esto solo es el comienzo de nuestra exploración de la siguiente generación de la PNL. Hay muchos procesos y técnicas que no podemos incluir aquí por falta de espacio, y muchos más están en camino.

Una de las principales áreas de aplicación de los principios y prácticas de esta nueva generación de la PNL es el *coaching* de la identidad. Las transiciones y los asuntos relacionados con el nivel de la identidad son el núcleo del gran *Coaching* con "C" mayúscula. Planeamos abordar detenidamente esta área tan fascinante en nuestro próximo libro: *Coaching at the Identity Level*.

Los fundamentos de este trabajo surgen de contemplar que la "identidad" está compuesta por dos aspectos complementarios: el ego y el alma. Según el psicoanálisis, el *ego* es "la parte de la psique que media entre las mentes consciente e inconsciente, y es responsable del principio de realidad y del sentido de identidad personal". Así, el ego guarda relación con el desarrollo y la preservación de nuestro sentido de un yo separado, que percibe la realidad desde su propia perspectiva individual.

Al nivel del entorno, el ego tiende a enfocarse en los peligros y limitaciones, y en la búsqueda de la ganancia y el placer a corto plazo. Consecuentemente, al nivel de la conducta, el ego tiende a ser más reactivo a las condiciones externas. Generalmente las capacidades asociadas con el ego son las conectadas con el intelecto cognitivo, como el análisis y la estrategia. En el nivel de las creencias y los valores, el ego se enfoca en la seguridad, la aprobación, el control, el logro y el beneficio propio. En el nivel de la identidad, el ego guarda relación con nuestro papel a nivel social y con quiénes sentimos que deberíamos ser o necesitamos ser. Al nivel del espíritu o del propósito, el ego está orientado hacia la supervivencia, el reconocimiento y la ambición: la vida que queremos crearnos para nosotros mismos.

Desde la perspectiva de la PNL, se puede considerar al ego como un mapa o modelo cognitivamente construido de nuestro "yo", y como un proceso de desarrollo natural. Sin embargo, estas nociones de "realidad" y de "yo" asociadas con el ego están influidas por referencias externas, como las normas sociales, los valores culturales y las pautas familiares. Como todos los mapas y modelos, el ego incorpora necesariamente procesos de supresión, distorsión y generalización. Cuando estas distorsiones crean demasiada separación del verdadero territorio y de nuestro potencial (nuestra alma o esencia) pueden generar el aspecto "sombra" del ego. Algunas de las características de un ego poco saludable toman la forma de *autoinflación:* orgullo, arrogancia, autoimportancia, narcisismo y autoinfatuación, o bien toman la forma de *autodenigración:* autocrítica, depresión, juzgarse a uno mismo, falta de autoestima, de confianza, etc. Estas características pueden llevarnos a sentirnos completamente atrapados por la avaricia, el miedo y las estrategias de supervivencia (lucha, huida o congelación).

El *alma* es la fuerza de vida única, la esencia o energía con la que venimos al mundo y que viene al mundo a través de nosotros. Por ejemplo, cuando somos un bebé recién nacido, aún no tenemos un ego, pero tenemos una energía única y un ser que son el fundamento de nuestra identidad. Esta energía se expresa a través de nuestros cuerpos y de la interacción con los campos mayores que nos rodean. Como el alma es una "estructura energética profunda", no está asociada con ningún contenido particular, y por lo tanto no está construida por las influencias de la sociedad, de la cultura y de la familia. Sin embargo, se expresa haciendo contribuciones a estos campos mayores. Así, en lugar de ser un yo separado y objetivado, el alma es nuestra expresión de un yo conectado que se va desplegando.

A nivel del entorno, el alma tiende a enfocarse en las oportunidades de expresarse y crecer. Consecuentemente, en el nivel de la conducta, el alma tiende a responder más proactivamente a las condiciones externas. Las capacidades asociadas con el alma suelen estar relacionadas con la percepción y la gestión de la energía y la inteligencia emocional. En el nivel de las creencias y los valores, el alma se enfoca en las motivaciones internas, como servir, contribuir, ser, conectar, expandirse y despertar. A nivel de la identidad, el alma guarda relación con nuestra misión y con los dones únicos que traemos al mundo. Al nivel del espíritu o del propósito, el alma está orientada hacia nuestra visión de lo que queremos crear en el mundo, algo que se crea a través de nosotros pero que está más allá de nosotros.

Así, podemos decir que mientras que el ego guarda relación con el "contenido" de nuestra experiencia, el alma se relaciona con el "continente" que contiene al contenido. Asimismo, el ego opera a través del análisis, mientras que el alma opera a través de la conciencia. Algunas disciplinas, como *Un curso de milagros,* mantienen que en el mundo hay dos fuerzas fundamentales: el amor y el miedo. Desde esta perspectiva, podemos ver que el ego surge principalmente de todas las variantes del miedo, y el alma surge fundamentalmente de todas las expresiones de amor. Está claro que estos dos aspectos de nosotros mismos son necesarios para llevar una existencia exitosa y saludable.

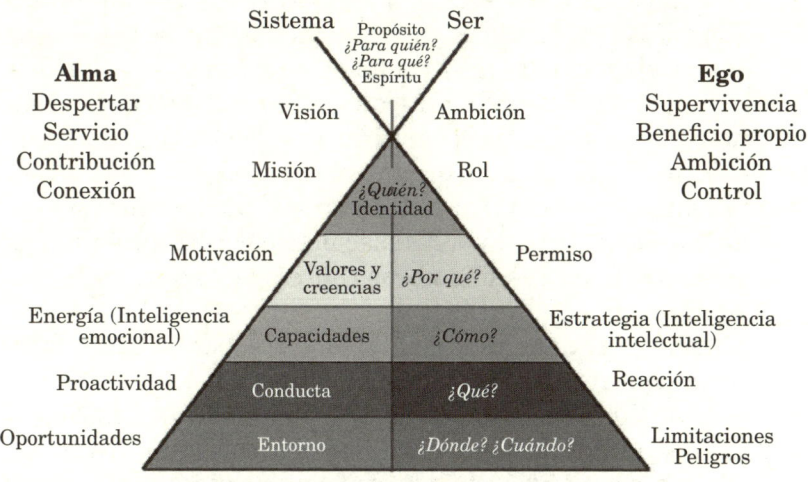

Niveles de expresión del ego y del alma

Cuando nuestro cuerpo (sintaxis somática) y nuestro intelecto (mente cognitiva) conectan como dos bailarines respondiendo a la música de la vida (el campo), entonces el alma tiene un vehículo para expresarse, y nos sentimos más vivos, con más alegría, más intuitivos, y estamos más en casa en el mundo. El carisma, la pasión y la presencia emergen de manera natural cuando se alinean estas dos fuerzas (ego y alma; visión y ambición). Nuestra actuación óptima se produce cuando el ego está al servicio del alma.

Las motivaciones más poderosas son las que combinan y alinean nuestra visión, misión, ambición y valores. Cuando el ego y el alma están desalineados, y nuestra ambición no está en sintonía con nuestra misión y visión, se producen el conflicto y la lucha. Si "vendemos el alma" por los beneficios del ego, es posible que tengamos éxito a corto plazo, pero a la larga nos dirigimos hacia una crisis. Si nuestra ambición genera arrogancia o un "yo idealizado" y empezamos a rechazar y reprimir otras partes de nosotros mismos, pueden surgir nuestras "sombras".

Comprender esta dinámica entre el ego y el alma y alcanzar un equilibrio entre ellos es parte esencial del *coaching* de la identidad y de la siguiente generación de la PNL.

La dinámica entre el ego y el alma opera de manera similar en una compañía u organización. El ego de la compañía está formado por los propietarios y los accionistas, que se preocupan de la supervivencia, de los beneficios económicos y del rédito de la inversión. Esto queda reflejado en la ambición de la organización y de sus miembros en términos de estatus y nivel de rendimiento. El alma de la organización es el valor que ofrece a sus clientes y a su entorno físico y social. Dicho valor está generado por la visión de la organización, su contribución única, y su misión y la de sus miembros con respecto a los sistemas circundantes.

En las organizaciones saludables y prósperas, estas fuerzas están equilibradas y alineadas. El próximo libro *Success Factor Modelling*, del autor Robert Dilts y su difunto hermano John Dilts, abordará algunos métodos con los que los directivos de las compañías pueden conseguir este alineamiento. Ambos hermanos desarrollaron *Success Factor Modelling*™

(SFM) para identificar y transferir los factores esenciales del éxito que son necesarios para promover el crecimiento y el impacto de los individuos, los equipos y las organizaciones, y para ayudarles a estar óptimamente preparados para crear, reconocer y aprovechar las oportunidades que surgen. Tras examinar los negocios, proyectos e iniciativas exitosos y observar los comportamientos de los individuos y equipos que ofrecen un alto rendimiento, SFM™ ayuda a la gente y a las organizaciones a cuantificar los factores que han generado su legado de éxito y a identificar las tendencias necesarias para extenderlo hacia el futuro.

Esperamos que hayas disfrutado de este viaje hacia la siguiente generación de la PNL. Deseamos sinceramente que este libro haya sido y siga siendo un mapa y una guía eficaz para que alcances tu visión, misión, ambición y rol con más conciencia, flexibilidad y confianza. Como puedes ver, esto es solo el principio. ¡Hay mucho más de camino!

Epílogo

Esperamos que hayas disfrutado de esta exploración de la siguiente generación de la PNL. Si te interesa explorar los principios y la tecnología de la Programación Neuro-Lingüística con más profundidad, existen otras herramientas y recursos para seguir desarrollando y aplicando las distinciones, estrategias y habilidades descritas en estas páginas.

La **Universidad PNL** es una organización dedicada a impartir formaciones de alta calidad en las habilidades básicas y avanzadas de la PNL, y a promover el desarrollo de nuevos modelos y aplicaciones de esta disciplina en las áreas de la salud, los negocios y las organizaciones, la creatividad y el aprendizaje. Cada verano, la Universidad PNL ofrece programas residenciales en la Universidad de California en Santa Cruz, cursos largos en los que se imparten las habilidades de la PNL, incluyendo las relacionadas con la consultoría y el *coaching*.

Para más información, por favor contacta con Teresa Epstein en:

NLP University
P.O. Box 1112
Ben Lomond, California 95005
Teléfono: (831) 336-3457
Fax: (831) 336-5854
Email: Teresanlp@aol.com
Página web: http://www.nlpu.com

Además de los programas que ofrecemos en la Universidad PNL, también viajamos internacionalmente presentando seminarios y programas especiales sobre una variedad de temas relacionados con la PNL y el desarrollo personal y profesional.

Para más información sobre los seminarios programados, por favor consulta la página web de la Universidad PNL.

http://www.nlpu.com

o bien escribe a:

rdilts@nlpu.com

También hemos escrito una serie de libros y desarrollado programas de ordenador y grabaciones de audio basados en los principios y en las distinciones de la PNL.

Por ejemplo, Robert ha producido varios programas informáticos basados en su modelamiento de las estrategias de los genios: *Vision to Action, Imagineering Strategy* y *Journey to Genius Adventure*. También ha creado grabaciones de audio que describen los procesos creativos de genios como Mozart, Walt Disney y Leonardo Da Vinci.

Para más información sobre estos y otros productos relacionados con la PNL, por favor contacta con:

Journey to Genius
P.O. Box 67448
Scotts Valley, CA 95067-7448
Teléfono: (831) 438-8314
Fax (831) 438-8571
Email: info@journeytogenius.com
Página web: http://www.journeytogenius.com

Bibliografía

Andreas, S., Andreas, C., *Cambia tu mente para cambiar tu vida,* Ediciones Gaia, Madrid, 2009.

Andreas, C., Andreas, S., *Corazón de la mente,* Cuatro vientos, Santiago de Chile, 2003.

Andreas, C., Andreas, T., *La trasformación esencial,* Ediciones Gaia, Madrid, 2009.

Aristoteles, *Acerca del alma,* Gredos, Madrid, 2003.

Aristoteles, *Física,* Gredos, Madrid, 2002.

Armour, A., Ardell, J., (Ed.), *Basic and Clinical Neurocardiology,* Oxford University Press, Nueva York, 2004.

Bandler, R., Grinder, J.; *La estructura de la magia Vol.I y II,* Cuatro vientos, Santiago de Chile, 1997 y 1998.

Bandler, R., Grinder, J., *Patterns of the Hypnotic Techniques of Milton H. Erickson,* M.D., Vol. I & II; Meta Publications, Capitola, CA, 1975, 1977.

Bandler, R., *Use su cabeza para variar,* Cuatro vientos, Santiago de Chile, 1997.

Bandler, R., *Tiempo para cambiar,* Editorial Khaos, Valle de Bravo, 2002.

Bateson, G., *Pasos hacia una ecología de la mente,* Lumen Argentina, Buenos Aires, 1998.

Bateson, G., *Espíritu y naturaleza,* Amorrortu, Madrid, 1993.

Bateson, G., Bateson, M. C., *El temor de los ángeles: Epistemología de lo sagrado,* Gedisa, Barcelona, 2013.

Bateson, G., *Una unidad sagrada,* Gedisa, Barcelona, 2010.

Berman, M., *Coming to our Senses,* Simon and Schuster, Nueva York, 1989.

Childre, D., Martin, H., *The HeartMath Solution,* HarperCollins Publishers, Nueva York, NY, 2000.

Chomsky, N., *Estructuras sintácticas,* Siglo XXI, Ciudad de Mexico, 2004.

Chomsky, N., *Aspectos de la Teoría de la sintaxis,* Gedisa, Barcelona, 2009.

Chomsky, N., *El lenguaje y la mente humana,* Ariel, Barcelona, 2002.

Darwin, C., *El origen del hombre,* Planeta, Barcelona, 2012.

DeLozier, J., Grinder, J., *Turtles All The Way Down: Prerequisites to Personal Genius,* Metamorphous Press, Portland, OR, 1987.

Dilts, R., Grinder, J., Bandler, R., DeLozier, J., *Programación Neurolingüística Vol. I: El estudio de la experiencia subjetiva,* Editorial Khaos, Valle de Bravo, 2002.

Dilts, R., *Roots of Neuro-Linguistic Programming: A reference guide to the technology of NLP*, Meta Publications, Capitola, CA, 1983.

Dilts, R., *Cómo cambiar creencias con la PNL*, Sirio, Malaga, 1998.

Dilts, R., Hallbom, T., Smith, S., *Las creencias: caminos hacia la salud y el bienestar.* Ediciones Urano, Barcelona, 1996.

Dilts, R. with Bonissone, G., *Skills for the Future*, Meta Publications, Capitola, CA, 1993.

Dilts, R., *Estrategias de los Genios Vol. I, II & III*, Editorial Mar, Ciudad de México, 2008.

Dilts, R., *Visionary Leadership*, Meta Publications, Capitola, CA, 1996.

Dilts, R., *Time Lines*, Anchor Point, October 1997, Salt Lake City, UT.

Dilts, R., McDonald, R., *Herrramientas del espíritu: una via de realización espiritual,* Ediciones Urano, Barcelona, 2000.

Dilts, R., DeLozier, J., *Darwin's Thinking Path*, Anchor Point, February, 1997.

Dilts, R., *Modeling With NLP*, Meta Publications, Capitola, CA, 1998.

Dilts, R., DeLozier, J., *The Evolution of Perceptual Positions*, Anchor Point, Septiembre 1998, Salt Lake City, UT.

Dilts, R., *Sleight of Mouth: The Magic of Conversational Belief Change*, Meta Publications, Capitola, CA, 1999.

Dilts, R., DeLozier, J., *The Encyclopedia of Systemic NLP and NLP New Coding,* NLP University Press, Santa Cruz, CA, 2000.

Dilts, R., *From Coach to Awakener,* Meta Publications, Capitola, Ca., 2003.

Einstein, A., *Mis últimos años,* Aguilar, Madrid, 1951.

Epstein, D., *The 12 Stages of Healing,* New World Library, Novato, CA, 1994.

Erickson, Milton H., *The Collected Papers of Milton H. Erickson Vol. IV,* Irvington Publishers Inc., Nueva York, NY, 1980.

Ericsson, Anders K., Neil Charness, Paul Feltovich, Robert R. Hoffman, *Cambridge handbook on expertise and expert performance,* Cambridge University Press, Cambridge, UK, 2006.

Feldenkrais, M., *Autoconciencia por el movimiento,* Paidós, Barcelona, 1985.

Feldenkrais, M., *Body and Mature Behavior,* International Universities Press, NY, Nueva York, 1981.

Freud, S., *Autobiografía,* Alianza, Madrid, 2006.

Gendlin, E., *Focusing,* Bantam Books, Nueva York, 1982.

Gershon, M., *The Second Brain: The Scientific Basis of Gut Instinct and a Groundbreaking New Understanding of Nervous Disorders of the Stomach and Intestines,* HarperCollins Publishers, Nueva York, NY, 1999.

Gilligan, S., *La valentía de amar,* Ridgen, Barcelona, 2010.

Gilligan, S., Simon, Devorah (Ed.), ***Walking in Two Worlds: The Relational Self in Theory, Practice and Community***, Zeig Tucker Publishers, Phoenix, AZ, 2004.

Gilligan, S., Dilts, R., ***El viaje del Heroe: un camino de autodescubrimiento***, Ridgen, Barcelona, 2009.

Gladwell, M., ***Fueras de serie: por qué algunas personas tienen éxito y otras no***, Taurus, Madrid, 2009.

Goleman, D., ***The Multiple Personality Puzzle***, New York Times, 1985.

Gallwey, T., ***El juego interior del tenis***, Sirio, Malaga, 2013.

Gallwey, T., ***El juego interior del trabajo***, Sirio, Malaga, 2013.

Haley, J., ***Terapia no convencional: las técnicas psiquiátricas de Milton H. Erickson***, Amorrortu, Madrid, 1980.

Holling, C. S., ***Adaptive environmental assessment and management***, John Wiley & Sons, Londres, 1978.

Holling, C. S., Gunderson, L. (editors), ***Panarchy: understanding transformations in human and natural systems***, Island Press, Washington, DC, 2002.

James, T., Woodsmall, W., ***Time Line Therapy and the Basis of Personality***, Meta Publications, Capitola, CA, 1987.

William James, ***Principios de psicología***, Fondo de cultura económica, Madrid, 1989.

Jung, C. G., ***Recuerdos, sueños, pensamientos***, Seix Barral, Barcelona, 2001.

Jung, C. G., ***Psyche and Symbol***, Princeton University Press, Princeton, NJ, 1991.

Koestler, A., *The Act of Creation*, Hutchinson, Londres, 1964.

Korzybski, A., *Science and Sanity*, The International Non-Aristotelian Library Publishing Company, Lakeville, CT,1980.

Laird, J. E., Rosenbloom, P., Newell, A., *Chunking in SOAR: The Anatomy of a General Learning Mechanism*, **Machine Learning**, 1:11-46, 1986.

Laird, J. E., Rosenbloom, P., and Newell, A., *SOAR: An Architecture for General Intelligence*, **Artificial Intelligence**, 33:1-64, 1987.

Le Bon, G., *The Crowd: A Study of the Popular Mind*, Digireads.com Publising, 2008 (1895).

Lovelock, J., *Gaia: una nueva visión de la vida sobre la Tierra*, Ediciones Orbis, Barcelona, 1985.

Moss, R., *El segundo milagro*, Errepar, Buenos Aires,1996.

Moss, R., *El Mandala del ser: descubrir el poder de la consciencia*, Kier, Buenos Aires, 2010.

Pearsal, P., *El código del corazón*, Edaf, Madrid, 1998.

Pearson, C., *Despertando los héroes interiores*, Mirach, Madrid, 1992.

Rizzolatti, G., Craighero, L., *The Mirror-Neuron System*, **Annual Review of Neuroscience 27:** 169-192, 2004.

Roth, Gabrielle, *Mapas para el éxtasis: enseñanzas de una chaman urbana*, Ediciones Urano, Barcelona, 2010.

Roth, G., *Sweat Your Prayers*, Penguin Putnam, Inc., Nueva York, NY, 1997.

Roth, G., *Connections*, Jeremy P. Tarcher/Penguin, 2004.

Russell, P., *The Global Brain Awakens*, Global Brain, Inc., Palo Alto, CA, 1995.

Schilpp, P., *Albert Einstein, Philosopher-Scientist*, Northwestern University Press, Evanston, Ill., 1949.

Sheldrake, R., *Una nueva ciencia de la vida*, Editorial Kairós, Barcelona, 2011.

Sheldrake, R., *Presencia del pasado, resonancia mórfica y hábitos de la naturaleza*, Editorial Kairós, Barcelona, 1990.

Stephenson, G. R., Cultural acquisition of a specific learned response among rhesus monkeys, en *Progress in Primatology*, (D. Starek, R.Schneider, and H. J. Kuhn, eds.), pp. 279-288, Fischer, Stuttgart, 1967.

Waldrop, M., Toward a Unifying Theory of Cognition, *Science*, Vol. 241, Julio 1988.

Watson, L., *Lifetide*, Hodder & Stoughton Ltd., Londres, 1979.

Whitehead, A. N., Russell, B., *Principios de la matemática*, Espasa libros, Madrid, 1983.

Wilber, K., *Breve historia de todas las cosas*, Kairós, Barcelona, 1997.

Sobre los autores

Judith DeLozier   Robert Dilts   Deborah Bacon Dilts

Robert Dilts ha adquirido una reputación a nivel mundial como líder del desarrollo de la Programación Neuro-Lingüística, además de autor, creador, *coach*, formador y consultor en este campo. Robert trabajó cerca de los cofundadores de la PNL, John Grinder y Richard Bandler, en el tiempo de su creación, y también estudió personalmente con *Milton H. Erickson* y *Gregory Bateson*. Robert es pionero de las aplicaciones de la PNL a la educación, la creatividad, la salud, el liderazgo, los sistemas de creencias y el desarrollo de lo que ha llegado a ser conocido como la "tercera generación de la PNL".

Es el autor principal de *Programación Neuro-lingüística, Volumen I*, el texto estándar de referencia en este campo, y ha sido autor y coautor de muchos otros libros sobre la PNL, entre los que se incluyen *Cómo cambiar creencias con la PNL, Las creencias, caminos hacia la salud y el bienestar, Herramientas del Espíritu* y *De Coach a despertador*.

El libro más reciente de Robert, *El viaje del héroe: un camino de autodescubriento* (con Stephen Gilligan) describe cómo embarcarse en un camino de aprendizaje y transformación que te reconecte con tu vocación más profunda, transformando las creencias y los hábitos limitantes, sanando las heridas emocionales y los síntomas físicos, profundizando la intimidad y mejorando la autoimagen.

Judith DeLozier es formadora, codesarrolladora y diseñadora de programas de formación en el campo de la Programación Neuro-lingüística desde 1975. Es coautora de *Programación Neuro-lingüística, Volumen I* (1980), con Robert Dilts, John Grinder y Richard Bandler. Siendo estudiante de Milton Erickson, Judith modeló su estrategia para generar y utilizar los estados de trance y las metáforas. Este trabajo se describe en *Patterns of the Hypnotic Techniques of Milton H. Erickson, M.D., Vol. II* (1976), del que fue coautora con John Grinder y Richard Bandler.

En el libro *Turtles All the Way Down: Prerequisites to Personal Genius* (1987), del que fue coautora con John Grinder, Judith exploró las interrelaciones entre la PNL y la cultura, la comunidad, el arte, la estética y la epistemología. El resultado de este trabajo fue la creación del *Nuevo código de la PNL,* que estimuló el movimiento hacia unos planteamientos más sistémicos y relacionales de la PNL, y un resurgimiento del interés por el trabajo de Gregory Bateson.

Judith ha sido la principal responsable de llevar el trabajo de la PNL al área de la competencia transcultural, siendo pionera de su aplicación al desarrollo de las habilidades interculturales. Su formación en ballet y danza congolesa le han llevado a promover el uso de la danza y el movimiento como herramienta primaria de la PNL.

Deborah Bacon Dilts es formadora de Psicosíntesis, Terapia de Relajación y del trabajo espiritual y transformador Richard Moss. También es profesora de los 5Ritmos® de Gabrielle Roth, y está formada en Aquanima, un método transpersonal de psicoterapia basado en la Respiración Holotrópica™. Vive en Francia, donde ha trabajado como intérprete profesional para muchos formadores y profesores del campo del crecimiento personal durante más de 20 años. También comparte un hogar en California con su esposo Robert Dilts.

Deborah es autora de una serie de artículos (en francés) entre los que se incluyen *El ritual del sweat-lodge-conectar con la vida*, *The earth-place of connection*, *Los 5Ritmos® de Gabrielle Roth*, y de un capítulo sobre el *Mandala del Ser*™, de Richard Moss, dentro de una publicación sobre terapia transpersonal. Su trabajo se enfoca en la conexión cuerpo-mente y en la relación consciente.

Deborah ha estado trabajando desde 2005 con su marido Robert Dilts para crear programas que combinen la Programación Neuro-lingüística con el movimiento y los planteamientos transpersonales, entre los que se incluyen: El poder de la presencia, Coaching al nivel de la identidad, El viaje del héroe y los cinco ritmos; Crisis, transición y transformación; Herramientas para gestionar el cambio; y Formar equipos dinámicos: liberar el poder generativo de los grupos y equipos. Es coautora con Robert del artículo *Coaching al nivel de la identidad*.

Índice

11 de septiembre de 2001 104, 354

A

A Change of Heart 201
A través del tiempo 72, 73, 74, 75, 181
Adjetivos caracterológicos 85
Agrupaciones de meta programas 155
Agrupaciones de meta programas y proceso de grupo 155
Alma 86, 109, 197, 198, 209, 210, 328, 387, 388, 389, 390
Amaral, John 219
Análisis contrastivo 153, 158
Análisis Network Spinal™ (NSA) 33, 189, 212, 213, 218, 219
Andreas, Connirae 66, 89
Andreas, Steve 66
Apadrinamiento 15, 319
Aplicar el modelo SOAR al cambio 175
Aprendizaje 0 100, 106, 107, 111, 119, 122
Aprendizaje I 97, 100, 101, 102, 103, 104, 106, 107, 110, 120
Aprendizaje II 97, 100, 101, 102, 104, 106, 107, 110, 120
Aprendizaje III 100, 101, 102, 103, 105, 106, 107, 110, 111, 120, 121
Aprendizaje IV 101, 102, 103, 105, 106, 107, 111, 119, 121, 131, 335
Ardell, Jeffrey 199
Áreas reflejas del pie 221
Aristóteles 51, 52, 55, 61, 67, 68, 73, 113, 145, 202, 299, 354, 395
Armour, Andrew 199
Arpanet 317, 318
Arquetipos 38, 45, 101, 184, 330, 382, 384, 385
Arquetipos de transición 45, 330, 382, 385

B

Bacon Dilts, Deborah 18, 406, 407
Bailar el S.C.O.R.E. 190, 261, 262, 263, 269, 272
Bandler, Richard 13, 15, 17, 18, 21, 25, 26, 30, 34, 35, 37, 42, 45, 60, 61, 62, 66, 149, 161, 247, 248, 340
Baron, Frank 42
Bateson, Gregory 13, 15, 28, 34, 43, 44, 80, 85, 91-106, 108, 110, 111, 116, 119, 121, 122, 126, 130, 131, 135, 136, 161, 251, 280, 282-287, 289, 296, 324, 335

Beatles, Los 355
Berman, Morris 242, 311
Biofeedback 44, 189, 231, 232, 233, 235, 236, 237, 238, 241, 293
Bohr, Nils 42
Breve historia de todas las cosas 123
Budistas 361
Buscar diferencias (desigualar) 155
Buscar similitudes 155

C
Cabalgar la ola del cambio 190, 270, 272, 273
Cambio discontinuo 106
Cambio evolutivo 106
Cambio generativo 38, 42, 183, 329, 331, 332, 333, 334, 335, 336, 339, 341, 346, 349, 357, 367
Cambio por incrementos 104, 106
Cambio revolucionario 107
Cameron-Bandler, Leslie 149
Camino de pensar de Darwin 244, 252
Campo 17, 18, 21, 26, 27, 32-39, 49, 80, 83, 84, 85, 90, 106, 111, 112, 117, 118, 119, 122, 124, 131, 138, 161, 162, 173, 174, 175, 178, 181, 182, 188, 195, 198, 199, 203, 204, 243, 268, 272, 287, 277, 285, 287, 288
Campo cardíaco 294
Campo de energía 296, 298, 303, 305, 306, 307
Campo de energía humano 44, 275, 293
Campo de energía personal 297, 299
Campo electromagnético 277, 294
Campo electromagnético del corazón 294
Campo familiar 278
Campo generativo 275, 308, 311, 312, 313, 322
Campo gravitacional 278
Campo grupal 275, 320, 321
Campo interpersonal 290, 302
Campo mórfico 286, 302
Campo relacional 80, 90, 131, 278, 279, 290, 315, 379, 380
Campos biomagnéticos 293, 294, 296, 362
Campos eléctricos 293
Cantor, Georg 113
Caos 265, 266, 267, 269, 270, 271, 272, 304
Capacidades 35, 90, 106-119, 127, 128, 129, 131, 134, 139, 140, 158, 162, 166, 172, 176, 178, 180, 236, 308, 309, 314, 333, 341, 346, 349, 350, 378, 387, 389
Características de los genios creativos 42, 43
Carisma 3109, 360, 390
Causas 68, 142, 144, 145, 146, 147, 148, 177, 262
Centramiento 15, 38, 297, 362
Centro 38, 53, 54, 194, 195, 197, 198, 199, 202, 216, 217, 249, 266, 268, 272, 275, 299, 300, 301, 306, 325, 327, 358, 359, 361, 370
Centro corazón 358
Centro del vientre 198, 358
Cerebro 37, 44, 51-59, 77, 103, 122-130, 169, 170, 189, 192-200, 203, 206, 207, 209, 212, 214, 215, 216, 218, 220, 224-227,

2462, 246, 249, 250, 281, 282, 290, 291, 292, 294, 296, 358
Cerebro entérico 194, 195
Cerebro global 281, 282
Chamanismo y PNL 287
Chi 209
Childre, Doc 205
Chomsky, Noam 162, 246, 396
Ciclo adaptativo 336, 337, 338, 382
Ciencia cognitiva 51, 193, 225
Cinco ritmos 190, 265, 269, 270, 272, 273, 407
Circuito de comunicación 80, 81, 82, 83
Clarke, Arthur C. 332
Claves de acceso 36, 52, 57, 58, 64, 128, 161, 172, 242, 244, 265
Claves de acceso oculares 36
Coaching 26, 34, 44, 88, 104, 239, 240, 287, 329, 330, 345-350, 356, 359, 362, 363, 364, 366, 367, 368, 371, 387, 390, 393, 407
Coaching al nivel de la identidad 407
Coaching con "C" mayúscula 349, 387
Coaching con "C" mayúscula y con "c" minúscula 349
Coaching con "c" minúscula 349
COACHing frente a CRASHing (colapso) 356
Coaching generativo 349
Coaching y el "juego interno" 350
Cognición 51, 55, 103, 204
Coherencia fisiológica 295
Coherencia psicofisiológica 204
Colaboración 19, 237
Colaboración básica 314, 316, 317

Colaboración generativa 38, 44, 118, 275, 313, 314, 315, 316, 317, 319, 320, 322
Colapsar 228
Colapso 334, 335, 336, 337, 338, 382
Columna vertebral 200, 213, 214, 217, 318
Coming to Our Senses 242, 396
Competición por concurso 337
Comunicación 26, 29, 31, 32, 58, 59, 60, 80-83, 87, 88, 91-97, 108, 109, 145, 158, 190, 203, 251, 258, 259, 282, 296, 315, 317, 318, 379
Comunicación cardioelectromagnética 294, 295
Comunicación no verbal 190, 258
Conciencia corporal 192, 193, 212, 216, 229, 230
Conciencia 29, 40, 41, 45, 53, 58, 60, 66, 70, 71, 79, 104, 130, 131, 172, 191, 192, 193, 197, 206, 209-212, 216, 217, 220, 224-234, 238, 239, 240, 257, 265, 268, 269, 273, 282, 284, 285, m289, 297, 298, 299-303, 335, 338, 339, 341, 342, 345, 349, 350, 351, 358, 359, 361, 365, 367, 368, 371, 372, 375-379, 386, 389, 391
Conducta 25, 30, 32, 35, 40, 48, 60, 64, 78, 85, 86, 90-104, 109-112, 117-122, 127, 128, 133, 134, 136, 139-142, 146, 164, 166, 167, 168, 172, 176, 178, 180, 181, 182, 200, 244, 251, 278, 286, 292, 320, 332, 340, 345, 349, 379, 387, 389

409

Conductas 21, 22, 28, 36, 41, 57,
   65, 83, 93, 95, 97, 99-118, 120,
   127, 128, 129, 131, 134, 147,
   155, 166, 172, 181, 182, 201,
   244, 253, 254, 260, 262, 293,
   308, 334, 335, 341, 363,
   364, 378
Conectar a través de tu centro 299
Contener los sentimientos difíciles
   353, 373, 374, 376
Continente COACHing™ 363, 367
Control adaptativo 241
Conwell, Lynne 18, 355
Corrección asociativa 75
Córtex 53, 54, 56, 57, 128, 129, 130,
   224, 226, 265, 290, 291
Crear un campo generativo 277
Crear un continente
   COACHing™ 336
Crear un continente
   generativo 308
Crecimiento 34, 39, 80, 155, 331,
   334, 336, 337, 338, 350, 362,
   364, 384, 391, 407
Creencia barrera 381, 382
Creencia puente 381, 382
Creencias 22, 23, 28, 35, 36, 37, 38,
   42, 45, 63, 82, 84, 85, 86, 89,
   90, 104, 108, 109, 110, 111,
   112, 115, 116, 117, 118, 119,
   120, 121, 127, 128, 129, 131,
   132, 134, 136, 155, 158, 166,
   167, 172, 173, 176, 178, 180,
   334, 378
Creencias limitantes 145, 299, 302,
   378, 379, 380
Creencias y valores 90, 104, 110,
   111, 115, 116, 117, 118, 119,
   127, 128, 129, 131, 132, 134,
   136, 155, 158, 166, 167, 172,
   173, 176, 178, 180, 334, 378
Criterios 152, 154, 155, 310
Cuádrupla 36, 62
Cuarta posición 38, 80, 83, 84, 85,
   171, 279, 292, 321, 339
Cuerpo 15, 21, 34, 37, 39, 43, 44, 54,
   55, 57, 59, 64, 65, 73, 81, 91,
   94, 99, 123, 125, 129, 137, 140,
   171, 172, 173, 189, 190, 191,
   192, 194, 195, 196, 197, 298,
   202, 203, 207, 209, 210,
   212, 213, 215, 216, 217, 218,
   219, 220, 221, 222, 223, 224,
   225, 226, 227, 228, 229, 230,
   231, 236, 237, 240, 241, 242,
   243, 245, 246, 248, 249, 250,
   251, 255, 257, 258, 259, 261,
   262, 265, 266, 268, 270, 273,
   280, 282, 290, 293, 294, 296,
   297, 298, 299, 300, 302, 302,
   306, 307, 308, 311, 312, 325,
   327, 338, 351, 352, 358, 359,
   365, 370, 376, 377, 380, 381,
   385, 390, 407
Cuerpo en el cerebro 189, 224

D

Danza 18, 86, 87, 143, 197, 201,
   222, 243, 245, 250, 260, 263,
   264, 265, 268, 269, 273, 287, 406
Darwin, Charles 189, 243, 244, 245,
   252, 286
Declaraciones a diferentes
   niveles lógicos 48, 132
DeLozier, Judith 17, 18, 19, 26, 27,
   37, 80, 81, 241, 252, 261, 279,
   289, 382, 386
DeLuz, Ryan 237

Desarrollos clave en PNL 47, 64, 149, 161
Despertador 315, 349, 350, 382, 406
Despertar 33, 106, 107, 197, 284, 287, 325, 331, 335, 349, 368, 389
Destrucción creativa 336, 337, 382
Dilts, Deborah 405, 407
Dilts, John 406
Dilts, Michael 287
Dilts, Robert 19, 78, 79, 82, 117, 141, 149, 162, 182, 219, 236, 237, 241, 252, 283, 287, 289, 342, 359, 390, 405, 406, 407

Dios 121, 209, 282, 284, 287, 288, 289
Discurso de Gettysburg 138
Disociación 65, 268
Dragones 382
Dual Drive 238, 239

E
ECG 295
EEG 295
Efecto mariposa 129, 379
Efecto placebo 85, 379
Efectos 67, 104, 129, 142, 145, 146, 147, 148, 149, 177, 221, 229, 250, 262, 264, 265
Ego 109, 297, 326, 357, 387, 388, 389, 390
Einstein, Albert 121, 161, 245, 283, 284, 289, 310, 326, 338,
Ejercicio de bailar el S.C.O.R.E. 261, 262, 263, 269, 272
Ejercicio de las posiciones perceptuales 84

Ejercicio de los arquetipos de transición 385
Ejercicio del sueño activo 325
Ejercicio del meta mapa 88
Ejercicios de sintaxis somática 190, 252
El espacio del problema 146, 147, 150, 151, 156, 157, 163, 164, 176, 177, 179
El estudio de la estructura de la experiencia subjetiva 21, 22, 32, 35, 289
Elección 17, 29, 45, 63, 100, 102, 103, 154, 269, 286, 293, 299, 329, 339, 340, 341, 342
Elecciones cualitativas 341
Elecciones cuantitativas 341
Electrocardiograma 203, 293, 294, 295
Electroencefalograma 235, 293, 295
Emisor de partículas 238
En el tiempo 66, 72, 74, 75, 148, 181, 405
Encontrar tu zona 357, 365
Encyclopedia of Systemic NLP and NLP New Coding 188
Energías arquetípicas 15, 38, 45, 330, 367, 369, 370, 372, 373, 383
Enriquecer el campo grupal 320
Entorno 45, 90, 100, 108, 109, 110, 111, 112, 114, 115, 117, 118, 119, 125, 126, 127, 128, 131, 133, 136, 139, 155, 156, 166, 171, 176, 178, 180, 181, 191, 193, 208, 210, 226, 240, 267, 271, 281, 286, 293, 307, 308, 310, 319, 332, 337, 350, 359, 371, 384, 387, 388, 389, 390
Entorno de acogida 363, 364, 366

Epistemología de la PNL 29, 161
Epistemología 23, 28, 29, 161, 406
Epstein, Donald 33, 212, 218,
Epstein, Teresa 16
Epstein, Todd 78, 82, 141, 142, 218
Erickson, Milton H. 25, 34, 39, 41, 42, 43, 161, 193, 247, 284, 367
Ericsson, Anders 354
Espacio PNL-SOAR 174, 175, 179, 188
Espacio SOAR 175, 176, 178, 179, 181, 182
Espíritu 18, 34, 39, 79, 83, 111, 112, 131, 137, 203, 209, 210, 269, 275, 279, 287, 288, 289, 349, 389, 406
Espíritu de equipo 279
Espiritual 23, 29, 79, 90, 108, 110, 112, 116, 131, 135, 138, 167, 173, 182, 197, 207, 209, 211, 287, 288, 289, 297, 310, 379, 397, 407
Estado COACH 357, 359, 361, 362, 363, 364, 366, 369, 370, 371, 372, 373, 376, 377, 380, 381, 384, 385
Estado de colapso (CRASH) 329, 330, 356, 366, 369, 370, 371, 376, 380
Estado deseado 25, 26, 80, 140, 141, 142, 143, 144, 146, 155, 162, 167, 175, 176, 177, 182, 262, 264, 270, 271, 272, 327, 328, 347, 348, 366, 380, 381
Estado presente 40, 80, 140, 141, 142, 143, 144, 162, 175, 176, 177, 270, 271, 272, 348, 363, 371
Estado problemático 41, 141, 146, 147, 160, 168, 228, 262, 263, 338, 375
Estados 26, 37, 57, 79, 106, 108, 139, 142, 158, 162, 163, 164, 166, 167, 168, 173, 177, 190, 192, 204, 205, 206, 209, 216, 227, 228, 230, 233, 234, 252, 254, 256, 257, 260, 262, 265, 283, 286, 268, 296, 312, 317, 348, 356, 406
Estética 39, 406
Estilos de pensamiento 150, 156, 157, 159
Estrategia K 337
Estrategia para imaginar diseñada por Disney 156
Estrategia-R 336
Estrategias cognitivas 35, 64, 109, 150, 153, 159, 167, 242
Estrategias de supervivencia 231, 329, 333, 334, 335, 352, 356, 388
Estrés 192, 196, 203, 204, 205, 206, 221, 233, 234, 241, 251, 258
Estructura de la experiencia subjetiva 21, 22, 32, 35, 161, 289
Estructura profunda 62, 63, 189, 193, 194, 242, 247, 248, 249, 252, 255, 257, 260, 261, 327, 331, 332, 333, 378
Estructuras superficiales 61, 62, 63, 64, 246, 248, 249, 332
Evolución de la PNL 25-44
Excitación 231, 233, 234, 238
Experiencia de colpaso (CRASH) 366, 370, 371, 376, 380
Experiencia espiritual 23, 116, 130, 288

Experiencia sensorial 22, 26, 60, 77, 170, 171
Experiencia subjetiva 21, 22, 23, 29, 30, 31, 32, 35, 42, 67, 161, 189, 192, 193, 198, 275, 279, 282, 287, 289, 290, 296, 297, 302
Explorar la influencia de las energías arquetípicas 370

F
Fase de reorganizacion 337
Faulkner, Charles 18
Feldenkrais, Moshe 220, 242, 251
Fenómeno del centésimo mono 285
Fiereza 367, 368, 369, 371, 372
Física 67
Fluido cerebro espinal 214
Fluir 266, 267, 270, 273, 368
Focusing 33, 193, 194
Formación reticular 130
Formato generativo de la PNL 182, 183, 184, 186
Fractal 259, 260, 261, 355
Fractal somático 259, 260, 261
Freud, Sigmund 52, 60, 72, 75, 284
Función matemática 118
Futuro 35, 65, 66, 68, 69, 70, 71, 73, 74, 76, 77, 78, 79, 80, 81, 148, 149, 152, 154, 156, 158, 160, 165, 166, 167, 169, 170, 174, 175, 176, 178, 179, 180, 181, 183, 184, 185, 186, 187, 251, 262, 263, 307, 322, 329, 332, 343, 357, 391

G
Gabrielle Roth y The Mirrors 215, 33, 44, 190, 222, 265, 266, 268, 273, 407

Gallwey, Timothy 34, 350, 351
Gates, Bill 355
Gendlin, Eugene 33, 193, 194, 226
Genialidad 37, 42, 105, 310
Gershon, Michael 195, 196
Gilligan, Stephen 33, 38, 278, 305, 367, 370, 386
Gladwell, Malcolm 310, 354, 355
Goleman, Daniel 130
Gordon, David 149
Gramática generativa 246
Gramática transformacional 162, 189, 246, 247
Grinder, John 13, 15, 17, 18, 21, 25, 26, 30, 34, 35, 37, 42, 45, 60, 61, 62, 80, 81, 161, 247, 248, 289
Grupo psicológico 279, 280
Guerra, Barbara 220
Guerrero 368, 383, 384, 385

H
Hall, Michael 37
Hara 197, 198, 220
HeartMath 203, 204, 205, 206, 207, 294, 295
Hechicero 383, 384, 385
Hellinger, Bert 33, 278
Hemisferio derecho 54
Hemisferio izquierdo 54
Hemisferios del cerebro 54
Hendrix, Harville 33
Herodoto 308
Herramientas del Espíritu 79
Heurístico 41
Hipótesis Gaia 281
Historia del zumo de manzana 360, 361
Hoja de trabajo de la PNL generativa 186

Holarquía 123, 125, 280
Holling, C.S. 336, 337
Holmes, Sherlock 244, 245
Holones 123, 280, 282, 285, 302
Homúnculo 224, 225, 226, 227, 229
Homúnculo cortical 224, 225, 226, 227
Homúnculo subjetivo 227, 229
Huérfano 383, 384, 385

I
Identidad 35, 37, 90, 96, 105, 109, 110, 111, 112, 115, 117, 118, 119, 120, 126, 129, 130, 131, 132, 133, 135, 136, 137, 139, 140, 141, 166, 167, 173, 178. 180, 334, 341, 349, 387, 388, 389, 390, 407
Inconsciente colectivo 284, 324
Inocente 384
Integrar marcos temporales 70, 76, 77, 78, 151, 165, 169, 178, 183
Inteligencia colectiva 38, 279, 313, 322

J
James, William 52, 58, 66, 70, 71, 281
Jearquía operacional 116, 118, 119
Jefferson, Thomas 316
Jerarquía 90, 91, 92, 96, 99, 111, 113, 116, 117, 118, 119, 123, 126, 131, 136, 154, 155
Jerarquía de criterios 154, 155
Jerarquías de clasificación 96, 99
Journey to Genius Adventure 394
Juego externo 350, 351, 356
Juego interno 350, 351, 352, 253, 356, 357, 360, 368, 373, 380,

Jugar en la zona 351
Jung, Carl 284

K
Kant, Emmanuel 245
Koestler, Arthur 122, 123
Korzybski, Alfred 96

L
La estructura de la magia 25, 60, 247, 340
La zona 205, 212, 213, 215, 217, 223, 351, 253, 354, 356, 364
Le Bon, Gustave 279, 280, 308
Lenguaje no literal 135, 173
Lenguaje 8, 21, 22, 25, 29, 30, 31, 36, 47, 48, 51, 53, 54, 58, 59, 60, 61, 63, 64, 65, 81, 82, 83, 84, 90, 131, 134, 135, 136, 138, 169, 158, 167, 168, 171, 172, 173, 192, 222, 241, 242, 246, 248, 258, 308, 309, 310, 312, 328, 396
Leonardo da Vinci 245, 283, 394
Liderazgo 26, 2, 83, 89, 145, 246, 318, 353, 405
LightStone 237
Lincoln, Abraham 138
Línea temporal "A través del tiempo" 74
Línea temporal "circular" o cíclica 69
Línea temporal "en el tiempo" 73
Líneas de fuerza 277, 278
Líneas temporales 36, 44, 52, 65, 67, 68, 72, 75, 76, 79
Locus de control 152, 154
Los 5Ritmos® de Gabrielle Roth 15
Lovelock, James 281

M

Magnetocardiogramas 293
Magnetoencefalogramas 293
Magnetómetro SQUID 293
Mandelbrot, Benoit 259, 260
Marcos temporales 70, 76, 77, 78,
　151, 165, 169, 178, 183
Martin, Howard 205
Mártir 383, 384, 385
McDonald, Robert 18, 79, 289, 319
Mecanismos neurofisiológicos de
　la mente campo 275, 290
Médula espinal 194, 213, 214, 215,
　216, 218, 226
Mente 106, 121, 122, 275, 282, 284,
　285, 287, 289, 296, 297, 324
Mente cognitiva 35, 37, 44, 47-188,
　191, 194, 211, 226, 332, 365,
　273, 284, 326, 358, 390
Mente de principiante 41, 44
Mente grupal 83, 131, 279, 315
Mente inconsciente 106, 193, 284
Mente mayor 44, 106, 121, 122,
　275, 282, 283, 284, 285, 287,
　289, 296, 297, 324
Mente somática 37, 44, 189, 191-
　274, 297, 358
Meta mapa 87, 88, 89
Meta mensajes 89, 94, 95,
Meta mensajes no verbales
　139, 141
Meta modelo 30, 36, 63, 64, 134,
　161, 246, 248, 265
Meta posición 87, 159, 160, 326,
　384, 385, 386
Metáfora 36, 39, 121, 167, 259, 305,
　307, 317
Metáforas somáticas 259
Método Alexander 216, 242

Método Feldenkrais 216, 242
Metodología 23
Métodos heurísticos 40
Meyers-Anderson, Maribeth 149
Milagro en el río Hudson 352,
　359, 374
MindDrive 236
Misión 108, 112, 389
Modelar 21, 25, 29, 31, 34, 35, 39,
　40, 49, 88, 105, 122, 161, 174,
　175, 190, 252, 254
Modelo S.C.O.R.E. 65, 141, 142,
　143, 148, 176, 177, 262
Modelo SOAR 44, 162, 163, 164,
　166, 167, 171, 175, 176, 178,
　182, 188
Moss, Richard 16, 33, 192, 300, 319,
　341, 373, 407
Mozart, Wolfgang 118, 245, 252,
　283, 394

N

Neocórtex 53
Nervios cervicales 214
Nervios lumbares 214
Nervios sacrales 214
Nervios torácicos 214, 216
Neurocardiología 44, 199
Neurogastroenterología 44, 194, 195
NeuroLink 236
Neuronas espejo 44, 290, 291, 292,
　293, 296, 309, 312, 345, 353,
　362, 374
Newell, Allen 163
Niños ferales 309
Nivel de la conducta 35, 134, 142,
　176, 387
Nivel espiritual 110, 135, 167, 173,
　288, 289

Niveles de aprendizaje 44, 91, 96, 99, 100, 101, 102, 106, 110, 116, 119, 126, 336
Niveles de cambio 90, 164, 178, 378
Niveles de cambio e interacción 90, 164
Niveles de preguntas 136
Niveles lógicos 111, 117, 119, 126, 132, 139, 151, 154, 155
Niveles neuro-lógicos 37, 44, 107, 111, 112, 113, 114, 116, 119, 126, 128, 131, 132
Niveles neuro-lógicos y el sistema nervioso 126
Niveles neuro-lógicos y lenguaje 131
No saber 39, 42, 44, 106, 121, 324, 325
Nueva generación de la PNL 21, 27, 33, 387
Nueva Guinea 241
Nuevo código de la PNL 289, 406

O
Ontología 28, 29
Operadores 81, 135, 162, 163, 164, 167, 168, 169, 170, 171, 175, 177
Operadores neurolingüísticos 169, 170, 171, 175
Operadores neurolingüísticos para cambiar de estado 167
Operadores neurolingüísticos para cambiar de nivel en el modelo SOAR 171
Operadores neurolingüísticos para cambiar la percepción temporal 169
Orden de abstracciones 96, 97
Órganos de los sentidos 127
Outliers 310, 354

P
Parks, Jessica 220
Partícula 277
Pasado 68, 69, 70, 71, 73, 74, 75, 76, 149, 154, 156, 165, 166, 169, 175, 178, 180, 184, 186, 187, 263
Pasar del CRASH (colapso) al COACH 366
Pasos hacia una ecología de la mente 93, 98, 99, 126
Patrón que conecta 106, 121, 130, 289
Patrones del lenguaje 64, 65
Patrones del meta programa 44, 65, 150, 151, 155, 156, 157, 158, 159, 160, 181, 182
Patterns of the Hypnotic Techniques of Milton H.Erickson 406
Pavlov, Ivan 97, 101, 103
Pearsal, Paul 202
Pearson, Carol 34, 383, 384
Pensamientos de Dios 121, 189
Percepción temporal 78, 169
Perls, Fritz 13, 25, 34, 39
Personalidades múltiples 130
Pickens, Don 318
Pies 44, 99, 101, 190, 198, 215, 220, 221, 222, 223, 226, 230, 231, 240, 261, 266, 267, 268, 270, 271, 272, 273, 274, 358, 359
Platón 113, 284
PNL generativa 186
PNL II 17, 18
PNL Volumen I 17, 26, 35, 64
PNL Volumen II 17, 18
Poder de la Presencia 11, 45, 329, 362, 407
Polígrafo 129, 293
Posición del observador 82, 206, 325

Posiciones perceptuales 36, 44, 65, 80, 81, 83, 84, 85, 86, 87, 89, 164, 165, 170, 174, 178, 83, 279, 348
Postura corporal 57, 216, 251, 252, 253, 257, 384, 385
Práctica 33, 34, 41, 44, 58, 135, 189, 198, 209, 210, 211, 216, 222, 223, 241, 245, 261, 265, 269, 273, 274, 299, 307, 320, 329, 347, 350, 351, 354, 355, 356, 357, 360, 365
Práctica de estar en la zona 356
Pregunta 27, 28, 66, 88, 95, 129, 137, 172, 173, 206, 244, 269, 315, 342, 373
Preguntas 22, 23, 38, 41, 48, 66, 96, 130, 136, 137, 138, 144, 145, 146, 148, 158, 171, 247, 248, 289, 373, 381
Preparación para el futuro 332, 343
Presencia 16, 45, 58, 109, 139, 210, 268, 272, 278, 297, 298, 300, 301, 306, 307, 316, 321, 329, 362, 365, 366, 374, 381, 390
Presente 69, 70, 71, 73, 74, 75, 76, 149, 156, 165, 166, 170, 175, 178, 180, 184, 186, 187, 263
Presuposiciones 28, 63, 125
Primera posición 80, 81, 82, 83, 84, 85, 89, 165, 166, 170, 171, 175, 181, 184, 185, 186, 187, 254, 255, 321, 325
Prisión de Abu Ghraib 286
Proactividad 151, 389
Proceso de coaching 360
Proceso de grupo 155, 157
Proceso primer plano-trasfondo 231

Programas neurolinguísticos 31, 53, 365
Programación inconsciente 343
Programación Neuro-Linguística 39, 405, 406, 407
Propósito 22, 25, 39, 82, 87, 98, 108, 109, 110, 116, 117, 130, 136, 137, 143, 145, 158, 159, 177, 197, 205, 206, 275, 287, 289, 296, 297, 299, 302, 311, 332, 339, 349, 357, 364, 375, 376, 378, 388, 389
Psicología cognitiva 27, 51, 52, 188
Puig, Mario Alonso 201
Pulmones 207, 208, 212, 215, 227, 358

Q
Quietud 233, 234, 265, 268, 269, 270, 272, 361

R
Reactividad 374, 383
Recurso-nosotros 311
Recursos 26, 142, 147, 149, 178, 262, 272, 348
Reencuadrar 139, 147
Referencia externa 152, 154, 155, 156
Referencia interna 152, 154, 155, 156
Reflejo energético 302
Reflexología 220, 221
Registros biomagnéticos 293
Regla de las 10.000 horas 354, 355
Regresión 74, 75, 333, 335, 338, 356
Relaciones del Yo 15, 33, 38
Relajación 198, 217, 233, 234, 237, 238, 240, 271, 325, 375, 407

Religión 31, 288
Resonancia mórfica 285, 286, 296, 302, 309, 402
Respirar 192, 208, 209, 210, 212, 213, 240, 274, 264
Respuesta galvánica de la piel 293
Resultado 149, 162, 178, 180
Ritmo 56, 205
Ritmo lírico 267, 268, 269, 270, 271
Rizzolatti, Giacomo 290, 291, 292
Roots of NLP 117
Roth, Gabrielle 15, 33, 44, 190, 222, 243, 265, 266, 268, 269
Rumí 328
Russell, Bertrand 93, 113
Russell, Peter 281, 282

S

Santa Cruz 18, 19, 42, 219, 393
Satir, Virginia 25, 34, 39, 161, 373, 375
Schumpeter, Joseph 337
Score 142, 143,
Segunda generación de la PNL 35, 36, 149
Segunda piel 275, 305, 307, 320
Segunda posición 80, 81, 82, 83, 84, 86, 121, 165, 166, 171, 175, 181, 83, 184, 185, 186, 187, 254, 321, 325, 326
Semántica General 96
Sensación sentida 38, 182, 193, 194, 198, 206, 218, 226, 227, 279, 300, 312, 327, 365, 371, 372, 381
Sentir tu "campo" 297
Sheldrake, Rupert 34, 285, 286, 296, 302
Sherrington, Charles Scott 56

Símbolos 61, 62, 135, 173, 284, 323, 325, 326, 327, 367, 376
Sintaxis somática 44, 64, 189, 190, 241, 242, 243, 246, 248, 249, 250, 251, 252, 254, 255, 256, 258, 260, 261, 265, 269, 287, 312, 321, 377, 381, 384, 385, 390
Síntomas 142, 147, 177, 262
Sistema inmunitario 130, 131, 195
Sistema límbico 129
Sistema nervioso autónomo 53, 125, 129, 173, 231, 232, 234, 235, 236
Sistema nervioso central 195, 196, 199, 232, 234, 236
Sistema nervioso del corazón 199
Sistema nervioso entérico 194, 195, 196, 199, 226
Sistema nervioso parasimpático 231, 234
Sistema nervioso periférico 127, 131, 215
Sistema nervioso simpático 233
Sistema nervioso xxi, 82
Sistema psicomotor 127
Sistemas de representación 36, 52, 55, 64, 242, 250, 307
Sobre el alma 51, 55
Soma 241
SomaticVision 237, 238, 239, 240, 241
Sombras 43, 335, 383, 384, 390
Soñar activamente 106, 324, 325
Staccato 265, 266, 267, 269, 270, 271, 272
Stephenson, G.R. 344
Submodalidades 36, 55, 56, 64, 150, 161, 168, 173, 288

Sullenberger, Chesley 352, 353, 354, 359, 363, 374
Supervivientes del cáncer 378
Sweat Your Prayers 265, 274
Sylvia, Claire 201

T
Tan tien 198
Taquicardia 234
Técnicas de la segunda generación de la PNL 36
Técnicas de la tercera generación de la PNL 38, 331
Tecnología 23, 26, 78, 145, 150, 282, 293
Teoría de conjuntos 48, 113
Teoría del campo unificado 162, 174, 181, 182, 188
Teoría del campo unificado para la PNL 162, 188
Terapia zonal 220
Tercera generación de la PNL 37, 38, 39, 40, 277, 297, 331, 339, 352, 357, 363, 405
Tercera posición 80, 81, 82, 83, 84, 85, 87, 166, 167, 171, 175, 176, 181, 183, 184, 185, 186, 187, 254, 326
Ternura 367, 368, 369, 372
The Heart's Code (libro) 202
Thich Nhat Hanh 211, 360
Tipos lógicos 91, 93, 95, 96, 99, 113, 117, 122
Transferir los patrones del meta programa de una situación a otra 48, 158
Triángulo Sierpinski 259, 260
Triple descripción 80, 81, 85, 86, 87

U
Un curso de milagros 389
Unidad de la mente 37, 39
Universidad de California en Santa Cruz 18, 42, 393
Universidad PNL 16, 18, 393, 394
Utilización 158

V
Vagabundo 383, 384, 385
Valores 108, 111, 389
Valores y creencias 109, 110, 128, 389
Ver el "campo" 275, 326
Vértebras 213, 214, 215, 217
Vértebras cervicales 213, 214
Visión colectiva 318
Vision to Action 394
Voz interna 342

W
Watson, Lyall 285
Welwood, John xxv, 33, 357
Wilber, Ken 33, 123, 125, 280, 316
Wild Divine 237
Winnicott, Donald 363
Woodsmall, Wyatt 66

Y
Yo generativo 15, 33

Z
Zona de excelencia 352, 353, 354, 357, 364, 365, 370, 385
Zona interna de excelencia 38, 45, 352, 360